投融资策划

PLANNING OF INVESTMENT & FINANCING

理论与实务

THEORY & PRACTICE

（第二版）

（SECOND EDITION）

蓝裕平　蓝皓贤◎著

SPM 南方传媒 | 广东经济出版社

·广州·

图书在版编目（CIP）数据

投融资策划：理论与实务／蓝裕平，蓝皓贤著．—2版．—广州：广东经济出版社，2022.4

ISBN 978-7-5454-8043-6

Ⅰ．①投…　Ⅱ．①蓝…　②蓝…　Ⅲ．①企业-投资-研究　②企业融资-研究　Ⅳ．①F275.1

中国版本图书馆CIP数据核字（2021）第228572号

责任编辑：林跃藩　谢善德
责任校对：黄思健
责任技编：陆俊帆

投融资策划：理论与实务（第二版）
TOURONGZI CEHUA：LILUN YU SHIWU DIERBAN

出版人	李　鹏
出　版 发　行	广东经济出版社（广州市环市东路水荫路11号11～12楼）
经　销	全国新华书店
印　刷	珠海市国彩印刷有限公司 （珠海市金湾区红旗镇永安一路国彩工业园）
开　本	787毫米×1092毫米　1/16
印　张	26.75
字　数	520千字
版　次	2022年4月第1版
印　次	2022年4月第1次
书　号	ISBN 978-7-5454-8043-6
定　价	78.00元

图书营销中心地址：广州市环市东路水荫路11号11楼

电话：（020）87393830　邮政编码：510075

如发现印装质量问题，影响阅读，请与本社联系

广东经济出版社常年法律顾问：胡志海律师

作者简介

蓝裕平，生于1963年6月，北京师范大学珠海校区国际商务与管理研究中心金融学教授，1983年获中山大学经济系经济学学士学位，1986年获中山大学管理学院经济学硕士学位，1999年获新西兰梅西大学商学院商学硕士学位（金融经济学专业）。曾担任国际商业信贷银行深圳分行外汇交易员（1988—1991年）、深圳特区证券公司研究所研究员（1998年）、深圳市创策投资发展有限公司金融投资部经理（1999—2002年）、北京当代投资集团总裁助理（2002—2005年），从事外汇与资金交易、证券投资分析、基金资产管理、房地产投资、投融资策划等业务，主持或参与过一系列企业上市和并购项目的财务策划与实操工作。长期兼任深圳市得润电子股份有限公司非执行董事、深圳市冠旭电子股份有限公司独立非执行董事和中国海景控股有限公司（2005—2014年）非执行董事职务。

1986—1988年担任中山大学管理学院教师；自2005年起在北京师范大学珠海校区（原分校）任教，2007年被评为副教授，2011年晋升为教授；长期担任中山大学高等继续教育中心（高管培训）、对外经济贸易大学“注册金融策划师（RFP）+金融学硕士”双证研究生项目和香港浸会大学MBA项目的兼职教授；兼任广东省本科高校金融学专业教学指导委员会委员、广东省消费环境研究会理事。经常应邀为一些大中型企业就经济和金融形势分析，以及为投融资策划方面的主题提供财务顾问或培训服务，服务对象包括中国建设银行、中国工商银行、中国核电集团、中国航天集团、广东佛山南海金融控股集团和珠海保安集团等。长期给本科和研究生讲授的课程包括：经济分析、金融分析、公司财务管理、投资与组合管理、融资策划、金融市场与机构等。

在国内外发表100余篇论文，出版著作包括：《西方微观经济学》《企业融资战略：实务操作与案例分析》《融资策划实务》《投融资策划理论与实务》（第一版）《中国经济发展的逻辑》。

蓝皓贤，生于1991年10月。2013年毕业于新西兰奥克兰大学，获商学院金融学学士和理学院统计学学士双学位；2014年毕业于澳大利亚国立大学，获商业与经济学院精算学硕士学位。2018 年获聘担任香港中文大学（深圳）校外导师。

目前任职于深圳国中创业投资管理有限公司（国中资本），负责科技领域风险投资。

曾就职于中兴通讯股份有限公司战略投资部、深圳市中美创兴资本管理有限公司，曾主导完成对数十家初创期、成长期科技公司的股权投资，成功推动完成多个资本运作项目，包括为科技企业引入战略投资者以及资产出售，对 TMT 行业趋势和投资方向具有深入理解、项目投资经验丰富。熟悉上市公司投融资、资产并购以及投资退出等资本运作策划与执行。

前　言

投资与融资，是金融交易的两个重要方面。完成交易的重要前提，就是投融资双方在定价方面的意见达成一致。因此，如何做定价决策，是投融资策划乃至金融学的核心问题。

资产价值取决于其未来的预期收益及风险。现代金融学的投资组合理论和资本资产定价模型较全面地论述了投资者应该如何权衡分析预期收益和风险的因素并做出理性决策。同样的方法也适用于融资者分析资本成本，从而在金融市场上与投资者博弈。资本结构理论还指导企业家们如何管理好股本和债务，以达到股东价值最大化的目的。

现代金融学强调数量分析方法，很多理论和方法也是使用数量模型做表述。不过，由于有计算辅助工具，因此即使数学基础不是很好的读者也能读懂本书。本书在介绍相关知识的时候，会很详细地介绍如何运用金融计算器或 Excel 进行计算。读者不仅能轻松地理解相关理论和方法，还可以将其运用于具体的投融资分析和决策过程。

在讲述投融资策划的实务操作时，笔者主要使用案例分析方法对一些典型案例进行详细的剖析，并结合投融资理论总结出每个细节之间的逻辑关系，以便读者能从中得到启发。本书中的案例，有些是笔者亲身经历过的，有些是笔者对其他书刊和媒体等披露的资料进行整理而成。

财务分析是投融资策划的基础工作。鉴于有些读者没有系统地学习过财务分析，本书专门用一章为读者解读财务报表的基本架构和财务分析的基本方法。而现金流分析和模拟财务指标估算等方法，会在资本预算与项目可行性研究等章节被提及。读者即使没有金融（财务）专业背景，也能从本书获得在投融资策划工作中经常需要用到的财务分析方法。

笔者曾长期从事投融资策划实务工作，自 2005 年到大学教书之后，仍经常以非执行董事和财务顾问等身份帮助一些企业解决投融资策划方面的问题。本书试图准确、系统地把现代投融资相关理论和方法结合案例分析介绍给广大读者，而且，希望能够帮助读者把相关的理论和方法运用于实践中。

《投融资策划——理论与实务》（第一版）在 2015 年出版之后受到广大读者的欢

迎，也被不少大学选作本科或研究生公司理财、投资策划和融资策划课程的教材。第二版在第一版的基础上，做了很多修订和补充。主要是结合笔者的授课经验，进一步改善了本书论述的架构，提高了本书的易读性。

第二版的撰写工作得到了蓝皓贤的协助。他从事投融资实务工作，有丰富的工作经验，他的加入提高了这本书的实用性。

投融资活动，是金融行业的主要内容。本书适合作为大学金融学专业或者 MBA 与公司金融相关课程的教材，也适合从事金融相关工作的实务工作人士阅读。

衷心感谢所有为本著提供过直接或间接帮助的师长、同事、学生、各界朋友和家人们。

本著力求准确无误，引用他人资料均注明出处。如有差错遗漏还望见谅。欢迎批评指正和交流。

蓝裕平

2021 年 12 月 28 日

目　录

第一章 公司投融资策划概论

金融市场的各种活动几乎都是关联的，市场的参与者必须有全局性和整体性概念。本章从整个金融体系的角度介绍投融资策划的内容，从金融专业的角度讨论投融资策划课程的基本体系。

第一节 金融体系及其功能

每一个经济体都有自己的金融体系。在这里强调一个“经济体”而不强调一个“国家”，因为国家常常与国际政治主体联系在一起。如果讲一个国家的金融体系，很容易混淆某些政治概念。比如，香港是中国的一个特别行政区，但香港有自己的货币，因此香港本身具有其相对独立的金融体系。

一、金融体系的结构

一个经济体的经济活动参与者包括家庭、企业、政府和外部人。这些经济活动参与者可以分为两类：一类是资金的提供者，另一类是资金的需求者。

1. 金融体系的参与者

使用货币的经济活动的参与者都是金融体系的参与者。从他们参与金融活动的目的分，可以分为两类：投资者和融资者。

（1）投资者（资金的提供者）。

从图1－1的左边看，一个经济体存在着一些群体，他们手上有富余的资金，需要做投资。他们是金融体系资金的提供者。他们可能来自很多方面。

居民：他们可能来自富有家庭，有富余现金需要做投资；也可能来自普通家庭，手上的工薪收入在收入和支出之间存在时差，希望获得一些投资回报。

企业：当企业有富余资金时，需要寻求好的投资机会以获得满意的回报。

政府：政府通过税收、出售资产等途径获得资金，这些资金被用于政府财政支出，部分会用于投资。

境外存款者：该经济体外的个人或组织将资金带进来做投资，成为资金的提供者。

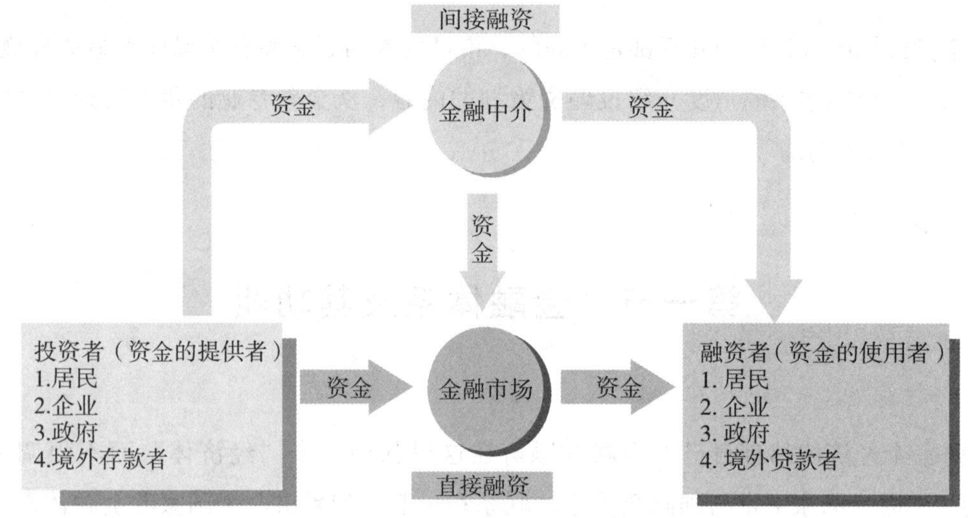

图 1－1　金融体系结构

（2）融资者（资金的使用者）。

从图 1－1 的右边看，一个经济体的资金使用者包括居民、企业、政府和境外贷款者。

居民：一个家庭如果需要以按揭的方式买房买车，或者以分期付款等形式进行消费，事实上就成为资金的使用者。

企业：一个企业需要筹措项目投资资金或者用于周转的流动资金的时候，它就成为资金的使用者。

政府：政府在其财政收入不足以满足其公共政策的需要时，就需要筹集资金。

境外贷款者：外部个人或组织到本经济体进行融资，也成为来自外部的融资者。

显然，任何个人、企业以及政府等经济活动参与者，都可能成为投资者，或者融资者。

2. 金融体系的功能

金融体系，就是一个为投资者和融资者提供沟通对接的系统。

金融体系沟通投资者与融资者关系的方式，可分为两种：间接融资和直接融资。

（1）间接融资。

间接融资指资金所有者基于信任把资金交给银行、保险公司等金融中介机构，而这些金融中介机构再把资金投资到他们选定的那些投资项目。由于在整个投资过程中，这些机构作为中介承担了大部分的投资风险，因此，作为报偿，他们需要获取一部分投资收益。而投资者相应地需要放弃一部分投资收益。比如，投资者把钱存在银行获取每年2%的利息，而银行把钱以6%的年息贷给企业，这样就可以赚取4%的利息差价。这些差价一部分弥补了银行方面的经营成本，另一部分补偿了银行对于投资风险的承担，可以称为风险溢价。

（2）直接融资。

直接融资指投资者通过购买股票、债券的办法直接把资金投向资金需求方。这样，投资者承担了全部的投资风险，也相应地获得所有的投资收益。比如，投资者购买某企业发行的公司债券，年券息率5%，投资者获得的利息比银行利息高2%，这对于一些希望获得更高收益并愿意承担一定风险的投资者来说，非常有吸引力。而对于发行债券的公司来说，发行债券也较银行贷款合算，因为他们的融资成本低了1%，而且还可以根据自己未来的现金流状况设计期限，不必局限于银行的要求。

（3）金融市场的主要功能。

金融市场包括以短期资金交易为主的资金市场，以及以长期资本交易为主的资本市场。在现代经济社会中，金融市场的作用很广泛，重要性不言而喻，而金融市场最重要的功能，就是为投融资双方提供直接交易的场所。金融市场的交易工具有很多种，人们把股票和债券称为基础工具，其他的金融工具包括期指、认股证、按揭债券等都称为衍生工具。因此，以股票和债券为主体的资本市场，构成了金融体系的核心。金融市场具有一系列的功能，主要包括如下几种。

其一，给投资者提供了不同的选择。

对一个金融体系来说，直接融资和间接融资的有机结合是金融体系健全的关键。金融体系中的投资活动包含着不同程度的风险。不同的投资者对于投资风险有不同的偏好，对于风险的承担能力也有所不同，因此可以说，直接融资和间接融资给不同的投资者提供了不同的选择。

其二，帮助社会合理分配资本的资源。

经济社会的各个方面都需要融资。优秀企业可以有效率地使用资本创造更多的价值，给投资人更多的回报，而差劣企业只会浪费资本。信息不对称导致一些投资者很难识别好的投资机会。而资本市场通过金融资产价格波动，引导投资资金向优秀的企业家和企业流动。

其三，帮助分散经济体内的风险。

一些投资期长、规模很大、风险较高的投资项目，可能超出任何投资者的承担能力。尽管金融机构也可以通过银团贷款之类的安排分散部分风险，但金融市场的参与者非常广泛，容易集合很多投资者的资金，在分散风险这方面的优势更加明显。而且，当融资者发生重大财务困难的时候，损失可以由大大小小的投资大众来共同承担。由于风险分散化，金融体系受到的冲击就大大减弱了。从这一点来说，金融市场提高了金融体系的安全性。

金融市场能够降低金融体系的风险，还体现在其特有的波动性上。金融市场通过持续不断的价格波动，不断吸纳、消化和释放各种对于经济好和坏的因素及其能量，使市场总是保持一种相对均衡的状态。当然，不可否认，金融市场价格波动的过程中存在很多非理性的因素和能量，有时候会以特别激烈的形式来调节市场的供求关系，这样就可能会给金融体系带来短期的、严重的冲击。这一点是不少“反金融”人士反对发展金融市场的重要理由。可是，需要明确的一点是，这个世界上是没有完美的东西的。金融市场带来好处，也带来一些坏处。既然很需要它的好处，就需要容忍它的坏处。当然，针对金融市场的波动性，政府监管部门需要做适当的工作去引导市场行为。而投资者和融资者则需要把这种市场的波动性作为决策的重要考量因素，不管是在资产的定价上，还是在交易的操作上。

二、金融体系的发展趋势

从世界金融体系的发展趋势来看，脱媒①趋势、混业经营趋势和利率市场化趋势是基本趋势。

1．脱媒趋势

从20世纪70年代开始，以美国为代表的西方国家金融体系出现了一个重要的趋

① 在国内，脱媒有时也被称为排媒。

势——脱媒：越来越多的投融资活动通过金融市场的直接融资完成。在这一趋势之下，金融市场得到更快的发展。美国纳斯达克交易所在 20 世纪 70 年代初设立，给中小企业，特别是高科技中小企业的融资活动提供支持。伴随着美国高科技产业的迅速发展，纳斯达克逐步成为世界第二大的股票交易所。美国的债券市场在近几十年也得到很快的发展，极大地推动了美国企业债务融资方式证券化。金融市场的规模越来越大，直接融资所占的比重也越来越大。金融体系的脱媒趋势，逐渐成为国际性的大趋势。

需要说明的是，脱媒趋势中股票市场和债券市场的快速发展，推动了一系列为金融市场运作提供服务的金融机构的发展，这些金融机构包括投资银行、证券投资基金、风险投资基金等。证券交易规模的急剧扩大，带动了证券投资经纪业务的发展。

中国计划经济时代几乎没有金融市场，因此当时的金融体系几乎就是金融中介机构的运作——投资者有余钱几乎只能存银行，而融资者几乎只能找银行。在这种情况下，中国的金融机构承担了太大的投资风险。在谈到中国计划经济时代很高的银行坏账率的时候，人们总是将其归咎于运作僵化和腐败等因素，另外一个因素可能会被很多人忽略，那就是金融市场的缺失使金融机构承担了太大的风险。在计划经济时代，国内的金融机构更多的是履行一种政府的职能，并不是一种市场化运作。如下可能就是一个典型的模式：某市政府决定在当地建一个工厂，计划投资 1 亿元，但是财政拨款只有 3 000 万元，另外的 7 000 万元资金就会指示当地银行给予帮助。由于银行的干部都是当地政府任命的，因此不会违反政府的指示。但是这个厂办下来以后，可能会出现亏损，甚至没法还贷，最终会形成银行的坏账。事实上，计划经济时代政府的财政能力很弱，资金紧缺，国有企业每年的利税都要上交。这些企业没法将盈利运用到设备的更新换代和扩大再生产中，因此多数企业最终只能进行维持性的简单再生产经营。中国在 1978 年对外开放以前，是“短缺时代”，企业生产出来的产品，不管质量好坏，几乎都能卖出去，因此，这些企业的资金链还勉强可以维持。在中国实施对外开放、对内搞活的政策以后，国有企业就开始面对外国企业和民营企业的直接竞争。在计划经济体制其他弊病的一并影响下，多数国有企业的生存能力越来越弱，出现了亏损、还贷困难甚至资不抵债等情况。最终造成国有资产损失和银行的坏账率相应提高。

中国计划经济时代，银行体系几乎承担了所有的金融风险。中国加入 WTO（世界贸易组织）后，为了迎接国际竞争，不得不对历年累积下来的大量坏账进行清理，核销了大量坏账，同时发展金融市场，逐步扩大直接融资的比例。

中国的脱媒趋势开始于 20 世纪 80 年代末中国股票市场试点工作逐步推开期间。中国股票市场在30多年里从零开始成长为世界第二大的股票交易市场。世界交易所联盟（World Federation of Exchanges，WFE）2019年上半年的统计数据显示，上交所是世界第四大交易所，香港联交所是世界第五大交易所（其市值接近一半来自中国内地的上市公司），深交所是世界第八大交易所。从2007年开始，中国政府开始开放并鼓励发展公司债券市场，公司债券市场逐渐成为国内直接融资的重要途径。相对来说，中国金融市场发展的时间虽然不长，但发展迅速，伴随而来的，就是脱媒现象日益明显。

金融市场在分配社会资源方面比金融机构有更高的效率，因此，金融脱媒现象是一种进步。当然，政府在对金融体系进行调控的时候可能会发现，对于金融市场行为的控制力会弱于对于金融机构行为的控制力。这对于政府的监管部门来说，是一个挑战。对于中国这个正在从计划经济时代走向市场经济时代的经济体来说，脱媒现象应该能够进一步推动政府监控金融体系的市场化观念，从而加速中国经济市场化的进程。从企业来说，金融脱媒现象应该引起重视，对于有一定规模的企业来说，进入金融市场是提升企业档次和提高融资能力的重要举措。对于这个问题，我们将在后面的章节有更深入的讨论。

2. 混业经营趋势

世界金融体系中的分业经营和混业经营模式在历史上交替出现过多次，在中国金融体系的监管中也曾经有过变化。

20世纪初，美国是允许混业经营的，即金融机构之间可以在股权和业务上交叉渗透。1928年之前，美国股市出现了延续多年的超级牛市，其中金融机构提供高比例的融资融券起到了推波助澜的作用：股市持续上涨麻痹了人们的警戒心，投资者热衷于高杠杆以取得更高的回报率；证券公司为了获得更多的客户和更多的业务量，很乐意给予融资便利；证券公司的股东很可能就是银行，银行给证券公司提供资金可获得更高的回报，因此乐此不疲。只是，盛极必衰是自然界的规律，更是股市周期的规律。1928年开始的暴跌，让道琼斯工业平均指数从约390点跌至约40点，短期内跌幅近九成！那些高杠杆融资的投资者纷纷进入破产境地，连锁反应迅速传递到提供融资的证券公司以及银行。

这次史上称为“大崩溃”的金融危机引发了持续多年的大萧条。美国金融体系监管者痛定思痛，检讨了混业经营可能导致金融体系连锁反应的缺点，在立法上做了重大改革：①颁布了《1933年银行法》，该法又称《格拉斯－斯蒂格尔法案》。②颁布了《1933年证券法》，该法又称证券真实法。相对以前，这两个法要求金融机构之间构筑

"防火墙"——股权和经营权必须保持各自独立，避免出现财务困难时互相之间的直接传递。这两个金融法对美国之后的经济发展以及金融行业的发展起了非常重要的作用。不过，这一制度的缺点也逐步变得明显。其中一个缺点就是降低了金融行业的运作效率。例如，保险公司和信托公司有很多金融产品需要推向投资者，如果他们需要去铺设接近客户的网络的话，成本会非常大，可是按照《1933 年银行法》，他们是不能利用原已非常密集和完善的商业银行网络体系的。如果商业银行可以接受其他金融机构产品的销售委托，那么边际成本是非常低的，对双方都有好处，也能提高社会综合效率。

追求效率的金融机构逐步向一些限制界限模糊的灰色地带突破。20 世纪末投资银行 JP 摩根与商业银行大通曼哈顿银行合并的申请获得批准，美国国会也通过了《金融服务现代化法案》（1999 年 11 月 4 日），由此结束了自 1933 年开始的金融行业分业经营的历史，允许金融机构通过金融控股的形式进行金融行业中多领域的经营。商业银行、投资银行和保险公司等金融机构之间的界限被淡化了。以商业银行为例，过去主要以利差为收入和利润来源，在混业经营时代，商业银行逐步扩大了非利息收入的比例。如花旗银行这类的全能银行，非利息收入的比重甚至超过一半。

中国改革开放初期，金融体系基本上等同于商业银行体系，因为其他金融机构极少，业务规模小。因此中国金融体系基本上实行的是混业经营模式，商业银行逐步开办证券和保险业务。1993 年中国政府出台 16 项治理整顿措施，其中一项就是要求商业银行与包括证券的非银行金融机构和经营实体彻底脱钩。1995 年之后逐步颁发《中华人民共和国人民银行法》《中华人民共和国商业银行法》《中华人民共和国证券法》等法规，中国金融体系走向分业经营模式。

中国在 2001 年加入 WTO。作为加入的条件之一，政府承诺国内金融行业逐步对外方开放。为了适应西方普遍的混业经营制度，中国也逐步进行混业经营改革，允许金融机构在其他领域开展业务。经过 10 多年的改革，中国平安、中信集团和光大集团等金融机构已经逐步成为全牌照（银行、保险、证券、信托、租赁、基金和期货）金融集团。

3. 利率市场化趋势

"二战"后，在布雷顿森林体系之下各国普遍采取利率管制的金融抑制政策，限制竞争也保护了既有的金融机构。20 世纪 70 年代以后，布雷顿森林体系瓦解以及石油出现危机带来了滞胀——通货膨胀高企和经济增长停滞。美国等西方国家试图通过改革使金融体系更具有活力，降低资金成本，于是纷纷进行利率市场化改革。

利率市场化改革的目的，主要是将利率的决定权交给市场，由市场的各个决策主体自行做决策，以共同决定利率。这其中的关键就是理顺金融产品的定价机制，让总体利率能够充分体现市场的供求关系，而各种资产的利率水平能够充分体现该资产的未来预期现金流、风险、流动性等。各种资产的隐含利率符合合理的利率结构，包括利率的风险结构（风险越高，利率越高）、利率的期限结构（绝大多数情况下，期限越长，利率越高）和利率的流动性结构（流动性越差，利率越高）等。

在合理的利率风险结构之下，不同的资产需要有不同的投资回报率。针对不同的客户，银行应该根据其违约风险大小判断是否给予贷款，给予贷款的话，应该确定多高的利率。显然，一个没有任何资产质押的小企业的违约风险远高于那些业绩良好的大企业，银行拒绝对小企业提供贷款很正常，即使决定提供贷款，也要确定一个更高的贷款利率，以体现风险溢价。

在美国的带动下，西方国家的金融体系自 20 世纪 60—70 年代后逐步进行利率市场化改革，使利率、汇率、股价以及物价等经济和金融指标之间形成了越来越紧密的关系。

中国自 20 世纪末开始借鉴美日等国“先易后难，先小后大”的循序渐进思路进行利率市场化改革。经过约 20 年的改革，中国的利率市场化已经趋于成熟，尽管出现了一些局部混乱现象，但是并没有形成系统性的问题，这是值得欣慰的。

上述脱媒趋势、混业经营趋势与利率市场化趋势也是互有关系的。谈到金融体系的发展趋势，人们会认为互联网金融发展也是其中重要的一项。笔者认为互联网金融实际上体现的是互联网技术在金融体系中的运用而导致效率的提高，包括支付手段的创新和结算速度等，这让金融体系和金融市场在一个更高的层次上运作。不过，互联网金融活动从本质上来说并不构成对于金融体系和金融市场的革命。金融的本质还是资金的融通以及风险控制。P2P 过去几年的“野蛮”生长，导致了不少问题。笔者在 2015 年 1 月的第一版中，就提醒过读者要重视这类金融活动的风险。所幸那些乱象正在受到整治。

4. 新趋势之下金融机构面对的挑战与机会

脱媒、混业经营以及利率市场化对于金融机构的影响是挑战与机会并存。

脱媒趋势对于传统的金融中介机构，特别是商业银行的业务造成沉重打击。这些年来很多人留意到国内出现了“银行存款搬家”的现象——存户把资金提取出来投向了股市、信托计划、债券或者房地产等。很明显，现在对于投资者来说，除了银行存款外，还有更多的投资机会。同时，银行本来服务的另一端客户——融资者，也出现了变化，他们可能会通过其他方式取得资金。

各领域的金融机构过去只是应付本领域机构的竞争，但现在的日子似乎没以前那么稳定了，混业经营趋势让各领域的金融机构被允许突破领域限制，在自己的老本行也会出现来自其他领域的竞争者。不同的金融业务需要不同的金融人才。显然，金融行业对于人才的需求也发生了变化，最受欢迎的是那些拥有较全面金融专业知识和经验的综合性人才。

金融体系各领域的限制逐步放开，意味着金融机构可运作的空间扩大了，金融机构可以向金融体系的其他领域扩张。比如商业银行尽管面临“银行存款搬家”的现象，但可以向保险、证券、信托等领域进发，可以利用自己原有的网点去推广和销售其他的金融产品，同时，商业银行在管理巨额客户资产的时候，可以把更多的投资品种纳入投资组合，为客户提供更加全面的金融服务。

第二节　中国经济金融化的国际比较

经济金融化指一国（地区或经济体）金融市场的发达程度，一般以金融市场的规模来衡量。美国是世界最大的经济体，其金融化程度也是最高的，因为美国拥有世界上最庞大和最发达的金融市场。中国自 2010 年以来成为世界第二大经济体，且继续快速增长，不过，中国的金融市场还处于建立、开放和发展的过程中。国际上常用证券化率来衡量一国经济的金融市场规模和效率：证券比率即一国各类证券总市值与该国国内生产总值的比率。证券市场包括股票市场、债券市场、基金市场和资产证券化市场，因没法从一个数据来源采集到所有相关信息，以下分别从资本市场（股市和债市）和其他证券市场两个方面对中国与其他主要国家做比较，希望让大家能有基本的认识。

图 1 -2 是 2021 年世界资本市场的结构情况，以下分别考察股票市场和债券市场的分布结构。

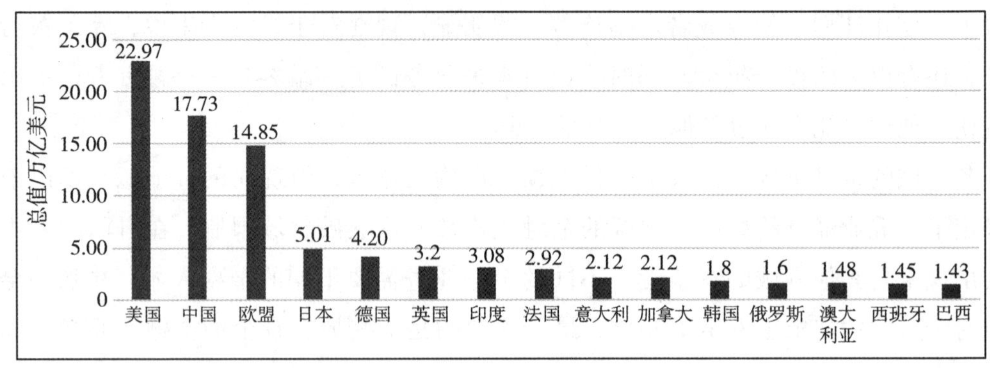

图 1－2　2021 年世界前十五大经济体国内生产总值

资料来源：根据世界银行 2020 年数据及国际货币基金组织对 2021 年增长率预测值估算

一、资本市场规模的国际比较

资本市场通常指投资期超过一年的投资品市场，主要指股票市场和债券市场。

1．全球股票市场

美国股票市场是世界规模最大的。按 2020 年 9 月的市值计算，全球股票市场约 97 万亿美元，美国股票市场的总市值约占世界股票市场总市值的 40.5%；英国脱欧之后的欧盟2021 年的国内生产总值（GDP）只有 14.85 万亿美元，相当于美国的 65%，其市场的总市值仅占世界股票市场总市值的 9.6%，相当于美国的 23.7%；中国 2021 年的 GDP 为 17.73 万亿美元，相当于美国的 77%，中国股票市场的 2020 年总市值占世界股票市场总市值的 11.0%，只相当于美国的 27.16%；中国 2021 年的 GDP 是日本的 3.5 倍，可是 2020 年股票市场规模只是日本的 1.75 倍。

中国的股票市场从 20 世纪 80 年代末开始建立，发展至今已 30 多年，初步建立起一定规模、多层次的股票市场。不过与美国相比，中国股票市场还有很长的路要走。

2．债券市场规模的比较分析

以债券为主要代表的世界定息市场规模比股票市场还要大，2020 年 9 月大约为 106 万亿美元，在这个市场中，美国占 39.9%，欧盟占 20.3%，日本占 12.1%，而中国只占 14.1%（如图 1－3 所示）。中国的债券市场规模仅相当于美国的 35.34%，相当于日本的 1.17 倍！

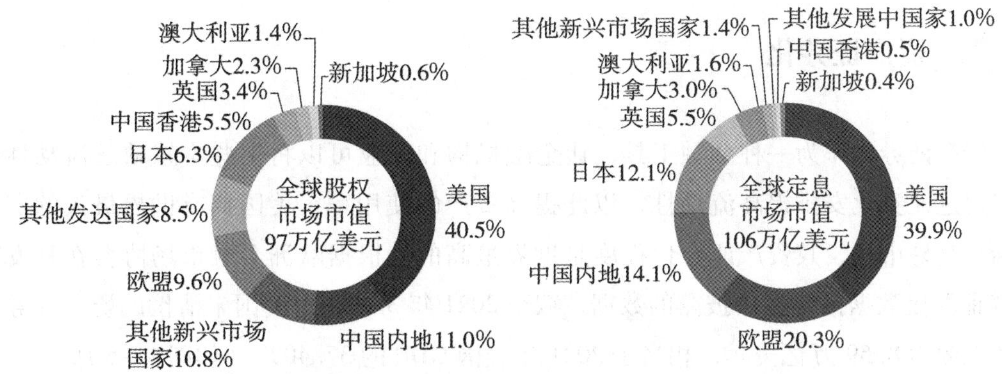

图1－3　2020年9月世界资本市场的分布结构

资料来源：美国证券行业与金融市场协会（Securities Industry & Financial Markets Association）发布的《2021年展望——资本市场趋势》"2021 Outlook—Trends in the Capital Markets"）。

3．主要经济体非金融机构的融资方式

图1－4显示，美国非金融机构的债务融资方式中，债务类证券融资约占80%，银行贷款只占约20%。而欧盟非金融企业对银行贷款的依赖性约为76%，而日本为79.5%。

美国的非金融机构的融资方式结构中，股本融资占比约为68%，欧元区、英国和日本都占55%～60%，相比之下，中国的非金融机构的融资方式中，股本融资仅占约10%，严重依赖于债务融资，主要是银行贷款。这个重大的差别显示，中国未来在股票市场、债券市场和私募股权融资等方面都需要进一步发展。

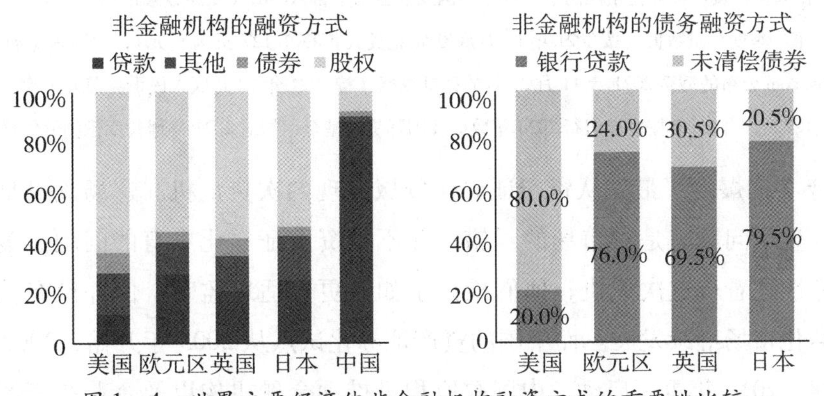

图1－4　世界主要经济体非金融机构融资方式的重要性比较

资料来源：美国证券行业与金融市场协会（Securities Industry & Financial Markets Association）发布的《2021年展望——资本市场趋势》"2021 Outlook—Trends in the Capital Markets"）。

二、资产证券化

资产证券化作为一种金融工具，让金融机构和企业可以将那些本来缺乏流动性的资产通过证券化安排提高流动性，以此提高资产的使用率。美国拥有世界最大的资产证券化交易市场，其资产证券化程度是世界最高的。根据欧洲金融市场协会在其发布的《证券化数据报告》中披露的数据，截至2021年3月底，美国未清偿的资产证券化资产总额为8.59万亿美元，相当于2021年美国GDP的37.40%（如图1－5所示）。

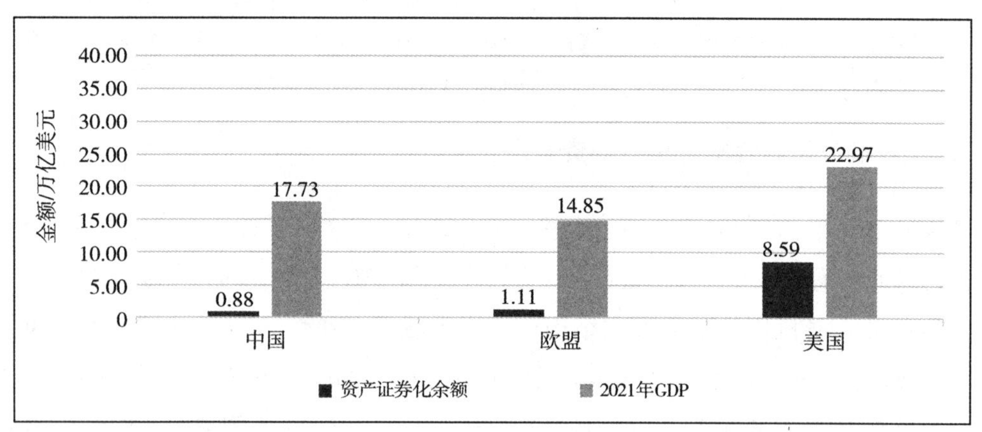

图1－5　中国、美国、欧盟资产证券化规模比较

数据来源：资产证券化余额的数据——美国及欧盟采集自AFME（欧洲金融市场联合会）公布的2021年第一季度存量数据（按2021年12月底欧元兑美元汇率1.127折为美元），中国采集自www.cn－abs.com公布的截至2021年11月22日的存量数据（按2021年12月底人民币兑美元汇率6.38折为美元）；2021年GDP按世界银行2020年数据及国际货币基金组织对2021年增长率预测值估算。

2008年美国爆发了最先从资产证券化领域出现的次贷危机。这场危机是由于整体经济结构发生了问题，是对市场的纠错，并不是资产证券化本身的问题。美国政府管理当局很理性地看待这次危机，他们检讨了如何更合适地监管，但并没有关闭或者限制资产证券化市场继续发展。而中国的资产证券化试点从2005年开始，2008年金融危机时被叫停，2014年重新启动，中国政府积极推动金融机构以及企业在资产证券化方面的尝试。2016年之后，中国的ABS[①] 市场快速增长。根据CNABS（中国专利文摘数据库）官网的数据，至2020年12月21日，中国全部未清偿合约（信贷ABS、企业

① ABS（Asset Backed Securities）被称为资产支持证券。

ABS 和 ABN[①] 等）总额达到 0.88 万亿美元，比 2019 年 3 月底 0.42 万亿美元的数据增长了 109.52%！不过，却只相当于 2021 年 GDP 的 5%，与美国相差甚远（如图 1－5 所示）。

与美国相比，欧盟的资产证券化也不发达。欧盟的资产证券化未清偿合约余额与 GDP 之比仅略高于中国。笔者认为，欧盟毕竟不是一个统一国家，在发展金融市场方面受到诸多限制，这是其金融市场长期弱于美国的重要原因之一。尽管欧元产生之后对美元的国际地位造成挑战，但影响仍然有限。英国脱欧只是一个开始，预计未来还有更多的脱欧事件，欧元的可持续性仍然是令人怀疑的。

三、收入水平与经济金融化

一国资本市场规模与收入水平有密切关联性。较高的人均 GDP（按购买力评价计算）意味着人们有更高的可支配收入以及潜力去做更多的储蓄。更深层次的资本市场可能有助于通过更有效的资本配置来推动人均 GDP 继续增长。因此，拥有深厚资本市场的美国占全球金融市场活动总量的 44%。其金融市场驱动着高人均 GDP，高人均 GDP 又为个人提供了经济机会。

从上述中国在世界金融市场中活动总量的比重可见，中国所占的比重不算太低，可是，中国人口众多，中国的人均金融活动仍然大大小于其他的发达国家。因此，中国的人均 GDP 要赶上发达国家还有很长的路要走，而人均金融活动，也需要继续扩大。

“有效率和有弹性的市场结构是维持投资者信心和支持资本市场参与热情的关键。监管机构和市场参与者的目标是促进市场弹性，确保市场继续让投资者受益，并在资本形成中发挥重要作用。市场力量在初级和二级市场都至关重要。”[②]

对于美国的强大，很多人都仅从经济和技术层面去解读。事实上，其高效率的金融市场在维护其“强大”的过程中发挥的重要作用不容忽略。美国金融市场不仅有高效分配资源的功能，还有解决经济问题的功能。每次经济危机过后，美国的过剩产能总能迅速清理干净，经济泡沫总能被挤破（该关门的关门，该破产的破产），经济总能迅速复苏，都与此有关。

---

① ABN（Asset Backed Medium-term Notes）被称为资产支持中期票据。

② 这段话引自美国证券行业与金融市场协会（Securities Industry & Financial Markets Association）于 2018 年底发布的《2019 年展望——资本市场趋势》（“2019 Outlook—Trends in the Capital Markets”）。

美国的经济总量在1894年超过英国成为世界第一，工业产值在1913年达到世界的38%，居世界第一，并且在金融市场规模上超过英国。在“二战”后的布雷顿森林体系之下，美国确定其世界霸主的地位。在这个新的体系中，美国政府仅仅通过一些金融市场的手段，就可以向世界传递美国的意志并施加美国的力量，引导着世界资金的流向，甚至对一些弱小的国家形成金融的控制力。

做生意都希望货如轮转，周转得越快，成本越低，薄利多销，盈利也可以增加，同样的道理在金融市场也应该适合，规模巨大且发达的金融市场很大程度提高了美国的货币流通速度。或者说，美国不需要那么多的基础货币，整个经济也能正常运转，而且货币周转得快降低了金融市场的融资成本。

从以上金融市场数据的比较可见，中国当前的经济金融化程度与中国当前的经济规模并不相称。按照当前中国的发展趋势，经济总量超过美国只是时间问题，而作为经济体系重要支撑的中国金融体系，未来必然会全面超越美国。

第三节　企业的组织形式与财务管理目标

在财务决策中，经常涉及不同方案的取舍。这时候需要明确财务管理的目标，以作为决策的判断标准。

经济主体有很多种，比如个体商贩、一般合伙企业、有限合伙企业、有限责任公司、慈善机构、地方政府以及中央政府等。而各经济主体本身的权、责、利在法律上都可能有区别，反映到财务管理中，成本、收益项目的核算方式很可能也因此不同，并影响财务管理的目标。

本节先对企业组织形式做基本的界定，然后对有限责任公司这种特定经济主体的财务管理目标做具体的讨论。

一、现代企业制度与代理人问题

现代企业制度有一个重要的特点，就是所有权与管理权分离。它导致了代理人问题的产生。而这常是形成公司治理问题的根本原因。

1. 企业的组织形式及其特点

经济主体，可以通称为企业。企业的组织形式有三种，在法律的权、责、利等方面各有特点。

（1）个体所有制。

个体所有制企业是由单个个人设立的，且不具有法人地位的企业。

个体所有制的优点包括：决策简单，一个人说了算；设立及运营受到的监管是最小的；企业的利润不必交税（作为业主的个人收入申报个人所得税）。

个体所有制的缺点包括：企业不具有法人地位，不具有承担责任的能力，因此不能独立融资；企业权益没法转让；业主承担企业的无限责任，即企业如果发生赔偿责任，完全由业主承担；企业的存续取决于业主的寿命以及经营的兴趣和决心。

个体所有制企业的缺点决定其发展潜力有限。一旦企业想要有大的发展，很可能就需要改变组织形式。

（2）合伙所有制。

合伙所有制企业是由多个合伙人共同成立的，且不具有法人地位的企业。

合伙所有制的优点包括：决策相对简单，设立及运营受到的监管相对较小，企业的利润不必交税（作为业主的个人收入申报个人所得税）。

合伙所有制的缺点包括：企业不能独立融资，权益转让相对困难，业主承担企业的无限责任，企业存续受制于业主的寿命及合作的状态。

有限合伙制企业是一种比较特殊的组织形式。

其特点是：企业本身的优点和缺点与合伙制企业一样，但是合伙人之间区分为两类——有限合伙人和普通合伙人。

合伙制企业常成为一些从事专业服务的企业的组织形式，如会计师事务所、律师事务所等。

有限合伙人在企业中仅承担有限的责任（即其损失仅限于自己所投资的资产）。

普通合伙人承担该企业的全部和无限责任。

《中华人民共和国公司法》规定，法人单位、事业单位和社会团体都不能成为合伙制企业中的普通合伙人，但可以成为有限合伙人。

有限合伙制企业在私募投资基金行业中使用比较普遍。通常由基金管理人担任普通合伙人，其他投资人成为有限合伙人。承担风险的差异自然影响到企业收益的分配。普通合伙人通常除了收取基金管理费并负责经营管理外，还会在利益分配时获得佣金收入。这在第十一章有更详细的论述。

（3）公司所有制。

公司所有制企业，严格来说是有限责任公司，或简称有限公司，是由一个或多个个人和（或）法人一起设立的企业。有些个体所有制企业或合伙所有制企业可能也被称为公司，但它们法律上属于无限责任公司，与有限责任公司完全不同。

公司所有制的优点包括：公司所有人（股东）仅承担有限责任，即赔偿责任仅限所投入的股本金；股权转让比较简单，因此公司可以永远存续（尽管有限责任公司注册时会规定经营时间，但到期时只要股东会同意，就可以延期）；公司是独立法人，可以独立对外融资；所有权与管理权分离。以上几个方面的优点，决定了公司的所有人未必要参与公司的经营管理，可以聘请职业经理人负责公司的经营管理。

公司所有制的缺点主要包括：设立及运营受到的监管最多；双重课税——企业的利润需要交企业所得税，投资者收到股息还要交个人所得税；所有权与管理权分离，是优点又是缺点，因为它导致了代理权问题的产生。

2. 代理人问题与利益冲突

作为有限责任公司，在小规模经营的时候，股东或者主要股东会不同程度地直接负责公司的经营管理。一旦公司扩张到一定规模的时候，公司股权就会非常分散，可能已经不存在具有实际控制权的大股东，这个时候，公司的经营权就基本落入管理团队的手中。公司的所有人仅享受投资收益，日常经营管理权被外部人控制。当然，股东大会仍然对管理团队具有重要影响，但只是集体决定是否继续把公司经营权交给这个管理团队，还是转交给另一个管理团队。双方之间的这种关系，属于法律上的信托关系。由于双方的利益并不完全一致，因此这种信托关系容易出现问题——代理人问题。

（1）代理人问题。

在经济社会中，只要存在信托关系，就存在潜在的代理人问题。借用法律诉讼中委托人（当事人）和代理人（辩护律师）的关系及其互相的利益冲突，比较容易理解这种代理人问题。

诉讼委托人和代理人之间具有利益的共同点和不同点：

共同点就是，打赢官司的话委托人可获得法律诉讼中的诉讼目的（比如洗脱罪名），代理人则可以按照约定获得全部酬金；打输官司的话代理人则可能只是收取部分酬金。

不同点就是，打输官司的话委托人可能是失去生命或者自由（例如被判死刑或者入狱），而代理人只是不能收到全部酬金而已。显然，双方的利益不是完全一样的。

委托人和代理人之间的利益差异，导致双方潜在的利益冲突——受托方有可能在拿着委托方报酬的同时，没有尽力去为委托方服务，甚至在其他利益驱使下（例如私下受到诉讼对方的贿赂）可能损害委托方的利益。

公司所有权与管理权分离，相当于公司股东作为委托人委托管理团队作为代理人负责公司的经营管理。公司经营得好，股东获得好的回报，管理团队也获得更高的管理报酬。只是，当公司经营出现亏损的时候，股东得不到回报，承担了损失，而管理团队仅仅是减少了管理报酬而已（正常的管理团队聘任合同，不可能让管理团队赔偿公司的亏损）。显然双方的利益也不是完全相同的。利益的差异，也导致潜在的利益冲突。

（2）代理人问题是绝大多数公司治理问题的根源。

公司治理是指公司通过契约、规则、制度等规范公司运作和行为，以平衡公司与利益相关者之间的关系。公司的管理问题，几乎都可以归结为公司治理问题，而出现问题的主要原因是上述所有权与经营权分离而导致的利益冲突，例如公司管理人员或员工消极怠工、采购人员在采购的时候收回扣、财务人员贪污等。设想公司股东自己工作的话，上述问题基本上就不存在了。

二、财务管理的目标

在微观经济学关于厂商最佳产量和最佳定价的决策中，利润最大化被确定为决策的目标，因为假设企业在做决策时，是从企业的利益出发的。可是，企业在讨论有限公司财务决策的时候，却无法忽略上述所有权和经营权分离导致的潜在的代理人问题，因此，在讨论财务决策的时候，如果继续以利润最大化为目标，就未必是适当的。

1. 为什么利润最大化不应该成为财务管理的目标

对于公司股东来说，公司的利益不管从短期来说还是从长期来说，都是与其密切相关的。即使某位股东购买股票只是为了短期的炒作，价格的涨跌实际上也不仅体现着公司短期的状况，还体现着公司长期的状况（第三章的现金流贴现估值模型显示，资产价格实际上就是未来现金流的折现）。

对于公司管理人员来说，公司的利益与其只有短期的关系。管理人员与公司通常都会签订合同，且会有确定的雇佣期限。一般雇佣合同期是一年，到期双方同意时再续签。这种情况，决定了管理人员的关注点会是短期利益，即关注在自己的合同期内如何履行相关的责任和义务，争取获得约定的利益，至于他所做出的经营和财务决策是否会导致合同期之后的不良后果，不是他所关注的事情。

如果把利润最大化确定为公司财务管理的目标，很自然也会给管理人员一个利润目标和奖励指标。

假设管理人员的聘用合同在本会计年度的年底到期，按照合同规定，管理人员可以从税后净利润中获得10%的管理奖金，那么，管理人员在如下几种情况下会如何做：

（1）本来公司每年年底之前需要做一次设备维护，以保障设备的正常使用和合理的寿命，但是这一次设备维护将发生一大笔开支，如果你是管理人员，会不会想办法把设备维护拖延到年后？

（2）公司都需要维持一定的库存，以保证持续稳定的供货能力，到了年底，如果你是管理人员，会不会为了降低资金占用成本而在年底前清空库存？

（3）公司的机器设备折旧期限目前为5年，既然会计规则允许，那么如果你是管理人员，会不会把折旧期延长到7年？

从职业道德来说，管理人员需要从公司利益出发，考虑上述情况。可是，从个人利益来说，在上述三种情况下，管理人员很有可能选择做出对自己更有利的决策：将设备维护延迟到下一年，并不一定马上就导致设备出现故障，只是由于没有按照规范维护，使用寿命可能会缩短，可是年底之后维修则减少了本年的维护费用，意味着今年的利润增加，自己的奖金也会提高；年底前清空库存，可以减少资金占用成本，有利于本期利润的提高，而过了年底库存不足可能导致正常销售受到影响，可这不是管理人员关注的重点。

诚然，不同的管理人员，职业道德水准会有差别。不排除有优秀的管理人员严格以雇主利益为重去考虑所有的管理选项。不过，人性的自私，是经济学分析和管理学分析的出发点。

从管理学的角度来说，要改善管理人员的行为，有很多种方法。比如，在与管理人员的聘用合同中，把要求和限制行为都更加详细地列明，规定年底前必须做设备维护、任何时候的库存必须保证在某一个水平以上、管理团队不能擅自调整折旧期限等，如果违反以上要求，就要受到惩罚。如果公司把能想到的可能损害其长远利益的漏洞都给堵上，就可避免诸如上述的那些不良行为。不过，一个公司的人财物、产供销各方面的管理涉及很广，很多潜在的问题其实很难事先设定，最后百密一疏，还是有可能出现一些漏洞并被加以利用。话说回来，如果什么都事先估计好并且给管理人员规定好，那么很可能会限制了他们的创造力！现代金融学家已经注意到这些问题。因此，在公司理财理论中，财务管理的目标不是利润最大化。

2. 公司财务管理的目标是股东权益最大化

财务管理理论强调，公司财务决策的目标是股东权益最大化。对于上市公司来说，股东价值直接体现为股市中股票价格的高低。因此，股东权益最大化，也可以表述为公司股价最高化。

按照现代金融学理论，在市场中交易的公司股票，其价格体现了市场投资者对于公司状况的评价：公司管理团队经营不善，或者行为不当，投资者会用“脚”投票，通过卖出，让股价下跌对公司的管理绩效给予“差评”。即使一般的投资者不懂得分析，市场专业的分析员和基金经理也会去发掘公司的实际价值。

对于那些非上市公司，用公司股价最大化的说法不是很恰当。不过，公司价值相对比较好衡量，即使是非上市公司，公司的价值也可以用一系列的方式予以估算。所以，公司财务管理的目的，可以比较简单地表达为股东权益最大化，或者叫公司价值最大化。

3. 公司财务管理目标的实现手段

把公司价值最大化作为公司财务管理的目标，可以给公司管理人员提供一个比较明确的工作目标。不过，这个目标也容易引起误解。公司是否可以运用任何手段去实现这个目标？答案显然是否定的。公司在经营中还受到各种因素的制约，公司管理人员需要在这些因素的影响下，尽量使公司价值最大化。

（1）公司运作需要遵纪守法。

公司运作行为受到一系列法律法规的约束。公司如果通过财务造假等违法违规手段实现股价上升，也许会给股东带来短期利益，但肯定会损害长期利益。美国安然公司 20 多年前虚假盈利数十亿美元，虽然虚假数据曾经推动股价持续多年上涨，但是当弊案被揭穿之后，股价暴跌，公司破产，投资者损失惨重。

（2）公司需要履行社会责任。

除了法律法规之外，公司运作环境还有道德规范等的约束。每个公民和企业都有社会责任去推动社会进步，保护自然环境，增加整体利益等。一个优秀的企业，自然需要更好地履行社会责任。2020 年初的新型冠状病毒肺炎疫情给中国带来灾难，不少企业通过捐赠等方式为社会提供帮助。虽然捐赠支出表面上减少了公司的价值，但是履行社会责任可以为公司带来声誉，实际上也可能带来公司价值的提升。

（3）利益相关者的制约。

每个公司除了公司股东和管理人员，还有一般员工、供货商、客户、政府等利益相关者，这些相关者都有自己的利益。公司管理人员如果无法协调各利益相关者的关系并得到他们的支持，就很难维持其在公司的地位或得到公司股东的支持。公司管理人员只有充分照顾到各方的诉求，平衡各方的利益，获得长期稳定的合作关系，才有可能实现公司的目标。

（4）公司期权等金融工具对于管理人员的引导。

为了让管理人员能够从股东的角度考虑问题，并照顾到股东的利益，给管理人员安排期权也是一种办法。期权是一种金融工具，持有人可以在一定的期限内，按照约定的价格认购一定数量的公司股票。期权对于持有人来说，是一种权利，持有人可以行使权利，也可以放弃权利。如果管理人员持有公司股票的期权，就意味着他们未来可以从股价上升中取得利益。这样可以让他们像股东那样关心公司股价以及公司价值的上升。

确定公司财务管理的目标很重要，它是财务管理决策的终极标准。如果在不同方案中做选择，用其他标准无法确定何为优何为劣时，最好的方法就是论证一下哪个方案可以让公司价值最大化。

第四节　金融学与投融资策划

本节介绍金融学专业的学科体系以及投融资策划在金融学专业中的重要性。

一、金融学及其学科体系

金融学作为经济学科的一个分支，成为一个成熟的专业并不是很久的事情。改革开放以后，国内逐步进行市场化改革，最近 20 多年市场化改革更是逐步在金融体系内铺开，脱媒、混业经营以及利率市场化改革成为基本趋势，使得市场对有现代专业知识的金融人才的需求不断扩大。

1. 金融学专业产生并走向成熟的过程

金融，是经济学研究的重要领域之一。现代经济学创始人亚当·斯密（Adam Smith）在研究市场经济运行规律涉及交换使用的货币时，就包含了金融学的内容。但是，作为一门相对独立的学科，金融学的历史并不长。根据笔者对金融领域的理解，宏观金融问题的理论研究框架始于欧文·费雪（Irving Fisher，1867—1947 年）所提出的货币交易等式。此后，经济学家如约翰·梅纳德·凯恩斯（John Maynard Keynes）和米尔顿·弗里德曼（Milton Friedman）等对于宏观金融问题展开研究时，均基于这个框架进行。而以经济体系的基本单位——企业——为研究对象的企业金融（投资和融资）决策行为的研究成果，则集中产生于20 世纪后半叶。其背景则是“二战”后建立的布雷顿森林体系在20 世纪70 年代的石油危机中被摧垮，美元与黄金脱钩，其他货币逐步与美元脱钩。此后发达国家相继进行了利率市场化改革，金融体系的市场化程度越来越高。随着市场化程度的逐步提高，对金融数据做定量化分析的可能性随之增强。

2. 估值是金融学的核心内容

按照美国麻省理工学院金融系主任斯蒂芬·罗斯（Stephen Rose）的观点，资产估值是金融学的核心内容。这是因为几乎所有金融交易均涉及估值问题。而现金流贴现估值法则被认为是最科学和最客观的方法。事实上，即使专门从事宏观金融问题研究的专家，也需要关注金融市场的估值问题。如，2008 年金融危机爆发以后，美国股市从谷底开始了持续 10 年的大牛市，三大指数均屡创新高。资本市场估值水平持续上涨，由此推高了市场泡沫。从金融市场周期来看，盛极必衰、否极泰来是永恒的规律。关注美国宏观金融问题的各方，也不得不把美国股市估值水平及其变化规律考虑进去。

1990 年的诺贝尔经济学奖颁给三位金融经济学家——哈里·马科维茨（Harry Markowitz）、威廉·夏普（William Sharpe）和默顿·米勒（Merton Miller），以分别表彰他们在投资组合理论、资本资产定价模型以及资本结构理论方面的贡献。他们的理论是现代金融学专业理论最重要的基石。[如果要加一块基石的话，笔者认为是 2013 年获得诺贝尔奖的尤金·法马（Eugene Fama）提出的有效市场学说。] 投资组合理论以及资本资产定价模型系统地解决了预期收益与风险的界定和测量，以及两者之间的关联性。而默顿·米勒的资本结构理论则通过定量分析提供了一个研究融资决策的框架，其与佛朗哥·莫迪利亚尼（Franco Modigliani）共同创立的莫迪利亚尼 - 米勒定理（Modigliani-Miller Theorem，MM 定理），成为企业融资理论的经典学说。

现代金融学关于投资和融资的理论和方法，几乎都是以上述理论为基础的。即使从这几位经济学家提出理论的时候算起，金融学作为相对独立的专业，也只是大约70年的时间（马科维茨在1952年提出投资组合理论）。虽然现代金融学的基本理论和方法均以“投资者是理性的”为假设前提，但是学者在研究金融市场行为时却发现，多数投资者都表现出一定程度的不理性，这使得金融市场经常出现非正常的现象。最近10多年来，行为金融学理论对于金融学专业知识做了很多有益的补充，使得金融学理论体系更加丰富和完善。

二、金融学专业的职业范围

本科金融学专业教育是培养哪方面人才的？按照《投资百科全书》（*Investopedia*）的定义，金融学是研究货币、银行、信用、投资以及资产管理的科学。根据斯蒂芬·罗斯的观点，金融学探讨任何跟货币及其市场有关的事务。具体包括四个分支领域：公司理财、投资、金融机构和国际金融。

1. 金融学专业领域工作岗位的界定

根据上述有关金融学的界定，金融学专业应该旨在培养那些从事与货币及其市场相关的专业人才。从四个细分领域来看，金融学专业不仅培养金融机构所需的专业人才，在行业监管的政府部门，如央行、证监会、银保监会、财政和税务等部门的工作人员，还培养在企业中从事财务决策和操作的专业人员。综上所述，从金融的英文“Finance”看，金融学本身不仅包括中文意义上的“金融”，还包括“财政”“财务”和“融资”等意义。只是关于企业财务是否也属于金融学专业的范畴，国内似乎普遍有不同看法。

2. 对金融学认识上的误区及其原因

国内很多高校在专业体系上同时设有金融学专业和财务专业。对于这种专业设置方式，笔者认为不利于金融学专业人才的培养。一方面，专业分别设置带来不必要的内部竞争，不利于专业教学和科研资源的集中使用；另一方面，两个专业很可能有意或无意地进行差异化教学安排，未必能够实现人才培养方案的最优设置。

笔者认为，将金融和财务分别设置的方案，体现了历史的影响。改革开放前，中国实行全面计划经济，政府制定计划经济政策后，企业（当时几乎所有的企业都是国营企业）只是按照既定的计划执行，不需要做财务决策（包括投资决策和融资决策）。企业财务工作人员的职责几乎等同于会计人员的职责——负责记账和算账。而对于金融机构或者从事金融领域监管工作的人员而言，研究金融问题也无须太在意企业的财务行为，只要关注宏观经济指标及其变化的影响就足够了。既然如此，金融从业人员自然也忽略了企业财务行为在金融体系中的重要性。

3. 金融学专业应该包含财务专业

改革开放40多年来，中国进行了全面的市场化改革，对整个金融体系的运行产生了重大影响。

首先，非公有制经济规模早就超过总规模的一半，而民营企业的数量甚至接近全国企业总数量的90%。

其次，目前绝大多数的行业已采用了市场化定价机制，经济参与者需根据情况自行做投资决策和融资决策。事实上，即使是国有企业，也基本上实行了现代企业制度改革，需要自行完成基于市场经济环境的投融资决策。

再次，中国最近30多年来已经建立了股票和债券市场，私募股权融资市场也已初具规模。各种规模的企业在投融资决策中均需直接或间接地与金融市场打交道。

最后，中国自20世纪末开始进行的利率市场化改革，目前已经进入尾声，在利率市场化的环境中，投融资决策的专业性和技术性越来越强。

鉴于上述，企业财务人员被重新赋予进行财务决策的职能。他们需要掌握现代金融学理论和分析方法，以为其决策提供指导。

笔者认为，对上述变化的认识对金融学专业的设置思路形成两方面的指导意义：

第一，学科专业的划分和设置需与时俱进，体现经济运行规律和特点对于专业人才的实际要求。事实上，目前一些学校的财务专业还仍是按照会计学专业的模式来安排教学计划。

第二，有助于更清晰地了解金融学专业人才的实际供需状况，不仅可以为相关部门合理配置高等教育资源提供数据支持，也可以引导年轻人形成理性的职业预期。简言之，金融学专业的毕业生，如果其主要就业方向仅限定在金融机构和金融监管部门，那么市场对人才的需求就是相对有限的。如果把企业的财务工作岗位都纳入金融学专业人才的服务对象，那么需求会增加数倍。现在有点规模的企业都需要专门的人才去做投资策划和融资策划工作。

三、金融体系的发展趋势与行业人才培养

如本章第一、第二节所述，自 20 世纪 70 年代开始，世界金融体系出现了三大趋势——脱媒、混业经营和利率市场化。这不仅影响到金融行业的营运模式，也对金融学专业人才的市场需求产生影响。

1. 金融学专业人才培养应该以宽口径为主

笔者 10 多年前曾经跟英国某大学一位金融学教授交流，获知英国许多大学曾经开设有银行专业，而且一开始就读学生很多。但随后这个专业开始减少招生，许多大学甚至停招这个专业的学生。相比较，金融学专业的招生人数反而越来越多。究其原因，主要是在混业经营时代，金融机构涉及的业务日趋复杂，如商业银行也涉及投资银行业务及资产管理业务等，因此要求从业人员拥有较为全面的知识，而不仅仅是某一方面的金融专业知识。由此，笔者认为，国内的高等教育也需要充分重视行业发展趋势，适当调整金融学专业人才的培养模式。

考虑到金融领域很多工作岗位的实际需要，笔者认为，金融学本科专业人才培养模式宜以宽口径教育为主。理由有三：

（1）在脱媒趋势中，金融市场将变得越来越发达，并将整个金融体系的各个方面紧密联系在一起。即便只是从事某方面的具体工作，对其他领域专业知识的了解也有助于把本职工作做好。例如，做融资策划的人只有充分了解投资人的需求及思维方式，才更有机会完成融资计划。

（2）在混业经营时代，金融行业的各个领域将有很多机会产生交叉业务，那些曾经接受过较为全面的专业训练的毕业生将更容易进入角色。

（3）在利率市场化时代，毕业生如果没有全面的金融知识，就没法理解某一金融产品的价格为什么与其他金融指标以及商品物价指数等方面综合交错的关系。

国内不少高校倾向于把专业分得很细，如有金融管理专业、国际金融专业、证券与期货专业、财务管理专业、金融工程专业和信用管理专业等。近年来有高校新增专业如互联网金融，这实际上进入了较为尴尬的状态。尽管互联网金融领域目前相对热门，但该专业的毕业生在互联网技术方面应远不及信息工程专业的毕业生，而金融领域内的知识又比不上金融学专业的毕业生。当然，这个领域是需要同时具备两种专业知识的人才，但这种人才通常属于中高端的人才。一种较好的培养模式是让信息工程

专业的毕业生再修金融学专业的研究生课程，或者是让金融学专业的毕业生再修信息工程专业的研究生课程。

对于研究生的培养而言，专业细分可能是必要的。相比较，对于本科生教育来说，就有可能产生不良的效果。具体表现在两个方面。一方面，就课程设置而言，很可能因为追求专业特色而忽视了对基础理论和基础方法的学习。另一方面，可能会对学生就业产生影响。考虑到学生在求职过程中的不确定性，过细的专业背景很可能限制了他们的岗位选择。教育应以学生为本，高校的专业设置也应为学生的职业规划和就业前景着想，应更多地从人才市场需求出发。有较大市场需求的专业，应予以设置并获得更多的招生指标，体现高等教育和高校服务地方经济社会发展的责任与目标。

2. 对金融学专业人才的需求状况及趋势

2008 年发生的全球金融危机，在一定程度上妖魔化了金融行业。事实上，金融对于提高经济运行效率、促进资源配置等方面有非常积极和重要的意义。中国的金融市场化改革还在进行和深化中，金融行业还存在巨大的发展空间，对金融学专业人才的需求也在不断增长。

世界银行的统计数据显示，2010 年开始中国已经是世界第二大经济体，2021 年中国的 GDP 大约为美国的 77%，中国是世界第一大国际贸易大国（出口世界第一，进口世界第二）、资本流入第一大国、资本流出第二大国。如本章第二节提供的资料所示，与美国相比，中国金融市场的规模却小得多。美国在 100 多年前超过英国成为世界第一大经济体之后，再经过 20 年时间，其金融体系的规模也超过了英国。笔者相信，中国经济金融化程度，也需要与中国的经济规模相匹配，因此中国的金融行业还将面临巨大的发展空间。这种发展对金融人才产生的巨大的和不断增长的需求，不容忽视。

综上，笔者认为：金融学专业本科教育人才培养模式需要基于对金融及金融学领域的正确认识。国内经济市场化改革之后，企业财务人员需要做财务决策，他们是金融学专业本科教育人才培养的重要目标之一，建议教育部把财务专业合并到金融学专业；为顺应脱媒趋势和混业经营形势下对金融学专业人才的新需求，本科金融学专业的设置不应该过细；中国经济金融化程度未来还将有巨大的提升空间，由此派生出对金融学专业人才需求的巨大增长前景，需要得到高度重视。

四、投融资策划课程体系与教学安排

投融资策划包括的内容，覆盖了企业财务负责人的主要工作。因此，本书的主要目的，就是为企业财务负责人提供专业理论和实践的指导。

1. 投融资策划的主要内容

一家公司的财务总监通常具备三大职能：公司财务监管、投资管理和融资管理。从这三个职能出发，公司财务管理包括三个模块的内容。

（1）财务监管：通过对公司财务状况的分析，了解公司的实际情况，从财务的角度协助公司解决管理问题，提高管理水平。这方面的学习内容包括现金流分析、财务比率分析等。

（2）投资管理：从财务的角度参与公司的投资决策。这方面的学习内容包括投资组合理论与资本资产定价模型、资产估值方法、资本预算、投资可行性研究等。

（3）融资管理：负责确定并实施公司的短期资本融资计划和长期资本融资计划。这方面的学习内容包括资本结构理论、啄食顺序理论和资本成本理论等理论，还包括股票市场融资策划以及企业并购业务中的公司诊断、公司重组以及估值分析等。

2. 投融资策划课程教学

在西方大学金融学（财务）专业中，通常需要开设公司金融的课程。这个课程可能有不同的名称，如公司理财、财务管理等。该课程的内容包括上述三个模块的内容。而本书尽管使用“投融资策划”的名称，但实际上与公司金融的课程体系基本一致。如果有差别，那就是本书更加强调在讲解公司金融理论和方法的同时，尽量与实务工作联系起来，通过案例分析，帮助读者了解如何在现实环境中运用。

笔者研究过西方一些大学金融学专业的课程设置，本科阶段通常会安排初级公司金融和高级公司金融（如澳大利亚墨尔本大学和新西兰奥克兰大学），或者公司金融一和公司金融二（如加拿大圣玛丽大学）。

初级公司金融作为金融学（财务）专业的学生的基础理论课，公司理财应该以介绍基本理论和方法为主，主要是帮助学生理解相关理论和方法，尤其是估值计算。

高级公司金融作为本科高年级或者研究生阶段课程，除了帮助学生强化相关的理论和方法之外，还需要更多地通过案例分析，提高学生的实际操作能力。

国内大学本科阶段按上述方式开设公司金融的似乎不多，不过，除了在低年级开设公司金融课程以外，在高年级会开设投资策划和融资策划的课程类，按笔者的理解，这些课程就类似于高级公司金融的内容。

3. 本书的撰写思路

笔者曾经长期在金融投资机构从事投融资策划实务工作，自2005年开始在高校从事金融学专业教学研究工作，除了为大学金融学专业本科学生讲授公司金融（使用英文原版教材，中英双语教学）外，还经常为从事公司财务策划工作的实务人员讲授投融资业务的专题培训课程。结合多年从事实务工作和教学研究工作的经验和成果，笔者撰写了本书，希望能为金融学专业学习公司金融课程的学生提供帮助。笔者希望兼顾初级程度和高级程度的需求——一方面，对于基本理论和方法的解读比较详细，例如，指导学生做估值的计算，包括金融计算器的使用和WPS表格的运用；另一方面，通过案例研究的方式，帮助学生使用估值方法进行实操和运用，例如，以笔者亲自操作的，为某银行股权并购项目所做的估值分析报告为基础，全面解读如何对一个现实公司做估值研究。

在编写理论和方法部分，笔者参考了西方著名学者编写的公司理财课程教材，尽量使用简洁易懂的语言；在编写投融资实务部分，笔者根据多年的实务工作经验，通过大量的案例进行解读。在撰写过程中，笔者力求将理论和实务紧密结合：在讲述理论问题时，通过案例分析方法，帮助学生理解和掌握；在讲解现实的案例时，尽量提升到理论的高度，帮助学生理解各项操作细节之间的逻辑关系，以便未来在不同的环境中借鉴所学的知识。

4. 本书的使用建议

本书包含理论和实务的内容，因此适合作为大学金融学专业的基础理论教育教材或金融实务人员的专业培训教材。

适合的课程名称包括：

（1）公司金融（财务管理、公司理财）：在使用本书作为金融学专业本科教学时，建议以第一至第九章的内容为主（每章的案例分析部分可按照学生接受能力取舍），其他章节内容为辅。

（2）高级公司金融：针对本科高年级学生或者硕士研究生进行教学时，如果学生已经学过初级公司金融课程，第一至第九章的内容可缩短教学时间，多让学生复习

（重点是相对估值法和现金流贴现估值法的基本原理和方法），每章的案例分析可以提高和强化学生的掌握程度；以第十至第十六章作为重点学习章节。

（3）投资策划：在使用本书对实务工作者做投资策划主题的培训时，建议以第一至第九章和第十一章的内容为主，其他章节内容为辅。

（4）融资策划：在使用本书对本科高年级学生或金融实务工作者做融资策划主题的教学或培训时，建议以第四章和第九至第十六章的内容为主，其他章节内容为辅。

第二章　财务报表与财务分析方法

了解一个公司最快捷的方式，就是阅读公司的财务报表，其中，最重要的是阅读资产负债表和损益表。财务报表是经营机构财务状况的展示，从财务报表可以了解公司的资产和经营状况以及未来的发展趋势。因此，对于金融从业人员来说，财务报表方面的知识是必不可少的，而且，还需要善于运用财务分析技巧，从财务报表的信息中对经营机构做更深入的分析。

许多原来缺乏会计和金融学专业学习背景的学生在接触财务报表的时候，都会感到吃力。会计报表的编制需要符合一定的规则，这些规则并不是来自自然规律，而是由法律上被授权的一群人商定并被依法强制执行的。要看懂财务报表，就需要先了解规则。而专门为这些内容设立的课程就包括财务会计、管理会计、成本会计以及专门的财务报表分析等。

阅读财务报表并据此做财务分析和决策，是绝大多数管理人员和投融资专业人员经常面对的基础工作。按笔者的经验，做财务报表分析的人员，并不需要会计学专业人士所需掌握的那么全面和丰富的会计报表专业知识，而仅需要基本的知识和技能就可以。

本科金融学专业通常有不少相关的课程给予学生这方面的训练，但在教学计划中，那些课程有可能在本课修读之后才开设。本章结合公司金融估值的主题，给予学生最基本的财务分析技巧训练，让学生可以马上开始运用，以更有利于学生对本课其他内容的学习。

第一节　资产负债表

案例：民营企业D是一家专门为电器厂商做配套电子接插件产品的企业。尽管该公司在国内电子接插件产品生产方面已经居于数一数二的位置，成为国内好几家著名电器集团的主要供应商，但当时公司资产规模还不大，公司净资产只有约8 000万元，负债率约65%。

不过，这个拟出售工厂H账面的股东权益价值大约为1.2亿元，比D公司当时的账面净资产规模还要大得多。简单地看起来，这项并购是不可能的事情。不过，D公司经过对财务和资产的分析，最后设计出一个方案，以约2 000万元的现金就完成了收购。本节最后会具体讨论这个方案的设计思路。为了能够理解这个并购项目的交易方案细节，先来了解资产负债表。

一、资产负债表的结构

资产负债表就像一张快照，记录了公司资产和负债在某一个时点的价值（如图2－1所示）。它是一个存量的概念。

负债表的左边是资产项目，它记录公司资金的使用情况；右边是负债与股东权益，它记录公司现有资金从股本或者债务融资的数额。从金融分析的角度来说，左边项目可以称为“资金占用”，它记录的是公司的投资状况；右边项目可以称为“资金来源”，它记录的是公司的融资状况。

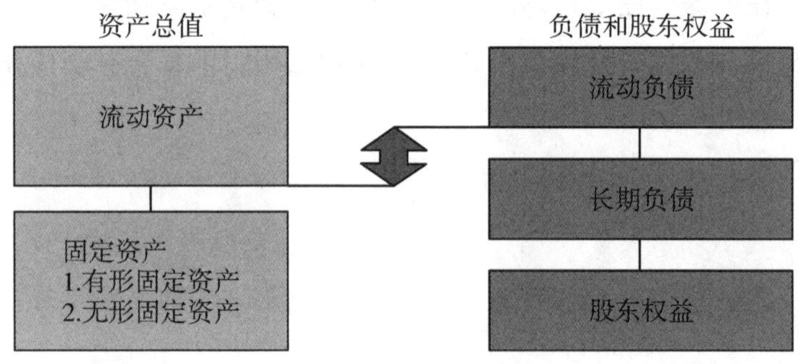

图2－1　资产负债表结构

1. 资产

在金融学中，我们使用流动性来衡量资产转化为现金的时间和容易程度。一项资产变现越容易，所需时间越短，其流动性就越高。

资产负债表上的左边项目从上到下的次序，是按照其流动性的高低排列的。

资产通常分为流动资产和固定资产。

（1）流动资产指的是那些预计变现时间不超过一年的资产，包括现金、短期投资、应收账款、存货。

流动资产部分会有一个合计数。

（2）固定资产指的是那些预计变现时间超过一年的资产，包括有形固定资产，如厂房、机器设备等，也包括无形固定资产，如土地使用权、商标、专利等。

固定资产部分也有一个合计数。

（3）总资产是所有资产项目的合计数，也等于流动资产加固定资产。

表 2－1 是 ABC 公司的资产负债情况。

表 2－1　ABC 公司资产负债情况

（单位：万元）

年份	2020 年	2021 年	年份	2020 年	2021 年
资产			负债与股东权益		
流动资产	—	—	流动负债	—	—
现金	208	301	应付账款	550	666
短期投资	110	130	应付票据	260	230
应收账款	988	1 100	小计	810	896
存货	1 005	1 200	长期负债	989	999
小计	2 311	2 731	总负债	1 799	1 895
固定资产	—	—	股本金	1 200	1 329
固定资产净值	3 850	3 880	留存利润	3 162	3 387
总资产	6 161	6 611	负债与权益	6 161	6 611

2. 负债与股东权益

资产负债表上的右边项目从上到下的次序，是按照还本付息的期限排列的。股东权益没有偿还期限，所以排列在最后。

负债也被分为短期负债和长期负债。

（1）短期负债指那些一年内需要偿还的债务，如应付账款等。

（2）长期负债指那些期限超过一年的负债，如银行长期借款等。

（3）短期负债与长期负债的合计数就是总负债。

（4）总资产与总负债之差就是股东权益。也就是说，假定公司清盘的话，把公司的资产变现以后偿还公司负债后的剩余数额，才是真正属于股东的。

3. 资产负债表的恒等式

资产负债表左边项目的合计数总是等于右边项目的合计数。因此，如下的等式被称为资产负债表的恒等式：

$$总资产-总负债=股东权益$$

$$总资产=总负债+股东权益$$

二、长期财务风险与短期流动性风险

通过资产负债表上的数据，我们可以了解公司的长期财务风险以及流动性风险。

1. 长期财务风险

企业通过增加债务可以扩大经营规模，通常使用债务越多，说明该公司的财务杠杆越大。在金融学里，通常使用如下指标来衡量一个公司的财务杠杆程度：

$$资产负债率=总负债\div 总资产$$

如果公司经营不善，就可能会出现债务违约的情况。公司可能因此被法律裁定破产清偿——把资产变现用于偿还债务。而资产在变现的过程中很可能会出现减值的情况，例如账面上价值 1 亿元的资产仅卖了 7 000 万元。如果公司的负债超过 7 000 万元，债权人很可能就会损失部分投资本金。

财务杠杆可以作为衡量公司长期财务风险的指标：财务杠杆越高，公司还本付息的负担越重，债务违约的可能性越大。对于公司的投资人来说，不管是债权投资人还是股权投资人，财务杠杆越高，投资风险就越大。

资产负债率指标的合理水平是一个相对的概念，没有一个统一的标准。一般认为，公司一旦破产，公司的资产打个七折就可以变现，即减值不超过 30%，所以 70% 的负债率水平被视为一个企业财务风险的警戒线。当然，在不同的行业里，合理的资产负债率水平也是有所不同的。比如，在一个当前行情看涨的房地产市场，房地产企业的负债率达到 70% 也被认为是可接受的，因为企业的资产主要是土地使用权、在建工程、在售房屋等，这些资产的减值空间比较小、变现比较容易，因此房地产公司的负债率普遍超过 80%，债权人对如此高的负债率也不是很担心。而对于制造业企业来说，由于机器设备等固定资产发生减值的机会比较大，且变现能力较低，因此也许 60% 的负债率已经被认为太高了。另外，所谓合理的负债率，也要看企业所处的市场状况，比如，当经济持续处于萧条阶段时，人们往往会调低心目中合理负债率水平的标准。

2. 流动性风险

一家公司即使负债率不高，但如果没法履行支付短期债务的责任，且没法在要求时间内获得现金支持或者把部分资产变现，也可能会被宣布破产并被动接受资产变现的结局。在财务管理中，营运资本净值被用于衡量公司的短期支付能力。计算公式如下：

营运资本净值 = 流动资产 − 流动负债

在一个健康的公司里，营运资本净值通常是正数，说明该公司未来 12 个月里将要获得的现金超过需要支付的现金。这个指标越高，说明该公司短期偿债能力越强。在进行财务分析的时候，也经常使用营运资本净值来说明一个公司的短期资金需求。

三、重置成本估值法及其运用

重置成本估值法可能算得上是最古老的方法，其原理就是假设现在建造一个一模一样的公司或者资产所需要的投资成本，来估算某公司或者某资产的市场价值。

1. 重置成本估值法的基本原理

（1）账面值与市场值。

资产负债表显示的是资产、负债和股东权益按照取得成本计算的数值，属于账面值。随着时间的推移，资产、负债和股东权益的市场价值会发生变化。而在进行资产交易的时候，市场价值通常是更受重视的指标。例如，某公司如果被作为收购标的，其账面的资产值和净资产值是多少不重要，其实际的市场价值才是交易双方在讨价还价时最关心的信息。市场价值通常需要调查研究，主要依据就是账面值资料（很可能还包括对实物资产的调查确认），并通过对账面记录及价值调整的期间市场所发生的变化，测算市场价值。

一般来说，公司的债务是刚性的。也就说，公司的债务不会减少只会增加（除非在严重财务困难的情况下进行债务重组而获债权人减免）。因此，对于企业财务状况的分析主要集中在企业的资产项目的市场价值评估方面。通常资产项目的增值或减值将直接影响企业股东权益的增减。

（2）重置成本估值法。

重置成本估值法，就是建立在上述市场价值概念上的资产估值方法。其基本原理就是，测算在最新的市场价格条件下，重新购置或建造一个同样状态的评估对象，需要花费多少投资。

重置成本估值法是现代金融学的三大主要估值方法之一（第七至第八章将详细讨论相对估值法和绝对估值法），是比较传统的方法。

使用重置成本估值法来对某个企业的价值进行评估，主要看评估对象的账面资产和负债。账面值反映的资产项目是资产产生的成本并扣除历年的折旧等，而账面值反映的负债项目则是负债产生的数额加上累加的利息减去清还的部分本息。事实上，资产和负债的市场价值会随着市场环境的变化而出现升值或减值的情况。对于投资人来说，最关心的并不是账面本身的数字，而是投资对象实际的市场价值。

2. 重置成本估值法的应用

关于资产重置成本估值法的具体操作，很多书有论述，有兴趣的读者可参阅其他相关资料。笔者在这里想介绍自己过去在从事企业并购业务时的一点经验。每次做一个并购项目，都要做一个资产负债估算表。比如，我方准备收购 A 公司，在与对方谈判价格以前需要先对该公司进行初步的估值分析。重置成本估值法就是我们经常采用的方法之一。

首先，需要取得收购对象的财务报表。如果是上市公司，其财务报表是公开的，我们很容易从公开途径取得；如果是非上市公司，正式的方式就是要求对方提供。如果对方有意出售，会答应这个要求，但要求在提供财务报告以前，与我方签署一份保密协议，主要条款是要求双方在谈判过程中所得到的对方机密信息不得外传，并保证赔偿由己方（估值方）泄密而导致的对方所有损失。

其次，需要对收购对象的财务报表数据进行分析，测算出其资产和负债的市场价值。测算的重点在于资产项目，因为资产项目的市场价值的变化弹性比较大，而负债项目具有刚性，其市场价值相对稳定。因此，我们会做一个如表 2－2 这样的估算表。其中，从对资产的实际市场价值估算的结果中发现应收账款减值 100 万元，存货减值 150 万元，而长期投资则升值了 100 万元，固定资产升值了 100 万元，因此实际值比账面值减值了 50 万元。负债方面，实际值与账面值没有差别。因此，资产减值部分直接体现为股东权益的减少。

表2-2　A公司资产负债估算情况

（单位：万元）

资产项目	账面值	实际值	负债项目	账面值	实际值
现金	20	20	应付账款	200	200
短期投资	200	200	短期贷款	300	300
应收账款	300	200	长期贷款	400	400
存货	350	200	股东权益	670	620
长期投资	200	300	—	—	—
固定资产	500	600	—	—	—
总资产	1 570	1 520	负债与权益	1 570	1 520

下面，笔者根据个人经验就几个主要资产项目的分析思路做简单介绍。

（1）现金与短期投资。

现金项目的实际值与账面值应该没有差别。短期投资通常指的是投资于随时可以套现的资产，如国债、股票等证券。一般可以用财务报表报告期的价格与现价格进行比较。

（2）存货资产。

这是另一个容易产生坏账的项目。对于存货的分析也可以参照债权项目的分析方法。不过，这个项目的潜在问题在账面上不容易看得出来，因为财务报表上不会披露存货的详细内容，分析者无法知道存货里面，分析者真正的价值是多少（即使披露出来，分析者作为外行人也不一定能做出准确的判断）。比如说，一个给电器厂商做配套生产的公司，仓库里的存货实际价值也许不足10%，因为这些存货可能是专门为某种型号的产品作配套使用的。但如果电器厂商停止了这种产品的生产，配套厂商的库存基本上就只能当废品处理了。

笔者曾经参与一个对某上市公司收购的项目，直到会计师和评估师进场调查，才发现该公司的存货中有3 000多万元的窟窿。这个大窟窿是几年前该公司上市时为放大资产而做假账的结果。其做假的方式是以大量白条制造出价值3 000多万元的“在途商品”。

“在途商品”一般指从本公司仓库运往用户仓库期间的产品。价值几千万元的“在途商品”竟然在路途上存在好几年，这当然不正常。

（3）债权资产。

应收账款、预付账款和其他应收款的债权指标是容易出现“水分”的地方。对这几个项目的考察主要看几个方面。

首先，有关的数额是否合理。一个正常经营的企业一般都有一定的应收账款、预付账款和其他应收款。收购方需要大体判断有关的金额与公司的业务相比是否合理。判断方法通常有横向比较和纵向比较两种：横向比较是将其与同行业的企业做比较，最简单的是选择一个同行业的标杆企业，如房地产行业的万科，比较相同指标以考察其合理性；纵向比较则是将同一公司的指标与其以前的历史指标做比较。

其次，债权的具体内容。上市公司的财务报表在附注中有对项目内容作简要的披露，通过查看内容，看看有关债权的对应单位，可以判断是否属于与公司大股东的关联债务，或是否属于大股东占用上市公司的资金，同时也可以大概判断债务单位的偿还能力以判断债权收回的可能性。

再次，债权的期限。债权的时间越长，回收的可能性就越小。如果企业的债权大部分在一年甚至更长时间，那么债权资产的质量就比较差。

最后，公司的坏账计提政策。对于坏账的提取比例，企业可以根据对债权成为坏账可能性的判断而确定不同的提取办法和比例。由于这个判断有一定的主观性，并给企业一定的灵活性，因此企业很可能通过调整减值准备计提方法做公司的市值管理操作，比较典型的是，在牛市期间，企业会执行积极进取的政策以降低减值准备计提比率（在牛市，股价对于盈利变化比较敏感，盈利的提高有利于股价更快上升）；在熊市期间，企业会执行比较审慎保守的政策以提高减值准备计提比率（在熊市，股价下跌对于盈利变化通常不敏感）。

（4）固定资产分析。

固定资产的实际价值与账面值的差异，除了造假因素外，还与其所处行业、内容以及收购方计划的处置方式有很大的关系。

相对来说，如果固定资产以不动产为主，资产的实际价值很可能高于账面值。一方面，每年的固定资产折旧使账面上的固定资产净值变小；另一方面，由于近年来国内物业市场价格不断上升，物业市场价值也提高了。

固定资产这一块对于收购方的价值与其未来处置的方式有很大的关系。如果收购方准备继续经营，这一块资产的价值也许与账面的净值不会有太大的差别。如果不打算继续经营，要将整个业务出售的话，则其价值可能需要有一定的折让。

（5）长期投资分析。

长期投资主要包括不占控股地位的对外股权投资。如果投资对象是上市公司股权，还比较清楚，可以从公开披露的资料了解到投资价值的变动情况。如果是非上市公司，则只能从财务报表所披露的资料中做一个大体的判断。据笔者的经验，如果对外投资额很大、很分散，通常都蕴含较大的潜在资产损失。即使所投资的公司还在经营，要收回投资也是很困难的。部分原因是国内企业的公司治理普遍不规范，上市公司里大股东欺诈小股东的现象比比皆是，遑论小规模的企业了。

以上是根据资产负债表上的大类来分析的。有时候可以根据实际需要，对公司的资产重新进行划分归类。比如说，对房地产上市公司的资产进行分析时，收购方重视的是收购对象在土地和物业等方面的资源和资产情况，而在房地产公司的资产负债表中，土地及物业的具体数据分布在存货、在建工程、无形资产等项目。这就需要分析者通过仔细阅读年报及其附注资料并对数据进行整理。

四、案例分析：并购项目中的资产分析

下面以一个案例，介绍在并购项目中做资产分析的基本方法。

1. 关于并购对象的基本情况

（1）C 公司为什么出售 H 工厂？

从 20 世纪末开始，国内很多产业集团都将零部件外包，自己集中于终端产品的总装环节：使整个产业的生产分工变得更细，有利于降低成本；大幅度降低资本占用率，且提高了对整个产业的商业信用控制力（第十章第四节关于商业信用融资有详细论述）。相对于海尔等电器集团，C 公司在这方面的改革相对迟点。在 2006 年，新领导上任后，下决心做同样的行业整合，C 公司打算将绝大多数的零部件生产机构都出售，然后建立市场化的供应商队伍。基于 D 公司在行内的地位，C 公司主动邀请 D 公司收购 H 工厂，并愿意让 D 公司成为线束和连接器的主要供应商。

（2）H 工厂的基本情况。

H 工厂的净资产约 1.2 亿元，年净利润只有几百万元。作为原来集团经营模式的一部分，H 工厂的产品都供应给 C 公司，这是内部非市场化定价的结果，导致 H 工厂的利润多数被转移到 C 公司。因此，账面净利润实际上并没有多少定价的参考价值。C 公司为了促成交易，可以在净资产的基础上没有溢价地转让，但需要在交易中帮助解决国企改制问题，而且，定价不能低于账面净资产。

2. D 公司的考量因素

（1）D 公司过去一直想进入 C 公司的供应商队伍，但在 C 公司原来的生产经营自

成体系的体制下，一直未能成功。因此，D 公司董事会一致认为，收购 H 工厂是一个重要的机会：可以进入 C 公司的供应商行列。

（2）尽管 H 工厂原来的盈利水平并不理想，但 D 公司按照控制成本的经验以及对市场价格趋势的判断，有把握在接受 H 工厂的业务之后迅速改善工厂的经营效率和效果。

（3）从交易金融来说，H 工厂的账面规模比 D 公司还要大。C 公司还不是上市公司，缺乏融资能力去支付这么大的交易款。而且，D 公司不是上市公司，意味着 D 公司没法使用资本市场常见的换股并购方式。（设想，如果 D 公司是上市公司，就可以通过发行新股的方式做吸收合并：向 C 公司定向发售价值 1 亿元的股份；C 公司成为 D 公司的股东，作为对价，其下属 H 工厂成为 D 公司的全资子公司。不过，交易过后，C 公司很可能成为 D 公司的大股东。即使 D 公司的大股东在交易完成之后继续维持控股地位，但控股比例太低，控制力弱，也不符合 D 公司的要求。）

既然 D 公司不是上市公司，那么 C 公司以换股方式出售 H 工厂也没有什么意义（换取的股份缺乏流动性，较难变现）。

3. 确定收购思路

D 公司的董事长是一位意志坚定的企业家。其他董事会成员都表示 D 公司收购 H 工厂就像蛇吞象，感觉不可能。不过，董事长说："我也清楚很难做得成，但是这是一个等待多时的机会，做不成我不甘心，请大家继续想办法。"

（1）明确了收购的首要目的。

讨论的结果非常明确：D 公司获得 C 公司未来的供应商资格。尽管不并购，将来也可以争取获得供应商资格，但以收并购的方式进入供应商行列会有优先地位。收购方案以实现首要目的为最关键的考量因素。

（2）对 H 工厂的资产状况做分解分析。

从 H 工厂的 2005 年底资产负债表了解到该公司的主要资产如下：

应收账款和其他应收款 2 000 万元（主要对应方是大股东 C 公司）。

存货 2 000 万元（未来主要供货给大股东 C 公司）。

厂房与宿舍等不动产 5 000 万元（包括与之做质押的银行贷款）。

设备等资产 2 000 万元。

4. 提出收购建议

鉴于 H 工厂的主要资产跟原大股东 C 公司有密切关系，D 公司建议成立专门的公司 DM，并收购 H 工厂的部分资产，而不是收购 H 工厂的所有权：

（1）H 工厂的应收账款和其他应收款对应方均为 C 公司，D 公司建议由 H 工厂保留并与 C 公司逐步结算。

（2）H 工厂约 2 000 万元的存货中有部分将继续供应 C 公司，且有相当大一部分产品由于终端用户转变产品系列等原因需要报废，因此这部分资产实际上存在较大的减值因素，但具体减值金额需要时间加以盘点和区分。因此 D 公司建议这部分资产不包括在拟交易资产的范围。

（3）5 000 万元的厂房等物业资产也不进入交易资产范围。

（4）D 公司收购 H 工厂的机器设备等经营性资产，以评估机构的评估价为标准。

5. 最后的交易

最后经过与对方反复的沟通，终于达成合作方案：

（1）交易标的仅限于 H 工厂经营性资产（主要是机器设备，以及部分原材料存货），其他资产由 C 公司用其他方式处置。

（2）经双方认可的评估机构评估，这部分资产价值 2 000 万元。

（3）D 公司注册一家新公司 DM，由 D 公司出资 2 000 万元收购上述资产。

（4）DM 公司以租赁的方式继续使用当前 H 工厂使用的物业。

（5）C 公司使用该批出售资产的收入解决员工的工龄买断和社保等问题。

（6）DM 公司承诺两年内继续聘用原 H 工厂的员工。

笔者当时参与了这个项目的策划讨论。一开始大家对这个项目能够成功并不敢抱太大的信心，主要是感觉收购对象的资产规模太大，超过收购方的实力。不过，后来 D 公司通过对资产的进一步分析和归类处理，并与出让方进行了艰苦的谈判，终于把一件看似不可能的事情做成功了。D 公司当时尽管负债率达到 65%，通过增加部分银行贷款以约 2 000 万元资金完成了这项收购，负债率仍然保持在 70% 以下。

这个项目重组以后的运作非常成功。引进民营企业的灵活管理机制以后，新公司的业务和利润都连年高速增长。对于 D 公司来说，增加了一个利润的增长点，而对于 C 公司来说，完成了一个下属企业的机制转变，同时在新公司的业绩中获得了利润和资产的增值，而且推动了公司整体的发展。

企业并购通常都是大买卖，交易金额比较大。在交易的谈判过程中，买卖双方需要斗智斗勇。有人把企业并购称为“很容易把钱遗留在桌上的业务”。这句话很形象，谈判过程中，缺乏经验的谈判者很有可能出价过高而买贵了东西，或者出价过低而错过了一个良好的收购对象。企业并购涉及股权、资产和负债的交易和处置。在实际操作中不仅要运用法律知识，还需要使用财务分析和策划的技巧。

第二节　损益表

损益表就像一段录像，记录的是企业某一段时间的业绩情况。它是一个流量的概念。由于损益表上成本的扣除方式直接影响到应税收入和净利润的确定，前者涉及国家税收，后者涉及公司业绩衡量和股东分配，因此，必须符合国家规定的会计准则。尽管各国的会计核算的具体标准会有所不同，但在损益表上成本的扣除方式基本上是一样的。

一、损益表的结构

通常的格式是先登记企业在该段时间里的收益，然后逐项扣除成本项目，最后得出该段时间的净利润。

损益表恒等式如下：

收入 − 成本 = 净利润

不过，损益表在扣除各项成本的顺序上需要按照统一的规则，如表 2 − 3 所示。

表 2 − 3　2021 年 ABC 公司损益情况

（单位：万元）

营业总收入	3 030
售货成本	2 200
毛利	830
折旧	130
除息税前收益	700
利息	140
应税收入	560
税收	185
净利润	375

1. 营业总收入、售货成本与毛利率

（1）损益表上的营业总收入，是指企业在销售商品、劳务以及出售资产等交易中得到的收入。

（2）售货成本。

营业总收入首先要扣除的是售货成本，包括生产、营销和管理成本（有些报表会把这些项目分开记录）等。

（3）毛利率。

营业总收入扣除售货成本之后的余数就是毛利，毛利除以营业总收入就是毛利率。如表2－3中，ABC公司该年的毛利是830万元，毛利率为27.39%。

2. 折旧与除息税前收益

（1）一项固定资产以现金购买以后，将在一段较长的时间内逐步地折旧，也就是说，这笔投资成本将分期计取，这分期计取的费用就是折旧费。折旧费可视为本期收入分摊的固定资产成本。

（2）除息税前收益。

总收入扣除售货成本以及折旧费以后的余额做一个小结，称为除息税前收益（Earnings Before Interest and Taxes，EBIT）。

在一些情况下，当分析人员需要剔除税收因素以及融资成本因素来比较投资项目的可行性时，就用到EBIT这个指标。有时候在考察同一行业中的不同企业的盈利能力时，不同地域的所得税率和资本结构各不一样，净利润不能够真实地反映公司的盈利能力，EBIT就是一个更加准确和适当的指标。在考察同一企业在不同时期盈利能力的变化时，EBIT可能也比净利润更具可比性。

3. 利息与应税收入

利息，有时也被称为财务费用或财务成本，是公司在核算期间的利息支出减去利息收入。有些公司的利息收入远大于利息支出，这个数便可能是一个负数。

EBIT扣除利息之后，就是应税收入。

4. 税收与净利润

（1）税务局根据上述应税收入指标，乘以该公司适用的税率，计算出应缴的收入

所得税。

（2）应税收入扣减了收入所得税，就得出净利润或者净收入，或者称为税后利润。净利润可以用于股东分配、分红或者作为留存利润。

二、非现金项目与现金流

资产负债表和损益表上的数据，包括对历史数据的账面调整，并不总是伴随实际的现金流动。

1. 非现金项目

在损益表上作为成本扣除的项目，并不全是当期实际支付的。

（1）折旧是一个典型的非现金项目。当损益表上扣减折旧费用的时候，事实上并没有发生实际的现金支付，只是在会计记录上从一个账户转移到另一个账户而已。

（2）摊销。

在一些公司的折旧项目中还包括摊销的内容。一些无形资产如大型软件、土地使用权和开办费等，可以在较长时间内为公司业务和收入做出贡献，它们的购置成本也会被分摊到各年作为成本核销。

（3）收购成本。

企业之间的资产并购通常会通过现金流贴现法或者市盈率法等估算市场价值并确定交易价格，很少直接按照账面值来计价，除非双方认可账面值就是市场价值。当一家公司的盈利能力很强的时候，该公司的市场价值很可能远高于其账面值；当一家公司的盈利能力很弱甚至亏损的时候，该公司的市场价值就可能低于其账面值。当一家公司以高于其账面值收购另一家的股权时，就出现了支付的现金与获得的股权账面值之间的差额，称为收购成本，在合并报表的时候只能把收购成本作为商誉计入无形资产项目。商誉在正常情况下可以分期摊销，但是作为上市公司，必须每年对并购中形成的商誉减值进行测试——评估该部分资产的盈利能力是否与收购时的估值相称，如果盈利出现明显下降甚至亏损，就需要提高当期摊销的比重，甚至全额摊销。

然后将无形资产分期或一次性地提取出来作为管理费用核销掉。而收购成本的核销也属于一种非现金的项目。一些国际性的大收购项目在完成以后会发生重大的亏损。比如，网络泡沫时代，美国时代华纳（Time Warner）与美国在线（America Online）合并以后，新公司 AOL Time Warner 便出现了近千亿美元的亏损，被称为史上最大的亏损，主要原因就是在当时网络股价值被严重高估的情况下，美国在线被合并的价值远高于账面净资产，而合并后的新公司一次性将收购成本计提核销。香港的盈科数码溢价收购香港电信的次年，也是出现过同样的巨额亏损，令一些不明就里的投资者胆战心惊。

21 世纪初以来，中国也出现了大量并购活动。一些上市公司在重大并购之后也出现大额商誉减值的调整情况，所出现的净利润大幅下降情况，常被投资者误认为公司盈利能力大幅下降（被称为爆雷），因此不少投资者会恐慌性地抛售股票，而这种过度反应所引起的羊群效应，使得股价下跌加剧。

商誉减值导致股价下跌从合理的角度来说，就是并购项目完成后实际项目逊于预期，股价下跌体现的就是对于公司估值的调整。从不合理的角度来说，就是公众由于误解利润大幅降低并做出了过度反应，从而导致股价过度下跌。因此，投资者这个时候需要正确和全面地分析公司的状况并做出适当的判断和决策。

2. **除息、税、折旧和摊销前收益**（Earnings before Interest，Taxes，Depreciation，and Amorization，EBITDA）

由于在计算净利润时扣除了折旧（含摊销）等非现金项目，因此当研究者需要更准确地了解一家公司的财务状况时，就需要把这些非现金项目的因素去除。除息、税、折旧和摊销前收益就是这样的一个指标。

$$EBITDA = 净利润 + 所得税 + 利息 + 折旧 + 摊销$$

$$EBITDA = EBIT + 折旧 + 摊销$$

EBIT 主要被用于衡量企业主营业务的盈利能力，*EBITDA* 则主要被用于衡量企业主营业务产生现金流的能力。这两个指标都是资本市场上投资者比较重视的，通过在计算利润时剔除掉一些因素，可以使利润的计算口径更方便于投资者使用。

一家公司在负债率维持正常水平且经营情况保持正常的情况下，生存能力主要取决于偿还利息的能力——只要能够顺利偿还利息，债务本金可以继续展期，公司可以持续正常运作。如上所述，折旧和摊销都是非现金项目——尽管扣除了，但并不体现为实际的支付，因此，*EBITDA* 只要大于当期的应付利息，就说明公司当年的存续不成问题。

EBITDA 这个指标在杠杆式并购交易中特别受重视。杠杆并购基金通常利用高杠杆实施并购活动，且尽量在短期内实现变现。如果 *EBITDA* 与当期应付利息之比能达到 1 甚至 2，可能就被视为达到最低要求，即使净利润是亏损的。收购基金只要在一两年内通过降低成本等办法，扭转亏损状态，资产价值就可以提高，有机会获利了结。

如果某公司属于研发型企业，研发投入比较大，一旦研发成果产生收益，就会带来很大的盈利贡献。因此这个指标强调公司的维持能力。如果能维持下去，公司起死回生的机会就很大，估值也较高。有时对高科技或者研发型企业进行估值，会以价格与 *EBITDA* 的倍数而不是市盈率（*P/E*）来做行业估值比较。

第三节　财务分析的基本技巧

当我们拿一个企业的财务数据和另一个企业做比较的时候，可能会发现它们之间的可比性有问题。比如，我们使用深圳万科（证券简称为万科 A，股票代码：000002）的负债总额和珠海华发（证券简称为华发股份，股票代码：600325）的负债总额做比较的时候就发现，这是两个不同级别的房地产公司（2022 年 3 月 25 日，万科 A 的市值为 2 024 亿元，华发股份的市值只有 142 亿元），直接比较根本没有意义。使用万科 A 的负债总额和宝钢股份（市值 1 472 亿元）的负债总额做比较的时候发现，这两个企业尽管都是规模很大的企业，但是它们分属房地产行业和钢铁行业，直接比较意义不大。

如果把财务报表上的数据进行整理，可以组成一系列更有意义的财务比率，这些财务比率就可以解决以上的问题。财务比率可以让我们对企业财务资料进行纵向比较和横向比较。

杜邦分析是一种非常简单易用而且可以深入了解公司状况的方法。

一、标准化财务报表

拿两个规模差距很大的公司做财务比较，比较绝对值几乎是没有意义的。把它们的财务报表转化成按照百分比计算的格式，可比性会得到很大提高。这种按照百分比计算的财务报表，可称为标准化财务报表，或者统一度量式财务报表。

1. 标准化资产负债表

标准化资产负债表的制作，就是把总资产当成 100%，其他资产项目都分别除以总资产，得出各项目所占的比例；把总负债与股东权益当成 100%，其他负债与股东权益项目都分别除以总负债与股东权益，得出各项目所占的比例。如表 2 - 4 所示。

表 2 - 4　ABC 公司标准化资产负债情况

资产	2020 年	2021 年	变化
流动资产	—	—	—
现金	3. 38%	4. 55%	1. 18%
短期投资	1. 79%	1. 97%	0. 18%
应收账款	16. 04%	16. 64%	0. 60%
存货	16. 31%	18. 15%	1. 84%
小计	37. 51%	41. 31%	3. 80%
固定资产	0	0	0
固定资产净值	62. 49%	58. 69%	- 3. 80%
总资产	100. 00%	100. 00%	0
负债与股东权益	2020 年	2021 年	变化
流动负债	—	—	—
应付账款	8. 93%	10. 07%	1. 15%
应付票据	4. 22%	3. 48%	- 0. 74%
小计	13. 15%	13. 55%	0. 41%
长期负债	16. 05%	15. 11%	- 0. 94%
总负债	29. 20%	28. 66%	- 0. 53%
股本金	19. 48%	20. 10%	0. 63%
留存利润	51. 32%	51. 23%	- 0. 09%
总负债与股东权益	100. 00%	100. 00%	0

2. 标准化损益表

标准化损益表的制作，就是把营业总收入当成 100%，其他成本或收益项目都分别除以营业总收入，得出各项目所占的比例。如表 2 - 5 所示。

表 2 - 5　2021 年 ABC 公司标准化损益情况

营业总收入	100. 00%
售货成本	72. 61%
毛利	27. 39%
折旧	4. 29%
除息税前收益	23. 10%
利息	4. 62%
应税收入	18. 48%
税收	6. 11%
净利润	12. 38%

标准化财务报表的指标调整了公司规模的差异，使不同规模的公司可以在盈利能力、管理效率、资本结构等方面都具有可比性。正式的财务报表通常都是用绝对值来汇报公司的财务状况。标准化财务报表通常由使用者重新加工之后使用，如表2－4和表2－5所示，借助WPS表格做这种加工并不难。不过，在实际运用中，读者仍然会嫌麻烦。有经验的人在分析中，通常会运用标准化财务报表的制作思路，仅计算个别感兴趣的百分百指标。例如，投资者要比较分析同属房地产开发行业的万科A和华发股份的盈利能力。万科A 2019年净利润（未扣除少数股东权益，下同）为551.1亿元，华发股份只有33.2亿元。直接比较这个指标，华发股份的净利润相当于前者的6.00%，只能说明后者的盈利规模远小于前者。但这个指标不能说明万科A的盈利能力更优，因为两者的经营规模差异很大。如果给两个公司都算出标准化的损益表，可以看到：万科A的当年总营业规模为3 679亿元，净利润占比为14.98%；华发股份的总营业收入为331亿元，净利润占比为10.03%。如果分析者仅为了了解这个指标，单独算这个比例即可。据此，可以得出初步的结论：万科A不仅经营规模远高于华发股份，而且其盈利能力也远高于华发股份。

二、财务比率分析

资产负债表和损益表给了读者很直观的指标，以便读者了解公司的财务状况。标准化财务报表通过将数据做百分比的整理使不同公司的数据之间的可比性提高了。不过，通过对财务报表上的数据重新做加减乘除的组合，可以对公司的财务状况有更深入的认识，尤其在对不同规模，或者不同行业的公司做横向比较和纵向比较的时候。

财务比率包括如下几大类：短期偿债能力、长期偿债能力、资产周转比率、盈利能力比率、市场价值比率和增长潜力比率。以下分别介绍它们的计算方法及其主要用途。

1. 短期偿债能力

短期偿债能力包括一组用于衡量企业资产流动性的指标，因此又称为流动比率。短期偿债能力是关于短期资产和短期负债的比率，可以表明公司清偿短期债务的能力。

（1）流动比率。

流动比率用来衡量企业的流动资产在短期债务到期以前，可以变现用于偿还流动负债的能力。计算公式如下：

$$流动比率 = \frac{流动资产}{流动负债}$$

流动资产和流动负债，分别代表一年之内将要变现的资产和需要支付的负债金额。通常比率应该大于1，这样才能保证企业有能力清偿短期债务。不过，流动资产和流动负债实际的收支在时间上未必是完全匹配的，如果多数流动资产在年底变现，而多数流动负债在年初就要支付，公司就会出现短期支付困难，需要通过借贷或者股东增资。

流动比率越高，表示短期偿付能力越强。那么是不是这个比率越高越好呢？这要看关注这个指标的是什么人。对于短期债权人来说，这个指标越高，公司短期支付能力越强。不过，对于公司的股东来说，流动比率过高，意味着公司浪费资金。从公司价值最大化的角度看，公司在能够顺利应付日常支付需求的前提下，流动比率应保持在最低的水平。公司要做到这一点，就需要重视流动资产的管理。

根据表2－1，ABC公司2021年的流动比率＝2 731÷896＝3.05。

（2）速动比率。

在某些情况下，存货实际上并不能在一年内变现。比如某个专门为大汽车厂商生产零部件的配套企业为某一个系列的汽车提供零部件，突然得知该系列的汽车要停产，这样仓库里的一批存货也许只能通过汽车维修配件市场才能销售，而配件市场需求太小，那可能意味着这批存货将要经历一段更长的时间才能实现销售并收回现金。

如果谨慎的债权人了解到这种情况，在衡量债务人偿债能力的时候，就要把存货与其他流动资产区别对待。速动比率就体现了这样的思路。速动比率的计算公式如下：

$$速动比率 = \frac{(流动资产 - 存货)}{流动负债}$$

以表2－1的资料为例，ABC公司2021年的速动比率＝（2 731－1 200）÷896＝1.71。

（3）现金比率。

流动资产里面还有一个项目也是可能没法在一年内变现的，那就是应收账款。有些企业的应收账款形成坏账的可能性是比较小的。笔者曾经在10多年前代表一家公司操作过对南天信息（股票代码：000948）股权的收购（因故不成功）。当时在评估南天信息的资产时就感觉，南天信息的应收账款是比较令人放心的。因为南天信息当时的主要产品是存折打印机、自动提款机和税务打印机，销售对象基本上是银行等金融机构以及政府税务部门，它们的支付能力和信用都很高。与它们为对应方的应收账款，形成坏账的可能性不大。不过，在评估其他公司的资产的时候，发现并不都是这样的。比如公司的应收账款的对应方已经处于清盘状态，而且预计是严重资不抵债。这样一来，该公司的应收账款不仅不能在一年内转为现金，还可能在最后形成严重坏账。这样，我们就能理解，为什么保守的债权人在审视一个公司的短期偿债状况时，不仅把存货，还可能把应收账款和其他应收款等也从流动资产中剔除，只剩下现金和短期投资（通常包括可以随时变现的有价证券，被视为现金等价物）了。这个指标称为现金比率。

现金比率只量度所有资产中相对于当前负债最具流动性的项目，因此它也是三个流动性比率中最保守的一个。现金比率也被称为流动资产比率或现金资产比率。这个公式反映公司在不依靠存货销售及应收账款的情况下，支付短期债务的能力。现金比率的计算公式如下：

$$现金比率=\frac{(现金+短期投资)}{流动负债}$$

根据表 2－1，ABC 公司 2021 年的现金比率＝(301＋130)÷896＝0.48。

2. 长期偿债能力

长期偿债能力衡量的是企业偿还长期负债的能力。企业的运作资金通常用于股本和债务两部分，那么长期偿债能力主要就是衡量企业的这两部分资金占总资产的比例。企业使用债务，可以称为使用财务杠杆。所以这些指标经常被称为财务杠杆比率或者杠杆比率。

通常长期偿债能力包括三个：资产负债率、债务股本比率和股本乘数。

（1）资产负债率。

资产负债率表示总负债占总资产的比例。计算公式如下：

$$资产负债率=\frac{总负债}{总资产}$$

根据表 2－1，ABC 公司 2021 年的资产负债率＝1 895÷6 611＝28.66%。

（2）债务股本比率。

债务股本比率表示公司债务与公司股本的比例。计算公式如下：

$$债务股本比率=\frac{总债务}{总股本}$$

根据表 2－1，ABC 公司 2021 年的债务股本比率＝1 895÷(1 329＋3 387)＝40.18%。

（3）股本乘数。

股本乘数表示公司股本放大的倍数。计算公式如下：

$$股本乘数=\frac{总资产}{总股本}$$

根据表 2－1，ABC 公司 2021 年的股本乘数＝6 611÷（1 329＋3 387）＝140.18%。

以上三个指标，适合在不同的状况下使用。它们是可以互相推导出来的，通过其中一个指标就可以推出另外两个指标：

$$股本乘数=\frac{总资产}{总股本}=\frac{总资产}{总资产}-\frac{总负债}{总资产}=1-\frac{总负债}{总资产}$$

（4）其他长期清偿能力指标。

一个企业在经营正常的情况下，如果能够及时偿还利息，债务的本金就有可能通过展期续借或借新债还旧债的办法来维持。因此，除了以上几个指标外，债权人经常还使用如下两个指标来衡量企业清还债务利息的能力。

①盈利对利息的倍数。

盈利对利息的倍数用于衡量企业偿还债务利息的能力，因此，它又被称为利息偿付比率。计算公式如下：

$$盈利对利息的倍数=\frac{除息税前收益}{支付利息}$$

由于在除息税前收益之后需要扣除的刚性支出就是支付的利息，而扣除之后的应税收入如果小于 0，公司并不需要支付所得税，因此，除息税前收益至少要大于支付利息，这样公司才能维持可持续和稳定的发展。

根据表 2－3，ABC 公司 2021 年盈利对利息的倍数＝700÷140＝5（倍）。

②现金偿付比率。

由于在损益表上，除息税前收益已经扣除了折旧费用，而如前所述，折旧费是非现金项目，尽管在会计上作了扣除，但仍然是留在企业的现金中，可作企业还本付息的用途。现金偿付比率用于衡量企业偿还利息的能力，它使用除折旧息税后收益来代替除息税前收益：

$$现金偿付比率=\frac{除折旧息税后收益}{支付利息}$$

与盈利对利息的倍数指标相比起来，现金偿付比率的分子增加了折旧费。当然，折旧费通常需要用于公司固定资产的更新，如果被当作还本付息当然会影响公司的长期发展，或者公司的进一步融资（债务或者股本）。不过，如果公司还有折旧费可以用于还利息，那至少说明公司短期内还可以应付财务费用的正常支付。

根据表 2－3，ABC 公司 2021 年的现金偿付比率＝（700＋130）÷140＝5.93。

3. 资产周转比率

资产周转比率用于衡量企业使用其资产产生销售收入的效率，又称为资产使用比率。通常对于公司资产管理效率的考察主要针对存货、应收账款和总资产。因此，资产周转比率主要包括三个指标。

（1）存货周转比率。

存货是生产性企业的重要资产。保持一定的存货是企业维持市场销售地位的重要条件。不过，存货的数量太大势必造成企业资金积压，影响企业财务安全。企业通常都希望在保持供应企业销售所需的前提下，尽可能压缩存货的数量。在财务分析中使用存货周转比率来衡量企业的存货管理效率。计算公式如下：

$$存货周转比率=\frac{售货成本}{存货}$$

根据表2－1和表2－3，ABC公司2021年的存货周转比率＝2 200 ÷1 200＝1.83。

为了更形象地表述存货管理效率，我们可以将其转换为另一个指标——存货销售天数。计算公式如下：

$$存货销售天数=\frac{365}{存货周转比率}$$

这个指标表示企业生产的产品平均需要多少天才能销售出去。ABC公司2021年的存货销售天数＝365÷1.83＝199（天）。

（2）应收账款周转率。

应收账款是企业为了促进销售而为客户提供付款便利而产生的。不过，应收账款是占用企业资金的重要项目，规模太大势必会占用公司太多的现金资源。控制应收账款规模的重要举措之一就是提高应收账款的使用效率。应收账款周转率就是一个衡量应收账款使用效率的指标。计算公式如下：

$$应收账款周转率=\frac{销售收入}{应收账款}$$

需要提醒读者的是，不同于存货对应于售货成本，应收账款是在销售收入中发生的，因此，计算应收账款周转率的分子使用的是销售收入。

根据表2－1和表2－3，ABC公司2021年的应收账款周转率＝3 030÷1 100＝2.75。

为了更形象地表述公司应收账款的使用效率，可以转换为另一个指标——应收账款销售天数。

$$应收账款销售天数=\frac{365}{应收账款周转率}$$

ABC公司的应收账款销售天数＝365 ÷ 2.75＝133（天）。

（3）总资产周转率。

总资产周转率用于衡量公司使用全部资产的效率。计算公式如下：

$$总资产周转率=\frac{营业总收入}{总资产}$$

该指标可以解读为公司每 1 元的资产所产生的销售收入。

根据表 2－1 和表 2－3，ABC 公司 2021 年的总资产周转率＝3 030÷6 611＝45.83%。

上述指标的倒数可以生成另一个指标——资本密集比率：

$$资本密集比率=\frac{总资产}{总资产}-\frac{营业总收入}{总资产}=1-总资产周转率$$

ABC 公司的资本密集比率＝1－45.83%＝54.17%。

4．盈利能力比率

投资者需要了解企业经营管理的效率，因此也需要一些指标来衡量企业的盈利能力。衡量企业盈利能力的指标主要有三个。

（1）利润率。

利润率用于衡量净利润占营业总收入的比率，显然，它与销售额、售价以及各项成本的高低都有关系。计算公式如下：

$$利润率=\frac{净利润}{营业总收入}$$

这个指标表示每 1 元销售收入赚了多少钱。

根据表 2－1 和表 2－3，ABC 公司 2021 年的利润率＝375÷3 030＝12.38%。

（2）总资产收益率。

总资产收益率（Return on Assets，ROA）用于衡量净利润占总资产的比率，表示每 1 元的资产赚了多少钱。它反映了公司运用资产为股东创造价值的能力和效果。计算公式如下：

$$总资产收益率=\frac{净利润}{总资产}$$

根据表 2－1 和表 2－3，ABC 公司 2021 年的总资产利润率＝375÷6 611＝5.67%。

（3）股本收益率。

股本收益率用于衡量净利润占总股本的比率，表示每 1 元的净资产赚了多少钱。它综合反映了公司在使用财务杠杆的情况下，运用股本为股东创造价值的能力和效果。计算公式如下：

$$股本收益率=\frac{净利润}{总股本}$$

根据表 2－1 和表 2－3，ABC 公司 2021 年的股本收益率＝375÷（1 329＋3 387）＝7.95%。

5. 市场价值比率

市场价值比率主要包括市盈率（Price Earnings Ratio，PER）、市净率和市销率等。这一组指标能对上市公司的价值进行衡量。计算指标所需的信息不一定包括在财务报表里，因此需要通过交易所的股票行情揭示榜等途径获取。假设 ABC 公司在 2022 年 3 月 25 日的每股价格为 10 元，而当时公司发行在外的股数为1 000 万股（通常通过公司年报等途径可以查阅到），那么结合表 2－1 和表 2－3 的资料，ABC 公司的每股盈利＝375÷1 000＝0.375（元），每股净资产＝（1 329＋3 387）÷1 000＝4.716（元），每股销售额＝3 030÷1 000＝3.03（元）。

几种典型的市场价值比率及其计算公式分别如下。

（1）市盈率。

市盈率指每股价格（P）与每股盈利（E）之比。计算公式如下：

$$PE=\frac{P}{E}$$

按照上述例子，ABC 公司的市盈率＝10÷0.375＝26.67。

（2）市净率。

市净率指每股价格（P）与每股账面净资产值（BV）之比。计算公式如下：

$$PB=\frac{P}{BV}$$

按照上述例子，ABC 公司的市净率＝10÷4.716＝2.12。

（3）市销率。

市销率指每股价格（P）与每股销售额（S）之比。计算公式如下：

$$PS=\frac{P}{S}$$

按照上述例子，ABC 公司的市销率＝10÷3.03＝3.3。

在运用上述指标做分析时，需要留意静态指标和动态指标的差异。

静态指标，通常使用当前（最新）的股价除以上一年度的盈利、账面净资产或者销售额。其结果被作为估值高低比较的依据，市盈率高的股票，当然估值更高（更贵）。

动态指标，通常使用当前（最新）的股价除以未来预测期的盈利、账面净资产或者销售额。例如，ABC 公司今年预计每股盈利增长 30%，那么今年的动态市盈率 = 10 ÷ [0.375 × (1 + 0.3)] = 10 ÷ 0.488 = 20.49。投资，是面向未来的。因此，投资者通常更重视动态市盈率。这个指标包含对未来盈利水平的预测。

上述市场价值比率用于做相对估值研究，后文将有详细论述。

6. 增长潜力比率

企业的增长潜力是人们对企业特别关注的一个重要方面，因为投资者更加关心未来的公司的盈利水平。要成功预测未来的盈利水平，需要做很多深入的研究，除了根据历史的数据做分析，还需要研究未来的投资市场环境和公司的投资项目等情况。下面重点讨论如何通过历史的财务数据预测企业未来的增长潜力。

从财务报表的数据中，可以计算出两个指标：内部增长率和可持续增长率。

（1）盈利能力与留存利润率。

盈利能力与留存利润率是决定增长潜力的两个重要因素。衡量盈利能力的两个指标是总资产收益率和总股本收益率。前者是净利润与总资产的比率，而后者是净利润与总股本的比率。

一个企业的净利润通常分成两部分：股息和留存利润。留存利润率的计算公式如下：

$$留存利润率 = \frac{留存利润}{净利润}$$

例如，ABC 公司 2021 年的净利润为 375 万元，其中 150 万元用于股息支付，另外的 225 万元作为留存利润增加公司的股本。因此，留存利润率 = 225 ÷ 375 = 60%。

公司的留存利润将增加公司下一周期的投资资金，从而提高下一个投资周期的盈利能力。因此，一个公司的留存利润率成为该公司未来发展潜力的重要决定因素。

（2）内部增长率。

内部增长率揭示了企业在仅仅依靠留存利润作为融资方式的情况下未来的增长潜力。

$$内部增长率 = \frac{总资产收益率 \times 留存利润率}{(1 - 总资产收益率 \times 留存利润率)}$$

根据表 2-1 和表 2-3，ABC 公司 2021 年的内部增长率 = 5.67% × 60% ÷ (1 - 5.67% × 60%) = 3.52%。

（3）可持续增长率。

当企业增加留存利润时，总资产就会增加，在公司负债金额保持不变的情况下，资产负债率就会下降。

观察资产负债率的计算公式（总负债÷总资产），在分子不变的情况下，分母增大，结果自然下降。因此，如果企业保持一个合理的资产负债率，在增加留存利润的同时，同比例地增加负债，获得更多的投资资金，未来也就有了更大的发展潜力。由于资产负债率保持在一个合理的范围内，可以预期企业的财务风险不会由于增加负债而扩大，所以称为可持续增长率。计算公式如下：

$$可持续增长率=\frac{总股本收益率\times 留存利润率}{(1-总股本收益率\times 留存利润率)}$$

根据表 2－1 和表 2－3，ABC 公司 2021 年的可持续增长率＝7.95%×60%÷(1－7.95%×60%)＝5.01%。

三、杜邦分析方法及其运用

杜邦等式是将股本收益率分解成利润率、总资产周转率和股本乘数，并通过纵向比较和横向比较，深入了解公司盈利能力、资产管理效率和财务杠杆状况的工具。

1. 杜邦等式及其意义

（1）从股本收益率的公式开始：

$$股本收益率=\frac{净利润}{股本}=\frac{净利润}{股本}\times\frac{总资产}{总资产}\times\frac{营业收入}{营业收入}$$

重新整理以后，上面的式子就变成：

$$股本收益率=\frac{净利润}{营业收入}\times\frac{营业收入}{总资产}\times\frac{总资产}{股本}$$

$$股本收益率=销售利润率\times 总资产周转率\times 股本乘数$$

（2）杜邦等式的意义。

杜邦等式很直接地表示了股本收益率与如下几个因素有关。

销售利润率：该指标衡量企业的经营效率——表明企业如何控制成本并取得利润。

总资产周转率：该指标衡量企业使用资产的效率——表明企业管理资产的情况。

股本乘数：该指标衡量企业的财务杠杆——表明企业使用债务的情况。

从杜邦等式中，可以看到为什么在所有的财务指标中，净资产收益率常常是最受人关注的。

2. 杜邦等式的运用

杜邦等式是一个非常简单且非常实用的财务分析工具。学过会计学基础课程的人都接触过杜邦分析方法，不过，很多人觉得这个方法很复杂，因此真正经常使用的人却不多。笔者浏览过国内介绍杜邦分析方法的一些相关教科书，感觉一些学者把这个简单的方法复杂化。他们主要是过于强调杜邦等式每个指标的由来，最典型的方法是建立一个树状图，把等式涉及的三个指标的原始指标一层层地展示出来，列举了数十个指标在“一棵树”上。这让很多学生的注意力被引导到不相关的指标上（实际上他们在了解财务报表内容的时候已经了解过），而且，他们由于同时关注太多指标，因此感觉抓不到重点（做分析需要抓重点，聚焦主要问题）。这一点对于财务分析的初学者尤为困扰，很容易产生沮丧感。

有些信息服务机构提供的上市公司财务资料，也会有一个树状的杜邦等式结构图。在笔者看来，这个结构图也许会方便分析者获取数据和资料，但分析者实际上不能直接从中得到启示。

（1）雅虎和谷歌最近10年的发展状况。

雅虎是20世纪末公认的互联网龙头企业，2001年初最高峰的时候其市值达1 200亿美元。可是进入21世纪之后，雅虎找不到发展方向，而搜索引擎业务又受到谷歌等公司的侵蚀，逐步式微。2005年在当时的董事长杨致远的主导下，雅虎曾经投入10亿美元加上“雅虎中国”的全部权益，获得阿里巴巴40%的股权和35%的投票权，跟上了中国电商的高速列车。尽管最后没法真正获得阿里巴巴的控股权，但雅虎仍然获得数千亿美元的投资收益。不过，其主营业务没落，在投资人的施压之下，2016年，雅虎无奈把主营业务卖给了电信巨头Verizon，并更名为ALTABA，变成一个资产管理公司，主要管理所持的阿里巴巴的股份（约占11%）。2020年1月15日，ALTABA宣布公司全面清算和解散计划，逐步卖出所有资产。2021年9月30日，ALTABA退市，雅虎正式画上句号。

谷歌公司于2004年在纳斯达克上市之后，股价反复上升，成为新时期互联网的领军公司。到2022年3月25日，其总市值已经达到1.87万亿美元。

（2）通过杜邦等式分析做出的研究结论。

笔者看到斯蒂芬·罗斯等著的《公司理财精要》（第七版）中对雅虎和谷歌两个

公司所做的杜邦等式的比较分析①，对照最近十余年两个公司的发展历程，感慨万分：从2006年到2008年这两家公司的几个数据，很大程度上已经预告了他们的命运。

从股本收益来看，雅虎在2006—2008年这3年已经明显走下坡路，分别是8.2%、6.9%和3.8%，而谷歌却维持在高位，分别是18.1%、21.1%和18.9%。两者间的差异非常大。

通过对杜邦等式3个指标的分析，盈利能力下降是雅虎走下坡路的主要原因，资产管理效率下降是次要原因。而财务杠杆情况如何呢？股本乘数从2006年到2008年是下降了的，这到底是好事还是坏事？股本乘数读者平时用得并不多，尝试把它折为负债率，容易做比较。股本乘数为1.22，相当于负债率为1－1/股本乘数＝1－82%＝18%。按照一般的标准，这显然是一个偏低的负债率。偏低的负债率说明了什么？说明该公司没有找到适合本公司的优秀投资机会，浪费了融资能力。

同期谷歌的净利润率也呈明显下跌趋势。不过，2008年谷歌的净利润率仍然相当于雅虎的3.29倍。那么，是什么原因导致谷歌的股本收益率保持高位？总资产周转率明显上升说明资产管理效率提高，这是其中一个原因。另外，这3年谷歌财务杠杆的上升也是另一个原因。谷歌的股本乘数从1.08上升到1.42，相当于同期的负债率从7.4%上升到29.58%，尽管财务杠杆上升了，可是，仍然处于合理偏低的水平。因此，在这个情况下，财务杠杆上升实际上仍然为谷歌公司带来价值。

如表2－6所示，杜邦分析中提供的3个指标做纵向3年比较以及横向3年比较，可以判断：雅虎在过去3年一直走下坡路，而且，相对谷歌来说，雅虎不是一个值得投资的好公司。

表2－6　雅虎和谷歌的杜邦等式分析

雅虎				
年份	股本收益率	销售利率	总资产周转率	股本乘数
2008	3.8%	5.9%	52.7%	1.22
2007	6.9%	9.5%	57.0%	1.28
2006	8.2%	11.7%	55.8%	1.26

① 本案例分析引自 Stephen A. Ross，Randolph W. Westerfield and Bradford D. Jordan，*Essentials of Corporate Finance*，Seventh Edition（McGraw-Hill Education，2016），P.66。

（续表）

谷歌				
年份	股本收益率	销售利率	总资产周转率	股本乘数
2008	18.9%	19.4%	68.6%	1.42
2007	21.1%	25.3%	65.5%	1.27
2006	18.1%	29.0%	57.4%	1.08

尽管专业投资者不会仅仅通过杜邦等式3个指标的分析就得出结论并做决策（通常还需要研究其他相关信息），但是杜邦等式的分析确实可以给投资者提供很有价值的信息参考。尽管上述案例使用的是十几年前的数据，但其研究结果得到此后十多年的印证。笔者在给人讲解杜邦分析方法时，仍然喜欢用上述案例。

3. 中国部分上市公司的杜邦分析

下面列举一批公司的杜邦分析数据，读者可以根据这些数据进行比较分析，并观察一下后来公司的股价状况，看看当时的数据所体现的意义是否在后来的市场中得到体现。

（1）美的集团（股票代码：000333）和格力电器（股票代码：000651）的杜邦分析（如表2－7所示）。

表2－7 美的集团和格力电器的杜邦分析

美的集团				
年度	净资产收益率	销售利润率	总资产周转率	权益乘数
2019	26.21%	8.67%	99.00%	2.94
2018	25.80%	7.73%	102.00%	3.14
2017	25.63%	7.14%	116.00%	3.38
格力电器				
年度	净资产收益率	销售利润率	总资产周转率	权益乘数
2019	24.53%	12.32%	75.00%	2.72
2018	33.42%	13.10%	86.00%	2.80
2017	37.46%	14.93%	76.00%	3.51

（2）小熊电器（股票代码：002959）和科沃斯（股票代码：603486）的杜邦分析（如表2－8所示）。

表 2-8　小熊电器和科沃斯的杜邦分析

小熊电器				
年度	净资产收益率	销售利润率	总资产周转率	权益乘数
2019	16. 11%	9. 98%	150. 00%	2. 42
2018	40. 35%	9. 09%	228. 00%	10. 12
2017	53. 45%	8. 90%	280. 00%	16. 82
科沃斯				
年度	净资产收益率	销售利润率	总资产周转率	权益乘数
2019	4. 87%	2. 27%	124. 00%	2. 66
2018	19. 49%	8. 52%	165. 00%	3. 77
2017	29. 91%	8. 25%	188. 00%	6. 82

（3）伊利股份（股票代码：600887）、蒙牛乳业（股票代码：02319）和光明乳业（股票代码：600597）的杜邦分析（如表 2-9 所示）。

表 2-9　伊利股份、蒙牛乳业和光明乳业的杜邦分析

伊利股份				
年度	净资产收益率	销售利润率	总资产周转率	权益乘数
2019	26. 50%	7. 69%	167. 00%	2. 30
2018	23. 10%	8. 09%	163. 00%	1. 69
2017	23. 90%	8. 82%	153. 00%	1. 95
蒙牛乳业				
年度	净资产收益率	销售利润率	总资产周转率	权益乘数
2019	15. 10%	5. 43%	118. 00%	2. 35
2018	12. 70%	4. 64%	127. 00%	2. 18
2017	9. 42%	3. 37%	130. 00%	2. 14
光明乳业				
年度	净资产收益率	销售利润率	总资产周转率	权益乘数
2019	9. 02%	2. 21%	127. 00%	3. 22
2018	6. 35%	1. 63%	120. 00%	3. 21
2017	11. 90%	2. 85%	134. 00%	3. 15

（4）新经典（股票代码：603096）、中国科传（股票代码：601858）和南方传媒（股票代码：601900）的杜邦分析（如表 2-10 所示）。

表 2－10　新经典、中国科传和南方传媒的杜邦分析

新经典				
年度	净资产收益率	销售利润率	总资产周转率	权益乘数
2019	0.13%	26.30%	44.00%	1.08
2018	0.14%	26.60%	47.00%	1.11
2017	0.15%	25.30%	53.00%	1.14
中国科传				
年度	净资产收益率	销售利润率	总资产周转率	权益乘数
2019	0.12%	18.40%	45.00%	1.41
2018	0.12%	19.10%	45.00%	1.39
2017	0.11%	16.20%	49.00%	3.38
南方传媒				
年度	净资产收益率	销售利润率	总资产周转率	权益乘数
2019	0.12%	11.40%	61.00%	1.72
2018	0.12%	11.80%	60.00%	1.69
2017	0.13%	12.40%	58.00%	1.84

（5）完美世界（股票代码：002624）和星辉娱乐（股票代码：300043）的杜邦分析（如表 2－11 所示）。

表 2－11　完美世界和星辉娱乐的杜邦分析

完美世界				
年度	净资产收益率	销售利润率	总资产周转率	权益乘数
2019	19.83%	18.41%	48.00%	1.89
2018	18.46%	21.90%	49.00%	1.72
2017	16.74%	18.00%	49.00%	1.64
星辉娱乐				
年度	净资产收益率	销售利润率	总资产周转率	权益乘数
2019	9.39%	8.98%	50.00%	2.29
2018	8.98%	8.54%	47.00%	2.15
2017	9.05%	10.04%	44.00%	1.95

（6）晨光文具（股票代码：603899）和齐心集团（股票代码：002301）的杜邦分析（如表 2－12 所示）。

表 2－12　晨光文具和齐心集团的杜邦分析

晨光文具（603899）				
年度	净资产收益率	销售利润率	总资产周转率	权益乘数
2019	27.63%	9.66%	168.00%	1.70
2018	26.00%	9.47%	170.00%	1.62
2017	24.29%	9.87%	163.00%	1.51
齐心集团				
年度	净资产收益率	销售利润率	总资产周转率	权益乘数
2019	7.24%	3.85%	80.00%	2.35
2018	9.19%	4.56%	72.00%	2.80
2017	6.39%	4.44%	75.00%	1.92

（7）合兴包装（股票代码：002228）和裕同科技（股票代码：002831）的杜邦分析（如表 2－13 所示）。

表 2－13　合兴包装和裕同科技的杜邦分析

合兴包装				
年度	净资产收益率	销售利润率	总资产周转率	权益乘数
2019	7.43%	2.17%	147.00%	2.33
2018	9.87%	2.35%	181.00%	2.32
2017	8.51%	2.62%	164.00%	1.98
裕同科技				
年度	净资产收益率	销售利润率	总资产周转率	权益乘数
2019	20.18%	13.42%	84.00%	1.79
2018	18.35%	11.41%	86.00%	1.87
2017	17.00%	10.84%	83.00%	1.89

4. 关于数据分析的基本要求

财务报表上的数据的本身意义是有限的，在对财务指标做横向比较（比如与同行业比较）或者纵向比较（比如与去年的指标做比较）时才具有真正的意义。

从统计学的角度来看，比较 3 年指标可以观察其趋势。一般在对单个公司的财务状况做分析的时候，需要纵向比较 3 年以上的指标。

横向比较通常是与行业的平均水平做比较，可是在国内这类行业统计资料较缺，自己去做统计整理工作可能需要耗费太多的时间和精力。因此，作为替代的方式，就是找一家同行业的公司做杜邦等式分析，得出有意义的结论。

第三章　现金流贴现估值模型概论

资产估值方法，可分为会计的方法和金融的方法。会计的方法主要指的是第二章介绍的重置资产法。金融的方法可分为相对估值法和绝对估值法。

相对估值法主要是根据可比资产的定价标准测算目标资产的市场价值。后文将详细讲解相对估值法在股本市场交易中的使用。

绝对估值法根据投资对象预期现金流情况，考虑货币的时间价值和风险因素，以测算资产的价值，而不必考虑其他资产的市价资料。绝对估值法通常指现金流贴现模型①。

资产估值方法的使用及很多项目可行性研究报告的生成，都需要对投资成本与收益进行分析，也就是要对金融资产（包括投资项目）进行估值以确定投资可行性。现金流贴现法被认为是最客观和最科学的分析方法。本章首先介绍现值与终值的概念与计算方法，然后再导入现金流贴现估值模型的基本原理，在后面的章节，将具体讨论该模型在债券市场、股票市场以及项目（公司）交易市场中的运用。

第一节　货币的时间价值与现金流贴现估值模型

本节介绍货币的时间价值与现金流贴现（Discounted Cash Flow，DCF）估值模型。

① 本节的内容参考如下著作：Stephen A. Ross，Randolph W. Westerfield and Bradford D. Jordan，*Essentials of Corporate Finance*，Seventh Edition（McGraw-Hill Education，2016），P. 66。

一、货币的时间价值

不同时间的货币是不能直接做比较的。比如，作为一个公平的交易，A 向 B 借钱，到期偿还本金的时候，还应该支付一定的利息，这才是合理的。由此可见，做投资，需要重视货币的时间价值。

1. 现值与终值

假设本金 100 元，年息率为 10%，投资期为 5 年。投资者有两种投资的方式，如图 3－1 所示。

方式一：投资者每年都把利息消费掉，仅保留投资本金，那么他到了第 5 年结束的时候，一共就可以得到 150 元，其中 100 元是本金，50 元是利息。这是单利投资的方式。

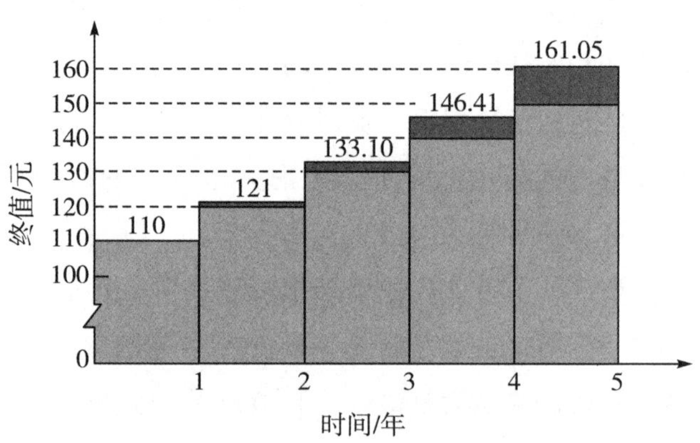

图 3－1　单利投资与复利投资的方式

方式二：投资者每年都把收到的利息继续投入到本金里，也就是说，每年的投资本金是递增的，到了第 5 年结束的时候，一共可以得到 161.05 元。其中 11.05 元就是“利滚利”的效果。这是复利投资的方式。

在金融学的角度，除非特别声明，通常都假定投资者以第二种方式，即复利投资的方式进行。初始本金 100 元就是现值（Present Value，PV），而 161.05 元就是终值（Future Value，FV）。可以说，在年利率为 10% 的情况下，今天的 100 元等于 5 年后的 161.05 元。

（1）终值的计算公式如下：

$$FV = PV \times (1 + r)^t$$

其中 $(1 + r)^t$ 就是终值因子。

以上例，今天投资 100 元，年利率 10%，5 年以后将可以收回多少钱？

设 5 年以后，投资者本金加利息可以收回的终值为 $FV(5)$，则

$$FV(5) = 100 \times (1 + 0.1)^5 = 161.05\text{（元）}$$

其中 $(1 + 0.1)^5$ 就是终值因子。知道了这个终值因子，可以计算出任何金额在多

少年之后的终值。

（2）现值的计算公式如下：

$$PV = FV \times \frac{1}{(1+r)^t}$$

其中$\frac{1}{(1+r)^5}$为现值因子。利率在很多情况下又称为贴现率，因此，现值因子又称为贴现因子。

以上例，如果5年以后将要收到161.05元，按照年利率10%，这笔钱相当于今天多少钱?

设5年以后将要收到的这笔钱的现值为$PV(5)$，则

$$PV\ (5) = \frac{161.05}{(1+0.1)^5} = 100\ (\text{元})$$

其中$\frac{1}{(1+0.1)^5}$就是现值因子。知道了这个现值因子，可以计算出将来要收到的钱在今天的现值。

二、现金流贴现估值模型

现金流贴现估值模型，就是以一个合适的贴现率计算出投资对象各期现金流的现值并相加，以得到该资产的合理价格。

1. 通用模型

这种方法使用的通用模型，称为现金流贴现估值模型（Discounted Cash Flow Model，DCF模型）。通用模型的公式如下：

$$V_0 = \sum_{t=1}^{n} \frac{CF_t}{(1+r)^t}$$

其中V_0代表被评估资产的合理价值，CF_t代表投资对象在投资期中的各项现金流，r为贴现率，t代表投资期，$\frac{1}{(1+r)^t}$就是贴现因子。

上面的式子，也可以分解成：

$$V_0 = \frac{C_1}{(1+r)^1} + \frac{C_2}{(1+r)^2} + \frac{C_3}{(1+r)^3} + \cdots + \frac{C_t}{(1+r)^t}$$

其中C_t代表每一次的现金流。

2. 案例分析

某资产将在今后 3 年每年向资产持有者支付 1 000 元、2 000 元和 3 000 元，那么，该资产的合理价值为多少?

假设贴现率为 10%，那么该资产的合理价值可计算如下：

$$V_0=\frac{1\ 000}{(1+0.1)^1}+\frac{2\ 000}{(1+0.1)^2}+\frac{3\ 000}{(1+0.1)^3}=4\ 815.93\text{（元）}$$

在这个例子中，读者需要强化一个概念：由于货币具有时间价值，不同时间点的金额不能直接做比较，必须折为某一个相同时间点之后，才能做比较。

三、DCF 模型在特殊现金流中的运用

不同的资产带来现金流的方式是不同的，针对不同的现金流类型，DCF 模型可以被整理成不同的公式。

1. 一次性支付的现金流

某资产将在某一天给持有者支付一笔现金流，那么该资产的合理价值就是未来该笔现金流的现值。

从通用公式可以直接推出公式如下：

$$V_0=\frac{FV}{(1+r)^t}$$

其中 FV 为将来某一天将得到的现金流。

一次性支付现金流案例：你正在为退休之后的生活做规划。保险公司的经理给你一个投资理财的建议，投资 10 万元购买一份保险，30 年之后可以领取一笔 100 万元的支付。按照你投资基金的经验，每年的回报率至少可以达到 8%。你是否愿意做这样的投资?

按照投资基金年均回报率为 8% 计算，30 年之后获得的 100 万元的现值，就是这项投资的合理价值：

$$V_0=\frac{100}{(1+0.08)^{30}}=9.94\text{（万元）}$$

计算结果说明，该项投资的合理价格是 9.94 万元，要价 10 万元太贵，意味着实际的年均回报率还比不上 8% 的基金。不过，考虑到保险公司的投资品一般比较可靠，因

此还是可以考虑买入保险（关于投资风险的考量因素，请详阅后面的论述）。

2. **永续年金的现金流**

永续年金是这样的一种现金流：在无限的时间里，发生持续、相同间隔时间，且相同金额的支付。例如，某资产未来每年给投资者提供100元的现金流，直到永远。当一种资产的未来现金流符合永续年金的特点时，每笔现金流都是 C，现值计算公式如下：

$$V_0 = \sum_{t=1}^{n} \frac{CF_t}{(1+r)^t} = \frac{C}{r}$$

如果贴现率为10%，则上述资产的现值（价值）可计算如下：

$$V_0 = \sum_{t=1}^{n} \frac{CF_t}{(1+r)^t} = \frac{C}{r} = \frac{100}{0.1} = 1\,000(\text{元})$$

3. **年金的现金流**

年金是一种类型特别的现金流：在某一段时间内，发生连续的相同间隔时间，且相同金额的支付，可以称为年金。

由于货币具有时间价值，那么，显然在上例中，每次支付的时间点定在每个投资期的期初或者期末，肯定会影响年金的现值或者终值的计算结果。

（1）期末年金与期初年金。

如果每次支付发生在期末，那么这种年金称为期末年金；如果每次支付发生在期初，那么这种年金称为期初年金。

由于绝大多数年金现金流支付的时间规定发生在期末，所以年金通常指的是期末年金，如果支付时间是在期初，则需要特别声明是期初年金。

考察两个永续年金：第一个永续年金从今天开始，每期支付额为 C，要求回报率为 r；第二个永续年金从 t 年开始，每期支付额同样为 C，要求回报率同样为 r，那么第一个永续年金的现值减去第二个永续年金的现值，就等于期数为 t、每期支付额为 C、要求回报率为 r 的年金现值。

需要指出的是，第二个永续年金的现金流从 t 年才开始，所以按照公式计算出在 t 年的价值之后，乘以贴现因子才是现值。所以，年金的现值计算公式可以用永续年金的公式推导如下：

$$V_0 = \frac{C}{r} - \frac{C}{r} \times \frac{1}{(1+r)^t}$$

重新整理之后，得到

$$V_0 = C \times \left[\frac{1 - \frac{1}{(1+r)^t}}{r}\right]$$

其中 C 为每期支付额，在 WPS 表格或者金融计算器中用 PMT 代表，$\left[\frac{1 - \frac{1}{(1+r)^t}}{r}\right]$可称为年金因子。

（2）年金现金流案例分析。

很多投融资工具是以年金现金流的类型来创设的。最典型的是按揭贷款。例如，如果你每个月可以保证还款 10 000 元，连续保持 30 年，按照年利率 6%，你可以向银行贷款多少？

按揭贷款，其实就是融资者向银行借一笔钱，并承诺以未来的一串年金支付来偿还。从估值的原理来说，未来支付的年金现金流的现值，必须等于贷款金额，这才是一个合理的金融交易。因此，上述问题，实际上就是计算每期支付额（10 000 元）的现值。已知 $C = 10\,000$，$r = 0.06 \div 12 = 0.005$（因为每月支付利息，因此，利率要计算每月的指标），$t = 360$（30 年，一共 360 期），则计算过程如下：

$$V_0 = C \times \left[\frac{1 - \frac{1}{(1+r)^t}}{r}\right] = 10\,000 \times \left[\frac{1 - \frac{1}{(1+0.005)^{360}}}{0.005}\right] = 1\,667\,916\text{（元）}$$

四、利率的不同表达形式

从现值与终值的计算公式可以看到，利率是让现值与终值能够出现在等式两端的重要“媒介”。不过，到此为止，刚接触金融学知识的读者会也许困惑：利率，似乎有很多近义词，可以在不同语境中使用。它似乎有不同的意义。下面介绍几个比较常用的利率的同义词。

1. 贴现率

在 DCF 模型的式子中，贴现率就是那个将未来现金流折为现值的利率。在金融领域，它被广泛运用。例如，某企业收到了一张 6 个月的期票，价值 100 万元。因短期资金短缺，所以到银行要求把期票贴现，即提前支取该张票据的钱。银行等于借出一笔现金，等半年后到期时才向期票签发机构收钱。银行当然不会支付 100 万元现金，因此，会使用贷款利率（假设为6%）作为贴现率，把半年后的100万元折为现值。而这个现值就是企业贴现该票据所能收到的现金（V_0）。V_0的计算方法为100万元乘以贴现因子，于是得出答案：

$$V_0=\frac{100}{(1+0.06)^{0.5}}=97.1286\text{（万元）}$$

2. **回报率**

消费者购买物品或者劳务的目的，是享受物品和劳务的效用。例如，面包和酒店服务给消费者带来的满足感。可是投资者购买一项资产的目的，是获得该项资产未来带来的现金流。该项现金流通常包括投资的本金，以及额外的回报，在中文的词汇中，回报又常被称为收益。回报除以本金，就是回报率，或者称为收益率。

估值，是金融学的核心内容，而投资回报率通常是该项资产价值的另一种表达。在其他因素不变的情况下，回报率越高的资产，越便宜，反之亦然。而在金融市场上，交易的不同资产计价单位各不一样。例如，在股票市场上，每一种股票所代表的资产内容不同，大小不同，而且盈利能力也不同，如果仅比较股价的高低，贵州茅台比万科A贵很多——2022年3月底，贵州茅台每股1 690元，万科A每股仅为17元。不过，按照静态市盈率计算，贵州茅台为45倍，或者说投资回报率只有2.22%，而万科A静态市盈率为4.8倍，或者说投资回报率为21%。显然，按照静态市盈率指标看，万科A的股票更便宜。[为什么在市场上两种估值水平差别这么大的股票会同时存在？通过对现金流贴现估值法以及相对估值法（后文将有详细论述）的进一步学习，大家可以深入理解这种市场的现象。]

3. **实际回报率**

投资期结束的时候，把整个投资期实际的现金流全部折为现值并刚好等于期初投资本金价值的那个回报率，就是实际回报率。以DCF模型的式子，V_0为期初投资本金，CF_t代表投资期所有的现金流，t为投资期，求出来的r就是实际回报率（具体计算方法第二节有详述）。

4. **要求的回报率**

投资者做出投资决策之前，通常都会有不同的选择，比如，喜欢白酒类上市公司的投资者认为贵州茅台和五粮液是自己面临的两个较好选择，但他想选择其中更好的一只做实际的投资。假设他认为这两只股票的投资风险一样（这个假定很重要，如果投资风险不同，两只股票的回报率就不能直接比较，关于这个问题，借助第五章投资组合理论可得到深入认识），而且相信投资贵州茅台的未来投资回报率可以达到2.22%，那么，投资者在考虑五粮液的投资价值时，就很自然地把2.22%作为一个标准去衡量五粮液的未来投资回报率——低于这个水平就不考虑。因此，从这个意义上来考虑的时候，利率称为要求回报率。

5. **预期收益率**

在每个投资计划开始之前，投资者都要做现金流预测，再据此测算投资期能够获得的回报率。这样测算出来的回报率，可以称为预期收益率。以DCF模型的式子为例，V_0 为意向的期初投资本金，CF_t 代表预期的投资期所有的现金流，t 为投资期，求出来的就是预期收益报率。

6. **资本的机会成本**

机会成本是经济学的基本概念，在投资领域使用的时候，上述贵州茅台的投资回报率2.22%，可以理解为投资五粮液的资本的机会成本——为了获得五粮液的回报而放弃的贵州茅台的回报。或者可以这么说，贵州茅台未来的投资回报就是投资五粮液的机会成本。因此，利率又可以称为资本的机会成本。

7. **资本成本**

绝大多数的金融交易都是投资者与融资者之间的交易。从投资者的角度来看，利率体现为回报率。可是，从交易对手——融资者的角度来看，给投资者支付的回报，可以理解为使用资本的成本。因此，利率也可以称为资本成本。

读了上述几个利率的近义词的解释后，有些读者未必马上有很深刻的理解。不过，相信随着对投融资活动的逐渐了解，读者的体会会逐步加深。

我们在使用DCF模型进行资产估值分析的时候，确定贴现率是一个很重要的工作环节。第五章会讲解如何通过资本资产定价模型（CAPM）等方法精确地算出贴现率的水平，不过，在此以前，碰到题目中给定的贴现率，读者可以暂时按照上述的解释理解。

均匀支付的现金流如年金和永续年金，通常是金融机构创设的金融产品，方便双方安排履约资金等，且方便计算盈亏。

第二节　DCF 模型相关指标计算展示

以货币的时间价值理论为基础的估值方法，涉及很多计算，比较复杂，如果没有现代的计算手段，很多数学模型都仅停留在理论上，实务工作者没法运用它们。从 20 世纪 80 年代开始，金融计算器以及 Excel 等电子计算工具把这些本来很复杂的计算过程变得非常简单。

在金融活动中，对于现值、终值、投资期数、利率和定期支付额这 5 个指标，我们只要知道其中 4 个，就可以通过上述计算工具计算出第 5 个指标。这一节专门以案例讲解相关的计算方法。

一、终值的计算

为了加深对于现值、终值、期限以及回报率之间关系的理解，下面通过曼哈顿岛的交易做计算练习。

1. 案例——曼哈顿岛的交易

欧洲人到了美洲以后，逐步反客为主，成为美洲的统治者，而原来的土著居民印第安人失去了自己的土地和家园。1626 年 Peter Minuit 以价值 24 美元的物品向印第安人买下曼哈顿岛，到 2020 年，该岛寸土寸金，成为美国财富最集中的地方之一。很多人都用这个例子来谴责欧洲殖民者通过不公平交易对土著居民进行掠夺。不过，有投资专家对此表示反对，认为那笔交易发生在几百年前，不能用当时的价值来衡量目前的曼哈顿岛的价值，应该把目前的价值折为 1626 年的价值或者把当时的 24 美元折为 2020 年的价值。一般的比较方法是，把 394 年前的 24 美元折为 2020 年的价值，然后与 2020 年该岛的价值做比较。

假设当时的印第安人把出售曼哈顿岛所得的 24 美元进行投资，在 394 年中每年获得 8% 的回报，并全部投入进行再投资。

2. 用公式计算

用终值公式计算：$FV = 24 \times (1 + 0.08)^{394} = 354.14$（万亿美元）

显然，这是一个天文数字——354.14 万亿美元！

3. 用金融计算器计算

金融学专业学生在学习金融及财务专业课程时都需要人手一部金融计算器，这样在计算诸如到期收益率、贴现率等烦琐公式时就会非常简单，只要输入相关指标即可。目前普遍使用的金融计算器有三种：HP（惠普）、TI（德州仪器）和 CASIO（卡西欧）。金融计算器对于学生来说，不仅是学习以及未来工作时很可能要用到的辅助工具，还是在参加各类考试的时候统一的应考工具。金融领域的国际职业资格考试一般都允许带金融计算器（如不携带的话，很多题目几乎无法完成）。上述三种金融计算器中，CASIO 的计算器在使用上是最简便的，且不容易犯由于操作不当导致的低级错误，因为所有输入或修改的数据都出现在荧屏上，操作者照着操作就可以。但 HP 或者 TI 的计算器却需要操作者靠记忆做输入和修改，操作者稍微粗心就可能得出错误的结果。不过，美国的注册金融分析师（Certified Financial Analyst，CFA）资格考试暂时只允许携带 HP 和 TI 的计算器。学生们需要特别注意，需要的时候就要提前学习。

关于金融计算器的操作，根据说明书，学生可以很容易学会使用方法。

首先，需要根据题目的条件确定计算的目标并选择合适的公式。

其次，把所需各个指标输入计算器。

最后，对计算器给出指令——按“SOLVE”键即可得出所需的答案。

计算器的使用虽然简单，但需要熟悉其功能，而且需要熟练操作，以保障准确性和使用效率，尤其在参加考试的时候，时间有限，准确并熟练操作才有助于取得高分。

以 CASIO 计算器为例，计算步骤如下。

（1）确定本题需要计算的目标是 FV，可选择功能键“CMPD”（Compound），设定（Set），选择为“END”（期末支付模式）。

（2）用圆盘按键移动光标，并分别输入原始数据：

期数 $n = 394$；

利率 $i\% = 8$（已经默认有百分号，所以仅输入分子就可以）；

现值 $PV = -24$；

每期支付额 $PMT = 0$；

每年支付的次数 *P/Y*（Payments/Year）=1（每年算一次利息）；

每年复利计算的次数 *C/Y*（Compound/Year）=1（每年算一次复利）。

（3）把光标移动到“*FV*”，按“SOLVE”键，即可得出答案。

4. 用 WPS 表格计算

对于绝大多数人来说，在实际运用中使用 WPS 表格计算是最方便的，只要打开 WPS（没有 WPS 的可使用 Microsoft Office）的电子表格就可以操作。以上题为例，可以按如下步骤进行计算。

（1）打开一张 WPS 表格，准备好原始数据，选择计算公式（如图 3－2 所示）。

PV（现值）＝－24；

NPER（number of periods，期数）＝394；

PMT（Payments，定期支付额）＝0；

RATE（利率）＝0.08。

准备计算 *FV*（终值）。

说明：WPS 表格上现值和终值的正负号刚好相反。任何金融交易都是钱的交易，在使用 WPS 表格或者金融计算器做计算的时候，要养成一个习惯，把支付的金额当成负数，把收回的金额当成正数。在此案例中，假定印第安人把 24 美元投资出去（负数），2020 年收回来（正数）。*PMT* 在 WPS 表格和金融计算器中代表相同金额的定期支付数，通常在计算年金投资或者按揭贷款的时候使用，在本例中，该指标为 0，因为假定印第安人除了期初支付 24 美元之外，并没有定期地再投入。

在计算 *FV* 的空格中敲入“＝”号，并点击“*fx*”；在弹出来的图中选择“财务”类别的函数列表，并从中选择“FV”（如图 3－2 所示）。

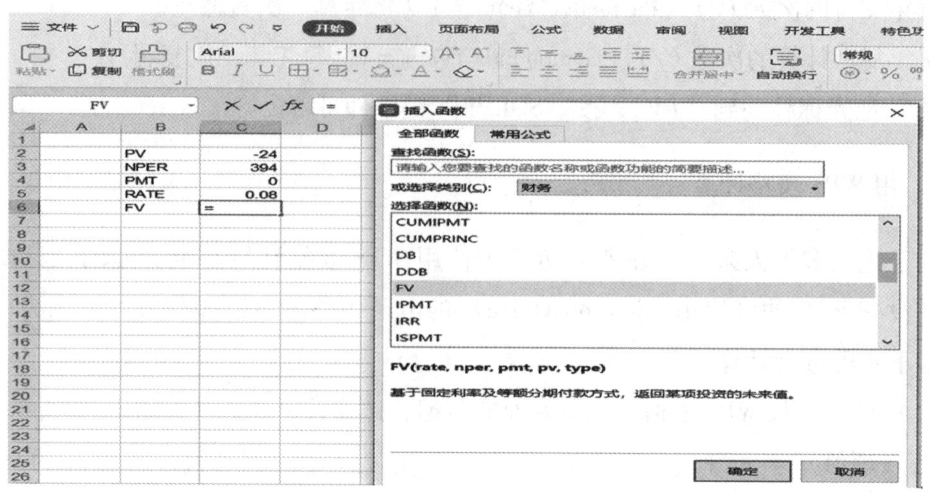

图 3－2　用 WPS 表格计算终值（1）

（2）在计算表中输入数据并计算。

点击“确定”之后，在弹出来的函数参数表中输入所需的各个数据，或者在各个参数的空格中直接点击前面所输入的数据，如在 RATE 的空格中点击相应数字 8%，在函数参数表上显示为 C5，则代表 C 列 5 行的数字。函数参数表的最后一项（TYPE）是针对支付模式的选项，如属于“期初支付”模式则选择“1”，属于“期末支付”模式则选择“0”或者不填。在本案例中，属于典型的“期末支付”模式（期初投资，期末才收回本金加利息）（如图 3－3 所示）。

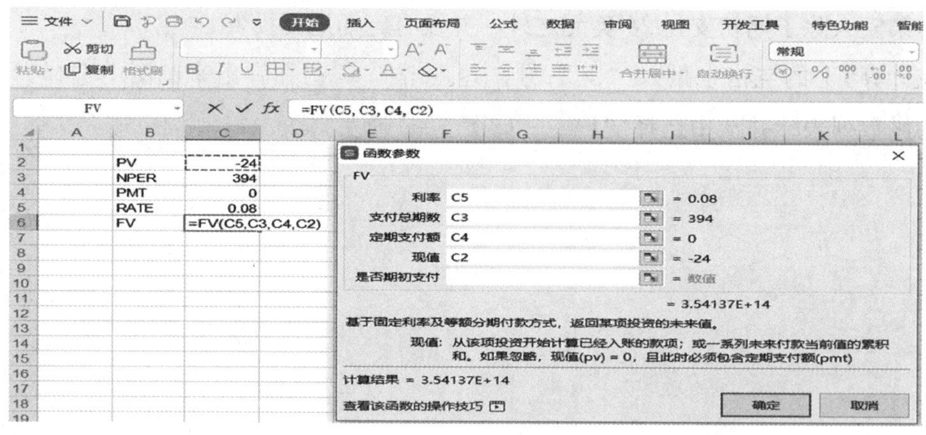

图 3－3　用 WPS 表格计算终值（2）

（3）点击“确定”即得到计算结果（如图 3－4 所示）。

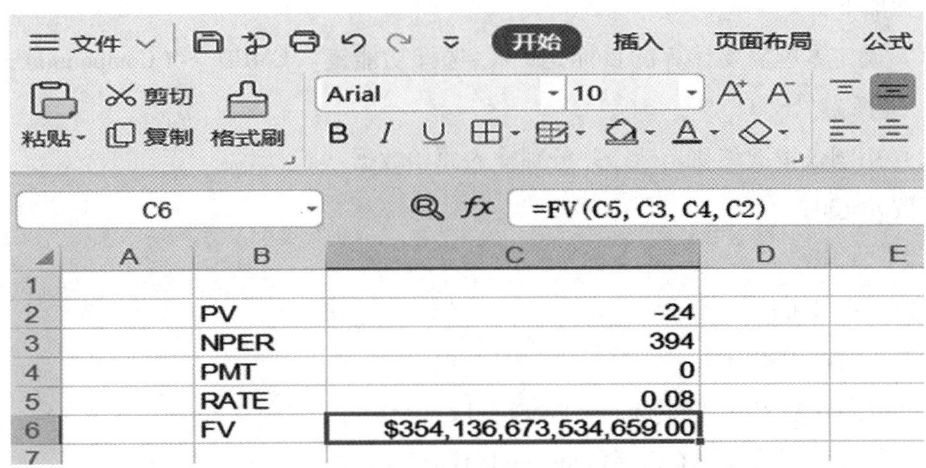

图 3－4　用 WPS 表格计算终值（3）

5. 对计算结果的解读

根据世界银行公布的数据，2019 年底，全球的 GDP 约为 87.75 万亿美元，其中美国 21.43 万亿美元，中国 14.34 万亿美元。那么按照上述方法计算，394 年前的 24 美元折为今天的价值 354.14 万亿美元，相当于全球一年 GDP 总额的 4 倍，或者相当于美国一年 GDP 的 16.53 倍，中国一年 GDP 的 24.7 倍！可见这个数字不是一般的大。那么，曼哈顿岛现在的价值有多大？似乎没有人对其做过准确的评估，而且，其实际价值应该每天都有差别。不过，该岛目前的价值不管怎么计算，其结果与数百万亿美元的数据相比都不是一个级别的。这么比较以后，大家一定会感慨：小小的金额，在一段很长时间的复利计算中，竟然可以变成一笔超大的金额！

当然，投资专家也会对上述假定有异议：长期保持每年 8% 的回报率并不容易。假定印第安人的年投资回报率只有 5%，结果会怎么样呢？

公式计算如下：

$FV = 24 \times (1 + 0.05)^{394} = 53.55$（亿美元）

使用金融计算器或者 WPS 表格，只需要把其中的 *RATE* 的数据修改为 5%，其他数据不变，就可以直接看到所计算的 *FV* 的结果跟上述相同的结果。

这个数额虽然也不小，不过与按照 8% 年回报率计算的结果相比，却有天壤之别：利率小小的变动，经历很长的时间后数额会产生惊人的差别！

以上详细介绍了使用 WPS 表格和金融计算器计算终值。使用同一个方法计算现值，只需要调整参数就可以。如前面关于一次性支付现金流的案例，以 CASIO 计算器为例，计算步骤如下：

（1）确定本题需要计算的目标是 PV，选择功能键“CMPD”（Compound），设定（Set），选择为“END”。

（2）用圆盘按键移动光标，并分别输入原始数据：

期数 $n=30$；

利率 $i\%=8$；

终值 $FV=100$；

每期支付额 $PMT=0$；

每年支付次数 P/Y（Payments/Year）=1；

每年复利计算的次数 C/Y（Compound/Year）=1。

（3）把光标移动到“PV”，按“SOLVE”键，即可得出答案。

二、回报率计算

如下通过一个案例解读在投融资策划中经常遇到的投资回报率的计算方法。

1. 案例——伯克希尔·哈撒韦股票的投资回报率

美国著名投资人沃伦·爱德华·巴菲特（Warren Edward Buffett）在 1965 年以买壳上市的方式实现了其公司上市的目标。上市初期，伯克希尔·哈撒韦公司（Berkshire Hathaway Inc）的股价为 19 美元/股，至 2020 年 8 月 2 日，该股价格为 298 800 美元/股。(2022 年 3 月 25 日，该股票最新价格为 538948 美元/股!)

由于该公司上市以后从来不派息分红，而是把每年的利润都用于再投资①，因此，伯克希尔·哈撒韦公司的股票价格是典型的复利投资工具。可以使用 WPS 表格计算该公司股票在 55 年中的复利增长率。

---

① 由于美国的收入所得税实行累进税制，因此边际税率较高的高收入阶层通常不喜欢公司分红，以回避收入所得税。公司把利润再投资以后可以提高未来的盈利能力，从而推高股价。尽管投资者将来把股票卖出的时候所获得的资本增值部分也要缴纳资本利得税（capital gain tax），但相对于个人收入所得税来说，资本利得税税率较低，而且缴税时间延后，因此对于投资者来说更为划算。有理由推断，伯克希尔·哈撒韦公司把其公司的目标投资者定位于高收入阶层，因此采取了对多数富人都较划算的分红制度。

2. 用公式计算

$$r = \left(\frac{FV}{PV}\right)^{\frac{1}{t}} - 1 = \left(\frac{298\ 800}{19}\right)^{\frac{1}{55}} - 1 = 19.21\%$$

3. 用 WPS 表格计算

（1）打开一个 WPS 表格，并准备好原始数据，选计算 RATE 的函数，如图 3－5 所示：

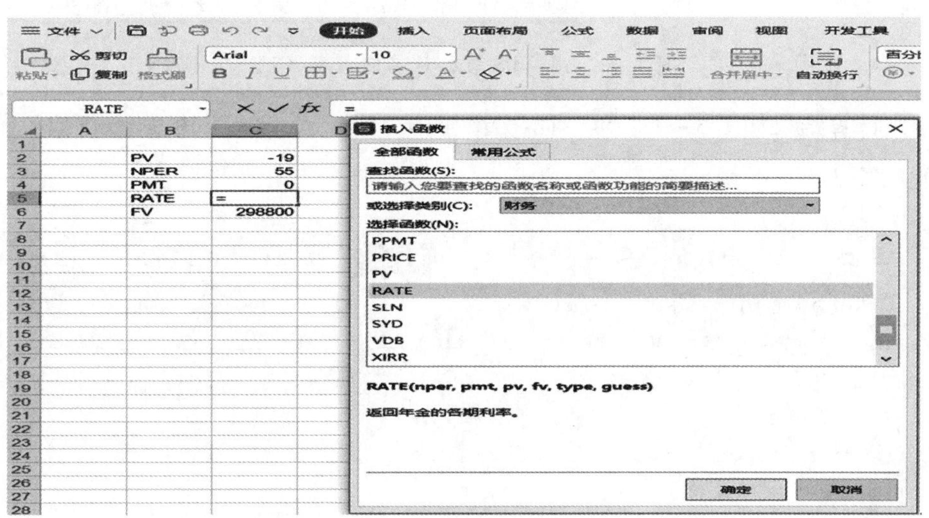

图 3－5　用 WPS 表格计算回报率（1）

$PV = -19$；

$FV = 298\ 800$；

$NPER = 55$；

$PMT = 0$。

求 $RATE = ?$

（2）点击“确定”之后，进入函数参数表格，并分别填入数据；向下拖动函数参数表右边的按钮，可以看到出现一个“预估值”。由于计算回报率需要对式子开方根，因此结果会有两个值，电脑需要分析者指明方向。因此，分析者需要根据常识提出一个估计值——估计一个最接近的数值并填入。如果不选的话，软件默认为 10%。不过，如果实际结果与该默认值差距太大，就无法计算。如图 3－6 所示。

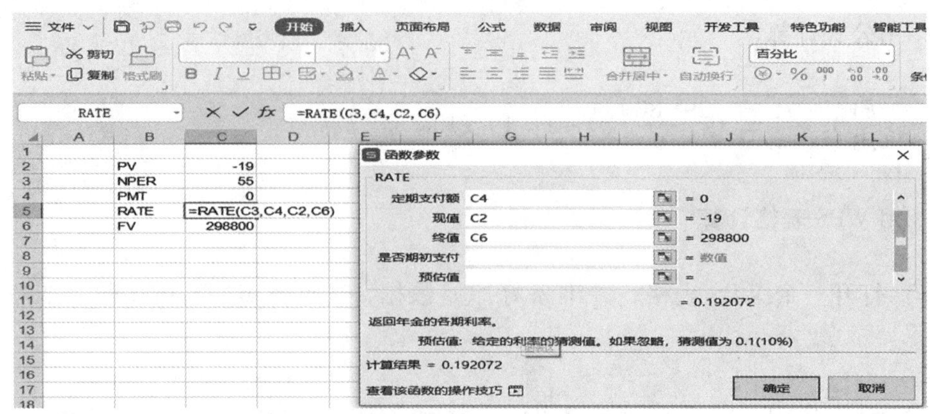

图 3-6 用 WPS 表格计算回报率（2）

（3）计算结果如图 3-7 所示，回报率为 19.21%。大家可以根据最新的股价算一次，作为练习。

	A	B	C	D	E	F
1						
2		PV	-19			
3		NPER	55			
4		PMT	0			
5		RATE	19.21%			
6		FV	298800			
7						

图 3-7 用 WPS 表格计算回报率（3）

三、期数计算

以下通过案例解读投融资策划中的投资期的计算方法。

1. 案例——投资期计算

你现在将一笔钱投资于一个基金投资账户，过去该账户年均回报率为 8%，按照这个回报率，你预计需要多少年该笔钱能翻 1 倍？

2. 用公式计算

从现值计算公式，可以推导出如下计算期数 t 的公式：

$$t = \ln\left(\frac{FV}{PV}\right)$$

如果手工计算，还是挺麻烦的，需要查自然对数表。

3. 用 WPS 表格计算

同样，打开一个 WPS 表格，并准备好原始数据，选计算 NPER 函数，填写相关参数就可以得出答案：

$PV = -1$；

$FV = 2$；

$RATE = 0.08$；

$PMT = 0$。

求 $NPER$。

计算的结果：大约要 9 年的时间，该笔资金才能赚到 1 倍。

4. 用金融计算器计算

用 CASIO 金融计算器：

点击“CMPD”。

输入：$PV = -1$；

$FV = 2$；

$i\% = 8$；

$PMT = 0$；

$P/Y = 1$；

$C/Y = 1$。

求 n。

计算结果：

$n = 9$。

四、年金的每期支付额计算

年金在金融机构创设的金融投资品种中比较普遍，如按揭贷款和年金投资合约等。

1. 分期付款案例

你有一笔今天需要偿还的借款10万元，因当前还款能力出现困难，经与债权人商定，约定以后2年每月等额分期偿还，利率按照年息10%计算。请问，你每月需要偿还多少钱？

当每个投资周期不是刚好一年的时候，使用计算器计算需要注意使用的规范，否则容易出现错误的结果。计算上题可以有两种操作方法：

（1）设定每年支付次数和复利计算次数。

用CASIO金融计算器，选择“CMPD”功能键，并输入相关的数据：

$P/Y=1\times12=12$（每月支付1次，每年支付12次）；

$C/Y=1\times12=12$（每月复利1次，每年复利12次）；

$PV=-100\ 000$；

$FV=0$（到期已经全部清偿完毕）；

$i\%=10$；

$n=2\times12=24$（2年共24个月）。

求每期支付额 PMT。

计算结果：$PMT=-4\ 614.49$。

（2）每年支付次数和复利计算次数保持为1。

根据笔者长期使用金融计算器的经验，关于 P/Y 和 C/Y 指标，虽然按照设计的要求，每次计算需要考虑每年支付的次数和复利计算的次数并在计算器上做相应的调整，但学生在操作的时候，很可能需要在短时间内做很多题目（投资期不同），很容易忘记对这两个指标进行修订，从而导致计算错误。（使用德州仪器TI出品的金融计算器尤其容易犯错，CASIO计算器由于全部信息都集中显示，出错的机会较小。）因此笔者建议学生使用另外一个方法：第一，自己心里把 P/Y 和 C/Y 都理解为每期支付次数和每期复利计算的次数，而每期的时间按照题目要求做调整，如果每年支付2次且复利计算2次，即把投资周期理解为半年；第二，让 P/Y 和 C/Y 永远等于1；第三，相应按照投资周期调整利率的水平，比如年利率10%，如果一年支付2次，那么在输入利率的时候，就要改成 5%。

用 CASIO 金融计算器，选择“CMPD”功能键，并输入相关的数据：

$P/Y=1$；

$C/Y=1$；

$PV=-100\ 000$；

$FV=0$；

$i\%=10/12=0.83$；

$n=24$。

求每期支付额 PMT。

计算结果：$PMT=-4\ 614.49$。

两种方法计算的结果一样。

2. 案例：房屋按揭贷款

你购买了一套住宅，总价 500 万元，交了 200 万元首付，向银行按揭贷款 300 万元，约定贷款期 20 年，贷款利率年息 6%，按月等额支付还款。你需要每月支付多少钱？

同样用两种计算方法。

（1）设定每年支付和复利次数。

用 CASIO 金融计算器计算，选择“CMPD”功能键，并输入相关的数据：

$P/Y=12$；

$C/Y=12$；

$PV=3\ 000\ 000$；

$FV=0$；

$i\%=6$；

$n=240$。

求每期支付额 PMT。

计算结果：$PMT=-21\ 492.93$。

（2）每年支付次数和复利计算次数保持为 1。

用 CASIO 金融计算器计算，选择“CMPD”功能键，并输入相关的数据：

$P/Y=1$；

$C/Y=1$；

$PV=3\ 000\ 000$；

$FV=0$；

$i\%=6$；

$n=240$。

求每期支付次数 PMT。

计算结果：$PMT=-21\ 492.93$。

五、多重现金流现值计算

上述关于现值的计算，都是针对单一现金流或者金额相同的年金现金流的。然而，我们在进行某一项资产的估值时，经常面对的是一串现金流的现值计算。比如，准备收购某工厂，如何估算该厂的价值呢？根据现金流贴现模型，需要估算出整个投资期每年的现金流，分别把它们按照一个合适的贴现率折为现值并全部相加，这个和就是该厂的合理价格额：$PV=\frac{C_1}{(1+r)^1}+\frac{C_2}{(1+r)^2}+\cdots$，其中，$C$ 指各期的现金流。

1. 案例：多重现金流现值计算

假设你打算买一部新车，汽车销售商提供两种付款方式：第一种方式是全部使用现金支付，价格是 290 000 元；第二种方式是分 3 期支付，首期支付现金 100 000 元，第一年后支付 100 000 元，第二年后支付 100 000 元。如果你的资金成本为 8%，应该如何选择付款方式呢？

一般人会这么考虑：第一种支付方式比较划算，因为比第二种方式便宜了 10 000 元。不过，这种计算方法是错误的。正确的方式是把两种支付方式的金额都折为同一个时间的价值加以比较，即把第二种支付方式的支付额都折为现值并与第一种支付额做比较。资金成本即资金所有人使用资金的机会成本，可以理解为资金所有者如果将资金用于现金购买汽车即失去了获得其他投资所获收益的机会，而这种投资收益就是其资金的成本，或者称为机会成本。

2. 用公式计算

第二种支付方式的三期现金流现值计算如下：

$PV_0=\frac{100\ 000}{(1+0.08)^0}=100\ 000$；

$$PV_1=\frac{100\ 000}{(1+0.08)^1}=92\ 592;$$

$$PV_2=\frac{100\ 000}{(1+0.08)^2}=85\ 734;$$

$V_0=278\ 326$（万元）。

即第二种支付方式的现值为 278 326 元，比起第一种支付方式的金额要便宜。因此，分期付款方式是较优的方式。

显然，第二种方式是否较优，与资金成本有关系。假如资金成本只有 3%，第二种支付方式的现值是 291 347 元，高于第一种支付方式的金额，因而是较差的支付方式。

两种支付方式的优劣显然与资金成本有很大的关系。如果这位车主的资金没有其他的用途（即投资回报率为 0），那么一次性支付当然是划算的。只有当其投资回报率足够高，以至于令 *NPV* 小于 290 000 元时，分期支付才是合适的选择。

3. 用 WPS 表格计算

（1）建立表格资料，并找出 *NPV* 计算公式（如图 3－8 所示）：

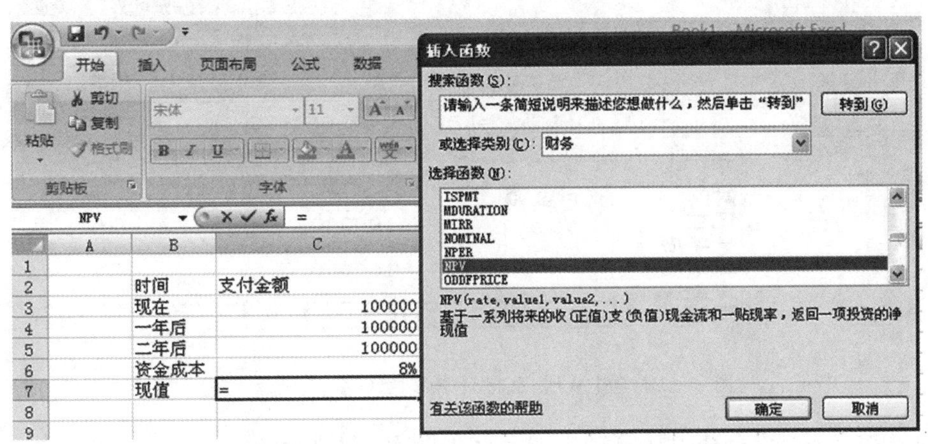

图 3－8　用 WPS 表格计算多重现金流现值（1）

（2）输入数据。

注意：所输入的数值不包括现在支付的金额，因此，Value 1（数值 1）指的是一年后支付的 100 000 元（如图 3－9 所示）。

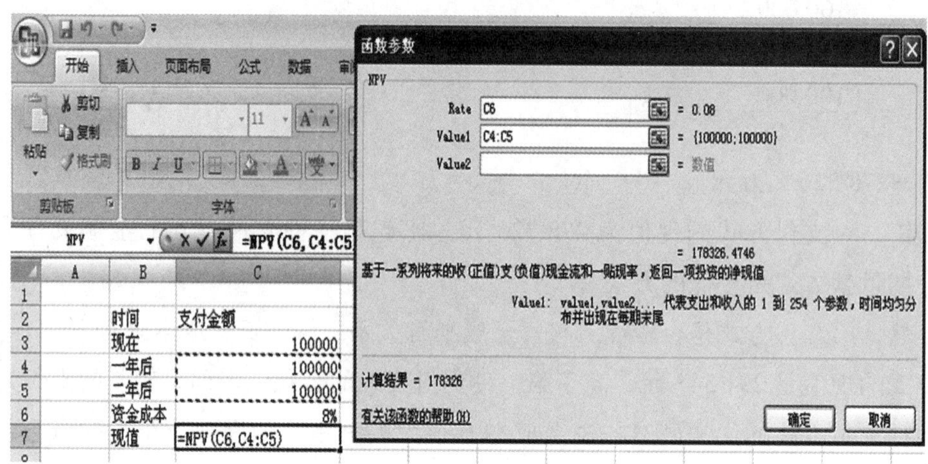

图 3－9　用 WPS 表格计算多重现金流现值（2）

（3）在公式外加上现在支付的现金 100 000 元（如图 3－10 所示）。

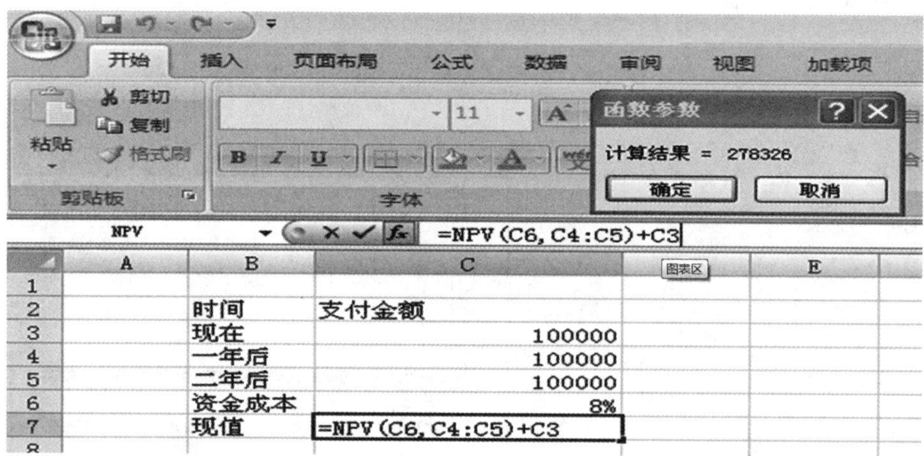

图 3－10　用 WPS 表格计算多重现金流现值（3）

（4）按“确定”，获得计算结果如下（如图 3－11 所示）。

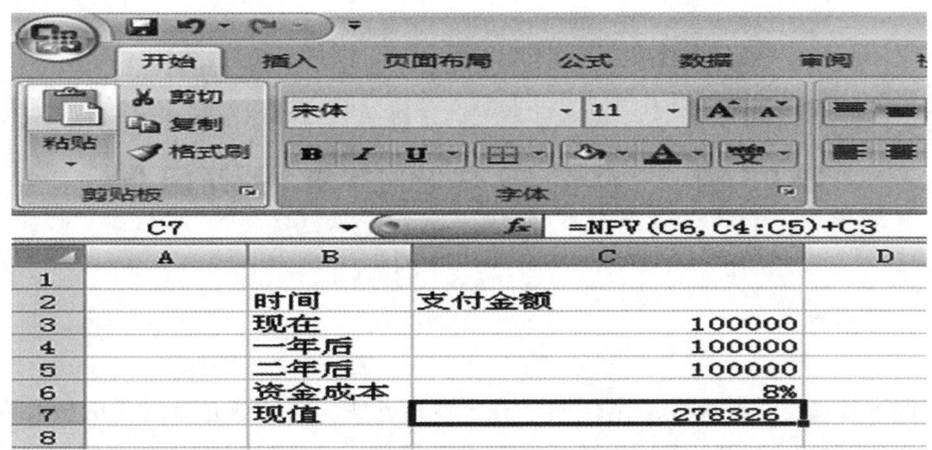

图 3－11　用 WPS 表格计算多重现金流现值（4）

4. 用金融计算器计算

用 CASIO 金融计算器，选择功能键“CASH”。

（1）输入贴现率 $i\%$：8。

（2）下移光标到“Csh = D. Editor x”，按“EXE”，进入现金流表格。

（3）按照序号 1，2，3，分别输入 100 000（每次输入之后，都要按计算器右下角的按键“EXE”），并确认除此之外，没有其他不需要的数据残留（该计算器上一次的数据都会被保存，必须每次都确认无用信息已充分删除），然后按返回按键“ESC”。

（4）下移光标到“NPV”，再按指令按键“SOLVE”就可得到答案。

需要特别提醒的是，计算器上现金流表格序号第一的数据，指的就是今天的数值，这跟 WPS 表格上的习惯是不一样的，读者必须留意这个差别！

现金流贴现估值法被广泛运用于资产价值的估算中。本书在债券、股票和项目估值的分析中，会详细介绍这个方法的具体运用。

第四章　投资组合理论与投资风险

美国麻省理工学院金融系主任斯蒂芬·罗斯认为，“估值是金融学的核心内容”。笔者完全赞同这个说法。而估值被开始深入定量化，始于计量经济学家费雪。费雪以货币的交易等式，研究货币数量与经济总量及价格之间的定量关系。该理论成为宏观金融领域的估值分析基础理论。而以研究金融市场投资的工具，如股票、债券以及公司的估值分析理论，却似乎发展得比较晚。而在笔者看来，最经典的资产估值相关理论，就来自马科维茨首先提出的投资组合理论，以及夏普的资本资产定价模型。尽管有些学者把资产估值理论称为围观金融理论，笔者认为，这些理论对于了解金融市场的运作及其对于整个金融体系的影响，都有重要意义。

投资的目的是通过资产的管理实现资产保值增值。投资，就是发现价值并获取价值的一种活动。本章主要通过介绍马科维茨的投资组合理论的基本原理，详细讨论资产以及投资组合的预期收益、风险衡量和具体计算方法，并介绍系统性风险与非系统性风险及其在分散化投资中的影响。本章第三节还对历史数据进行分析，讨论不同投资品种的预期收益和风险及其对于现实投资决策的启示。

第一节　投资组合理论的基本原理

投资的目的是通过资产的管理实现资产保值增值。投资，就是发现价值并获取价值的一种活动。选择好的投资对象，不仅涉及资产未来现金流的估算，还涉及资产投资风险的估算。马科维茨在这方面做出了开创性的贡献。

一、马科维茨与投资组合理论

本部分介绍马科维茨与投资组合理论的基本内容。

1. **马科维茨**

马科维茨于1950年和1952年在芝加哥大学分别获得经济学硕士和博士学位。马科维茨著作颇丰，擅长用数量方法研究微观金融问题。其以创立的投资组合理论，与威廉·夏普（创立资本资产定价模型）、默顿·米勒与莫迪利亚尼一起创立资本结构理论）一起获得1990年诺贝尔经济学奖。

2. **投资组合理论的基本要点**

（1）理性人在进行人生重大决策的基本思路。

笔者曾在课堂上问学生：请想象一下，有什么工作不需要教育背景和资本，但有可能赚到大钱？学生们通常会想到买彩票之类的事情。笔者再次提醒学生：放开地想，还有没有其他什么选择？这时候会有人说贩毒、抢劫银行之类的事情。为什么绝大多数的人都不会想到用那些手段去赚钱？因为大家都知道，干那些事情的风险实在太大，不但要坐牢，还有可能搭上自己的性命。人一辈子了不起的，能活到100多岁，为了赚快钱去做犯法的事，显然不值得。因此，大多数人在做诸如此类的重大决策时都是保持理性的，而且，都做出了正确的选择。

不过，当人们在进行投资决策的时候，却往往忘了收益和风险需要匹配的关系。

（2）投资组合理论的基本原理。

投资组合理论的要点是：投资者在进行投资决策的时候，通常要考虑两个重要因素——预期收益与风险；投资对象的预期收益越大越好，风险越小越好。投资组合理论还提出了计算预期收益与风险的量化模型。

作为金融学基础理论的马科维茨的投资组合理论，就能教导人们如何在投资的时候正确地衡量收益和风险的关系，并且进行数量分析和理性决策。

二、预期收益与标准差的定量计算

案例一：假设投资者打算在A、B两种资产之间做出选择，以作为投资对象。经研究，这两种资产的数据如下：A未来一年的投资回报率为50%的概率是15%，投资回报率为50%的概率是5%；B未来一年的投资回报率为100%的概率是10%。如何决定投资A还是B呢？

使用预期收益和标准差的定量模型可以帮助解决上述问题。

1. 预期收益的计算

投资的预期收益，就是在投资期内各种可能的回报率及其概率之积的总和。预期收益的计算公式如下：

$$E(R) = \sum_{i=1}^{n} P_i R_i$$

其中 R_i 为未来可能出现的各种收益率，P_i 为与各种收益率相应的概率。

上例中，A、B 两种资产的预期收益率可以分别计算如下：

A 的预期收益率：

$R^e = P_1R_1 + P_2R_2 = 15\% \times 50\% + 5\% \times 50\% = 10\%$

B 的预期收益率：

$R^e = P_1R_1 = 10\% \times 100\% = 10\%$

两种资产的预期收益率一样，两者对于投资者来说是无差别的吗？不是。投资者还需要看两者的风险。

2. 方差和标准差

风险，就是不确定性。金融学使用方差或者标准差来测量投资风险的大小。方差的计算公式如下：

$$\sigma^2 = \sum_{i=1}^{n} P_i [R_i - E(R)]^2$$

方差开平方根以后就是标准差，以 σ 表示。

标准差 σ 越大，表示投资风险越大，反之亦然。

上例中，A、B 两种资产的标准差可以分别计算如下：

A 的收益标准差：

$\sigma = \sqrt{0.50 \times (0.15 - 0.10)^2 + 0.50 \times (0.05 - 0.10)^2}$

$= \sqrt{0.50 \times 0.0025 + 0.50 \times 0.0025} = \sqrt{0.0025} = 0.05 = 5\%$

B 的收益标准差：

$\sigma = \sqrt{1.0 \times (0.10 - 0.10)^2} = \sqrt{0} = 0$

显然，A 的风险更高。

3. 用 WPS 表格计算

现代金融学的很多理论和方法都强调数量分析。上述案例计算标准差的数据非常简单，但如果用手工计算也是很费神的事情。不过，在目前电子化时代有了电脑和电脑软件之后，这类计算变得很简单。WPS 表格的计算功能很强大，可以解决绝大多数的计算需求。

如案例一中 A、B 两种资产的预期收益率和标准差都可以使用 WPS 表格做计算：①打开一张表格；②把所有数据填上去；③按照公式的要求进行计算。如表 4 – 1 和表 4 – 2 所示。

表 4 – 1　案例一预期收益率

A 资产预期收益率 $E(R)$			
状况（i）	概率 P_i	收益率 R_i	$P_i \times R_i$
好	0.50	0.15	0.075 0
坏	0.50	0.05	0.025 0
B 资产预期收益率 $E(R)$			
状况（i）	概率 P_i	收益率 R_i	$P_i \times R_i$
好	1.00	0.10	0.100 0
坏	0	0	0

表 4 – 2　案例一方差与标准差

A 资产方差与标准差					
项目		概率 P_i	收益率 R_i	$[R_i - E(R)]^2$	$P_i[R_i - E(R)]^2$
状况（i）	好	0.50	0.150 0	0.002 5	0.001 3
	坏	0.50	0.050 0	0.002 5	0.001 3
总概率		1.00	—	—	—
预期收益率 R_i		0.100 0	—	—	—
方差					0.002 5
标准差					0.050 0
B 资产方差与标准差					
项目		概率 P_i	收益率 R_i	$[R_i - E(R)]^2$	$P_i[R_i - E(R)]^2$
状况（i）	好	1.00	0.10	0	0
	坏	0	0	0.0100	0
总概率		1.00	—	—	—
预期收益率 R_i		0.100 0	—	—	—
方差					0
标准差					0

WPS 这类电子表格已经是现代人工作生活必备的工具。尤其是在商务统计、计算和分析的工作中，能够熟练掌握这一工具的人，其工作效率都能得到很大提高。

从事金融（含财务）专业工作的人士，如果要从事中高等的岗位，熟练使用 WPS 表格是必须的。强烈建议读者花些功夫去掌握这些计算功能。在后面的章节，涉及计算环节笔者会尽量给予详细演示，读者在阅读时最好能自己打开 WPS 表格跟着做计算。

三、风险市场中的投资决策原则

现实中，每个人的风险偏好是不同的。投资组合理论是假设投资者厌恶风险的。

1. 风险偏好

在现实生活中，有些人会冒着受极刑的风险去从事犯罪活动。人们在进行投资活动时，风险偏好也是有差异的。一般来说，投资者有三种类型：进取型、风险中立型和风险抗拒型。

（1）进取型的投资者追求刺激，敢于冒险，偏好那些风险高（标准差高）的资产投资。

（2）风险中立型的投资者选择预期收益最高的资产做投资，不在乎风险（标准差）大小。

（3）风险抗拒型的投资者是厌恶风险的，他们会尽量选择那些风险较小（标准差最低）、预期收益较大的资产做投资。

现实中，绝大多数的投资者属于第三种类型，即风险抗拒型。马科维茨投资组合理论的基本原则是：理性的投资者做决策时不仅要关注预期收益，还要关注风险因素。

2. 预期收益相等时，选标准差较低者

从上例的计算结果可以做出决策：B 的预期收益率与 A 一样，都是 10%，而 B 的标准差为 0，显示其收益没有风险，而 A 的标准差为 5%，因此，B 是更好的选择。

如图 4－1 所示的五项资产中，最好的选项就是 B 资产——风险最小，回报率最高。

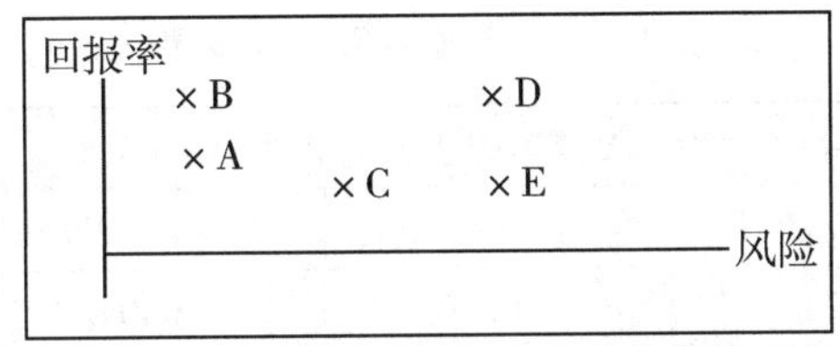

图 4-1　收益与风险不同的资产选项

3. 综合考虑预期收益率和标准差的指标

如果 A 的预期收益率和标准差都比 B 高，如何确定较好的投资对象呢？这时候，需要对数据做进一步的整理，综合考虑预期收益率和标准差的指标，才能得出结论。

（1）案例二：假设案例一中投资者预期未来一年市场状况（i）有三种情况。

状况一：形势很好——出现的概率是 25%，A 资产和 B 资产的收益率分别为 -10% 和 30%。

状况二：形势普通——出现的概率是 50%，A 资产和 B 资产的收益率都是 15%。

状况三：形势很坏——出现的概率是 25%，A 资产和 B 资产的收益率分别为 20% 和 -10%。

如何在这两项资产中选择一种做投资呢？

（2）计算预期收益率和标准差。

根据投资组合理论，解决上述问题的研究思路，就是比较两种资产未来投资期的预期收益率和标准差。因此首先就是计算这两个指标，然后再做比较。

表 4-3　案例二预期收益率

A 资产预期收益率 $E(R)$				
项目		概率 P_i	收益率 R_i	$P_i \times R_i$
状况（i）	很好	0.25	-0.10	-0.025 0
	普通	0.50	0.15	0.075 0
	很坏	0.25	0.20	0.050 0
总概率		1.00	—	—
预期收益率 $E(R)$		—	—	0.100 0
B 资产预期收益率 $E(R)$				
项目		概率 P_i	收益率 R_i	$P_i \times R_i$
状况（i）	很好	0.25	0.30	0.075 0
	普通	0.50	0.15	0.075 0
	很坏	0.25	-0.10	-0.025 0
总概率		1.00	—	—
预期收益率 $E(R)$		—	—	0.125 0

表4－4　案例二预期收益率

A资产方差与标准差					
项目		概率 P_i	收益率 R_i	$[R_i-E(R)]^2$	$P_i[R_i-E(R)]^2$
状况（i）	很好	0.25	－0.10	0.040 0	0.010 0
	普通	0.50	0.15	0.002 5	0.001 3
	很坏	0.25	0.20	0.010 0	0.002 5
总概率		1.00	—	—	—
预期收益率 R_i		0.10	—	—	—
方差					0.013 8
标准差					0.117 3
B资产方差与标准差					
项目		概率 P_i	收益率 R_i	$[R_i-E(R)]^2$	$P_i[R_i-E(R)]^2$
状况（i）	很好	0.25	0.30	0.030 6	0.007 7
	普通	0.50	0.15	0.000 6	0.000 3
	很坏	0.25	－0.10	0.050 6	0.012 7
总概率		1.00	—	—	—
预期收益率 R_i		0.13	—	—	—
方差					0.020 6
标准差					0.143 6

表4－3和表4－4分别计算了这两个指标。结果显示：B资产的预期收益率为12.5%，高于A资产的10%，可是B资产的标准差为0.143 6，也远高于A资产的0.117 3，说明B资产的预期收益和风险都高于A资产。应该如何选择呢？

（3）综合考虑预期收益和风险的指标。

当一种资产的预期收益和标准差同时高于或者低于另一种资产时，需要对两个指标做综合计算才能对两种资产的优劣做出准确的定量判断。通常会使用三个指标。

指标一：调整风险后的预期回报率。

$$调整风险后的预期回报率=E(R)/\sigma$$

它代表投资者承担一分风险能获得多少预期收益。这个指标的决策指引：越高越好。

指标二：夏普系数（Sharpe Coefficient）。

$$夏普系数=[E(R)-R_f]/\sigma$$

其中：R_f 为无风险收益，通常以最短期的国债利率（该投资品种被认为违约风险最小，利率风险也最小，后面的章节会有更多论述）作为代表，假设 $R_f=2\%$（$E(R)-R_f$）为风险溢价（表示对投资者敢于向其他高风险品种做投资所承担的额外风险的补偿），夏普系数代表每一分风险可以提供多少风险溢价。这个指标的决策指引同样是越高越好。

指标三：变动系数。

$$变动系数=\sigma/E(R)$$

该指标刚好是指标一的倒数，代表获得一分投资预期收益所需承担的风险。

以上三个指标的决策指引方向是一致的，不会互相冲突，只是表达方式不同。

使用以上公式，案例二中资产 A 和 B 的三个指标可计算如表 4-5 所示。

表 4-5 三大综合指标的计算

资产	调整风险后的预期收益率	夏普系数	变动系数
A	0.85	0.68	1.17
B	0.87	0.73	1.15

从表 4-5 的计算结果可见，资产 B 是更好的选择：承担同样一个单位的风险所得到的预期收益和风险溢价更高（调整风险后的预期收益率和夏普系数），得到同样一个单位的预期收益所承担的风险更低（变动系数）。

第二节 投资组合的收益与风险

一笔钱如果投资于一系列资产，所投资的这些资产，就可称为该笔钱的投资组合。本节讨论投资组合中预期收益与风险的计算和投资决策。

一、投资组合的预期收益与风险

案例三：投资者手上有 100 万元分别投资于 1、2、3、4、5 五种股票，那么这五种股票就可以成为一个投资组合，而每种资产的投资金额分别除以组合投资的总金额 100 万元，就是各自的投资比重。各自的投资比重分别如表 4-6 第 2 列和第 3 列所示。

1. 投资组合与投资比重

（1）投资组合。

当一笔资金投资于一批资产，包括多种类型的资产，那么这批资产，就可以统称为一个投资组合。而该投资组合的预期收益和标准差，当然取决于其中的每一种资产的预期收益和标准差，以及它们的比重。

（2）投资比重。

投资比重，指的就是投资组合中各种资产的市值占投资组合总额的比例。

表4-6 投资组合预期收益计算

项目		投资金额/万元	投资比重 W_j	预期收益率 E（R_p）	W_jE（R_j）
股票（j）	1	20	20%	12.50%	2.50%
	2	20	20%	10.00%	2.00%
	3	15	15%	5.00%	0.75%
	4	35	35%	7.50%	2.63%
	5	10	10%	8.25%	0.83%
投资组合合计		100	100%	—	—
投资组合预期收益率		—	—	—	8.70%

2. 投资组合预期收益率的两种计算方法

案例三中，假设未来投资环境有三种状况——很好、普通和很差，出现的概率分别是25%、50%和25%，而且研究得出三种状况下，五种股票各自的收益率分别如表4-7所示。

投资组合的预期收益率 E（R_p）就是投资组合中各资产预期收益率的加权平均值，可以有两种计算方法。

（1）第一种计算方法是先计算出未来各种情况下投资组合的收益率水平 E（R_i）（i 指各市场状况），再分别与各种情况出现的概率 P_i 相乘，然后把总数加起来。这种方法与单个资产的预期收益率计算方法一样。公式如下：

$$E(R_p) = \sum_{i=1}^{n} P_i E(R_i)$$

其中，E（R_i）为各种状况下投资组合的收益率，P_i 为各种状况出现的概率。

就案例三而言，投资组合的预期收益率可以按如下步骤计算。

步骤一，计算三种状况下投资组合各自的收益率：各股票收益率分别乘以各自的比重，再全部相加；分别算出在“很好”状况下为0.003 5、“普通”状况下为

0.129 5、“很差”状况下为0.085 5，如表4－7倒数第2列数据所示。

步骤二，上述三个收益率分别乘以三种状况出现的概率0.250、0.500和0.250，再全部相加，就得出投资组合预期收益率$E(R_p)=0.087\,0$，如表4－7倒数最后1列数据所示。

表4－7　投资组合预期收益率的两种计算方法

项目一			资产						
			股票1	股票2	股票3	股票4	股票5	投资组合	预期收益$E(R_p)$
比重W_i			20%	20%	15%	35%	10%	100%	—
项目二		概率P_i	收益率R_i						$P_i\times R_i$
状况(i)	很好	0.250	－0.150 0	0.180 0	0.150 0	－0.080 0	0.030 0	0.003 5	0.000 9
	普通	0.500	0.175 0	0.160 0	0.100 0	0.110 0	0.090 0	0.129 5	0.064 8
	很坏	0.250	0.300 0	－0.100 0	－0.150 0	0.160 0	0.120 0	0.085 5	0.021 4
预期收益率$E(R)$		1.000	0.015 0	0.100 0	0.050 0	0.075 0	0.082 5	$E(R_p)$	0.087 0
$R_i\times W_i$			0.025 0	0.020 0	0.007 5	0.026 3	0.008 3	0.087 0	—

（2）第二种计算方法是先计算每种股票在未来的预期收益率$E(R_j)$（j指各种资产），再分别与各自的比重相乘，再全部相加。公式如下：

$$E(R_p)=\sum_{j=1}^{m}W_jE(R_j)$$

其中，$E(R_j)$为各种状况下投资组合的收益率，W_j为各资产在组合中的比例。

步骤一，计算各个股票的预期收益率，按单个股票的计算方法，计算结果分别为0.015 0、0.100 0、0.050 0、0.075 0和0.082 5，如表4－7第7行所示（表4－9展示各个股票单独计算的预期收益率，读者可安排时间做练习）。

步骤二，分别将上述预期收益率分别乘以各自的比重，再全部相加，同样得出投资组合预期收益率$E(R_p)=0.087\,0$。如表4－8最后1行数据所示。

两种方法计算的投资组合预期收益率是一致的。

表4－8　五种股票预期收益率指标的计算过程

股票1预期收益率$E(R)$				
项目		概率P_i	收益率R_i	$P_i\times R_i$
状况(i)	很好	0.25	－0.150 0	－0.037 5
	普通	0.50	0.175 0	0.087 5
	很坏	0.25	0.300 0	0.075 0
总概率		1.00	—	—
预期收益率$E(R)$		—	—	0.125 0

（续表）

股票 2 预期收益率 E（R）				
项目		概率 P_i	收益率 R_i	$P_i \times R_i$
状况（i）	很好	0.25	0.180	−0.045 0
	普通	0.50	0.160	0.080 0
	很坏	0.25	−0.100	−0.025 0
总概率		1.00	—	—
预期收益率 E（R）		—	—	0.100 0
股票 3 预期收益率 E（R）				
项目		概率 P_i	收益率 R_i	$P_i \times R_i$
状况（i）	很好	0.25	0.15	0.037 5
	普通	0.50	0.10	0.050 0
	很坏	0.25	−0.15	−0.037 5
总概率		1.00	—	—
预期收益率 E（R）		—	—	0.050 0
股票 4 预期收益率 E（R）				
项目		概率 P_i	收益率 R_i	$P_i \times R_i$
状况（i）	很好	0.25	−0.080 0	−0.020 0
	普通	0.50	0.110 0	0.055 0
	很坏	0.25	0.160 0	0.040 0
总概率		1.00	—	—
预期收益率 E（R）		—	—	0.075 0
股票 5 预期收益率 E（R）				
项目		概率 P_i	收益率 R_i	$P_i \times R_i$
状况（i）	很好	0.25	0.030 0	0.007 5
	普通	0.50	0.090 0	0.045 0
	很坏	0.25	0.120 0	0.030 0
总概率		1.00	—	—
预期收益率 E（R）		—	—	0.082 5

3. 投资组合的标准差

读者很可能会想当然地以为投资组合的标准差也是简单的加权平均，但却不是这样的。

（1）投资组合中的风险对冲。

投资组合中的资产在同一时间有可能是相反方向的波动（如在市场状况为“很好”的情况下，股票 1 下跌 15%，股票 2 上涨 18%），这样可以降低整个投资组合的波动性，因此，就可以降低投资组合的风险。所以，投资组合的标准差不能像计算投资组合的预期收益率那样采用加权平均的方法。

（2）计算投资组合标准差。

当投资组合在不同市场状况下的收益率以及投资组合的预期收益率都计算出来以后，投资组合的标准差计算与单个股票的标准差计算完全没有区别。案例三中投资组合的方差和标准差计算过程如表 4－9 所示：方差为 0.002 6，标准差为 0.051 4。

表 4－9　投资组合标准差的计算

项目		概率 P_i	收益率 R_i	$P_i \times R_i$	$[R_i-E(R)]^2$	$P_i[R_i-E(R)]^2$
状况（i）	很好	0.250 0	0.003 5	0.000 9	0.007 0	0.001 7
	普通	0.500 0	0.129 5	0.064 8	0.001 8	0.000 9
	很坏	0.250 0	0.085 5	0.021 4	0.000 002	0.000 001
总概率		1.000 0	—	—	—	—
预期收益率 R_i				0.087 0	—	—
方差						0.002 6
标准差						0.051 4

（3）比较投资组合的标准差与组合中各股票的标准差数据。

计算投资组合的标准差其实并不需要单独计算各个股票的标准差。笔者在表 4－10 展示了五种股票各自的标准差在 WPS 表格上的计算过程，可以为读者们提供练习的模板。前面已经强调了，投资组合的标准差并不是组合中每种股票标准差的加权平均数。下面通过数据的比较，可以更加深入地了解个中原因。

如表 4－10 所示，股票 1 至股票 5 的标准差分别是 0.166 8、0.115 8、0.117 3、0.091 8 和 0.032 7，如果分别乘以它们的比重 0.2、0.2、0.15、0.35 和 0.1，再把结果相加，加权平均值为 0.119 5。这个结果明显高于表 4－9 上所计算的结果 0.051 4。

两者的差异主要是五种股票分别在股市三种状态下的表现并不是同方向的，方向相反的表现导致投资组合的风险被一定程度地互相抵消。因此，加权平均计算出来的结果不能真实地反映投资组合的风险程度。

表 4－10　五种股票标准差指标的计算过程

股票 1 方差与标准差					
项目		概率 P_i	收益率 R_i	$[R_i-E(R)]^2$	$P_i[R_i-E(R)]^2$
状况（i）	很好	0.25	－0.150 0	0.075 6	0.018 9
	普通	0.50	0.175 0	0.002 5	0.001 3
	很坏	0.25	0.300 0	0.030 6	0.007 7
总概率		1.00	—	—	—
预期收益率 R_i			0.125 0	—	—
方差					0.027 8
标准差					0.166 8

（续表）

股票 2 方差与标准差					
项目		概率 P_i	收益率 R_i	$[R_i-E(R)]^2$	$P_i[R_i-E(R)]^2$
状况（i）	很好	0.25	0.180	0.006 4	0.001 6
	普通	0.50	0.160	0.003 6	0.001 8
	很坏	0.25	-0.100	0.040 0	0.010 0
总概率		1.00	—	—	—
预期收益率 R_i			0.100	—	—
方差					0.013 4
标准差					0.115 8

股票 3 方差与标准差					
项目		概率 P_i	收益率 R_i	$[R_i-E(R)]^2$	$P_i[R_i-E(R)]^2$
状况（i）	很好	0.25	0.150 0	0.010 0	0.002 5
	普通	0.50	0.100 0	0.002 5	0.001 3
	很坏	0.25	-0.150 0	0.040 0	0.010 0
总概率		1.00	—	—	—
预期收益率 R_i			0.050	—	—
方差					0.013 8
标准差					0.117 3

股票 4 方差与标准差					
项目		概率 P_i	收益率 R_i	$[R_i-E(R)]^2$	$P_i[R_i-E(R)]^2$
状况（i）	很好	0.25	-0.080 0	0.024 0	0.006 0
	普通	0.50	0.110 0	0.001 2	0.000 6
	很坏	0.25	0.160 0	0.007 2	0.001 8
总概率		1.00	—	—	—
预期收益率 R_i			0.075 0	—	—
方差					0.008 4
标准差					0.091 8

股票 5 方差与标准差					
项目		概率 P_i	收益率 R_i	$[R_i-E(R)]^2$	$P_i[R_i-E(R)]^2$
状况（i）	很好	0.25	0.030 0	0.002 8	0.000 7
	普通	0.50	0.090 0	0.000 1	0
	很坏	0.25	0.120 0	0.001 4	0.000 4
总概率		1.00	—	—	—
预期收益率 R_i			0.082 5	—	—
方差					0.001 1
标准差					0.032 7

二、投资组合的风险分析

金融学将投资风险按照其对于投资者影响的差异区分为系统性风险与非系统性风险。

1. 系统性风险与非系统性风险

（1）系统性风险。

系统性风险指那些一旦发生将影响大多数资产的投资收益的风险因素，如 GDP 增长速度、通胀率、利率和金融危机等。这种风险又称为市场风险。例如，如果经济增长放缓，绝大多数行业都会感觉生意受到影响；如果利率上升，绝大多数经济参与者都会感觉资金成本上升。

强调其将影响绝大多数资产，是因为凡事都有例外，就像 2020 年新冠肺炎疫情（典型的系统性风险因素）打击之下，绝大多数行业都很萧条，可是生产医用品，如呼吸机和口罩的企业却发了大财。

（2）非系统性风险。

非系统性风险指那些一旦发生将只会影响个别资产的投资收益的风险因素，如某公司投资失败产生重大亏损，或者国家针对某一个行业的调控政策。这种风险又称为个别风险。例如，深圳市金立通信设备有限公司曾经是国内从事手机生产、销售的龙头公司之一。2018 年该公司实际控制人刘立荣被爆出赌博输了数十亿元，而且其公开承认因偿还赌债挪用了公司的资金。尽管该公司不是上市公司，但该消息见报后，有近 10 家上市公司的股票价格急跌，因为它们是金立集团的供应商，都在不同程度地面临金立集团的债务违约。其中最重要的供应商欧菲科技股价应声大跌 7% 以上，盘中更是几近跌停，市值一天内缩水 43 亿元。该消息属于非系统性风险，其影响的只是一小部分公司的股价，当天其他公司的涨跌都各行其道，与金立集团无关。

2. 投资分散化降低总风险

（1）投资分散化可以减少甚至消除非系统性风险。

假设在上述金立集团违约消息见报的时候，某投资者持有的股票全部是欧菲科技的股票，那么这一天就是该投资者黑暗的一天。假设欧菲科技的股票只占其投资组合的 50%，影响就没那么大；假设只占 30%，10%，甚至更低，那么这个消息的影响就更加小了。由此可见，分散化投资可以降低非系统风险的影响。

表 4－11 的数据来自一项重要的研究，内容是分析投资组合不同的分散化程度对风险的影响。第 1 列的数据显示投资组合中的资产数量，数量越多显示分散化程度越高。第 2 列的数据显示不同分散化程度下投资组合的标准差。第 3 列的数据显示投资组合的标准差与单只股票的标准差之比。

表 4－11　投资组合的分散化程度与标准差的关系

投资组合中的股票数量	投资组合年回报率的平均标准差	投资组合标准差与单只股票标准差比率
1	49.25%	1.00
2	37.36%	0.76
4	29.69%	0.60
6	26.64%	0.54
8	24.98%	0.51
10	23.93%	0.49
20	21.68%	0.44
30	20.87%	0.42
40	20.46%	0.42
50	20.20%	0.41
100	19.69%	0.40
200	19.42%	0.39
300	19.34%	0.39
400	19.29%	0.39
500	19.27%	0.39
1 000	19.21%	0.39

资料来源：Stephen A. Ross, Randolph W. Westerfield and Bradford D. Jordan, *Essentials of Corporate Finance*, Seventh Edition（Mcgraw-Hill Educaton, 2016）。

研究结果显示，随着投资组合中资产数量的增加，投资组合的标准差是下降的，但是下降的速率是递减的。如投资组合的股票数量从一种增加到两种时，标准差从 47.25% 下降到 37.36%，减少了 9.89%；但是当股票数量从 100 种增加到 200 种的时候，标准差从 19.69% 下降到 19.42%，仅减少了 0.27%。图 4－2 很形象地把两者的关系描绘了出来：当开始提高投资分散化程度时，标准差曲线下降得很快，但后来逐步走缓，直至几乎走平。这个情况反映了一个现实：非系统风险可以随着投资分散化程度的提高而逐步降低甚至最后消除（当投资组合已经包括了所有品种时）。背后的原因是很容易理解的，因为同一时间，某些资产的收益过度上涨，很可能被另一些资产的收益过度下跌所抵消，从而使收益率趋于稳定。

（2）系统性风险是无法被分散化投资所去除的。

充分分散化的投资组合，也没办法消除系统性风险！图4－2显示大约19.2%的标准差属于系统性风险，这是属于参与投资就必须面对的风险。做投资，就意味着要承担风险，即使老老实实地购买短期国债，也要承担系统性风险——利率上涨，债券价格下降，反之亦然。

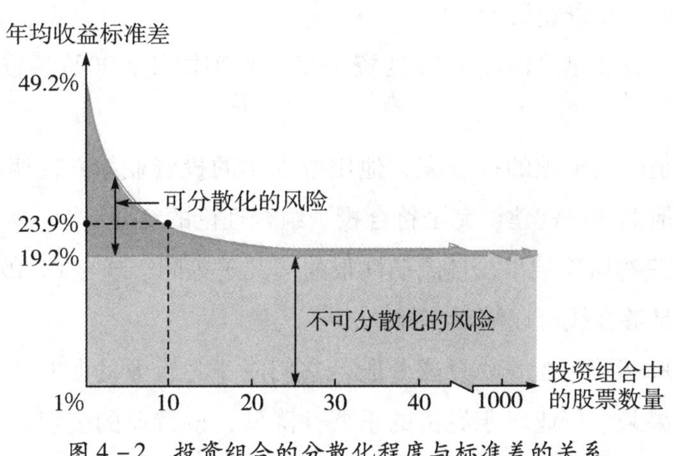

图4－2 投资组合的分散化程度与标准差的关系

3. 投资分散化原则

从上述分析可以提炼出投资的重要原则——分散化原则。通过在不同资产上的分散化投资，可以降低甚至消除非系统性风险。一个做了足够分散化的投资组合最后的投资总风险就是系统性风险。

假设总风险为 TR，系统性风险为 SR，非系统性风险为 NSR，则 $TR = SR + NSR$。

如果该投资组合经过精密设计，NSR 将趋近于0，那意味着该投资组合的总风险 $TR = SR$。

4. 投资组合设计中的要点

需要说明的是，一个投资组合的标准差不一定会小于投资组合中各只股票标准差的加权平均数，其结果取决于投资组合设计中资产的类别和广泛性的选择。

投资分散化，首先强调投资组合中的资产应属于不同的行业类别，因为不同行业受经济周期的影响程度不同，甚至方向相反，这样可互相抵消波动性，比如在经济总体向上的情况下，黄金通常不会是最好的投资品，可是在经济衰退的时候，黄金的保值功能就变得突出，成为投资者追逐的对象。因此，黄金价格以及黄金资产传统上属于反周期的产业。其次，在投资组合中广泛包含不同类别资产的情况下，包括的资产数量越多，标准差越小。

5. 巴菲特的投资建议

曾经有一位伯克希尔·哈撒韦公司的股东问巴菲特先生：当你即将离去的时候，你会给妻子留下什么投资建议？

巴菲特回答：我会建议她用10%的资金持有美国国债，90%的资金持有标普500指数基金。

巴菲特先生是一位卓越的投资家，他用数十年的投资业绩，证明了他非凡的投资理念。笔者发现他上述投资建议完全符合投资组合理论的精髓：

（1）国债的违约风险最小，且流动性很高（几乎等同于现金）。10%的国债投资让巴匪特的妻子有足够金钱可以随时支配。

（2）标普500指数包含500只成分股，它们属于各行业的龙头企业，都是经济发展所需要的（如果某个行业对于经济的重要性降低，该行业的公司就会被其他公司所替代）。尽管某些行业在某段时间也许表现不佳，处于下跌的阶段，但另一些行业却可能表现突出，处于上升的阶段，因此会互相抵消。这样，购买标普500指数基金的投资就可以保证价值上的相对稳定。

（3）投资标普500指数基金可获得长期稳定可观的回报率。经济只要保持发展，上市公司的业绩也可以保持上升。笔者简单测算了一下，标普500指数在1950年底大约为16.66点，到2022年3月25日，收盘价为4 543点，按照复利计算，过去72年标普500指数基金年均回报率为8.19%。这个回报率可比当前的存款利率高多了，而且，大约9.2年后，财富总值就可翻倍。

按笔者的理解，巴菲特的投资建议非常适合那些高净值的投资人。

这些人已经很富有了，财富的保值比增长值重要得多。但是，对于那些年轻人，正在往富人堆里奋斗努力的人们，却未必会有耐性，他们往往追求暴富的机会。实际上，即使学习了金融学理论的学生，在做投资的时候，仍然可能采取集中和偏股型的投资策略，希望能够跑赢大市。这种投资策略的高风险性，说明短期还是有机会赚到大钱的，尽管机会很小。不过，很多人还是乐此不疲，结果是少数人获得了成功，大多数人维持在原有的层次。相对来说，高净值人士会表现得更加谨慎，大多数人能够维持经济地位，当然，有些人不甘寂寞，仍然希望通过集中投资和偏股型投资尽快再次获利，却往往会被打回原形。

第三节　从历史数据分析投资收益与风险之间的关系

本节对美国和中国的历史数据做分析，验证风险与收益的正相关关系在现实中的有效性。

一、不同投资工具的年均回报率

图4－3是1925—2008年几种重要的投资工具收益率曲线。假定1925年的投资本金为1美元，可以分别坚持投资短期国债、长期国债、大公司股票和小公司股票。经历83年以后，这几种投资工具的投资回报率差别甚大。

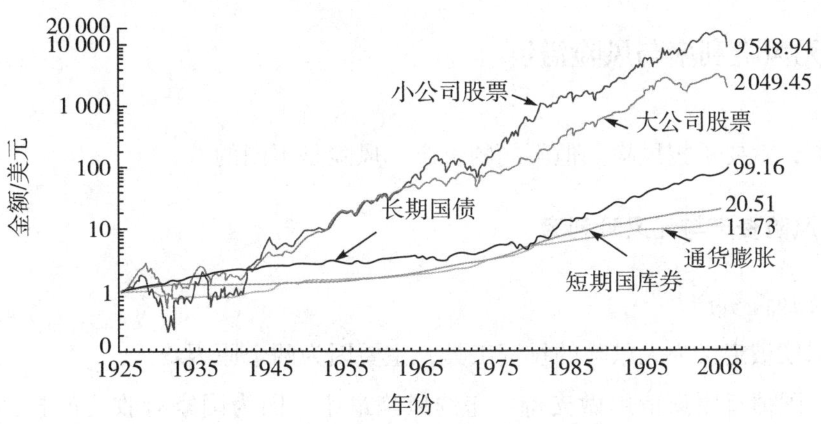

图4－3　美国金融市场——1925—2008年的历史投资数据

资料来源：Stephen A. Ross, Randolph W. Westerfield and Bradford D. Jordan, *Essentials of Corporate Finance*, Seventh Edition（Mcgraw-Hill Education, 2016）。

1. **短期国债**

投资短期国债的期末值只有 20.51 美元，年均回报率为 3.48%[①]。

2. **长期国债**

投资长期国债的期末值为 99.16 美元，年均回报率为 6.10%。

3. **大公司股票**

投资大公司股票的期末值为 2 049.45 美元，年均回报率为 11.70%。

4. **小公司股票**

投资小公司股票的期末值为 9 548.94 美元，年均回报率为 16.40%。

5. **商品价格**

不投资也是一个选项。假设当年把 1 美元的硬币放进抽屉里，83 年以后，这 1 美元的购买力仅剩下当年的 8.53%！因为这段时间的商品价格上涨了（通胀）11.73 倍！

二、无风险利率与风险溢价

做投资，就要承担风险。但不同的资产，风险是不同的。

1. **无风险资产与无风险利率**

（1）无风险资产。

短期国债被定义为无风险的投资工具，主要因为两个原因：

首先，国债有国家信用做支持，违约风险最小，因为国家有收税的权力，同时还有印钞权，因此没必要违约，也有能力不违约。不过，需要指出的是，投资国债仍然存在违约的风险，最经典的例子就是阿根廷政府在美国发行的美元债券在 2001 年出现 950 亿美元的违约金额，九成投资者最后接受了债务重组方案，仅收回约$\frac{1}{3}$面值的

① 按复利计算，下同，后面会专门介绍按单利计算的回报率和按复利计算的回报率的具体计算方法。

本金。

其次，短期国债的期限很短（目前中美政府发行的最短期的国债均是3个月），估值受利率变动的影响程度也很小（请注意：是很小，不是没有），即利率风险最小（利率与债券估值之间的关系在后面有进一步的讨论）。

（2）无风险利率。

违约风险体现的是非系统性风险，而利率风险体现的是系统性风险。这两个风险在所有投资工具中都是最小的。因此，短期国债的利率也被定义为无风险利率。也就是说，投资者如果不想承担投资风险又想获取收益，最好的选择就是购买短期国债，并获取无风险利率。短期国债的收益，被称为货币的时间价值（请详阅后面的论述）。

2. 风险溢价

投资于其他资产，通常都要承担更高的风险。其他投资产品的回报率减去短期国债利率，就是风险溢价——对于承担额外投资风险的收益补偿。一般来说，预期的风险溢价会是一个正数，也就是说，从过往经验来说，投资于其他资产有可能获得额外的收益，否则投资者不会愿意主动去承担额外的风险。

根据以上数据，各种投资工具的风险溢价如表4－12所示。无风险利率3.80%就是短期国债的年均回报率，因此，其风险溢价为0；小公司股票、大公司股票和长期国债的年均回报率分别减去3.80%，就可以计算出各自的风险溢价。

表4－12　各品种风险溢价计算

品种	年均回报率	无风险利率	风险溢价
小公司股票	16.40%	3.80%	12.60%
大公司股票	11.70%	3.80%	7.90%
长期国债	6.10%	3.80%	2.30%
短期国债	3.80%	3.80%	0

三、期望收益与投资对象的选择思路

以下通过对上述历史数据的进一步讨论，总结投资选择的策略。

1. 指数基金与分散化投资

相信读者看到小公司股票在83年内9 000多倍的回报率时，会有疑问：1929年前后美国股市的崩溃，让不少上市公司，尤其是小公司破产清盘，从此消失。如果某投资者在1925年买入的股票也在熊市中被消灭，那么之后这类公司的巨大涨幅有什么意义呢？这个问题是非常有意义的。小公司股票，指的是该项研究中被归入“小规模”上市公司的一个组合，类似于某个指数的成分股，而这类公司的股票价格，指的是该组合，或者指数的水平，指的是该组合资产价格的平均数。按照一般的指数编制方法，如果某个公司被摘牌甚至破产了，该指数的公司组合就会补充别的公司进来。所以，这个组合永远都是存在的，不会被消灭。显然，一个组合的收益与风险，与单个资产是有差别的。第二节对分散化投资的讨论，说明投资者可以通过分散化投资把风险降低甚至消除。因此，从金融学理论来说，理性的投资者应该买基金，而不应该买股票。因此，在本案例中，假定投资者分别购买了大公司股票、小公司股票、长期国债和短期国债指数基金，而指数基金中包含的是该类别资产的所有成分，非系统性风险被降到最低。

2. 从不同投资品种的回报率看投资策略

研究历史的主要目的，是帮助投资者认识现状和预测未来。

假设投资者正在考虑未来的投资方向——小公司股票、大公司股票、长期国债或者短期国债。下面让我们运用第一节和第二节所学的投资组合理论的基本原理来做分析。

未来充满着各种不确定因素，如何确定未来在各种收益率水平发生的概率（可能性大小）？一般来说，使用历史数据做统计分析是较通用的方法。

图4－3的一组曲线，包含了1925—2008年四种投资工具的投资回报率，通过期初值和期末值，可以算出这段时间的年均投资回报率。而通过历史数据计算的投资年均回报率通常可以作为预期回报率来分析使用。

如果仅按照年均回报率来选择投资市场，小公司股票无疑就是最好的投资工具。不过，根据第一节的投资组合理论，对于理性的投资者来说，仅看预期收益率显然是不行的，还需要比较风险的大小。

四、风险与风险的量度

风险就是不确定性。本案例的数据可以帮助我们理解市场投资风险的概念。

1. 认识投资风险

上述预期回报率参考了投资工具在该段时间的年平均回报率。但具体到每一年，情况是不一样的，因为金融市场的价格总是涨涨跌跌。

假设投资者在金融危机最严重的1929年丢了工作，需要沽出手上的金融资产以解决生活问题：1925年买入小公司股票的投资者结果是最差的——投资本金只剩下不到20美分；买入大公司股票的投资者，只能拿回70美分左右；买入国债的投资者，此时仍然可以回收高于投资本金的现金。在另外的很多时间段，小公司股票的上涨幅度常常是最大的，大公司股票次之。

显然，投资于高风险资产有可能获得更高的预期收益率，其中包括更高的风险溢价。不过，要记得，这只是一个预期值。投资者在投资期过后结算的时候，实际回报率未必就是更高的——有可能更高，也可能更低。

风险就是不确定性。如果一个事件的发生不存在不确定性，比如，我们判断太阳明天从东边升起，这个判断是没有风险的；如果一个事件的发生存在不确定性，比如，我们判断明天的股市上涨，实际上明天有很多种因素可能导致其涨跌，所以，这种判断是有风险的。

不确定性越大，代表风险越大。

以本节讨论的美国大公司股票和短期国债为例，1925—2008年，投资于大公司股票，有24年是亏损的，占28.92%；最高的年回报率大约是55%，最低的年回报率是-42%（如图4-4所示）；投资于短期国债的投资者就没担心过，全部是盈利的，没有出现过亏损，不过，最高的年回报率也就是略高于14%，最低的年份接近0（如图4-5所示）。从两个图中曲线形状的差异，可以看出两者预期收益率存在巨大差异的背后，风险也有巨大的差异。

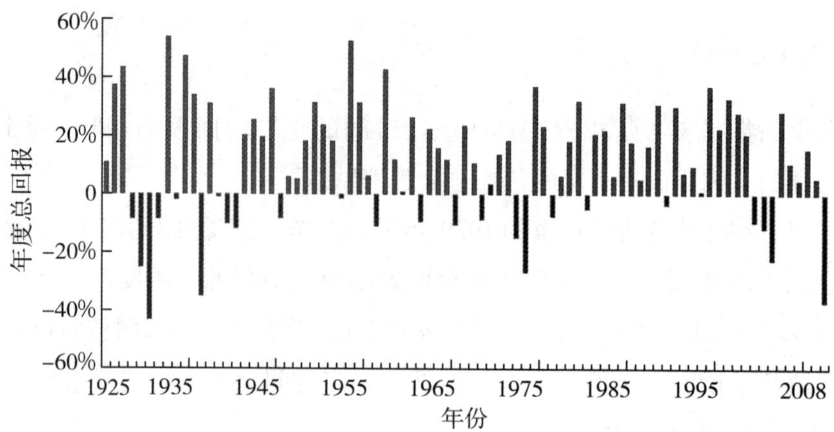

图 4-4　大公司股票每年回报率（1925—2008 年）

资料来源：Stephen A. Ross，Randolph W. Westerfield and Bradford D. Jordan，*Essentials of Corporate Finance*，Seventh Edition，（Mcgraw-Hill Education，2016），Chapter 10.

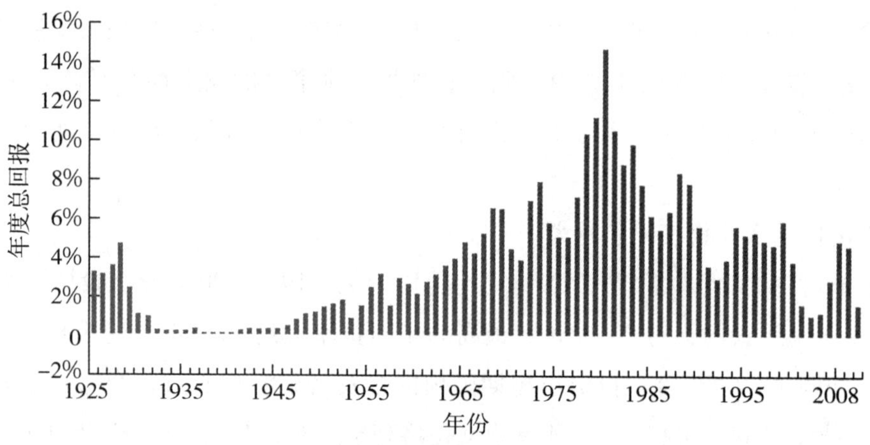

图 4-5　短期国债每年回报率（1925—2008 年）

资料来源：Stephen A. Ross，Randolph W. Westerfield and Bradford D. Jordan，*Essentials of Corporate Finance*，Seventh Edition，（Mcgraw-Hill Education，2016），Chapter 10.

2. 预期收益率与标准差的综合比较

图 4-6 显示了四种投资工具的预期收益率和标准差之间的关系——预期收益率越高，标准差越高，反之亦然。

这个例子最重要的意义就是揭示金融市场的一个基本规律：预期收益与风险成正比——预期收益越高，风险越大，反之亦然。

一些人可能会列举一些例子来说明这一规律的例外情况。这些情况主要是由于市场信息不对称而导致市场效率降低。根据笔者30多年从事投资活动的经验，历史数据所反映的规律性的有效性从长期来说比较高，因此对于长线投资是有非常重要的指导意义的；从短期来说比较低，因为受到太多偶然因素影响，因此历史数据所反映的规律性对于短线炒作没有任何意义。

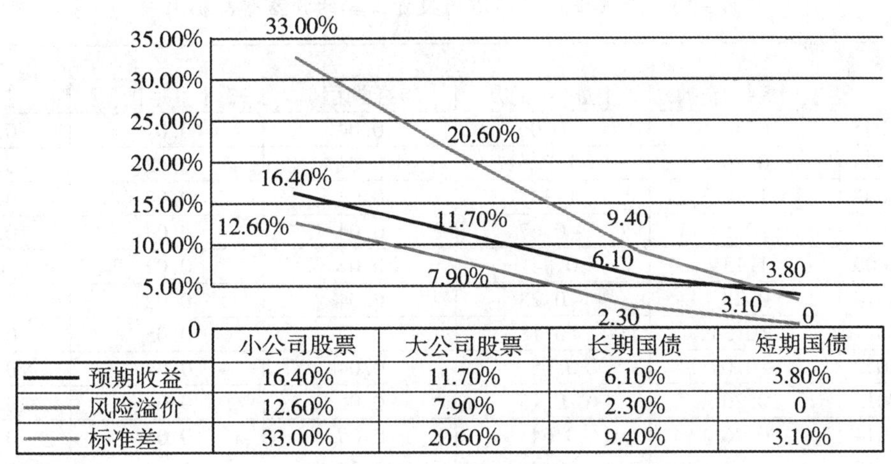

图4－6　四种投资工具的预期收益率与标准差比较

资料来源：Stephen A. Ross，Randolph W. Westerfield and Bradford D. Jordan，*Essentials of Corporate Finance*，Seventh Edition，（Mcgraw-Hill Education，2016）。

上述美国历史数据表明，理性的投资者需要进行投资组合的管理。显然，小公司股票的投资回报率虽然比较大，但是波动性大，风险大，投资者如果全面投资这类股票，未来可能难以承受出现的风险压力。投资者需要考虑未来资金的使用计划，做一个投资组合，这个组合可以包括多种投资工具，以保障投资者短期和长期的资金需要。

五、对中国历史数据的实证分析及其启示

蓝裕平和范予晴（2021）① 尝试对中国证券市场2005—2020年上证50指数、中小板综合指数、20年期国债、3个月期国债以及CPI（消费者物价指数）（分别代表大公司股票、小公司股票、长期国债、短期国债以及商品价格）的年化收益率数据做定量分析，以检验不同投资工具的收益率与其各自风险的对称性。

① 蓝裕平、范予晴：《对中国证券市场收益风险结构的实证研究》，《国际融资》2021年第6期。

1. 中国证券市场不同投资工具的收益与风险

借助 Excel 表格，可以分别计算出五种投资工具在投资期中的年均收益率、收益方差和标准差，如表 4－13 所示。

表 4－13　中国证券市场不同投资工具的收益率与标准差

项目		收益率				CPI
		中小板综合指数	上证 50 指数	20 年期国债	3 个月期国债	
年份	2005	0.42	－0.06	0.04	0.01	0.02
	2006	0.76	1.27	0.04	0.02	0.02
	2007	1.38	1.34	0.04	0.03	0.05
	2008	－0.54	－0.67	0.04	0.04	0.06
	2009	1.13	0.84	0.04	0.02	－0.01
	2010	0.28	－0.23	0.04	0.02	0.03
	2011	－0.34	－0.18	0.04	0.05	0.05
	2012	－0.02	0.15	0.04	0.04	0.03
	2013	0.26	－0.15	0.04	0.04	0.03
	2014	0.26	0.64	0.05	0.05	0.02
	2015	0.75	－0.06	0.04	0.04	0.01
	2016	－0.15	－0.06	0.03	0.03	0.01
	2017	－0.01	0.25	0.04	0.04	0.02
	2018	－0.35	－0.20	0.04	0.04	0.02
	2019	0.32	0.34	0.04	0.03	0.03
	2020	0.32	0.19	0.04	0.02	0.03
年均收益率		0.279 1	0.213 2	0.039 5	0.033 8	0.026 1
方差		0.281 2	0.309 3	0	0.000 1	0.000 3
标准差		0.530 3	0.556 1	0.003 4	0.011 7	0.016 4

资料来源：指数和债券市场数据取自瑞思数据库和英为财情网数据库，CPI 数据取自国家统计局数据库。

该项研究结果显示：中国股票市场和债券市场之间的收益和风险是对称的，但以小公司为主的中小板综合指数与以大公司为主的上证 50 指数的收益率与风险不对称，同样的情况还出现在 20 年期国债和 3 个月期国债两者的收益风险关系上：中小板综合指数在研究期的平均收益率高于上证 50 指数，而标准差却较低；20 年期国债收益率高于 3 个月期国债，而标准差也较低。

2. 对中国证券市场数据的解读

上述对于中国证券市场数据分析的结果，至少表明以下几个方面的事实，而它们也反映了中国金融体系改革中出现的一些内在情况。

（1）目前中国证券市场的主要品种——股票和债券——之间，基本符合收益风险结构——预期收益越高，风险越大，反之亦然。至2020年9月，沪深交易所合计股票总市值超过10万亿美元，定息市场规模约15万亿美元，均仅次于美国，与中国第二大经济体的地位相当①。这么大规模的市场，而且已经具备相当程度的国际化（中国最近20年来逐步以QFII（合格境外机构投资者）、沪港通、深港通方式有限度向境外投资者开放了股票和债券交易），价格波动很难受到任何方面的操控，应该能够较充分地体现市场的供求关系。另外，中国金融管理当局自20世纪末开始利率市场化改革，通过开放竞争，逐步放松对金融机构的利率管制等，引导金融市场的利率走向由市场定价的方向，客观上也推动了中国证券市场收益风险结构走向合理性。按照笔者的判断，中国利率市场化改革已经接近尾声，尽管市场出现了一些所谓的“金融乱象”，但总体上平稳过渡，这是非常了不起的成就。在发展中国家中，绝大多数国家在进行该项改革的过程中都出现了不同程度的金融危机，对经济造成巨大冲击，如阿根廷和巴西等国。

（2）上述数据计算结果中，一般被认为投资风险较高的中小板综合指数的年均收益率高于同期上证50指数，而收益标准差却较低。这种情况确实与收益和风险相对称的原理相悖。笔者认为这很可能与两个因素有关：

其一，2005年7月中国政府开始进行汇率改革之后，人民币进入了长达10年的升值过程，这推动了中国产业升级和经济转型。中国的研发经费占GDP的比重在2005年只有1.31%，到2020年则达到2.4%，大约达到发达国家的平均水平②。中国在这段时间内取得了举世瞩目的成就，不仅在一系列重要技术领域实现赶超，而且涌现了一大批如华为、中兴、京东方和华大基因这样的科技企业。因此，中小科技企业受到市场更大的重视，也得到更多资金的追捧。而且，自2005年以来，以中小板以及创业板为主的深证成指强于以传统产业和大型国企为主的上证指数，这也从另一个侧面反映了这一点。

其二，本研究考察的时间只有16年，而且这段时间中国经济总的来说发展比较稳定，并没有发生太严重的经济波动。因此，仅仅以这段时间的表现来断定中国中小企业股票未来都是收益较高、风险较小，是不合适的。随着中国股票市场推行注册制并强化退市机制，抗风险能力较弱的中小企业在经济周期的下降期和低谷期将会受到更多的考验，导致中小企业股权投资风险加大。笔者认为，从长期来说，中小企业板综

① 蓝裕平：《中国经济金融化的现状与前景》，国际融资2021年第2期。

② 国家统计局。

合指数相对于上证 50 指数有更高的预期收益率的同时，应该会有更高的标准差。那么，中小企业作为更好的投资对象这种情况将会延续多长时间呢？从行为金融学的角度来看，市场出现的不均衡，包括收益与风险不对称，很可能会在相当长的时间内存在。因此，以高科技企业为代表的中小企业股票未来能否继续维持较好的市场表现，取决于投资者对于中国未来经济总体趋势的判断。

（3）作为长期国债代表的 20 年期国债利率高于 3 个月期国债，标准差却相对较低，显示长期债券是更好的投资对象。这种情况也是与收益风险对称的原则相悖的。不过，这种情况在某一段时间内出现也是不奇怪的。金融学除了有收益风险结构之外，还有收益期限结构——绝大多数情况下，债券的收益率曲线是向右上方倾斜的，意味着期限越长，债券的收益率越高。背后的原因，一方面与更长期限的债券具有较高的流动性风险有关，另一方面则与通胀预期下利率变动风险有关。如果预期未来的通胀率有较大的下降，长期债券通常会受到更大的追捧，导致收益率下降，甚至低于短期债券。事实上，美国金融市场在历史上时不时也出现过短期利率高于长期利率的情况——收益率曲线向右下方倾斜，如在 20 世纪 80 年代初。

（4）3 个月期国债收益率在研究期内跑赢 CPI，显示其作为对抗通胀的投资工具还是“称职”的。上述数据分析结果表明，短期国债是对抗通胀的好手段，不仅收益率高于 CPI，而且其标准差也更低。事实上，短期债券在金融学利率中被定义为“无风险利率”，因为在几乎所有的投资工具中，其违约风险最低（几乎可以忽略不计），而且其利率风险也是最低的——即使市场利率上升，很快就要到期，也可以拿回本金，按照新的利率做投资。因此，其市场价格受到利率波动影响的程度很小。

第五章　资本资产定价模型与市场效率理论

哈里·马科维茨的投资组合理论提出了投资者在投资决策中最关注的两个因素——预期收益和风险，并且提出了衡量预期收益和风险的数量方法。

本章主要讨论威廉·夏普的资本资产定价模型和尤金·珐马的市场效率理论，进一步解读理性思维投资决策的基本思路。本章还讨论道氏理论以及行为金融学的一些重要观点，解读金融市场为什么经常出现非理性的想法和非理性的行为。

第一节　资本资产定价模型及其理论框架

一、资本资产定价模型

威廉·夏普生于1934年。1951年，威廉·夏普进入加州大学伯克利分校，计划通过主修医学而取得医学学位，一年后发现自己对医学没有兴趣，便转到加州大学洛杉矶分校学习，主修企业管理。学习期间在兰德公司从事金融投资领域研究工作，1961年获得了加州大学洛杉矶分校博士学位。威廉·夏普是资本资产定价模型的奠基者，与哈里·马科维茨和默顿·米勒3人共同获得1990年诺贝尔经济学奖。

在投资组合理论的基础上，威廉·夏普提出了他的资本资产定价模型（CAPM），进一步完善了在风险资本的估值中预期收益与风险之间的关系。它揭示了投资预期收益与系统性风险之间的关系，以及资产的均衡价格形成的理论。

1. CAPM 基本假设前提

如第四章所述，计算各股票的预期收益率时，需要测算未来各种收益水平以及它们的概率。相关数据的测算不容易进行，且结果未必可靠。CAPM 假设投资者已经充分考虑了通过投资分散化去除非系统性风险的因素，仅考虑系统性风险（市场风险）及其补偿问题，因此，用另一个方法去计算资产的预期收益。

该模型有一系列的假设条件，其中包括：

（1）投资中非系统性风险可通过分散化投资消除掉，只有系统性风险发挥作用。因此，对某一资产来说，总风险可以转化为该资产的系统性风险。

（2）证券市场是完全有效率的，即信息完全对称。

（3）投资者可以自由地按无风险利率借入或贷出资本。

（4）所有的投资者都是厌恶风险且保持理性的。

（5）交易成本很低且可以忽略不计。

以上的假设前提虽然在现实中并不存在，但其揭示的极端情形下金融市场的现象仍然是很有启发性的。

2. CAPM 的表达式

CAPM 的公式为：

$$E(R_i) = R_f + [E(R_M) - R_f]\beta_i$$

其中，$E(R_i)$ 为某一资产的预期收益，R_f 为无风险利率，$E(R_M)$ 为整个市场的预期收益，β_i 为贝塔系数，$[E(R_M) - R_f]$ 为市场风险溢价。

如果让 $[E(R_M) - R_f] = (RP_M)$，上式也可以表达为：

$$E(R_i) = R_f + (RP_M)\beta_i$$

3. 关于贝塔系数 β_i

（1）贝塔系数的计算公式。

夏普用 β_i 表示某资产的系统性风险，其计算公式如下：

$$\beta_i(\rho_i, M\sigma_i)/\sigma_M = \sigma_{iM}/\sigma^M$$

其中 ρ_i，M 为该资产收益与市场的相关系数，σ_i 是该资产收益的标准差，σ_{iM}是该资产与市场的协方差，σ^M 是市场的整体风险，即市场的标准差。从该计算公式可看出，某资产的系统性风险与整个市场的总体风险和该资产与市场之间的相关性有关系。

贝塔系数β_i的计算有点复杂。不过，分析者基本上不必花时间去做这种计算。通常有专业机构定期公布上市公司股票的贝塔系数等资料，分析者只需要了解贝塔系数的意义，收集相关资料进行分析即可。

（2）贝塔系数的解读。

贝塔系数是用于衡量某资产相对于市场总体风险大小的指标，也显示为相对于市场整体水平波动性的大小。

市场整体平均风险σ^M被界定为1；

如果$\beta_i = 1.0$，说明i股票的系统性风险等于市场平均风险。

如果$\beta_i > 1.0$，说明i股票的系统性风险高于市场平均风险。

如果$\beta_i < 1.0$，说明i股票的系统性风险低于市场平均风险。

大多数股票的贝塔系数都介于0.5～1.5之间。正如前面所述，风险就是不确定性。i股票的贝塔系数等于1.5，说明如果市场涨幅为5%，该股票的账户很有可能涨7.5%，反之亦然。

（3）如何收集贝塔系数资料？

在信息技术如此发达的今天，金融信息服务也越来越到位。很多机构都会免费提供贝塔系数之类的分析技术指标。以同花顺股票信息系统为例，打开一个股票的K线图，在下部就可以查看各种技术指标，如RSI、MACD等，也包括贝塔系数BETA。如果在各种选项中没有看到BETA，可以点击“设置”，点击“查找指标”，输入“BETA”，点击“确定”，然后点击“添加”，就可以看到实时的贝塔系数指标。由于贝塔系数涉及历史数据的变动情况，因此，贝塔系数在分析软件中呈现为动态波动的曲线。如2020年7月20日中国平安的贝塔系数为1.05，显示其系统性风险是市场整体水平的1.05倍，也可以这么说，中国平安的波动幅度，通常会是市场总体水平的1.05倍。

（4）贝塔系数与标准差的区别。

标准差衡量的是资产的总风险，而贝塔系数衡量的是资产的系统性风险。通过这两个指标就可以对相关资产迅速做出判断。例如，从表5-1的指标，可以对A和B两种资产的风险情况做如下判断：

A资产的总风险比较大。

B资产的系统性风险比较大。

A资产的非系统性风险比较大。

尽管没有一种指标可以衡量非系统性风险，但总风险等于系统性风险加非系统性风险，既然A资产的总风险比较大，系统性风险比较小，那么它的非系统性风险部分自然就比 B 资产要大些。

表 5－1　两种资产的风险指标比较

资产品种	标准差	贝塔系数
A 资产	25%	0.8
B 资产	15%	1.5

4. **无风险利率**

无风险利率指投资者在不承担任何风险的情况下获得的投资回报率。最短期的国债被认为最符合这个要求的资产。首先，国债代表最高的信用水平。国家可以通过税收和发行货币来解决债务支付问题，因此，违约的概率几乎可以忽略不计。其次，“最短期”意味着该债券的利率风险也是最小的。

在美国市场做投资分析，通常使用期限为 3 个月的短期国债的利率。中国内地目前最短期的国债也是 3 个月期的。

5. **市场预期收益**

市场预期收益通常采用历史的市场整体年均收益率来替代。笔者认为，如果在国内研究某一在上海上市的股票，可以计算出上海综合指数的历史年均回报率作为市场预期收益率。

6. **风险溢价**

理性的投资者如果需要承担风险，就需要额外的收益做补偿，这额外的收益就称为风险溢价，以 $[E(R_M) - R_f]$ 表示。如无风险利率为 1.96%，而投资股票的回报率为 12.38%，则代表投资于股票的市场风险溢价 = 12.38% − 1.96% = 10.42%。

7. **投资组合的贝塔系数计算**

投资组合的预期收益，如前文所述，是投资组合中各个股票预期收益率的加权平均数。而同样，贝塔系数，也是组合中各资产的贝塔系数的加权平均值。计算公式如下：

$$\beta_p = \sum_{i=1}^{n} W_i \times \beta_i$$

其中 n 为资产数量，W_i 为各资产的比重，β_i 为各资产的贝塔系数。

8. CAPM 的理论意义

从 CAPM 的公式可以看出，任何资产的收益率都与三个因素有关：

第一，货币的时间价值。无风险利率可以理解为投资者不承担风险的情况下获得的纯粹货币时间价值，这个因素与市场利率有很大关系。因此，市场利率越高，无风险利率越高，资产的预期收益率也越高。

第二，承担系统性风险的回报。风险溢价是承担额外风险的报酬。

第三，系统性风险的大小。贝塔系数衡量所投资资产系统性风险的大小。

CAPM 理论是现代金融学的核心理论之一，通过定量的方法描述预期收益与风险之间的关系，揭示不同证券价格之间存在差异的合理性，估计各种宏观和宏观经济变化（系统性风险）对证券价格的影响程度，在做资产估值时帮助确定资本成本（要求回报率或贴现率）。

二、CAPM 的运用——案例分析

笔者自 2005 年开始在大学为学生讲授公司财务管理一课，使用英文原版的教科书——*Essentials of Corporate Finance*（Ross，Westerfield and Jordan），双语教学。在讲解其中的一些理论时，笔者不得不提醒学生，这些理论很成熟，也很有用，但是在中国目前的环境还不方便使用，因为相关的数据不好找，比如，CAPM 就是一个。上市公司的贝塔系数，在国内没有现成的数据，自己算的话，需要采集很多市场数据，也不容易找得全，更不要说计算过程复杂。不过，在 2010 年之后，笔者就发现国内资本市场有很大的进步，这门课的理论和方法所涉及的数据资料，在国内也是方便可取，如贝塔系数，很多金融信息服务机构都会公布动态的指标。笔者在帮助一些企业做项目顾问时，尝试使用这些理论和方法去做分析，包括估值分析，感觉参考价值很大。

1. 案例

假设投资者有 100 万元，建立了一个投资组合，花 15 万元购买了中国平安，15 万元购买了平安银行，20 万元购买了工商银行，15 万元购买了 TCL 科技，20 万元购买了中兴通讯，15 万元购买了招商证券。现需要计算各种股票的预期收益、投资组合的贝塔系数以及投资组合的预期收益。

2. 数据

（1）各种股票的投资比重：用每一种股票的投资金额除以投资总额100万元，如表5－2第2列所示。

（2）贝塔系数：可以从同花顺财经信息公司等机构公布的数据库查阅到，如表5－2第3列所示。

（3）无风险利率可以通过中国人民银行外汇交易中心的官方网站查阅，2020年7月17日最新一期3个月期国债收益率数据为0.0196%，如表5－2第5栏所示。

（4）市场预期收益：上证综合指数从1990年底的100点开始，至2020年7月20日为3314点，30年间，年均回报率为12.38%[①]。中国平安、工商银行和招商证券都在上交所上市，以上证指数过去30年的年均增长率作为市场预期收益是没问题的。在深交所上市的另外3只股票，一般可选用深证成指过去30年的年均增长率作为市场预期收益。不过，按照笔者的理解，计算市场预期收益率，重要的是选择一个具有代表性的指数。在中国股市，上海交易所是较重要的交易所，市值最大，而且也是众多龙头企业集中的地方。上证指数作为沪深股市的代表性最强。另外还有沪深300指数，包含两个市场最重要的300家上市公司，也具有较高的代表性[②]。但遗憾的是，该指数创设时间较晚（2002年开始），数据样本少。因此，在这个案例对该投资组合涉及6只股票的分析中，笔者使用上证指数过去30年的年均回报率作为市场预期收益率指标统一使用，如表5－2第6列所示。

表5－2　投资组合贝塔系数与预期收益率计算

i	W_i	β_i	$W_i \times \beta_i$	R_f	$E(R_m)$	$E(R_i)$	$E(R_i) \times W_i$
中国平安	0.15	1.05	0.1575	0.0196	0.1238	0.13	0.0195
平安银行	0.15	0.81	0.1215	0.0196	0.1238	0.10	0.0150
工商银行	0.20	0.60	0.1200	0.0196	0.1238	0.08	0.0160
TCL科技	0.15	1.45	0.2175	0.0196	0.1238	0.17	0.0255

① 以100为现值，3314为终值，期限为30，计算回报率可得此答案。

② 哪个指数更有代表性是值得继续探讨的问题。美国的重要指数如标普500指数、道琼斯工业指数和纳斯达克指数所包含的样本不同，各有侧重点，在美国，当学者在做估值分析时，选任何一个，都感觉不完美。不过，这一点说明，金融学不是一门精确的科学，它的研究成果主要具有关于发展趋势和发生概率的参考价值。

（续表）

i	W_i	β_i	$W_i \times \beta_i$	R_f	$E(R_m)$	$E(R_i)$	$E(R_i) \times W_i$
中兴通讯	0.20	1.38	0.276 0	0.019 6	0.123 8	0.16	0.032 0
招商证券	0.15	1.25	0.187 5	0.019 6	0.123 8	0.15	0.022 5
—	1.00	投资组合贝塔	1.08	投资组合预期收益			0.130 5

3. **投资组合的贝塔系数计算**

以第2列6只股票投资额在投资组合中的比重分别乘以第3列各自的贝塔系数，得出第4列的结果，把第4列数据相加，就可得出该投资组合的贝塔系数1.08。可以看到，数据处于6只股票各自贝塔系数的中间水平。由此可以预料，当投资组合中的资产数量不断增多的时候，投资组合的贝塔系数会趋近于市场的平均水平1。

4. **投资组合的预期收益率计算**

（1）各股票的预期收益率计算。

使用CAPM可以计算出上市公司股票的预期收益率。例如，中国平安的贝塔系数为1.05，上海综合指数的预期收益率为12.38%（0.123 8），3个月期国债到期收益率为1.96%（0.019 6），则中国平安的预期收益率 $=0.0196+1.05\times(0.1238-0.0196)=0.13$。用同样的方法，可以计算出平安银行等上市公司的预期收益率，如表5-2第7列所示。

（2）投资组合的预期收益率计算。

计算投资组合中各股票预期收益率的加权平均值：把第2列各股票的比重分别乘以第7列指标，就可以得出第8列的数据，再把结果相加，就是该组合的预期收益率。

第二节　CAPM在投资决策中的意义

通过CAPM计算出来的股票预期收益率，也可以称为资本的成本。在计算股本成本的时候，CAPM相比其他股票估值模型具有特别的优势：股票估值模型需要估算股票的股息现金流，但对于某些从来不分红或者股息增长率没有规律性的股票，估值模型很难使用，而CAPM就没有这个问题，只要有贝塔系数，就可以计算出来。因此在后面的章节深入讨论现金流贴现估值法的时候，CAPM 是一个测算股本成本的很好的方法。

在进行投资决策的时候，CAPM 实际上也可以作为一个很好的决策依据。本节具体讨论这个方法的使用。

一、证券市场线与市场均衡条件

CAPM 可以用证券市场线（Security Market Line，SML）来形象表达。

1. 证券市场线

CAPM 可以用证券市场线来表达，如图 5－1 所示。在纵轴向右上方倾斜的直线就代表了证券市场线，它描绘了资产的预期收益率与贝塔系数之间的线性关系：投资者不想承担任何风险时，可以选择贝塔系数为 0 的短期国债，享受无风险利率水平的回报（假定为 8%）；如果想享受更高的回报率，就需要承担更高的风险（显示为贝塔系数越高）。因此，投资者如果投资 A 资产，该资产的预期收益率为 20%，则其贝塔系数就是 1.6。

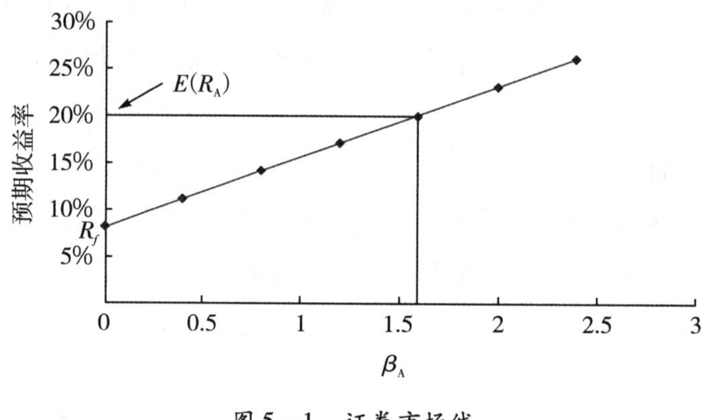

图 5－1　证券市场线

SML 的斜率 $= E(R_M) - R_f/\beta_M$，由于 $\beta_M = 1$，所以 SML 的斜率 $= E(R_M) - R_f$，刚好就是股票市场的风险溢价。

2. 市场均衡及其意义

（1）市场均衡的条件。

如果 CAPM 理论的假设条件是确立的，则所有资产和投资组合的风险溢价与风险比率相等，如下式：

$$\frac{E\ (R_{A})\ -R_{f}}{\beta_{A}}=\frac{E\ (R_{M})\ -R_{f}}{\beta_{M}}$$

其中，A代表市场中的任何一种资产，M代表市场平均水平。

这也意味着，市场上的任何一种资产，其风险溢价与风险比率都会刚好落在证券市场线上。如果这是市场的真实状况，那么，投资者不必做任何分析，仅需要确定自己的风险偏好——按照各自的风险偏好和承担风险的能力选择不同的资产。显然，这并不是现实的市场状况。

在现实中，信息不对称的情况是客观存在的。因此，各种资产的价格未必能够真实反映各自的风险程度。

（2）市场均衡水平是投资决策的重要参照。

在绝大多数情况下，市场均衡条件并不成立。也就是说，在很多情况下，资产的收益与风险之比并不相等，可能落在证券市场线的左上方或者右下方：落在证券市场线左上方，意味着比率较高，有机会获得超额利润；落在证券市场线右下方，意味着比率较低，投资收益低于应有的水平。既然这样，是不是说明CAPM没有现实意义呢？当然不是。

CAPM揭示一种市场在完美状态下的资产投资收益与风险之间的关系，尽管存在不少例外情形，但其指出的收益与风险之间的配比关系，仍然能够说明大多数情形下的规律性，可以帮助投资者找到一种理性分析的方法。CAPM理论对于极端情形市场关系的描述，等于为投资者描绘了市场的运作框架，投资者在同样的框架中把现实因素加进来考虑，可以更好地分析现状，理性地做出决策。

二、以均衡水平衡量现实的高估与低估状态

CAPM有助于投资者判断在市场中资产被高估或者低估的状态。

1. 市场效率性与均衡状态的标杆意义

现实中的股票市场都具有不同程度的效率性，即市场价格波动最终会消化掉那些非理性的因素并向均衡状态移动，尤其从长期来说。因此，如果使用正确的计算方法得出均衡水平下的预期收益率，就可以作为“标杆”，去衡量现实市场中的股票价格的合理性，了解是否存在高估或者低估的情况。

斯蒂芬·罗斯认为，估值是金融学的核心。笔者认为，收益率是估值的具体表达方式。在投资市场，股价为100元的股票并不一定比股价为10元的股票贵，因为股票的估值，看的是回报率。市盈率指标，也有同样意义——市盈率越高，股票越贵，反之亦然。市盈率的倒数，就是投资回报率。

2. 两个收益率概念的界定

为了帮助读者理解CAPM的意义，如下区分两个关于收益率的概念。

（1）要求的回报率：按照CAPM计算的均衡收益率——按照该资产的系统性风险大小投资到该资产，投资者只有得到这个收益率才算是划算的。

（2）预测的回报率：按照对于各种市场因素，包括理性因素和非理性因素的估计，预测未来最有可能实现的收益率。

3. 通过比较两个收益率做估值判断

如果投资者把研究对象的上述两个指标都测算出来，就可以通过对两个指标的比较，得出该股票是被高估或者低估的判断，并做出买进或者卖出的决策：

如果预测的回报率低于要求的回报率，则该股票被高估，价格趋势向下，应该沽出；

如果预测的回报率高于要求的回报率，则该股票被低估，价格趋势向上，应该买进。

表5-3　判断股票被高估还是低估的方法

股票	要求的回报率	预测的回报率	高估（低估）
中国平安	0.13	0.12	高估
平安银行	0.10	0.09	高估
工商银行	0.08	0.06	高估
TCL科技	0.17	0.20	低估
中兴通讯	0.16	0.22	低估
招商证券	0.15	0.18	低估

假如计算了表5-3中这6只股票要求的回报率和预测的回报率指标，如第2列和第3列所示，就可以通过比较这两组数据的大小，做出第4列的判断：前3只股票被高估了，应该沽出；后3只股票被低估了，应该买入。说明一下：上述预测的回报率指标数据纯属假设数据，并不具有实际的参考意义。

第三节　有效市场假说与投资策略

本节从有效市场假说开始讨论市场的效率，再通过道氏理论关于市场趋势的论述，讨论投资策略的相关问题。本节还介绍了行为金融学的基本理论，希望能帮助读者认识投资者的非理性倾向，以及市场的非理性行为和现象。

一、有效市场理论

尤金·法马是芝加哥大学金融学教授。他长期研究投资组合与资产定价理论和方法，最大的学术贡献是提出了有效市场假说，并与彼得·汉森（Peter Hansen）、罗伯特·希勒（Robert Shiller）一起获得2013年诺贝尔经济学奖。

1. 有效市场假说

根据尤金·法马对有效市场所做的定义，如果一个证券市场的价格充分反映了所有信息，那么这样的市场就是有效市场。显然这样的市场需要有几个重要前提：

（1）市场不存在不对称信息。

（2）价格可以充分反映投资者对于信息的反应。

（3）投资者都是理性的。即使有非理性的交易，其影响也会被反方向的理性交易所抵消。

（4）市场还存在理性的套利者，可以消除掉剩下的非理性交易留下的影响。

2. 有效市场假说的三种形式

根据有效程度，有效市场分三种形式：弱式有效市场、半强式有效市场、强式有效市场。

（1）弱式有效市场。

在市场弱式有效的情况下，市场价格已经充分反映了所有过去的价格信息，包括价格、交易量和融资融券情况。如果这种情况成立，那么依赖历史价量关系分析的技术分析就没有价值，通过基本分析还有可能较好地预测未来，获得超额利润。

（2）半强式有效市场。

在半强式有效市场成立的情况下，价格已经充分反映了所有公开的相关信息，包括价格、交易量、融资融券、公司盈利预期、公司管理情况及其他公开披露的公司信息。如果这种情况成立的话，技术分析和基本分析就都是没有意义的。只有内幕消息交易者才有机会获得超额利润。

（3）强式有效市场。

在强式有效市场成立的情况下，价格已经充分反映了所有与公司经营有关的信息。在这种情况下，任何人（包括内幕交易者）都无法在市场获得超额利润。

3. 有效市场假说的现实意义

有效市场假说提示投资者需要关注市场的有效性。很多学者使用数量分析的方法验证市场的有效程度，绝大多数研究结果表明，现实的股票市场并不是完全有效的，即使有效，也只是处于弱式或半强式有效市场状态。因此，对于市场进行调研是有必要的。通过调研可以更好地掌握公司的最新情况，并确定公司的合理估值，为投资决策提供参考。

对于市场监管者来说，尽管强式有效市场在现实中很少出现，但提高上市公司和市场的透明性可以提高市场的有效性。因此，“三公”原则——公平、公开和公正——成为监管者追求的主要目标。

二、道氏理论与投资策略

道氏理论被称为“趋势分析鼻祖”，创始人是查尔斯·道（1851—1902 年）。查尔斯·道创办了《华尔街时报》（*The Wall Street Journal*），一共撰写了 225 篇社评，提出了他对于投资策略的观点。他去世以后，人们归纳他的理论并称之为道氏理论。道氏理论成为投资分析和投资策略方面的经典理论。

1. 划分三种趋势

道氏理论把市场的趋势区分为三种趋势：主要趋势、次级趋势和短期趋势。

（1）主要趋势：价格长期波动趋势，一般会延续一年甚至数年。如图 5 - 2 所示，第一浪启动点到第五浪终点，属于上升的主要趋势（或者称为长期趋势），第 A 浪启动点到第 C 浪终点，属于下跌的主要趋势。

（2）次级趋势或中级趋势：在主要趋势中，方向相反的价格波动趋势。如图5－2所示，第一浪终点到第二浪启动点，以及第三浪终点到第四浪启动点，属于上升主要趋势中的次级趋势（回调）；第A浪终点到第B浪启动点，属于下跌主要趋势中的次级趋势（反弹）。

（3）短期趋势或第三级趋势：每天的涨涨跌跌（如图5－2所示）。

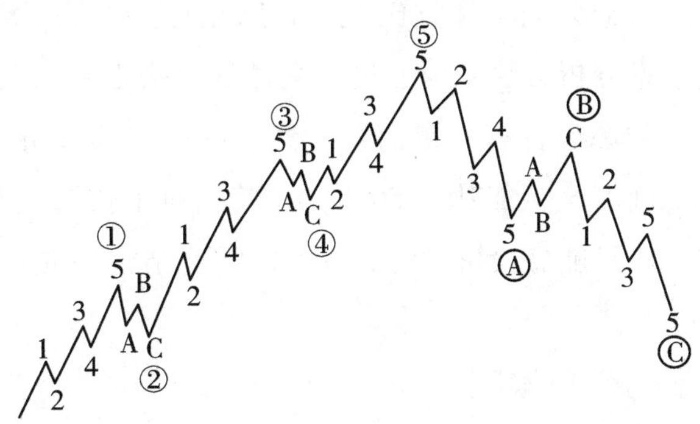

图5－2　三种趋势

2. 三种趋势的特点

根据道氏理论对三种趋势的描绘，短期趋势由于受到很多偶然性因素的影响，走势基本上属于随机走动，而且，较容易受市场主力的操控，因此，从股价的短期波动中，投资者很难判断出未来的趋势。主要趋势较体现市场的基本因素的影响，而且市场主力包括机构大户和政府很难主导其波动方向。而中期趋势则是介乎于两者之间的。根据笔者对道氏理论的理解，市场趋势的期限越短，可预测性就越差；期限越长，可预测性就越强。

3. 道氏理论的启示

道氏理论对于投资策略方面的重要启示就是，投资者不要轻易对短期趋势做判断，由于其类似于随机走动，因此对其判断无异于掷硬币对正反面的判断。如果以这种判断来指导短线炒作，那无异于到赌场赌大小，而且赚钱的胜算还小于一半。赌场的规矩是围骰（3个骰子的点数刚好一样）时，庄家大小通吃，因此赌徒每次赢的概率小于50%。而股票投资涉及买卖的手续费和印花税，因此，考虑到交易成本，喜欢短线炒作的投资者，从长期来说，亏钱的概率大于50%。

有短线炒作经验的投资者有这个感觉：短线炒作多了，就容易忽略对大盘主要趋势的判断，缺乏方向感了。

4. 对于技术分析方法的看法

技术分析方法的科学性在金融学领域尽管没有被完全否定，但学术地位卑微。笔者曾经认真学习并在投资分析中运用主要的技术分析方法，如K线图、移动平均线、形态分析、波浪理论、黄金分割率和甘氏线等，感觉这些方法对于预测股市的趋势还是很有参考价值的。技术分析方法主要通过成交量和价格之间的关系预测未来的走势，其运用主要基于统计学的原理，有一定的科学性。许多市场分析人士有同感，使用技术分析方法做预测，准确度至少能达到50%，尤其是对于长期趋势的预测。不过，技术分析方法的研究成果，只能做投资参考，使用时需要结合基本分析方法做综合判断。

三、行为金融学与投资策略[①]

正统金融学理论和方法都是假定投资者是“理性的”——人们的投资决策都是建立在理性预期、风险厌恶和边际效用最大化的原则之上。不过从20世纪80年代开始，越来越多的金融学家意识到现实情况与上述情况是有差异的，并使用心理学和社会学等理论和方法对投资者的行为进行分析研究，提出了一系列的理论。这些理论称为行为金融学。

美国普林斯顿大学的丹尼尔·卡尼曼（Daniel Kaneman）教授和乔治·梅森大学的弗农·史密斯（Vernon L. Smith）教授，是行为金融学的先驱，并于2002年获得诺贝尔经济学奖。

1. 行为金融学的假定

（1）投资者在做决策时经常不是理性的。

（2）投资者的非理性行为未必能够被反方向的理性行为所抵消，甚至非理性行为会成为一种潮流。

（3）套利者由于有实施成本，套利行为未必能够实现，因此不均衡长期存在。

---

① 关于行为金融学部分的内容主要参考了Bodie，Kane and Marcus，*Investment*，nineth Edition（McGraw-Hill Education），第12章。

2. 行为金融学主要理论简介

行为金融学认为，投资者的不理性行为主要表现在两个方面：第一是投资者不总是正确地处理市场信息，第二是投资者的行为经常变化，决策不总是最优。

（1）投资者不总是正确地处理市场信息。

遇到市场信息，投资者由于各种原因不能正确地解读信息对市场的影响，或者对信息的反应错误。如下是可能出现的几种情况。

预测偏差：人们总是过分地重视眼前的信息，而忽略过去的信息。例如，本来投资者认为市场前景向好，可以继续持股。可是，当看到政府的一项新政策时，投资者却可能马上就去卖股票。实际上眼前的这个消息可能只会造成短期的影响，而投资者却放大了这个消息的影响。

过分自信：买卖股票是一项重要的投资决策，可是投资者总是过分相信自己对于未来市场走势的把握而随意做出决定，导致很频繁地买进和卖出。而频繁的买卖操作，被认为是容易亏钱不容易赚钱的。因此有研究者得出结论：炒作有害财富![①]

过分保守：某个公司的利好消息显示公司未来有较好的发展，可是投资者往往将信将疑，先观望再做决定，以致错过低价买入的机会。

以样本推断整体：人们往往以某一个案的信息推断全体，导致以偏概全。例如，有些投资者看到一些上市公司财务作假的案子以后，表示对所有上市公司甚至整个证券市场的诚信都失去信心。

（2）投资者的行为经常变化，决策不总是最优。

投资者在前一天还对市场信心满满，急着买股票，第二天却因为一个传言而急着去卖股票。难道整个股票市场的基本面在这两天都发生了彻底的变化吗？显然投资者买和卖的决策并不是理性的。用于解释诸如此类非理性行为的，主要包括如下几个理论。

心理账户理论：人们在心里自然地建立了类似会计学上的账户，包括目前的收入和财富、将来的收入和财富等，做投资时会比较一下现在和将来收入和财富的重要性而做出决断。其中赌场效应就很有启示性。在赌场上赢了大钱的人，往往更有下大赌注的勇气。同样的道理可以说明投资市场中人们的行为。人们在投资中赚到了大额财

① 炒作有害财富，英文表达为 Trading is hazardous to your wealth。对应于 Smoking is hazardous to your health，吸烟有害健康。

富以后，往往在下一个投资周期中因更加进取而忽略风险控制。“赚大钱以后容易亏大钱”，说的就是这个道理。

避免遗憾：人们在投资的时候为了避免投资失败后的遗憾心理，而选择与大多数人保持一致的行为。与此相关的有羊群效应，说明投资者普遍有从众心理。这种心理也常常被操纵市场的庄家所利用，他们通过各种方法引导散户的行为而从中赚取利益。

期望理论：人们在面对投资出现利润和亏损的情况时，决策思路完全相反，而且总是不理性。例如，考察人们面对如下两种选择时的决策：

（A）你选择100%的概率赢得1万元，还是60%的概率赢得2万元；

（B）你选择100%的概率输掉1万元，还是60%的概率输掉2万元。

绝大多数人在（A）情形中会选择“100%的概率赢取1万元”的选项，而在（B）情形中会选择“60%的概率输掉2万元”的选项。事实上，理性分析显示，（A）情形中，“60%的概率赢得2万元”的预期收益为1.2万元，比另一种更高，是更佳的选择；而在（B）情形中，“60%的概率输掉2万元”的预期后悔值（预期亏损）为-1.2万元，比另一种更大，是更差的选择。该理论的结论是，面对盈利时，人们倾向于回避风险；面对亏损时，人们倾向于偏好风险。

在笔者看来，这理论对于投资者的警示作用是最重要的。

牛市的时候股市的成交量总是不断放大，重要原因之一就是投资者在牛市的时候更倾向于频繁地进行买进卖出的短线交易。有了一点利润的时候，“落袋为安”总是投资者卖出股票的理由。可是投资者只要一天不离场，“落袋为安”这句话是没有意义的，因为投资者往往都是在更高的价格上买回来，而且，还亏掉了手续费。反复操作的结果是投资成本越来越高，仓位风险越来越大，一旦大盘转向，很快就会账面亏损，投资者这时候往往陷入另一个极端，不舍得“割肉斩仓”，导致越套越深。熊市的时候股市的成交量总是不断萎缩的，重要的原因之一就是投资者在熊市中更倾向于捂股不动，因为出现了账面的亏损以后，总希望在升上去后才解套卖出。

绝大多数投资者在股市亏钱的原因基本上都是这种情况：牛市阶段赚得少，熊市阶段亏得多。

行为金融学的一些理论本身并没有指导投资者应该如何做决策，不过这些研究成果揭示一般投资者容易出现的非理性心理和投资行为，可以帮助投资者认识自己身上的弱点，并在未来的投资决策中尽量加以注意。

第六章　定息融资工具与估值

金融市场为企业提供许多定息债务融资的工具，包括作为货币市场工具的公司商业票据和作为资本市场工具的公司债券，还有信托计划产品。其中，公司债券由于较低的利率、较长的期限和稳定性，成为较理想的企业债务筹资方式。在美国，公司债券是比银行贷款还重要的间接融资方式，在其他发达国家，公司债券也是企业重要的融资方式之一。

本章介绍定息工具市场的信用机制，并讨论现金流贴现估值模型在定息工具市场的具体运用和计算方法，深入解读债券市场的运行机制，介绍作为融资工具的信托计划及其运用、表外融资功能。

第一节　债务融资中的信用机制

从法律上来说，违约通常指在一项合作中，其中一方违反事先的约定，并对对方造成不良影响的行为。这种不良影响包括金钱或非金钱的损失。在债务融资关系中，违约通常体现为债务人违反利息和本金的支付承诺，导致债权人损失。在现代金融学理论中，信息不对称、道德风险和不当选择几个重要的概念，可以解读债务信用关系中的运行机制。

一、不对称信息

不对称信息，指在投融资市场活动中，投融资双方对相关信息的掌握和了解是不同的，一般来说，投资方对于投资项目实际情况的了解相对较少。这个因素一方面导致双方存在信任问题，投资方较难下决心进入交易；另一方面导致投资方可能因此陷入较高风险的境地。银行等金融中介机构的存在，很大程度上解决了现实经济社会中的信任问题。投资方把钱存在银行并获得利息回报，而银行再把钱以贷款的方式借给需要资金的融资方。银行由于具有较高的经济实力、研究实力和追讨实力，有更大的信心去进行放贷投资的活动。不过，在这个中介交易过程中不仅发生了经营成本，还承担了发放贷款的违约风险。因此，银行需要通过收取比存款利息更高的贷款利息而获取经营利润。

当然，投资者与融资者也可以直接打交道，那意味着双方都要解决信息不对称的问题并建立信任关系。债券市场通过其严格的监管机制可以降低违约率。除此以外的投融资直接交易形式，如民间信贷，由于所受监管有限，双方，尤其是提供资金一方的投资者，所要面对和承担的违约风险要大得多。

二、道德风险和不当选择

道德风险和不当选择（Adverse Selection）[①] 是多数金融问题，尤其是信用违约问题的根源。

道德风险指在信息不对称的情形下，市场交易一方倾向于最大限度地照顾自己的利益并可能损害对方利益的一种风险。在融资交易中，融资者往往处于信息不对称的优胜一方，而处于相对劣势一方的投资者所承担的风险比较大。

不当选择指在信息不对称的情况下，市场交易一方利用其信息上的优势，尽量让自己受益而对方受损，导致另一方难以做出正确的抉择。例如，卖二手车的车商，在同等条件下，希望先把质量较差的二手车卖出，因此可能隐瞒或者故意忽略提供该车出现过重大事故的信息，导致买者做出错误的抉择。融资交易中，融资者往往倾向于刻意做出各种包装，让自己被认为讲信用，而且项目前景和经营状况良好，完全具有还本付息能力。他们这么做未必是刻意作假欺骗，可能只是主动披露那些有利于自己的信息，而隐瞒那些不利于自己的信息。在面对融资者普遍具有上述倾向的情况下，处于不对称信息弱势一方的投资者，则很可能受到误导而轻信对方，做出不当决策。

---

① 国内一些学者把 Adverse Selection 翻译为“逆向选择”，笔者认为“不当选择”较能体现其本身的含义。

三、违约

信贷融资市场中的违约通常体现为两种情况：第一种是“不想还”，第二种是“无力还”。第一种情况的典型案例就是庞氏骗局。

1.“不想还”的违约行为

“不想还”属于诈骗行为。他们在借钱的时候就没打算还钱。历史上最典型的骗案，就是庞氏骗局。查尔斯·庞兹（Charles Ponzi）① 是一个移居自意大利的美国人。1919 年他开始骗人向一家企业投资，许诺投资者将在 3 个月内得到 40% 的利润回报，声称这家企业从事一种很复杂的交易，购买欧洲的一种邮政票据转售到美国可以获得了丰厚利润。庞兹把新收到的投资款作为盈利支付给最初投资的人，令他们觉得安全并回报丰厚，因此吸引更多的人加入。庞兹在 7 个月内吸引了 30 000 名投资者，获得了1 500万美元的资金。庞兹从一开始作案，就知道没法兑付所有的本息，所得资金也没有进行真正意义上的投资，而是大肆挥霍。一年后东窗事发，庞兹锒铛入狱，并被遣送回意大利。这就是历史上著名的庞氏骗局。其骗术此后被很多人依法炮制。基本方法就是承诺投资者很高的投资回报率，并用新投资者的钱去支付旧投资者的高额利润，解除人们的警惕性，并诱使更多的人入局，骗取更多的钱财。但这种状况显然是不可持续的，一旦后续投资者开始警觉，新资金不再流入，链条就会断裂，或者诈骗者到某一时刻突然人间蒸发，投资者追讨无门。

2008 年美国次贷危机中爆出的另一个经典案例是美国纳斯达克前总裁麦道夫诈骗案②。麦道夫在 20 世纪 60 年代初设立公司并较早进入电子证券交易领域，并在 1991 年成为纳斯达克董事会主席。他长期把自己包装成一个精通各种金融工具，并能长期获得稳定高回报的资产管理人。他特别具有欺骗性的一面是，他承诺的投资回报率 10% 看起来并不算很离谱（比起一开口就提出超高回报率的典型骗子，他显得很实在），每次支付的投资回报率也总能达到 12% ～ 13%，而且他确实在一段很长的时间给投资者支付了这么高的回报。这种低调的“奢华”骗取了大批高净值投资者甚至金融界专业人士的信任，其获得的委托管理资金总额达到 500 亿美元。诸多知名机构被

① 参考了百度“庞氏骗局”词条。

② 关于麦道夫案例，参考了黄慧：《麦道夫“庞氏骗局”的教训及其对中国的启示》，《上海投资》2009 年第 5 期。

骗，包括西班牙金融业巨头桑坦德银行（被骗 31 亿美元）、法国巴黎银行、欧洲银行巨头汇丰银行、日本野村证券等。一位法国基金经理因为被骗 10 亿美元资金，羞愧万分而卧轨自杀。

近年来国内出现大量类似的案子，尤其是趁着互联网金融的大潮而来的 P2P 平台，更是频繁“爆雷”。其实，要识别这类骗局并不难：

首先，世界没有免费的午餐——高收益往往伴随高风险。例如，高杠杆的期货期指等衍生工具可能带来暴赚暴亏，投资者需要先想清楚自己是否输得起。

其次，假如对方声称投资机会无风险或者风险很低，收益又很高，投资者就要弄清楚为什么自己可以获得这样的机会。在一些情形下，比如在不对称信息状态中处于优胜一方者，可能在较低风险条件下获得高收益。这里有两种可能性，一种是属于违法的内幕消息交易，另一种是通过自己的研究对某具体投资机会的收益与风险关系做出判断。第一种情况，投资者需要掂量法律责任及其后果；第二种情况，如果是别人的判断，笔者认为，投资者需要捏紧自己的钱包。

不过，庞氏骗局之所以经常出现，而且骗子们屡屡得手，主要是因为人性的贪婪，以及侥幸心理。很多时候，人们尽管对于骗局已经有所察觉，但总以为骗局不会那么快就结束。P2P“爆雷”案例中的一些情形是参与的投资者对于高回报承诺其实将信将疑，因此不敢投入太多的资金，想着万一真是被骗损失也不算大。互联网世界里很多人投入的是小额资金，可是中国人多，容易汇聚成巨大的资金。近几年出现的这类金融骗案总金额都很大，达到数十亿元甚至百亿元规模。

2.“无力还”的违约行为

“无力还”的情况通常要复杂得多。借贷人想还，但因为各种原因（通常资金亏损掉了）而无力偿还。因此，尽管投资者可以通过自己理性的分析，并考察客户过去的诚信记录，以确定对方是否可靠，避免受骗，但针对第二种情况投资者却较难在事先确定。投资者一旦投钱出去，意味着利益与其捆绑在一起，只能希望对方生意兴隆，可以顺利还款。这意味着，投资者即使只是借出资金，也需要对其业务做足够的了解，并做出判断。银行在从事贷款业务的时候，通常都有较谨慎的风险控制要求，比如要求借款人提供资产做贷款质押或者提供担保。

第二节　定息融资工具与估值计算

现代西方金融市场为公司提供了很多的债务融资方式，除了期限通常在一年以上的公司债券以外，还有期限较短的商业票据。此外，还有与股票融资相联系的可转换债券等工具。

一、定息融资工具的主要种类

以下介绍几种主要的定息融资工具。

1. 商业票据

商业票据是公司为筹集流动资金而发行的承兑期票。购买商业票据的投资者包括银行和货币市场投资基金以及个人等。这种投资工具由于交易时间较短，投资者通常会选择一直持有到期满为止。因此，这种投资工具不存在一个活跃的二级市场。如果在到期前需要变现，投资者很容易在银行进行贴现。

2. 公司债券

绝大多数公司债券属于信用债券，即没有任何担保保障的债券。债券的还本付息责任由发债公司承当，但没有具体的资产来作为保障。公司如果资不抵债并出现现金周转不灵等状况，就可能出现违约的情况——停止对所发债券的还本付息。当然，债权人可以通过法律途径要求对公司进行清盘，不过能够获得多少赔偿则视公司清盘后所得的现金数量而定。最坏的情况下，投资者可能亏掉全部的本金和利息。因此，公司债券的首要风险就是违约风险——发行公司可能无法履行偿还债务的责任。

由于公司清盘后，债权人可以在股东之前得到赔偿，因此，债券是一种比股票风险小的投资工具。不过，如果公司的经营状况很好，盈利快速增加，公司普通股股东则能够享受到公司的高速发展所带来的增值，而债券持有人仍然只能享受原定的利息收益。

在成熟市场中，公司能否发行债券、发行多大规模、以什么利率发行等基本上由市场决定。只要市场能接受，公司就可以聘请中介机构进行有关的操作。而市场是否接受，接受什么价钱（息率）主要取决于公司的信用评级，而信用评级又与公司的财务状况及其变化有直接的关系。发行债券的企业不仅要在发行债券的时候请信用评估机构进行信用评级，而且每年都要请评估机构做一次评级，为投资者提供最新的投资依据。

西方发达国家的债券市场很发达，为企业进行债券融资提供了方便，因此，公司债券在企业融资构成中占有很重要的地位。在美国，公司债券甚至成为公司债务融资最重要的方式。

3. 可转换债券

如果发行公司债券的主体是上市公司，那么有可能发行一种与股本融资方式混合的债务融资工具——可转换债券。

可转换债券就是这样一种特别的公司债券，持券人有权利在债券投资期间的一定时间内以预定的条件将所持债权转换为公司股票。当上市公司宣布增发新股或者配售新股时，投资者会认为这是公司股票估值过高的征兆，通常都会引起公司股票下跌。而公司发行可转换债券可以避免市场出现这样的看法，持有公司债券的投资者在公司股价继续保持向好的情况下，就很可能将公司债券转换为公司股票，达到发行股票的目的。

对于可转换债券持有人来说，他拥有一个重要的权利：继续持有债券到期，或者将其所持债权转换为股票。这样一来，他所承担的风险是债券投资的风险（较稳定和可靠的还本派息条件），但是他还可能获取股票价格暴涨时的投资收益。

当然，世上没有免费的午餐。可转换债券持有人获得这样的权利，也相应地要付出一定的代价。

通常发行公司所确定的转换价格会高于当时公司股票发行时的市场价格，比如发行债券的时候股票市场价为2元/股，那么确定的转股价可能就是2.5元，比市场价高25%。同时，债券的券息率也会低于纯公司债券的利率，甚至为0。

4. 信托计划

信托对于投资者来说，是一种理财投资方法；对于信托投资公司来说，是一项经营业务内容；对于企业来说，又是一种定息融资工具。

二、定息工具估值计算

定息融资工具未来的现金流可以事先确定，通过 DCF 模型，可以测算出其市场价值。下面以债券为例，介绍估值计算的方法。

1. 债券估值模型

金融资产的估值方法普遍采用现金流贴现估值法——资产的合理价值等于该资产未来的所有现金流的现值之和。该模型可用如下公式表达：

$$V_0 = \sum_{t=1}^{n} \frac{CF_t}{(1+r)^t}$$

其中，V_0 为资产合理价值，t 为年数，r 为贴现率，CF 为投资期内的每笔现金流。

具体到债券的估值公式，上述公式可以改写如下：

$$BV = C \times \left[\frac{1 - \frac{1}{(1+YTM)^t}}{YTM} \right] + \frac{FV}{(1+YTM)^t}$$

其中，BV 为债券合理价值，C 为每期的券息支付额，FV 为债券到期时支付的本金，YTM（到期收益率）为债券的贴现率，$\frac{1 - \frac{1}{(1+YTM)^t}}{YTM}$为年金因子，$\frac{F}{(1+YTM)^t}$为贴现因子。

定息工具按照价格与面值相比的高低，可大致分为三种：零息债券、贴水债券和升水债券。

2. 零息债券的估值计算

零息债券通常属于短期债券。这种债券通常指期限在一年以内的各类融资证券，包括短期国债和公司发行的短期融资券和商业票据等。由于期限很短，因此该种债务凭证通常不支付券息，而以折让价发行，以体现对投资者的回报。零息债券的估值计算方式与单项现金流的现值计算一致。

案例：某一年期债券，不支付券息，面值 100 元，假设到期收益率为 8%，该债券的合理价值（BV）为多少？

（1）用公式计算。

这种债券的估值方法，类似于把一年以后将要收到的 100 元做贴现，使用现值公式计算：

$BV = 100 \div (1 + 0.08) = 92.59$（元）。

（2）用金融计算器计算。

用 CASIO 计算器计算上述例题。首先，确定本题需要计算的目标是该债券的合理价值 PV，可选择第二个功能键“CMPD”；其次，把如下资料分别输入“期数 $N = 1$，贴现率（YTM）$i\% = 8$，每期支付的券息 $PMT = 0$，面值 $FV = 100$”；最后，按蓝色的“SOLVE”键，即可得出答案为 −92.59，即该债券的合理价值为 92.59 元。

（3）用 WPS 表格计算。

使用方法：首先，打开一张表格；其次，输入所需的指标及其数据；然后，点击“*fx*”，选择“财务”，并选择“*PV*”（现值）计算公式；最后，按照公式提示，点击选择各指标的数据，点击“确定”即可得出答案，如图 6－1 所示。

特别提示：在计算公式中，现值和作为终值的现金流（包括 PMT 和 FV）的正负号是相反的，如果把现金流入确定为正数的话，它们的现值的计算结果就是负数。

C7 =PV(C4, C3, C5, C6, 0)

	B	C
3	N	1
4	Rate	0.08
5	PMT	0
6	FV	100
7	PV	￥-92.59

图 6－1　用 WPS 表格计算债券估值

3. 贴水债券的估值计算

贴水债券指市场交易价格低于面值的债券。贴水债券到期收益率高于券息率。无息债券是典型的贴水债券，不过，有些付息债券如果价格跌破面值，也属于贴水债券。

案例：某债券券息率为10%，券息每年支付一次，面值1 000元，还有5年到期，到期收益率（*YTM*）为11%。请计算债券的价值（*BV*）。

对于支付券息的债券来说，其现金流包括了一串年金——一段时间内相同间隔时间、同样金额（券息）的支付系列，以及期末单笔支付额（本金）。其合理价值就是该两部分现金流现值的合计数。

（1）用公式计算。

$$BV = \text{年金的现值} + \text{单笔支付额的现值}$$

$$BV = 100 \times \left[\frac{1 - \frac{1}{(1+0.11)^5}}{0.11} \right] + \frac{1\ 000}{(1+0.11)^5} = 963.04 \text{（元）}$$

（2）用金融计算器计算。

期数 $N=5$，贴现率 $i\% = 11\%$，券息支付 $PMT=100$，面值 $FV=1\ 000$，则 PV 为 -963.04，即该贴水债券的合理价值为963.04元。

（3）用WPS表格计算（如图6－2所示）。

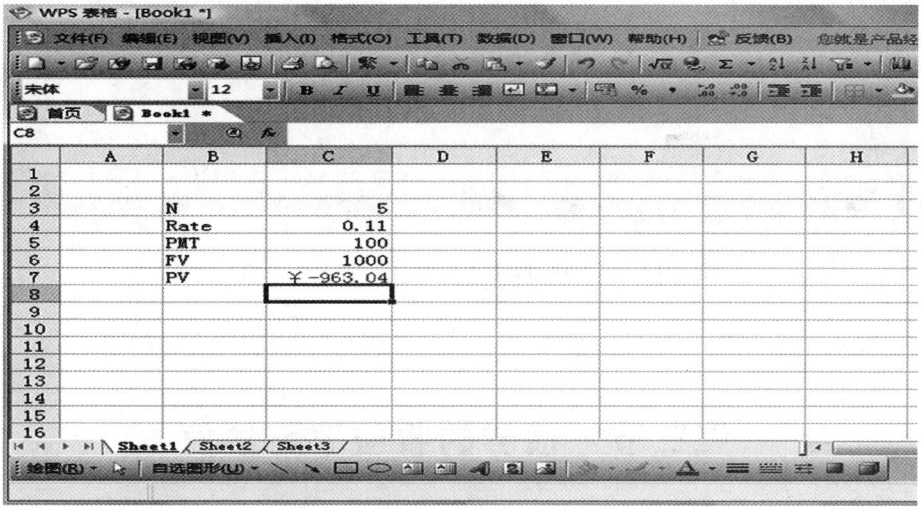

	A	B	C
3		N	5
4		Rate	0.11
5		PMT	100
6		FV	1000
7		PV	￥-963.04

图6－2　用WPS表格计算贴水债券估值

4. 升水债券的估值计算

市场交易价高于面值的债券，称为升水债券或者溢价债券。升水债券的到期收益率低于券息率。

案例：某债券的券息率为10%，每年派息一次，面值1 000元，还有20年到期，到期收益率为 8%。该债券的价值为多少?

（1）用公式计算。

$$BV = 100 \times \left[\frac{1 - \frac{1}{(1+0.08)^{20}}}{0.08}\right] + \frac{1\ 000}{(1+0.08)^{20}} = 1\ 196.36\text{（元）}$$

（2）用金融计算器计算。

$N = 20$，$i\% = 8\%$，$PMT = 100$，$FV = 1\ 000$，则可得 PV 为 $-1\ 196.36$，即该升水债券的合理价值为 1 196.36 元。

（3）用 *WPS* 表格计算（如图 6－3 所示）。

C7 =PV(C4, C3, C5, C6, 0)

	A	B	C
3		N	20
4		Rate	0.08
5		PMT	100
6		FV	1000
7		PV	￥-1,196.36

图 6－3　用 *WPS* 表格计算升水债券估值

第三节　债券的收益率与估值

上一节已经讨论了 *DCF* 模型在债券估值中的运用。本节进一步讨论债券估值中所涉及的重要因素。

一、债券的收益率计算

债券收益率有当期收益率和到期收益率两个重要指标。

1. 当期收益率

当期收益率的计算公式如下：

$$当期收益率 = \frac{年利息}{购买价格} \times 100\%$$

券息收益就是按照债券发行章程规定的定期支付的券息，一年可能支付一次也可能支付多次。

很显然，当期收益率并不是一个很精确的指标。因为到期的时候债券持有人要收回来的本金是面值，而不是购买时的价值。因此，债券投资还需要一个更精确的回报率指标——到期收益率。

2. 到期收益率

到期收益率是一个衡量债券回报率更精确的指标，不仅涉及投资期内利息的回报率，还涉及投资期内资本利得收益率。即

$$到期收益率 = 当期收益率 + 资本利得收益率$$

（1）资本利得收益率。

资本利得收益率指投资者以市价购买该种债券，并一直持有到该债券期满而收到其票面价值的兑付所取得的收益率。当然，本金投资收益率也可以是负数。当投资者购买了溢价债券，那就意味着其内在投资收益率是负数，因为一直持有该债券到期满的时候，其将遭受本金的损失。比如说，上述公司债券的持有人到期时按照 100 元的票面价值得到兑付，即取得 4 元的升值收益，相当于整个 10 年投资期获得 4% 的升值收益率，不过，到期收益率指的是年均复合回报率，因此，简单地把 4% 除以 10 年计算的算术平均数作为每年的内在投资收益率，是不精确的。

计算债券的内在投资收益率，最简单的办法是先计算出到期收益率，再减去当期收益率，即

$$资本利得收益率 = 到期收益率 - 当期收益率$$

（2）到期收益率。

如果已知债券的价格为 BV，公司对债券的估值可以表述如下：

$$BV = C \times \left[\frac{1 - \frac{1}{(1 + YTM)^t}}{YTM}\right] + \frac{FV}{(1 + YTM)^t}$$

其中，YTM 为到期收益率，C 为年券息收益金额，t 为到期前年数，FV 为票面价值。

3. 到期收益率计算案例分析

案例一：假定投资者以92元的价格购买了一种公司债券，该券的票息收益为年息5%（一年付一次），5年后到期，票面价值为100元，如何计算当期收益率和到期收益率？

当期收益率 $=5\div92\times100\%=5.43\%$。

到期收益率可运用上述公式计算：$BV=5\times\left[\frac{1-\frac{1}{(1+YTM)^5}}{YTM}\right]+\frac{100}{(1+YTM)^5}=92$。

由解该方程式可得出 $YTM=6.95\%$，即到期收益率为6.95%。用公式计算看起来就麻烦，尤其在考试的时候。实际上，使用金融计算器或者WPS表格计算就变得非常简单。上面的问题，使用CASIO金融计算器计算步骤如下：

①选用“CMPD”功能键。

②输入相关数据：

$N=5$，$PV=-90$，$FV=100$，$PMT=5$，$P/Y=1$，$C/Y=1$。

③光标移向 $i\%$，按“SOLVE”键，得出答案 YTM，$i\%=6.95\%$。

资本利得收益率 $=6.95\%-5.43\%=1.52\%$。

在市场价较票面价值有贴水的情况下，到期收益率就会比当期收益率高，因为持有该券到期，还可以获得升值收益；而当市场价比票面价值高时，到期收益率则会低于当期收益率，因为持有该券到期，还会有贬值损失。

案例二：假定投资者以102元的价格购买了一种公司债券，该券的票息收益为年息5%（一年付一次），5年后到期，票面价值为100元，如何计算当期收益率和到期收益率？

当期收益率 $=5\div102\times100\%=4.9\%$。

到期收益率也使用CASIO金融计算器计算：

①选用“CMPD”功能键。

②输入相关数据：

$N=5$，$PV=-102$，$FV=100$，$PMT=5$，$P/Y=1$，$C/Y=1$。

③光标移向 $i\%$，按“SOLVE”键，得出答案 YTM，$i\%=4.54\%$，即到期收益率 $=4.54\%$。

资本利得收益率 $=4.54\%-4.9\%=-0.36\%$。

案例三：某10年期债券的票面价值为100元，年券息率为8%，每半年付一次息。

该债券价格目前为 96 元。如果你按照市价购买了这种债券，当期收益率等于多少？

当期券息收益：该债券每 6 个月付 4 元，一年支付的券息收益就等于 8 元。那么使用如上公式计算：

当期收益率 $=8\div 96\times 100\%=8.33\%$。

如上述例子，持有人到期时能收回 100 元，比购买成本多了 4 元。显然，该投资者的实际收益率是高于 8.33% 的。

$$BV=4\times\left[\frac{1-\frac{1}{(1+YTM/2)^{20}}}{YTM/2}\right]+\frac{100}{(1+YTM/2)^{20}}=96$$

求得 $YTM=4.30\%\times 2=8.60\%$。

资本利得收益率 = 到期收益率 − 当期收益率 $=8.60\%-8.33\%=0.27\%$。

4. 债券价值与到期收益率的关系

从债券价值估算公式我们可以看到，债券价值和到期收益率之间呈反比关系：到期收益率越高，债券价值越低；到期收益率越低，债券价值越高。图 6－4 的曲线描绘出这两者之间的关系：从左上方向右下方倾斜的趋势。

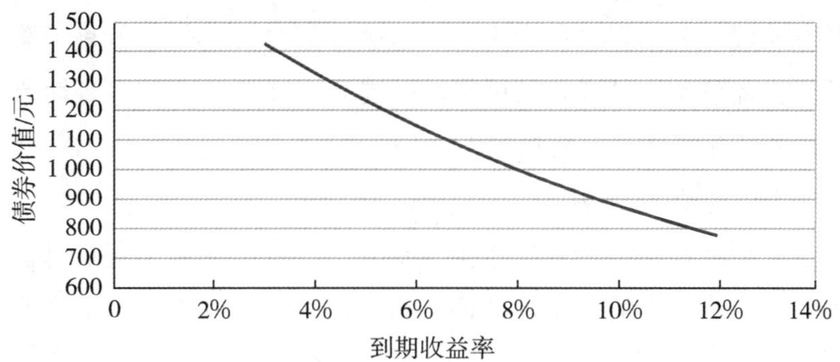

图 6－4　债券价值与到期收益率关系曲线

二、债券市场的运作机制

下面讨论影响债券市场运作的重要因素。

1. 信用风险评估

信用风险评估体系是债券市场运行的基础。完善的评估体系为投资者提供了重要的交易参考，同时也帮助债券发行者进行有关的决策。

穆迪（Moody）、标准普尔（Standard & Poor）和惠誉 IBCA（Fitch IBCA）是美国3家最著名的信用风险评估机构，尤其是前2家，相信对很多中国人来说也不陌生。评估机构提供公司信用评级的目的，就是分析各个投资对象的信用状况并按照一定的规则将信用风险分类、分等级，以提供给投资者和潜在投资者参考。普通的投资者一般仅根据评估机构所给的信用评级进行有关的投资决策。不过，有些专业机构投资者在投资某些公司债券的时候，经常亲力亲为对投资对象进行分析和评估，以进行有关的决策。

评级是根据定性分析和定量分析准则进行评审的结果。定性分析是针对发行人业务所涉及的风险进行分析，而定量分析则帮助发行人确定其财务风险及程度。信用评级公司对发行公司的信用风险评估通常重点关注两个方面：经营环境和公司财务状况。

任何一个企业的经营都与其所处的经营环境息息相关，经营环境的好坏代表的是系统性风险。经营环境包括宏观经济环境和产业环境。

（1）宏观经济环境变化可能会普遍影响企业信用评级。

宏观经济环境的变化具有周期性：经济放缓时，企业发生履约困难的可能性较大，企业的评级普遍会被降低；经济处于扩张阶段时，企业的经营状况会好转，发生履约困难的可能性较小，企业的评级普遍会被提高。

在经济扩张阶段，利率很可能会上升，这个因素令公司债券价格下降，从而使到期收益率上升。由此可见，经济增长可能产生提高或降低公司债券到期收益水平的两种作用，两者的作用很可能会互相抵消。

（2）产业环境变动可能影响行业内企业信用评级。

每个产业都有周期性，当产业处于上升周期，产业内的公司普遍都能赚钱；一旦产业处于下跌周期，产业内的公司通常都会出现困难，一些资质差的企业甚至会发生资金周转困难。

虽然说宏观经济和产业发展会影响企业普遍的财务状况，但发债公司的财务状况主要与其管理水平和融资条件有关系。评级公司会全面审查公司的财务状况，其中重点关注的两个指标，是盈利对利息倍数和长期债务与资本化比率。前者主要跟公司短期偿付能力有关，后者则与公司的长期偿债能力有关。表6-1是穆迪和标准普尔债券评级标准及分类。

表 6－1　穆迪和标准普尔债券评级标准及分类

债券评级		等级	风险
穆迪	标准普尔		
Aaa	AAA	投资	最高品质
Aa	AA	投资	高品质
A	A	投资	偿还能力强
Baa	BBB	投资	偿还能力中等
Ba. B	BB. B	垃圾	投机性
Caa/Ca/C	CCC/CC/C	垃圾	高度投机性
C	D	垃圾	没法偿还

一个公司的偿债能力越低，融资能力越弱，表现为较难获得投资者的青睐，或者需要支付更高的融资成本才能引起他们的投资兴趣。根据标准普尔的评级，评级低于 BBB 的公司债券说明其发行公司在财务上面临不同程度的困难。因此，这类公司债券称为投机评级债券或者垃圾债券。

2. 影响公司债券价格的主要因素

影响公司债券价格的主要因素是公司的信用评级与市场利率水平。

（1）信用评级的变动。

信用评级的变动会直接影响公司债券的市场价格。例如，一种公司债券的评级上升，比如从标准普尔 BBB 上升到 A，说明该公司不能履约还本付息的可能性进一步降低。在其他因素保持不变的情况下，对其需求增加导致债券价格上升，同时，到期收益率下降。如果一种债权被降级，比如从 A 降低为 BBB，在其他因素保持不变的情况下，对其需求减少，导致债券价格下降，同时到期收益率上升。

（2）市场利率水平。

到期收益率与市场利率水平密切相关。当市场利率普遍上涨，投资者对所有资产要求的收益率也水涨船高，从而导致资产价格普遍下跌。反之，如果市场利率水平普遍下跌，投资者对所有资产要求的收益率也跟随降低，从而导致资产价格普遍上涨。因此，总的来说，利率与资产价格之间呈现反比关系。笔者常比之为“跷跷板”的关系—— 一边低，另一边就高，反之亦然。

3. 债券的利率期限结构

不同的债券有不同的期限，债券的期限不同，其到期收益率也可能不同。我们把同一时点上，除期限外其他条件相同的债券的到期收益率与期限之间的关系称为利率的期限结构。从金融市场的历史来看，绝大多数情况下，期限越长的债券其利率越高，且收益率曲线呈现向右上方倾斜的特点。根据金融学里的流动性溢价理论，投资者普遍偏好资产的流动性，比较愿意购买较短期的债务证券，因此，较长期的债务证券需要支付较高的利率，以补偿投资者放弃一定的流动性偏好。2022 年 3 月 25 日由中国财政部官网公布的国债收益率曲线呈典型的向右上方倾斜的形状（如图 6－5 所示）。

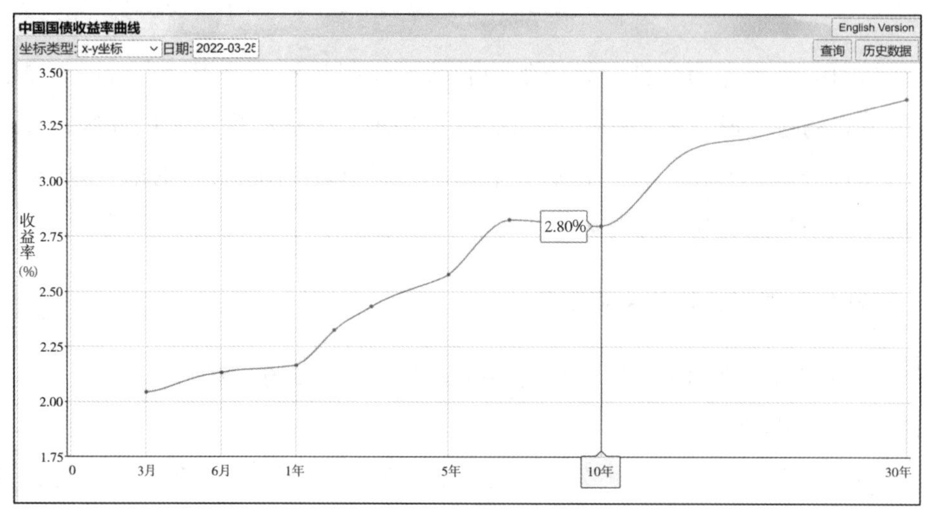

图 6－5　中国国债收益率曲线（2022 年 3 月 25 日）

资料来源：中国财政部官网。

4. 公司债券的其他风险

除了信用风险和市场利率变动外，还有其他一些风险因素会影响公司债券的价值。其中有两种因素比较重要——赎回风险和重大事项风险。

如果一个公司的债券是可赎回的（通常在发行时说明），那么发债公司有权利在过了一个最短持有期（也是事先规定的）后回购该批债券。一般来说，如果投资者持有一种高收益债券而当前的利率趋势向下，发行公司就会考虑是否行使赎回权——赎回该批债券并按照现行较低的利率发行新的债券。不是所有的债券都有可赎回条款，所以投资者在购买公司债券时必须了解清楚有关的条款。当然，发债公司既然加了可赎回条款，一般会以略高于同期同类债券的息率加以补偿。

重大事件风险指的是由于公司的重大交易、自然灾害或者某些法规的改变而引起公司债券的突然降级。

5. 国内企业债券市场的沿革与现状

在计划经济时期，中国基本上没有金融市场，金融体系就是银行体系。改革开放以后，中国政府尝试让一些国有企业发行债券，以改变过去对银行信用的过度依赖。1987 年国家颁布《企业债券管理暂行条例》，允许规模以上国营企业发行债券，市场规模很有限；2007 年 8 月 14 日中国证监会颁布《公司债券发行试点办法》（简称《试点办法》），允许合条件的上市公司发行债券，公司债券市场得到很大的发展；2015 年 1 月证监会发布《公司债券发行与交易管理办法》，做了几个重要的修订，公司债券市场进入全面发展的时期。

（1）发行主体。

将公司债发行人范围从当时的上市公司和证券公司拓展至全部公司制企业（融资平台除外），以及将债券期限从 1 年以上拓展至任意期限，并淡化了净资产 40% 的限制，为未来证券法修订后放松该限制预留了空间。

（2）投资者分类。

引入投资者适当性分类以及丰富公司债券发行方式，将公司债券发行细化为面向公众投资者公开发行、面向合格投资者公开发行、非公开发行三类方式。面向公众投资者公开发行的评级要求提高至 AAA 级，否则只能面向合格投资者公开发行或非公开发行。

（3）多层次交易场所。

引入多层次公司债券交易场所以及交易安排，并实施投资者适当性分类管理。公开发行公司债券的交易场所由上海、深圳证券交易所拓展至全国中小企业股份转让系统；非公开发行公司债券的交易场所由上海、深圳证券交易所拓展至全国中小企业股份转让系统、机构间私募产品报价与服务系统和证券公司柜台。

第四节　信托计划融资

对于投资者来说，信托是一种理财投资方式；对于信托投资公司来说，信托是一项经营业务内容；对于企业来说，信托又是一种定息融资工具。

一、信托投资概述

下面介绍信托业务的基本知识。

1. 信托与信托投资的法规

信托是一种很古老的委托和被委托关系。一般认为，信托起源于中世纪的英国，最初形态是一种为他人领有财产权并代其管理产业的办法。

《中华人民共和国信托法》自2001年10月起正式生效，该法对信托制度的基础即信托基本关系做出了明确规定：信托是指委托人基于对受托人的信任，将其财产权委托给受托人，受托人按委托人的意愿，以自己的名义为受益人的利益或特定目的进行管理或处分财产的行为。

2002年5月和6月，中国人民银行相继公布了修订后的《信托投资公司管理办法》和《信托投资公司资金信托管理暂行办法》，对信托投资公司的业务运作及管理做出了详细的规定。

以上“一法两规”就是信托投资业务的基础。

2. 信托投资与信托投资公司

信托投资的基本原理是：投资人以委托人的身份将财产（可以是实物财产也可以是现金资产）托付给作为受托人的信托公司，并指定财产受益人，信托公司根据投资人的指令代为进行有关的投资行为。

3. 信托投资公司的主要信托业务

根据《信托投资公司管理办法》对信托投资公司规定的十项业务，各个信托投资公司充分发挥金融业务创新精神，提出了各种名目的信托安排，如贷款信托、股权投资信托、权益信托、债券信托、证券投资信托、融资租赁信托、房地产投资信托、外汇信托、动产信托、不动产信托、管理层收购信托、员工持股信托等。

二、信托作为融资工具的特点

信托作为一种形式灵活、操作简易的融资工具，受到了企业的欢迎。信托融资方式具有如下几个方面的特点：

第一，信托既是投资工具，又是融资工具，而且可以连接货币、资本和产业三大市场。

第二，信托可以用于股权融资、债务融资，还可以用于企业并购和资产并购业务。

第三，信托作为一种资产管理方式，对投资人具有破产隔离功能，因此具有其他方式所不能比拟的优势。

2002 年上海爱建信托推出了上海外环隧道项目资金信托计划，该计划成为《中华人民共和国信托法》出台后国内首个真正意义上的信托产品。它改变了一对一的信托业务，使信托公司可以接受两个或两个以上委托人的委托，集合、管理、运用、处分信托资金。

三、集合资金信托计划

业内人士及学术界专家对以上的各种信托计划有很多不同的分类，笔者主要从融资的角度探讨企业如何运用信托计划进行有关的融资安排。从企业融资的需要来说，主要就是运用集合资金信托这种方式来融资。

1. 资金信托的定义

资金信托，是指委托人基于对信托投资公司的信任，将自己合法拥有的资金委托给信托投资公司，由信托投资公司按委托人的意愿，以自己的名义为受益人的利益或者特定目的管理、运用和处分资金的行为。资金信托包括单一资金信托计划和集合资金信托计划。

单一资金信托，是信托投资公司接受单个委托人委托进行的资金信托业务。信托投资公司依据委托人确定的管理方式（指定用途）或由信托投资公司代为确定的管理方式（非指定用途）单独管理和运用货币资金的行为。

集合资金信托，指信托投资公司接受两个或两个以上委托人委托，依据委托人确定的管理方式（指定用途）或由信托投资公司代为确定的管理方式（非指定用途）管理和运用货币资金的行为。需要融资的企业可以通过与信托投资公司沟通，运用信托投资公司设计的适合企业情况和需要的信托计划，通过信托投资公司的销售渠道向投资者发售，并将很多单一资金信托集中成为集合资金信托向企业发放融资资金。

2.《信托公司集合资金信托计划管理办法》

中国人民银行在2002年颁布《信托投资公司资金信托管理暂行办法》（中国人民银行令〔2002〕第7号）。中国银行业监督管理委员会2007年1月23日公布《信托公司集合资金信托计划管理办法》（简称《管理办法》），并自2007年3月1日起施行。中国银行业监督管理委员会在2009年2月4日公布了《中国银行业监督管理委员会关于修改〈信托公司集合资金信托计划管理办法〉的决定》，对其中的若干条款做了修改。

3. 设立集合资金信托计划所需的条件

根据《管理办法》，信托公司设立信托计划，应当符合以下要求：

（1）委托人为合格投资者。

（2）参与信托计划的委托人为唯一受益人。

（3）单个信托计划的自然人数量不得超过50人，合格的机构投资者数量不受限制（这一条在2009年2月4日被修改为“单个信托计划的自然人人数不得超过50人，但单笔委托金额在300万元以上的自然人投资者和合格的机构投资者数量不受限制”①）。

（4）信托期限不少于一年。

（5）信托资金有明确的投资方向和投资策略，且符合国家产业政策以及其他有关规定。

（6）信托受益权划分为等额份额的信托单位。

（7）信托合同应约定受托人报酬，除合理报酬外，信托公司不得以任何名义直接或间接以信托财产为自己或他人牟利。

（8）中国银行业监督管理委员会规定的其他要求。

以上规定中的合格投资者，是指符合下列条件之一，能够识别、判断和承担信托计划相应风险的人：

（1）投资一个信托计划的金额不少于100万元人民币的自然人、法人或者依法成立的其他组织。

（2）个人或家庭金融资产总计在其认购时超过100万元人民币，且能提供相关财

---

① 《中国银行业监督管理委员会关于修改〈信托公司集合资金信托计划管理办法〉的决定》于2009年2月4日公布并施行。

产证明的自然人。

(3) 个人收入在最近 3 年内每年收入超过 20 万元人民币或者夫妻双方合计收入在最近 3 年内每年收入超过 30 万元人民币，且能提供相关收入证明的自然人。

《管理办法》特别强调，发行集合资金信托计划“以任何方式承诺信托资金不受损失，或者以任何方式承诺信托资金的最低收益”，实际上就强调了该投资品种投资者自负盈亏的特点。被委托人只是提供专业的管理工作并取得管理酬金，但不承担亏损的风险。投资者在购买集合信托计划的时候，关注的是信托计划的收益保障条款，以评估投资风险。就笔者的观察，属于贷款类别的信托计划，一般都有资产抵押或者收入抵押，类似于有担保的债券。

四、集合资金信托计划的融资功能

集合资金信托计划具有一个特点，就是由资金需求方主导。它是企业可以主动考虑的融资方式。

从集合资金信托计划本身来说，是指受托人接受委托人的委托，将委托人存入的资金，按其（或信托计划中）指定的对象、用途、期限、利率与金额等发放贷款，并负责到期收回贷款本息的一项金融业务。作为受托人，信托投资公司在发放贷款的对象、用途等方面有充分的自主权，同时又可利用其在企业资讯与资金管理方面的优势，增加资金的安全性，提高资金的使用效率。不过，需要资金的企业，也可以通过信托投资公司为自身定做专门的信托计划，募集资金并专门使用。

贷款信托以贷款方式运用信托资金，是资金信托的主要运用形式。按照中国人民银行规定，金融机构从事贷款业务都要遵从《贷款通则》，因此贷款的利率区间必须符合中国人民银行的统一规定。贷款信托不允许受托人承诺保证信托资金的本金和最低收益，贷款信托的利息水平随中国人民银行公布的统一利率及项目资金需求情况在一定的区间上下浮动。贷款信托较之银行贷款优越的地方是：其一，期限较长（合同年限一般为 3 年以上）；其二，期限较稳定，一旦委托人与受托者签订信托合同，在其期限之内就不得解约。如合同期内投资委托人急需用钱，不能要求信托计划提前终止，但可以采取转让的方式办理套现。贷款信托给一些企业带来了另一种债务融资工具。事实上，信托计划在很多情况下，很像有抵押的公司债券。

五、案例分析：盛鸿大厦财产信托优先受益权转让项目

北京元鸿房地产开发公司（简称“元鸿公司”）是北京盛鸿大厦的业主，希望通过这项物业融资。经过与北京国际信托投资公司（简称“北京国投”）沟通，元鸿公司决定委托北京国投设立财产信托计划，并通过向投资者转让信托受益权的方法帮助自身融资。

该项信托计划[①]的要点如下：

（1）元鸿公司以其开发建设的北京盛鸿大厦（已封顶，市场价值约4.1亿元）作为融资基础，委托北京国投设立财产信托，元鸿公司取得该信托项下全部受益权。

（2）元鸿公司将其享有的受益权分级为优先受益权和普通受益权，并将其享有的优先受益权（约2.5亿元）以转让或质押的方式进行处置。北京国投作为独家代理人代理其转让行为。投资人受让优先受益权后成为优先受益人。

（3）信托时间：3年，转让人（元鸿公司）可提前赎回优先受益权。

（4）预计受益率：每年6%，收益每年支付一次。转让人自盛鸿大厦财产信托生效日起，每信托年度伊始，即向受托人交付所有优先受益人预计年收益的65%作为保证金。

（5）北京国投作为盛鸿大厦财产信托的受托人，将信托财产所得全部收入存入北京国投开立的信托专户并管理，优先用于支付优先受益人本金和收益，在优先受益人未取得全部本金和收益前，其他信托受益人不参与任何分配。

（6）到期时，元鸿公司承诺回购所有优先收益权。

尽管盛鸿大厦在封顶的情况下可以开始出售回流资金（如果其他条件具备），但如果发展商准备将大厦作为长期持有的收租物业，或者认为推迟销售能有更好的价格，则需要利用其他方式融资，此时，财产信托就是一种很好的方式。

这项财产信托实行风险隔离，使设立信托的财产成为独立运作的财产，其权属在信托期间归北京国投所有，不受当事人经营不善等原因导致清算的影响。这样，信托投资人的权益得到一定的保障。

财产信托使信托合同可以突破200份的限制，使整个信托计划金额达到平均资金信托计划金额（1亿元）的1.5倍。不过，对于元鸿公司来说，这项信托融资只是筹集

① 金融通理财网站 http://www.jrt.net.cn/。

了整栋物业价值60%的资金，融资比例偏低。元鸿公司还要提前向受托人支付预收年租金收益总额的65%作为保证金，这个条件还是比较苛刻的。

六、信托融资与表外融资

信托融资得到很多企业的青睐，还与该融资方式所具有的表外融资功能有关系。

1. 表外融资概念

表外融资，又称资产负债表外融资，是指不需显示在资产负债表中的融资方式——既不在资产负债表的资产方表现为某项资产的增加，也不在负债及所有者权益方表现为负债的增加。

表外融资，指在资产负债表中没有予以反映的企业筹资行为。由于负债率的高低将直接影响企业的财务风险水平，从而影响企业未来的融资能力和融资成本，因此，实现融资目的而不提高资产负债比率，即所谓进行表外筹资，是许多企业追求的目标。表外筹资行为包括租赁、代销商品、来料加工、应收票据贴现等，这些融资行为在很多著作里都有描绘。不过，信托融资的表外筹资功能还较少出现在学者的著作中。

2. 信托的表外融资功能

以上述盛鸿大厦财产信托优先受益权转让项目为例。元鸿公司通过信托公司将其价值约4.1亿元的租赁资产委托给信托投资公司，在账面上做资产转换处理，借记“信托收益权”，贷记“固定资产”；委托信托公司转让价值约2.5亿元优先受益权并得到相应的资金，进一步作资产转换处理，借记“银行存款”，贷记“信托受益权”；到期时，回购优先受益权，再做一次资产转换处理，借记“信托受益权”，贷记“银行存款”，同时，借记“固定资产”，贷记“信托受益权”。

从以上的账面处理看，尽管元鸿公司得到了约2.5亿元的融资，但其自始至终都是在做资产转换，没有增加负债项目。因此，这是一种典型的表外筹资行为。在一些情况下，企业需要增加资金周转但又不想提高负债比率（可能负债比率已经处于高水平），采取租赁、信托等方式就可以达到表外融资的目的。

第七章　股票与股票估值

任何金融交易都涉及估值问题。估值，指的是估算市场的合理价值。因此，估值是金融学的核心内容。本章主要讨论股票、股票市场和估值方法。

股票市场估值通常包括相对估值法和现金流贴现估值法。本章先顺着前面几章的思路，继续讲解 DCF 模型在股票估值中的运用，然后再详细讲解相对估值法的运用。

第一节　DCF 模型在股票估值中的应用

投资者在股票市场上做决策，经常需要做的事情是研究股票的内在价值，并与市场价格做比较——如果内在价值高于市场价格，说明股票被低估了，买入后将来可以获利；如果内在价值低于市场价格，说明股票被高估了，不应该持有。现金流贴现 DCF 模型就提供了一个很好的方法。

一、股票现金流与贴现计算

下面介绍 DCF 模型在股票估值中的应用。

1. DCF 模型

股票的内在价值指股票在投资期给投资者带来的所有现金流的现值。因此，前文所述的现金流贴现估值模型同样适用于股票资产：

$$V_0 = \sum_{t=1}^{n} \frac{CF_t}{(1+r)^t}$$

其中，V_0 为股票目前的合理价格，CF 为股票在投资期的现金流，r 为要求的回报率。r 可以按照前文所述的 CAPM 方法计算出来，不过，相对于债券资产，股票资产的现金流不是事先确定的。因此，对某股票做估值分析，首先是预测投资期的现金流，其次是确定该股票的要求回报率，最后是把现金流折为现值。按照这个方法计算的现值就是股票的合理价值。

2. **股票的现金流与贴现计算**

股票给持有者带来的现金流包括两种：股息以及卖出股票时的收益。公司回购股票时，带来的股价上升效应，也可以理解为投资者从公司获得的现金流。根据现金流贴现模型，计算股票的价值，也可以把股票资产在投资期所得到的现金流按照一个合适的贴现率折为现值，该现值就是股票的合理价格。

（1）单周期的估值方式。

从最简单的单周期模型开始。投资者购买 A 股票，并打算在一年后卖出，要计算该股票的合理价格，就需要先预测该股票未来一年将要带来的现金流——股息以及一年后卖掉的收入。假设 A 股票预计未来一年将支付 0.5 元的股息，一年后可以按照 20 元卖出，该股票的要求回报率为 15%，我们只需要把两项现金流的现值计算出来：

$$P_0=\frac{D_1+P_1}{1+r}=\frac{0.5+20}{1+15\%}=17.83\ （元）$$

结论：A 股票目前的合理价格为 17.83 元。

（2）两年投资期估值计算。

假设投资者准备持有 A 股票两年后卖出，其预测第一年将支付 0.5 元的股息，第二年将支付 0.525 元的股息，两年后可以按照 23 元卖出，该股票的要求回报率为 15%，我们只需要把三项现金流的现值计算出来：

$$P_0=\frac{0.5}{1+15\%}+\frac{0.525+23}{(1+15\%)^2}=0.435+17.79=18.23\ （元）$$

结论：A 股票目前的合理价格为 18.23 元。

（3）三年投资期估值计算。

假设投资者准备持有 A 股票三年后卖出，其预测第一年将支付 0.5 元的股息，第二年将支付 0.525 元的股息，第三年将支付 0.551 元的股息，三年后可以按照 26.45 元卖出，该股票的要求回报率为 15%，我们只需要把四项现金流的现值计算出来：

$$P_0=\frac{0.5}{1+15\%}+\frac{0.525}{(1+15\%)^2}+\frac{0.551+26.45}{(1+15\%)^3}$$

$=0.435+0.397+17.754=18.59$（元）

结论：A 股票目前的合理价格为 18.59 元。

（4）n 年投资期估值计算。

如果投资期延长至四年甚至更长时间，仍然可以按照上述的思路去计算合理估值，公式如下：

$$P_0=\sum_{t=1}^{n}\frac{D_t}{(1+r)^t}$$

其中 D_t 为 t 期的股息。

上述公式表达的思路很清楚，但要获得相关现金流的信息，尤其是每年股息的数据，显然是一个很大的挑战，而且，未来能卖多少钱，也只是一种预测。用越久远的现金流做预测就越困难，准确度也越低。因此，分析者需要对未来的现金流做一些简化处理，以便完成对目标资产的估值分析。

二、DCF 模型在三种特殊情形下的运用

具体分析各种股票的现金流，可以总结出三种较特殊情形的现金流——零增长现金流、固定增长现金流和超常增长现金流。因此，可以把 DCF 模型重新整理并提供在特殊情形下的简易计算方法。

1. 零增长模型

某只股票预计每年都支付固定金额的股息。这一串零增长的现金流就属于永续年金。

（1）优先股及其收入现金流的特点。

零增长模型最适用的资产可能就是优先股。优先股具有如下特点：

第一，股息金额固定。不管公司经营情况如何，都需要对优先股股东支付固定的股息。

第二，优先股股息对于公司来说不是债务，股东不能因为公司没有支付股息而起诉公司要求偿还。如果公司因财务困难当年无法支付的话，需要在下一个年度补发（个别公司在发行时规定可以不补发欠付的股息）。

第三，公司如果不能支付优先股股息，就不能对普通股股东支付股息。

第四，优先股股东参加股东大会时不能参与董事选举和重大事项的投票，除非公

司拖欠了股息。

第五，一旦公司进入破产清偿，优先股股东可以在普通股股东以前优先得到偿付。

由此可见，优先股是一种比普通股风险较小的股权投资工具。

（2）零增长模型。

根据永续年金的现值计算公式，零增长模型可表述如下：

$$P_0 = \frac{D}{r}$$

其中，D 为每年支付的股息，r 为投资者要求的回报率。

假设某优先股每年支付 0.5 元股息，投资者要求的回报率为 10%，则该股的合理价格 $P_0 = \frac{0.50}{10\%} = 5$（元）。

2. **固定增长模型**

如果某股票每年支付的股息都比上一年度有固定比例的增长，那么就可以使用固定增长模型对该股票做估算。

（1）固定增长模型。

固定增长模型可表述如下：

$$P_0 = \frac{D_0\ (1+g)}{r-g} = \frac{D_1}{r-g}$$

其中，D_0 为上一期的股息，D_1 为下一期的股息，r 为要求的回报率，g 为股息增长率。

假设某股票上一年的股息为 0.5 元，预计每年股息增长率为 5%，投资者要求回报率为 15%，则该股票的合理价格为：

$$P_0 = \frac{0.5 \times (1+5\%)}{15\% - 5\%} = \frac{0.525}{0.1} = 5.25\ (\text{元})$$

（2）固定增长模型的局限性。

固定增长模型在投资分析中被经常使用。不过，该模型有明显的局限性。

首先，当面对一家从不支付股息的公司（如巴菲特控股的伯克希尔·哈撒韦公司就从来不派股息）时，这个模型不适用。

其次，当股息增长率比要求回报率还高，或者低于但很接近该比率的时候，这个模型也是不适用的。

3．超常增长模型

如果研究对象目前处于业绩高速成长时期，股息增长率 g 很高，以致非常接近或者超过要求的回报率 r，使用固定增长模型来计算就不合适。一般来说，在现代市场经济中，由于竞争的存在，一个公司长期保持高于一般水平的业绩增长是不正常的，因此，分析者可以将未来的现金流分段估算——高速成长期和一般成长期，并且分段计算价值再将结果相加。这个模型称为超常增长模型。

（1）超常增长模型。

超常增长模型可表述如下：

$$P_0 = \frac{D_1}{(1+r)^1} + \frac{D_2}{(1+r)^2} + \frac{D_3}{(1+r)^3} + \cdots + \frac{D_\infty}{(1+r)^\infty}$$

其中，超常增长阶段分年计算现值，正常增长阶段则按照固定增长模型或者零增长模型来计算，再把所有结果相加。

在估算一家公司的价值时，有时候需要将复杂的问题简单化，如下分别举例说明如何在超常增长模型中结合固定增长模型或者零增长模型来解决复杂的问题。

（2）案例分析——超长增长模型加固定增长模型的运用。

假设某股票上一年度的股息为 0.5 元，预计下一年股息增长率为 30%，第二年增长率为 20%，第三年增长率为 10%，第四年开始每年的增长率保持在 5%，投资者要求的回报率为 15%。计算该股票合理价值时可采用如下步骤。

①计算投资期第一年、第二年和第三年的股息支付为：

$D_1 = 0.65$，$D_2 = 0.78$，$D_3 = 0.858$

②计算第三年（年底）以后的现金流在该时点的价值：

$$P_3 = \frac{0.858 \times (1+5\%)}{15\% - 5\%} = \frac{0.901}{0.1} = 9.01\text{（元）}$$

③该股票的投资期可以简化为 3 年，这三年的现金流为：

第一年：0.65 元；

第二年：0.78 元；

第三年：9.868 元（其中包含第三年的股息 0.858 元和第四年以后现金流在该时点的现值 9.01 元）。

这一串现金流的现值可以计算如下：

$$P_0 = \frac{D_1}{(1+r)} + \frac{D_2}{(1+r)^2} + \frac{P_3 + D_3}{(1+r)^3}$$

$$P_0 = \frac{0.65}{(1+0.15)} + \frac{0.78}{(1+0.15)^2} + \frac{9.01+0.858}{(1+0.15)^3} = 0.57 + 0.59 + 6.49 = 7.65\ (元)$$

结论：该股票的合理价值就是7.65元。

（3）案例分析——超常增长模型加零增长模型的运用。

假设你受聘为一个收购项目的财务顾问，需要对收购主体的价值做一个估算，为雇主提出一个价格谈判的指引。收购方的要求回报率为10%，而根据你的分析，收购对象未来的自由现金流如表7－1所示：

表7－1　收购对象未来的自由现金流

1年	2年	3年	4年	5年	6年及以后每年
100万元	200万元	300万元	400万元	500万元	600万元……

为计算这串现金流的现值，必须首先对其做简化处理。由于从第六年开始，每年的现金流都是600万元，符合永续年金现金流的特点，适合使用零增长模型做估值计算，因此，可以先估算一下第五年底该公司的价值：

$$P_5 = \frac{600}{0.1} = 6\,000\ (万元)$$

据此，上述现金流可以简化如表7－2所示：

表7－2　收购对象简化后的未来自由现金流

1年	2年	3年	4年	5年
100万元	200万元	300万元	400万元	500万元

如此一来，计算上述现金流的净现值就变得很容易了。计算结果表明，该公司的价值为4 790.79万元。这个数据，可以作为收购方在收购谈判中的参考。

上述关于超常增长模型涉及的现值计算，如果全部要用手工计算，会是一件很花费时间和精力的工作，但是，借助金融计算器或WPS表格计算，实际上是很简单的事情。在后文将有更多相关计算的示范。

三、关于增长率 g 的估算方法

在使用DCF模型的时候，测算增长率 g 是一项很重要的工作。一般有两种方法。

1. 统计的方法

可以采集目标公司历年派息的数据来计算出平均值，并把它作为 g。例如，要计算

某公司的股息增长率 g，可采取如下步骤：

（1）搜集过去 5 年每年的派息水平。

（2）分别计算每年派息金额比上一年增长的比率。

（3）计算简单算术平均数。

如表 7－3 所示，过去 5 年的年均增长率 9% 可作为 g 的参考值。

一般如果有可能，尽量增加样本，以提高参考价值。比如，上述例子，如果选取 10 年甚至 20 年的派息数据并计算出来的年均股息增长率，参考价值会更大。另外，在计算的时候，需要尽量去除个别过高或者过低的数据，减少由偶然性因素造成的影响。

表 7－3　g 值估算表

年度	2016 年	2017 年	2018 年	2019 年	2020 年
派息/元	1.00	1.10	1.20	1.25	1.40
比上一年增长	—	10%	9%	4%	12%
年均增长率	9%				

2. **财务分析的方法**

可以借用第二章财务比率分析中关于可持续增长率的指标来计算增长率 g。分析者可以考虑用两种方法将其计算出来后，取两者的平均数。

四、关于 DCF 模型的总结

现金流贴现估值法被认为最科学和最可观的方法。由于计算方法越来越先进，现金流贴现估值法在专业投资分析中被经常使用。尽管该方法在运用时基于一系列假设前提，但使用该方法分析的结果仍然对投资者具有重要的参考价值。

现金流贴现估值法通常被证券分析员等专业人士所使用，对于个人投资者来说，这种方法学术性似乎强了些，需要花比较多的功夫，他们经常使用的方法是相对估值法，尤其是市盈率法和市净率法。不过，个人投资者具备了相关的知识以后，在阅读专业机构的分析报告时，就不会觉得困难了。另外，通过对现金流贴现估值法的学习，读者可以加强对货币的时间价值等重要概念的理解，同时优化投资价值分析的思路。

第二节 相对估值法

相对估值法的基本原理，就是根据市场同类资产实际交易价格的参照指标，如市盈率，对目标资产价值进行估算。市盈率是投资领域里的一个基本概念，稍有投资常识的人都知道这个指标。不过，笔者与各种投资者接触的结果发现，市盈率这个概念尽管简单，但真正对其理解准确、深刻的人却不多。

一、市盈率及其计算

市盈率是投资领域里的一个基本概念，用其做估值分析的时候，需要考虑到多方面的因素。

1. 市盈率的计算公式

市盈率的全称就是市价与盈利之比。市盈率的计算公式为：

$$PE=\frac{P}{E}$$

其中，PE 为市盈率，P 为每股价格，E 为每股盈利。

这个式子里面包括三个指标，只要知道其中两个指标，就可以计算出第三个指标。其中任何一个指标出现变化，我们都可以预测到其影响。

市盈率的倒数可以理解为投资收益率 = 每股盈利 ÷ 每股价格。例如，某公司股票的市盈率为 10，代表该公司的投资收益率为 10%。市盈率作为估值水平的一种表达，转化为投资收益率之后比较方便用于与其他投资品种的估值水平做比较。笔者建议读者在碰到市盈率指标的时候，可倒过来想一下。

2. 市盈率计算举例

假设某只股票 2021 年每股盈利 1 元，目前市价每股 10 元。

（1）市盈率多少倍？

按照市盈率计算公式，$PE=10\div1=10$，即市盈率为 10。市盈率可以理解为投资者按照10元的价格购买股票，该公司如果保持每年1元的盈利，经过10年可以为投资者赚回投资成本。

（2）如果预测该公司的市盈率将达到15，那么该公司股价预计上升的目标为何？

$P = 15 \times 1 = 15$（元），即该公司股价预计上升的目标为15元。

（3）如果其他因素不变，市场预计该公司2022年每股盈利将比上一年增长30%，那么预期该股的价格变动目标为何？

按照30%的增长率，2020年的每股盈利为：

$E = (1 + 30\%) \times 1 = 1.3$（元）

$P = 15 \times 1.3 = 19.5$（元）

即预期该股的价格变动目标为19.5元。

市盈率指标虽然简单，但实际上受到很多因素的影响。因此，读者在使用这个方法做估值分析的时候，需要注意这几个方面的关系。

二、市盈率估值法在运用中的主要考虑因素

市盈率估值法看似简单，但在实践中需要适当地考虑几个重要的因素。

1. 市盈率与盈利增长率的关系

从动态市盈率的计算公式看，*PE* 与盈利增长率 g 之间呈反比关系：如果 g 为正数，则动态 *PE* 将小于静态 *PE*，g 越大，动态 *PE* 则越低；如果 g 为负数，动态 *PE* 将高于静态 *PE*，g 越小，动态 *PE* 越高。显然，业绩增长性越高的公司股票越受投资者的青睐。

投资者购买股票在乎的不是过去的业绩，而是未来的业绩。因此，如果投资者普遍预期某公司有较高的盈利增长率，则可能把股价推高而导致该股票的市盈率偏高。假设A公司和B公司2020年的盈利都是每股0.5元，之后的股价都是10元，即它们的静态市盈率都是20，如表7-4所示。

表7-4　盈利增长与动态市盈率的关系

股票	年份	2021年	2022年	2023年	2024年
A公司股票	现价/元	10	—	—	—
	每股盈利/元	0.5	0.5	0.5	0.5
	市盈率	20	20	20	20

（续表）

股票	年份	2021 年	2022 年	2023 年	2024 年
B 公司股票	现价/元	10	—	—	—
	每股盈利/元	0.50	0.65	0.78	0.94
	市盈率	20.00	15.38	12.82	10.68

假设 A 公司 2022—2024 年每年每股盈利水平保持不变，都是 0.5 元，那么 2022—2024 年的动态市盈率也保持不变。

假设 B 公司 2022—2024 年每年每股盈利增长 30%，那么 2022—2024 年的动态市盈率也相应地每年降低 30%，分别是 15.38、12.82 和 10.68。

从静态市盈率来说，A、B 两只股票是一样的。可是，当投资者比较两者 2022 年以后几年的动态市盈率之后会发现，B 公司的股票明显更有吸引力。结果会是怎么样呢？投资者会更愿意购买 B 公司的股票，导致 B 公司的股票价格上升，B 公司的市盈率也更高。如果投资者的普遍预期与表 7－3 的数据那样，那么可以预期，B 股票现在的价格就不是 10 元，而可能是 15 元甚至更高。

在使用市盈率作为估值参照指标的时候，盈利增长率的测算极为重要。因此，在具体运用的时候需要考虑非经常性损益、市场周期性变化的因素。笔者在 2010 年曾经担任一个收购项目的财务顾问。被收购对象是一家生产汽车零部件的公司。该公司 2009 年的税后利润约 1 亿元。当时出售方要求按 8 倍市盈率作价 8 亿元售出在该项目的权益。我方认为 8 倍市盈率在当时算是一个合理水平，可是该公司 2008 年的净利润只有5 000多万元，2007 年只有 3 000 多万元。2009 年是中国汽车行业最火爆的一年，当年全国的汽车销售量比上一年增长了三成以上，总量超过 1 000 万辆，一举超过美国和日本成为当年世界销售量最高的汽车大国。经验告诉我们，一个市场的成长性不可能长期保持在太高的水平，在一个竞争性这么强的行业里，任何企业都不可能长期保持很高的利润率。因此，我们判断 2009 年的增长率是不可持续的，不适合作为定价的基础。收购方提出建议：按照 2007—2009 年 3 年净利润的平均值 6 000 万元作为基数，乘以8 倍市盈率，作价约 5 亿元。这与卖家的预期差距较大，因此交易没有成功。不过，此后的情况说明我们当时的判断是正确的。据称该公司后几年的业绩确实有明显的退步。

2. 市盈率与利率的关系

从投资者的角度来说，投资收益率与市场利率水平有很大关系。在市场利率较高的情况下，投资者要求的投资收益率也较高，因此，投资者接受较低的市盈率水平；在市场利率较低的情况下，投资者要求的投资收益率也较低，因此，投资者可以接受较高的市盈率水平。很多人都觉得很奇怪，为什么日本的股市平均市盈率长期都维持在数十倍的水平，即使在1989年日本经济泡沫破裂股价大幅下跌以后，日本的市盈率水平仍然长期维持在约50倍的水平（市盈率与股价和盈利都有关系，所以，尽管股价大幅下跌，但上市公司的盈利也相应下跌，因此市盈率便维持在高位）。有学者[①]研究发现，日本国内的市场利率水平长期偏低是日本股市市盈率长期居高不下的重要原因之一。日元在近30年来长期处于接近零利率的低息时代。设想一个上市公司的股票市盈率为50倍，即每股盈率为股票现价的2%，如果该公司每年都把一般的盈利分红，投资者可获得利息收益率2%。显然，相对于把钱存银行，购买50倍市盈率的股票还是有吸引力的。

市场利率与资产价格之间的关系，使市场利率成为一些国家调控金融市场的重要工具。2008年美国次贷危机引起股票市场大幅下跌（道指在很短时间内跌幅达到50%！），美联储就使用了市场利率工具——9次密集降息之后，在2008年12月将基准利率降至0～0.25%区间，直到2015年底；2020年2月美国股市在新型冠状肺炎病毒疫情中再次暴跌，美联储再次使用这一“法宝”，大幅降息，在3月中旬再次将利息率降到0～0.25%之间。当然，通过大幅放松银根的办法支持股市是有代价的。一般来说，增发货币，会刺激通胀率上升。果然，美国通胀率节节上升。至2022年2月，美国通胀率达到7.9%，为过去40年的新高。

3. 市盈率与派息率的关系

前面财务分析部分已经讨论了派息率与企业成长性之间的关系。可持续增长率与留存利润率之间是反比的关系，留存利润率越高（即股息率越低），可持续增长率就越高。成长性较高的公司通常对于资金的需求也较大，倾向于不派股息或者派较少的股息；成长性较低的公司通常缺少进一步发展的好项目，手上的现金没有更好的投资用途，倾向于分配给投资者，以降低公司的资本规模。因此，我们经常发现一个似乎有点奇怪的现象：股息收益率较低的公司股票，市盈率反而比那些股息收益率高的股票更高。

---

① 在1989年以前，日本经济泡沫的膨胀过程中，上市公司之间互相持股非常普遍，一个上市公司股价的上涨使持有其股票的另一个上市公司的投资收益增加，而这又成为该公司股价上涨的理由。因此，当日本股市泡沫破裂以后，很多上市公司的业绩也突然减少甚至经营出现亏损。

美国价值线投资调查（Value Line Investment Survey）在2009年所做的一项统计研究，比较了美国包括微软在内的9家电脑软件企业和包括宾州电力在内的9家电力企业在总资产回报率、派息率、业绩成长率方面的差异（如表7－5所示）。电脑软件企业多数不派息（其中只有微软和SAP公司派息），而电力企业普遍派发高息，但前者在总资产收益率中位值远高于后者。

表7－5　美国电脑软件企业与电力企业成长性与派息率比较

指标	总资产收益率（中位值）	派息率（中位值）	业绩成长率（中位值）（2010—2013年）
美国电脑软件企业（9家）	16.50%	0	14.50%
美国电力企业（9家）	6.00%	61.00%	5.30%

资料来源：Bodie，kane and Marcus，*Investment*，nineth Edition，（McGraw-Hill Education，2011）．P.596。

伯克希尔·哈撒韦公司，在1965年巴菲特开始控股该公司的时候，股价是每股19美元，到了2022年3月底，股价达到了每股52万美元，57年内保持年均19.63%的复合增长率。巴菲特当年控制该公司以后就公开表态：公司不会对股东分红，所有的盈利都将保留在公司做留存利润再投资。对于这种看似很小气的安排，股东却毫无怨言，因为巴菲特确实用留存利润帮股东赚到更多的钱，股价也大幅上涨。

4. 资产流动性与市盈率的关系

流动性，在金融学里是一个有多重意义的概念。当讨论宏观经济形势或者整个金融市场状况的时候，流动性常被用于说明货币供应量。比如，在全球金融危机爆发以前，人们常常以“流动性过剩”来说明全球资产价格和资本价格暴涨的原因。利率高企、市场资金匮乏的时候，人们又会用“流动性短缺”来形容。不过，流动性的另一个重要含义，是资产变现的容易程度和所需的时间。一种资产变现越容易、所需时间越短，其流动性就越高。在金融市场里，一种资产的价值不仅取决于其带来的现金流，还取决于其流动性：流动性越高，资产的价值越高，其市盈率也越高。下面从现实的几个方面来考察资产流动性的特点。

（1）企业估值在上市前后的重大差别。

绝大多数公司的股票价格，在上市之后都有不同程度的上涨。非上市公司的股票不能在公开市场交易，如果投资者要转让的话，要找到有兴趣购买的交易对手并不容易，即使找到了，人家的出价也不高。而上市公司的股票在公开市场交易，投资者很容易在市场中找到交易对手，因此买进和卖出都简单得多。股票的流动性提高以后，降低了投资者的持有风险。公司上市以后，股票就增加了流动性的价值。那么，流动性的价值有没有什么实际意义呢？

其实，可以用一些合理的内容来解释，比如，流动性的价值里面包含了公司无形资产的价值。公司的账面净值只是包含了公司资产的取得成本，公司的商誉等无形资产多数没有反映在账面上。公司股票上市后的高溢价部分，可以理解为这些无形资产在资本市场中的价值体现。另外，流动性的价值还引申出了投机性价值。投资者明知某只股票价钱已经过高，如果他相信该股票还有机会继续上涨的话，还可能会选择购买它，因为他并不打算长期持有它，而是打算稍晚点就卖掉它。这个投机性价值与该上市公司股票的流动性有很直接的关系。也许可以用泡沫来表示上市前后的差别，泡沫能够膨胀也可能破裂。不过，在资本市场里股票跌到净资产值的时候并不一定就能止跌，尤其是股市到了熊市的时候，我们总能见到很多股价跌破面值的股票。

（2）香港中小盘股票价格低迷的原因。

在国内 A 股市场有投资操作经验的投资者都有印象，中小盘的股票市盈率水平相对较高。最典型的就是深圳中小企业板公司的市盈率大约比主板平均市盈率高出 5 倍；2009 年 10 月 30 日隆重开张的中国创业板上市公司的市盈率比起中小板的上市公司更高。很多学者研究的结果显示中小企业的成长性普遍高于大企业，因此，从美国的历史数据看，小公司股价涨幅比大公司的更高。不过，当投资者看到香港很多中小盘股票普遍处于 5 ～ 8 倍市盈率，远低于恒生指数成分股平均水平的时候，会感到迷惑不解。这是为什么呢？其实，我们可以用另一个金融学概念来解释这种情况。

香港作为一个以机构投资者为主的市场，股票市场的估值水平很大程度受到投资者的偏好影响。机构投资者强调其投资组合中的股票必须具备足够的流动性，以保持其买进和卖出的灵活性。因此，他们筛选投资对象的时候就要考虑到发行股数、总市值、每天平均成交量等因素。这样一来，中小盘股票往往就进不了他们的投资组合。得不到机构投资者青睐的中小盘股票靠散户很难维持活跃的交易，导致估值偏低，涨升乏力。香港股市与内地股市的小型上市公司估值的差异，反映了不同资本市场之间存在一些差异，投资者需对此加以重视。

三、相对估值法使用的其他指标

在做相对估值分析时，除市盈率外，常用的参照指标还包括市净率、市销率等。

其中，市净率是另一个较常用的指标。

1. 市净率法简介

净资产是总资产减去负债后留给股东的剩余价值，而市净率就是衡量投资者愿意以净资产值的多少倍价格来购买其净资产。由于净资产值是以账面值来计算的，因此该指标通常不能真实地反映出公司的实际市场价值。不过，在投资者无法获得公司实际市值的情况下，账面值仍然是人们判断公司价值的重要参考指标。引用了公司股票市场价格计算的市净率越高，说明其账面值的溢价倍数越高，表明投资者愿意出更高的价格来购买这笔净资产；而市净率倍数越低，说明其账面值的溢价倍数越低，表明公司净资产对于投资者的吸引力越差。

市净率估值法一般以行业平均市盈率或者同行业企业平均市盈率作为参照，来判断评估对象的相对价值。比如，在某个时候万科的市净率为 2 倍，而市场平均市净率为 1.5 倍，那么，从市净率的角度来说，万科股价相对于市场平均水平来说是高估了。

市净率估值法比较适用于那些周期性较强、资产值较大且账面值相对稳定的行业和企业，如银行、保险行业和流动资产比例高的公司。对于那些账面值的重置成本变动较快的公司、固定资产较少的公司以及商誉较多的服务行业，市净率估值法的适用性则不是很强。

2. 相对估值法在资产交易市场中的运用

尽管后文将要讨论的绝对估值法（现金流贴现估值法）被现代金融学推崇为最科学和最客观的方法，但是在现实的资产交易市场中，如股票估值分析、首发上市（Initial Public Offering，IPO）定价、企业股权交易、公司并购交易等，相对估值法的运用非常广泛。主要原因是相对估值法简单且方便交易双方沟通，让交易双方讨价还价也有个标准。在实务操作中，谨慎的研究者通常会借助多个指标，比如同时使用市盈率、市净率和市销率做分析，这样可以提高分析的准确度。

例如，X 公司在做 IPO 定价分析——如何确定 IPO 新股发行价？对于发行人来说，当然希望发行价越高越好，这样公司可以同样数量的股份换取更多的股本金。不过，对于包销股票的投资银行来说，如果定价过高，超出投资者普遍愿意接受的水平，就意味着自己需要掏钱认购，资金将被套牢。因此，对于双方来说，最佳的定价水平，就是找到该公司股票在市场中能被接受的最高价格，也就是市场价格。

由于 X 公司的股票过去并没有在公开市场中交易，因此，没法直接确定其市场价格。一种比较普遍的方式，就是对股票市场中与X公司同行业的公司估值水平做研究，并作为定价参考。

假设X公司去年每股盈利为1元，每股净资产5元，每股销售额6元，IPO价格如何确定？

首先，找出在股市已经上市的10家同行业上市公司，找出这些同业公司当前的股价和去年的盈利、净资产值和销售额等数据，分别算出市盈率、市净率和市销率，并分别计算出行业的平均值如下：行业平均市盈率为10倍，行业平均市净率为2.3倍，行业平均市销率为2倍。

其次，按照上述各个指标的平均值，分别计算X公司股票的预测价格如下：按照市盈率计算，价格为10元；按照市净率计算，价格为11.5元；按照市销率计算，价格为12元。

再次，根据不同指标计算的价格有差异是正常的，作为一种参考，可以将上述三个计算结果再做算术平均计算，得出11.16元的结果。

最后，比较分析X公司在行业中的相对状况，比如在技术水平、市场占有率和客户资源等方面是否高于或者低于平均水平。通过这种分析确定实际定价是否需要在上述平均值的基础上做上调或者下调，以确定定价区间（假设X公司的定价区间最后确定为10.5～11.5元）。此外，还需要考虑到市场的变化情况，如果股市正在急剧下跌或者急剧上涨，要分别采取保守策略（尽量靠近区间下限定价）或者进取策略（尽量靠近区间上限定价）。

根据笔者的经验，在金融市场的操作中，相关各方都处于某种博弈状态，负责上市策划的投资银行与拟上市公司之间，尽管双方有很大的共同利益，但也存在利益冲突。因此，各方都要做好自己的工作，以免失去应得的利益。

在第十七章关于苹果公司的案例分析中，有关于股权定价的更多讨论。

第三节　案例——无锡尚德股权交易中的定价[①]

无锡尚德太阳能电力有限公司（简称“无锡尚德”）是2001年在无锡注册设立的。

① 本案例在编写过程中，笔者参考了大量资料，其中包括：无锡尚德官方网站：http://www.suntechpower.com/，百度百科－无锡尚德：http://baike.baidu.comview1678517.htm？fr＝ala0。

经过重组以尚德电力控股有限公司（简称“尚德控股”）于2005年底在纽交所上市。上市当天，创始人施正荣成为内地首富。该公司在2010年前后成为中国最大、世界前三的太阳能产业巨头，但2013年公司主体资产宣布破产，最后以最高峰时约5%的价格卖给顺丰光电公司。它就像一颗很明亮的流星，划过天空，很快走完了全程。笔者关注了无锡尚德兴衰的整个过程：“眼看他起朱楼，眼看他宴宾客，眼看他楼塌了！”[①]结合时代背景看这个案例，感慨万千。笔者参考了很多资料，撰写了关于尚德控股资本运作的案例。本节介绍该公司基本情况，并重点介绍该公司在上市前的股权重组中的定价问题，第九章第六节将分析讨论无锡控股走向破产清算的原因。

一、无锡尚德的创立与发展

施正荣出生于1963年2月，祖籍江苏扬中；1983年毕业于原长春光学精密机械学院，获学士学位；1986年毕业于中国科学院上海光学精密机械研究所，获硕士学位；1988年留学于澳大利亚新南威尔士大学，师从国际太阳能电池权威、2002年诺贝尔环境奖得主、被誉为“太阳能之父”的马丁·格林（Martin Green）教授；1991年以优秀的多晶硅薄膜太阳电池技术获博士学位；毕业后从事太阳能产业的研发工作，个人持有10多项太阳能电池技术发明专利。2001年受无锡市政府招商引资政策吸引，在无锡市开始创业，创立无锡尚德公司，2005年底以尚德控股在美国纽交所上市。

1. 无锡尚德的诞生

无锡尚德的经营主体于2001年9月正式成立，总股本800万美元。施正荣出资200万美元，占25%，其中，40万美元以现金入股，160万美元以太阳能技术专利等无形资产入股。另外600万美元由当地8家国有企业以现金形式参股，包括无锡小天鹅集团、无锡山禾集团、无锡高新技术风险投资有限公司等。图7－1是无锡尚德最初的股权结构。

① 这段话据称来自清代孔尚任的《桃花扇》剧末套曲《哀江南》：“俺曾见金陵玉殿莺啼晓，秦淮水榭花开早，谁知道容易冰消！眼看他起朱楼，眼看他宴宾客，眼看他楼塌了！这青苔碧瓦堆，俺曾睡风流觉，将五十年兴亡看饱。”

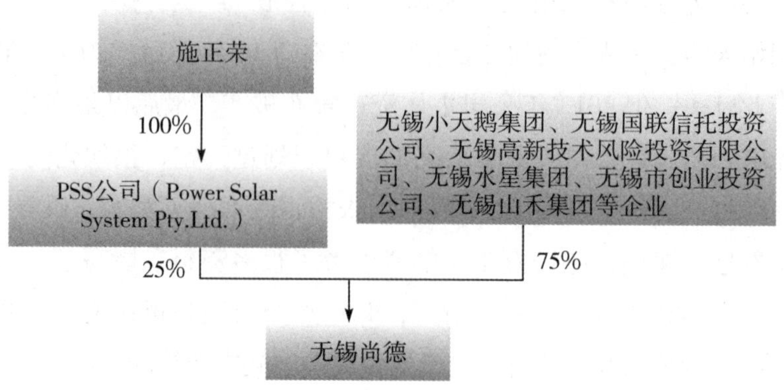

图 7－1　无锡尚德的初始股权结构

2. 无锡尚德的发展

无锡尚德专业从事太阳能光伏电池、组件、光伏发电系统工程以及光伏应用产品的研发、制造、销售和售后服务，是拥有领先光伏技术的国际化高科技企业，短短数年已快速成长为全球较大的光伏产品制造商及太阳能系统解决方案的供应商之一。

无锡尚德的成功确实有幸运的因素。国际油价在无锡尚德成立的 10 年前大约只有 10 美元一桶，后来持续大幅上涨。油价上涨使大家积极寻求替代能源，而被称为洁净能源的太阳能就日益成为大家的焦点。因此，无锡尚德成立之初，太阳能行业正进入一个新的市场阶段，这为无锡尚德提供了一个良好的产业环境。受到市场需求迅速扩大的鼓励，无锡尚德连续推出了三条太阳能电池生产线。在 2005 年，无锡尚德成为世界前五大的光伏产业巨头之一，上市以后，尚德控股进入另一个快速发展的时期，到 2010 年尚德控股稳居世界前三的地位。

二、上市策划与运作

伴随产能的扩张，无锡尚德的业绩也突飞猛进：2002 年亏损 89.7 万美元；2003 年扭亏，取得净利润 92.5 万美元；2004 年盈利大幅增长，达到 1 975 万美元。到了 2004 年，在国际资本市场，太阳能企业的股票受到热烈的追捧。美国的 SUN POWER 在纳斯达克上市，股价大涨！无锡尚德自然也希望进入资本市场，于是决定进行重组，准备在纽交所上市。

1. 公司股权重组中的难题

无锡尚德成立之后，施正荣逐步通过 PSS 公司向其他股东承让部分股权。到 2004 年，施正荣的持股比例上升到 31.389%，而其他股东的股权下降到 68.611%（如图 7-2所示）。

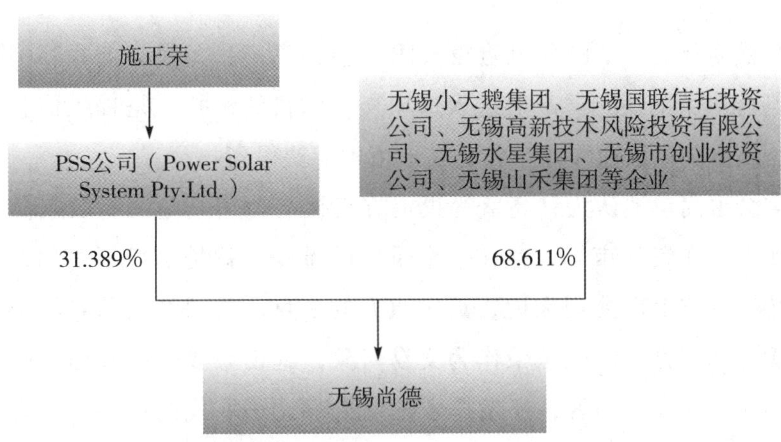

图 7-2　施正荣增值后的无锡尚德股权结构

要实现境外上市，施正荣选择以红筹股模式到境外上市（关于红筹股模式的详细论述，请详阅后文）。以这种模式上市，就需要解决一个重要的问题：设立一个境外上市主体，并把无锡尚德的股权转移到该上市主体。这种操作涉及外汇管制以及国有资产管理等问题。各股东的想法不同：

（1）施正荣以境外公司持有无锡尚德的股权，到境外上市技术上完全没有问题。

（2）其他 8 家国有股东的股份在操作过程中受到国有资产管理制度的限制，审批程序严格，手续烦琐，通常审批时间会很长，可以预期这将会耽误公司上市的计划。其他国有股东当时成为无锡尚德创始股东，属于被动式的参与。由于市场状况好，股份已经有了可观的增值，其他国有股东愿意考虑出售股份。

施正荣作为公司控股股东，且全面负责公司的经营管理，为了推动公司的上市计划，他打算向国有股东收购余下的所有股份。

2. 施正荣筹资收购国有股东的股份

经过谈判，其他国有股东愿意以约 9 000 万美元的代价向施正荣控制的公司出售所持无锡尚德余下的股份——约占总股本 68.611% 的股份，施正荣在签订合同的时候交付约 1 000 万美元的首期款，余款 8 000 万美元在办理过户的时候支付。

（1）施正荣通过与合作者张大卫（David Zhang）合作的公司支付了首期款。

（2）施正荣打算引进国际私募基金，筹集 8 000 万美元以完成最后的支付。

三、与国际私募基金股权交易的定价

以美国高盛为首的一个国际风险投资团（包括高盛、龙科、英联等国际知名风投机构）开始与施正荣的谈判。高盛进入这项交易的目的，并不是提供借款，而是打算参与无锡尚德上市前的股权重组，希望在上市中能获得高收益。

读者也许会很简单地认为，高盛等投资方直接与公司其他国有股东做交易不是更简单吗？事实上，在资本市场，存在一个重要的难题，就是信息不对称，尤其是对于当时无锡尚德这个非上市公司来说，买卖双方的信息、公司经营信息等都不透明。因此，股权的卖方和买方都以施正荣作为交易对象，施正荣成了中间商。而施正荣并不只是简单充当交易中介的掮客，还发挥了任何人都无法取代的作用，因为他处于各类信息的中心，而且，他的地位决定了他对其他各方都有较高的信任度。

施正荣与高盛等投资方的谈判，聚焦于股权的定价——投资 8 000 万美元应该获取公司多大比例的股权。关于 8 000 万美元的投资应占公司股份的比例问题，就是典型的定价问题。需要先确定无锡尚德当时的估值，然后才能确定投资方投这笔钱获得股份的比重。经过反复谈判，最后借助市盈率定价方法解决了这一难题。

（1）确定以 2005 年预期净利润 4 500 万美元作为估值基础。施正荣认为 2004 年的盈利能力不能说明公司实际的盈利能力，要求用当年预期净利润作为估值基础。这个预期数相当于上一年的 2.28 倍，这对于投资方来说，是不容易接受的，不过，这里有两个机制：第一，对赌条款机制，如果最后没法实现预期利润水平，那么融资者需要做出赔偿；第二，竞争机制，如果有其他投资机构参与竞争，有别的机构愿意接受，融资方的要求得到认可的机会就比较高。

（2）确定市盈率的倍数为 6.393。没有并购交易经验的人会觉得不解，这个市盈率倍数如何确定？实际上，尽管这类非上市公司的股权并没有一个公开的行情揭示，但行内人士仍然可以通过市场信息（包括参照上市公司的信息以及其他同类型公司的交易信息）获得市场大概的标准，经过讨价还价确定一个倍数。

（3）据上述两条信息，公司的价值可确定为 2.88 亿美元（4 500 万美元 ×6.393）。

（4）高盛等投资方投入 8 000 万美元，应该占公司股份 27.78%（0.8 亿美元 ÷

2.88 亿美元）。由于此项交易属于现有股权的买卖，也就是说投资方的 8 000 万美元不会进入无锡尚德公司，而是会被支付给其他股东，因此上述公式的分母不必改变。如果投资方是以认购新发行股份的方式获得股权，所投入的资金进入公司，分母就需要加上这部分股本金，投资者所占股份比例当然就要小得多。

四、上市与上市后的思考

在国际大宗商品价格暴涨暴跌的背景下，尚德控股上市后的股价出现大幅波动，而公司的业务和状况也出现过山车式的变化。

1. 上市与投资回报

2005 年 12 月 14 日，尚德控股以每股 15 美元向公众出售 2 000 万股新股，同时，老股东向公众出售 638 万股旧股，在纽交所完成了 IPO。上市当天收盘价超过 20 美元！

施正荣所持有的 46.8% 股份（发新股后被摊薄）当天的市场价值超过 14.35 亿美元，施正荣成为当时的内地首富。尚德控股的股价在 2008 年 1 月曾经超过 80 美元，按照这个股价来算，施正荣的身家曾经接近 60 亿美元，折为人民币约 400 亿元。

对高盛等外资风险投资机构来说，这又是一个带来高额回报的成功案例。按公司发行价 15 美元来计算，其 2.307 7 美元的购股成本在半年内增值了 6.5 倍；按公司上市首日收盘价计算，增值了近 10 倍！

2. 关于股权交易的两种定价

如果按照施正荣买入的价格计算，公司的估值只有 1.31 亿美元，按照 2005 年预期净利润 4 500 万美元计算，相当于市盈率只有 2.91 倍。不过，如果按照 2004 年的净利润 1 975 万美元计算，市盈率为 6.63 倍！读者应该恍然大悟：买卖定价的市盈率倍数相同，可是价钱差别巨大，因为定价基础不同，一个是上一年的实际数，另一个是当年的预期数！难怪资产并购这项业务，被称为“容易把钱留在桌面”的生意，资产交易的价格谈判，需要太高的技巧！

3. 为什么施正荣能获得巨额的差价？

表面上，施正荣获得巨额买卖差价类似空手套白狼，实际上，施正荣能获得这个差价有两个原因。第一，在信息不对称的情况下，施正荣处于优胜一方，当年的盈利能增长多少，他最清楚。以上一年盈利还是以当年的预期盈利做估值基础，纯粹看双方的讨价还价，在这种情况下施正荣显然占有优势。第二，施正荣与高盛等投资方的交易，由于以预期利润指标做定价基础，不得不签订与投资方的对赌条款。如果2005年结束之后公司没法完成4 500万美元的净利润（须经投资方认可的审计机构确认），公司的估值比例就要重新确定——按6倍市盈率（低于原来的6.393倍）乘以实际净利润确定公司的实际价值，再重新确定投资方持股比例，而且如果公司没能在预期时间上市，施正荣必须无条件回购股票，并按照年115%的回报率给投资方支付利息。这意味着施正荣承担了一定的风险。

4. 理解国有股东低价转让股份

人们在羡慕施正荣和外资风险机构获得高额投资收益的同时，也替他在上市前夕的股权重组中被国有股东们“踢出局”感到惋惜。

在尚德控股上市后，针对市场对于该公司上市相关事宜的关注，某电视台邀请了当地政府官员和专家学者进行座谈。当时政府官员对于国有股东退出的决策做了这样的解释：当初当地国有企业的入股，主要是为了帮助培育一个有发展前途的企业，主要目的并不是赚钱，而且当时已经计划在该公司可以独立发展的情况下，国有股东就退出来。经过几年的运作，无锡尚德在当地培育了一个有发展前途的产业，而且已经有能力吸引到风险投资机构，国有股东因此实施退出的计划。笔者认为，当地政府官员的这个解释还是很合情合理的。当时中央政府开始提出“国退民进”的策略，国有资产退出一般竞争性产业。不仅国有企业鲜有参与新企业的投资，而且原有的资产或股权也在卖出中。因此，当时当地政府在动员当地国有企业参与无锡尚德投资筹建的决策中，确实显示了气魄。事实上，这项投资决策对当地的经济转型、培育新产业做出了重大贡献，而且也取得了很高的投资回报，实现了国有资产的增值。该决策对当地GDP做出了贡献，在税收、就业等方面也带来了好处。

按照上面的测算，在股权重组中退出的国有股东们平均获得约15倍的回报。施正荣收购以后又以约2倍的价钱转让了一部分给高盛等投资机构。换言之，如果国有股东继续持有股份并一直到上市，可以获得的投资升值倍数就不是15倍，而是300倍！

笔者认为，对于国有股东来说，4年左右的时间里约15倍的回报，已经非常可观了，国有股东选择卖出具有合理性。投资市场的行情是不断波动的，在周期的不同阶段卖出的回报率是不一样的，持有任何金融资产都存在风险。从金融投资策略的角度来说，只能说国有股东没有选择一个最好的时机卖出股票。另外，作为没有参与日常经营管理的股东，对公司实际经营情况不了解，因此在交易的过程中处于信息不对称的不利一方。

事实上，回顾无锡尚德的历史，当年的国有股东的决策也是正确的。如果当时没有卖，后来也没卖，到现在，差不多就是颗粒无收了。尚德控股的主体资产在2013年被破产清算，尚德控股被迫从纽交所退市，目前成为柜台交易板（OTCBB）[①] 上面一个典型的“壳”公司。

关于尚德控股从辉煌到坠落的深度分析，请详阅第九章第六节。

① 柜台交易板（Over the Counter Bulletin Board，OTCBB）。

第八章　资本预算与项目可行性分析[①]

投资项目通常涉及大额资本投入和长期经营。如果项目开始建设，就会不断产生成本；如果因故终止，就会造成巨额的损失，而且通常是不可挽回的损失；如果对于市场趋势、市场价格、成本等因素估计不足，项目将来运作就很可能出现亏损。因此，事先做资本预算与项目可行性研究是非常重要的。

本章讨论资本预算中主要使用的方法，重点是现金流贴现估值法在项目评估以及公司估值中的具体运用，包括从公司资产负债表和收入表进行自由现金流分析。

第一节　投资决策评估指标

现代企业决策讲究科学性，强调要尽量用定量的方法做投资分析，为决策做基础。从现实企业运作来说，小公司很可能由老板凭经验拍脑袋做决定。规模越大的公司，对于可行性研究环节的要求越高。下面介绍几种常用投资决策评估指标的计算方法。

一、评估指标及其计算方法

作为决策指标，一般来说需要至少满足如下要求中的一个：体现货币的时间价值、体现项目未来现金流的风险量度、直接对各项目的可行性做排序、给公司带来价值增量。如下 5 个指标是被广泛使用的，包括：净现值、内部回报率、投资回收期和平均

---

① 本章内容主要根据下列教材并结合个人教学经验编写：Stephen A. Ross，Randolph W. Westerfield and Bradford D. Jordan，*Essentials of Corporate Finance*，Seventh Edition（McGraw-Hill Education，2016），P. 66。

会计收益率。

1．**净现值**（Net Present Value，NPV）**指标及其运用**

净现值是资本预算中的一个重要指标，也被认为是投资决策的重要参考依据。

（1）净现值计算公式。

净现值，就是在一项投资的整个过程中的全部现金流按照所要求的回报率折算为现值并相加的和数。以数学公式可如下表达：

$$NPV = \sum_{t=0}^{n} \frac{CF_t}{(1+r)^t} = \sum_{t=1}^{n} \frac{CF_t}{(1+r)^t} + CF_0$$

在前文引入的资产估值通用公式中，$t=1$，因为计算资产的价值，并不包括今天购买资产的现金流，或者说在估算资产价值的时候并不知道需要投入多少钱去购买这项资产，因此，资产估值模型就是要计算资产的合理价值并作为投资决策的指引。

如果买家有了来自卖家的报价，或者已经测算出项目的投资成本，使用 *NPV* 的计算公式，就可以更快捷地得出结论：该价格是否划算，或者该项目是否可行。

在 *NPV* 的公式中，代表投资期内每年的现金流包括流入收入和流出成本，$t=0$ 时，就是今天购买资产的现金流或者投资项目成本的现金流。当然，购买资产或投资项目成本的现金流，通常是一个负数，即对外支付的现金流。

（2）净现值指标的投资决策指引。

应用净现值指标作为投资决策的基本思路是，把未来投资收益的现金流折算为现值以后再与投资成本的现值做比较：

如果两者相等，即 $NPV=0$，说明这项投资的收益率刚好满足了投资者的要求。

如果前者较大，即 $NPV>0$，则说明投资的收益率超过了投资者的要求，其可行性更高。

如果前者较小，即 $NPV<0$，则说明投资的收益率低于投资者的要求，该项目不可行。

需要指出的是，*NPV* 不是一个会计的概念。按照会计指标的计算，收益减去成本等于 0 的时候，等于没有利润。*NPV* 作为一个金融的概念，在计算未来收益的现金流现值的时候，使用了“要求的回报率”（也代表投资者资金的机会成本）作为贴现率，因此，未来收益现金流的现值里已经包含了投资者要求的回报率。

（3）净现值的计算——案例分析。

你正在考虑是否进行如下一项投资：你现在需要投入 4 500 万元，投资收益分 3 年获得——一年后1 000万元、两年后2 000万元、三年后3 000万元。如果你要求的回报率是10%，你认为该项投资值得吗？

用公式计算 *NPV* 如下：

$CF_0 = -4\,500$；

$$PV(CF_1) = \frac{1\,000}{(1+10\%)^1} = 909.09\text{（万元）；}$$

$$PV(CF_2) = \frac{2\,000}{(1+10\%)^2} = 1\,652.89\text{（万元）；}$$

$$PV(CF_3) = \frac{3\,000}{(1+10\%)^3} = 2\,253.94\text{（万元）；}$$

$NPV = -4\,500 + 909.09 + 1\,652.89 + 2\,253.94 = 315.93$（万元）。

将未来3年所得的收益折为现值以后相加的和数为4 815.92万元，超过投资成本（4 500万元），说明这项投资收益率高于投资者的要求，是可行的。*NPV* = 315.93万元，可以理解为在满足了投资者的要求回报率之外，提供了额外的价值增量。

如果将未来一年的现金流的限制分别计算出来，并相加，是可以的。不过，金融计算器有专门的 *NPV* 计算功能。

用CASIO金融计算器，很容易得出答案。

用WPS表格计算，如图8－1所示：

①打开表格，输入原始数据；

②点击“*fx*”选择财务计算公式“NPV”；

③输入所需数据，按“确定”得到答案。

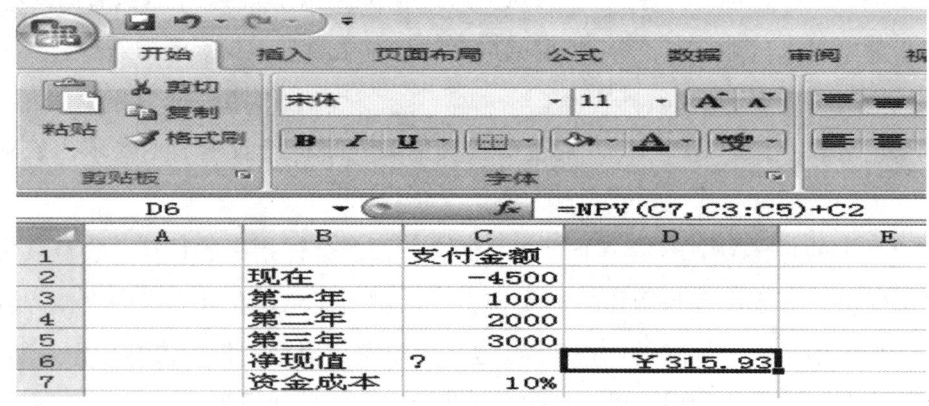

图8－1　NPV计算操作演示

在使用WPS表格计算时，请注意在输入数值1时必须选择第一年的数值，在表中并没有 0 年数值（投资成本）的位置（这一操作与金融计算器的方式不一样，这一点需特别注意），因此，必须在公式以外加上 0 年所支出的投资成本（负值）。

2. 内部回报率（Internal Rate of Return，IRR）指标及其运用

内部回报率，是资本预算的另一个重要指标，其理论基础与现金流贴现估值模型一致。*NPV* 的意义对于很多缺乏财务管理方面训练的企业家来说，学术性似乎有点高，*IRR* 比较形象地描绘了投资成本与收益经过货币时间价值调整之后的关系，因此，它更容易被理解和运用。

（1）*IRR* 的计算方法。

对于 *NPV* 的计算有了充分理解以后，理解 *IRR* 的计算就很容易：*IRR*，就是令未来收益现金流的现值与投资成本刚好相等的回报率。

设 CF_t 所代表的各投资期 t 现金流为已知，令上述的 $NPV=0$，这时，$r=IRR$。求解下式，可得到 *IRR* 的值：

$$NPV = \sum_{t=0}^{n} \frac{CF_t}{(1+IRR)^t} = 0$$

（2）*IRR* 的投资决策指引。

应用内部回报率指标作为投资决策的基本意义是，计算出投资项目的内部回报率以后，将其与投资者所要求的回报率水平进行比较：

如果 *IRR* 等于后者，说明项目刚好满足了投资者的要求，是可行的。

如果 *IRR* 高于后者，说明项目可行，且投资者获得超额的利润。

如果 *IRR* 低于后者，说明项目不可能，因为投资者的要求没有得到满足。

（3）案例分析——*IRR* 的计算。

你正在考虑是否进行如下一项投资：你现在需要投入 4 500 万元，投资收益分 3 年获得——一年后 1 000 万元、两年后 2 000 万元、三年后 3 000 万元。如果你要求的回报率是 10%，你认为该项投资值得吗？

用公式计算：

$NPV = \frac{1\,000}{(1+IRR)} + \frac{2\,000}{(1+IRR)^2} + \frac{3000}{(1+IRR)^3} = 0$，解该式可得出 $IRR = 13.336\,7\%$。

内部回报率为 13.336 7%，比所要求的 10% 高，因此这个项目是可行的。

不过，手工计算还是挺麻烦的事情，好在有辅助工具，把这个计算过程变得很简单。

用 CASIO 金融计算器很容易得出 *IRR* 答案。

用 WPS 表格计算如图 8－2 所示：

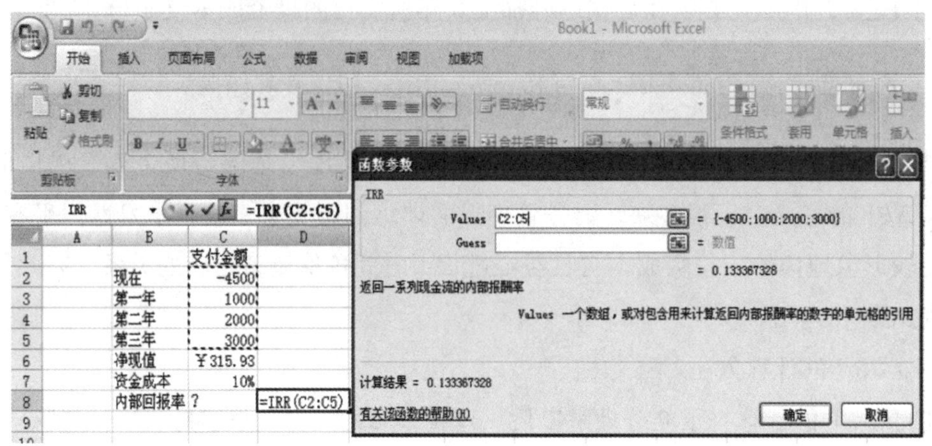

图 8－2　IRR 计算操作演示

需要说明的是，计算 *IRR* 的方法与 *NPV* 有些不同：计算 *IRR* 时，所输入的数值包括现金支付的数额，数值 C1 代表的就是现金的支付（请注意准确使用正负号）。

计算 *IRR* 时，还需要注意表格中出现的猜测值（GUESS），表格默认猜测值是 10%。如果预计 *IRR* 会远离 10%，就需要提供一个比较接近的比值作为猜测值。

3. 投资回收期（Payback Period，PBP）指标及其运用

（1）投资回收期的计算公式。

投资回收期指的是投资项目收回投资成本所需的时间。简单的方法就是用投资成本的金额，逐一减去投资期开始后每期的现金流入，直至其余数为 0。

（2）*PBP* 的投资决策指引。

把所计算出来的项目投资回收期，与投资者所要求的投资回收期做比较，等于或者短于后者，项目就是可行的。

（3）案例分析——投资回收期的运用。

你正在考虑是否进行如下一项投资：你现在需要投入 4 500 万元，投资收益分 3 年获得——一年后 1 000 万元、两年后 2 000 万元、三年后 3 000 万元。如果你要求的投资回收期是 2 年，你认为该项投资值得吗？

用手工计算：

用 4 500 万元的投资成本扣除了第一年的 1 000 万元、第二年的 2 000 万元，还剩 1 500万元未收回，这大约是要在第三年才能完全收回。

投资回收期是2.5年，长于要求的2年回收期，该项目不可行。

用CASIO计算器计算：

按照传统的计算方法，投资回收期不考虑投资资金的利息成本，所以，把*i*%设定为0。操作过程如下：

按键："CASH"

i% =0

CSH = D. Editor x EXE

1　－4 500（投入现金，所以加上符号）

2　1 000　EXE

3　2 000　EXE

4　3 000　EXE

ESC

PBP－SOLVE

PBP =2.5（年）

上述计算方法没有考虑投资成本因素，但现代公司理财决策中，资金成本越来越成为重要的决策前提。有了辅助工具之后，把资金成本因素加进来计算也是很简单的事，而且可以提升该指标的决策指引意义。假定上述案例中，投资者的资金来自银行贷款，年利率为5%，即每期现金流偿还该贷款以扣减本金和利息，余下未清偿债务仍然要计算利息成本。因此，在计算的时候，把*i*%设定为5。操作过程如下：

按键："CASH"

i% =5

CSH = D. Editor x EXE

1　－4 500（投入现金，所以加上符号）

2　1 000　EXE

3　2 000　EXE

4　3 000　EXE

ESC

PBP－SOLVE

PBP =2.75（年）

用WPS表格计算：

用WPS表格计算此类的数据，非常方便。

打开一个表格，输入相关数据，可以直接在上面做相关的计算，如表 8 - 1 所示。

表 8 - 1 *PBP* 计算操作演示

不考虑资金成本的情况下				
投资回收期	0 年	1 年	2 年	3 年
投资资金余额/万元	4 500	4 500	3 500	1 500
扣减现金流金额/万元	0	1 000	2 000	3 000
扣减后余额/万元	0	3 500	1 500	- 1 500
扣减累计时间/年	0	1	2	2. 5
考虑资金成本为 5% 的情况下				
投资回收期	0 年	1 年	2 年	3 年
投资资金余额/万元	4 500	4 725	3 911	2 700
扣减现金流金额/万元	0	1 000	2 000	3 000
扣减后余额/万元	0	3 725	1 911	- 993
扣减累计时间/年	0	1	2	2. 67

在不考虑资金成本的情况下，每年的投资资金余额为扣减当年收入现金流的余额，计算结果：*PBP* = 2. 5 （年）。

在考虑资金成本为 5% 的情况下，每年的投资资金，扣减当年收入现金流的余额之后，还需要分别乘以终值因子 $(1+5\%)^t$，如 1 年后的资金 = 4 500 ×（1 + 5%） = 4 725。计算结果：*PBP* = 2. 67 （年）。

4. **平均会计收益率**（Average Accounting Return，AAR）

平均会计收益是在不考虑货币时间价值的情况下计算的投资回报率。

（1）*AAR* 指标的计算公式：

AAR = 年平均净利润 ÷ 平均账面投资成本

其中，年平均净利润为投资期内每年净利润的简单算术平均数：

平均账面投资成本 = （期初投资成本 + 期末投资成本） ÷2。

（2）*AAR* 指标的投资决策指引。

AAR 等于或高于要求的平均会计收益率，该项目可行，否则不可行。

（3）案例分析——*AAR* 的运用。

某一新项目需要投入现金 4 500 万元，预计投资期为 3 年，投资成本按照直线折旧法，期末没有残值，投资期内每年净利润为：第一年 500 万元、第二年 700 万元、第三年 900 万元。假设投资者要求平均会计收益率为 25%，请计算本项目是否可行。

按照公式计算如下：

平均净利润 =（500 + 700 + 900）÷ 3 = 700（万元）

平均账面投资成本 =（4 500 + 0）÷ 2 = 2 250（万元）

平均会计收益率 = 700 ÷ 2 250 × 100% = 31%

结论：由于该项目的平均会计收益率高于投资者要求的水平，因此该项目是可行的。

AAR 是一种传统的会计方法，在过去计算手段严重依赖于手工计算的时代，使用很普遍。可是，由于该指标没有考虑资金成本因素，因此被认为是不够准确的指标。不过，其优点是所需的资料和数据在项目资本预算的过程中可直接获取，所以它是一种更简单的方法。相比来说，*NPV* 和 *IRR* 需要计算自由现金流，而且，计算较复杂，如果不借助辅助工具，财务管理工作者在日常工作中很难使用。

二、评估指标的适用性

有研究者向世界五百强公司的首席财务官做问卷调查：在做投资决策的时候，*NPV*、*IRR*、*PBP* 和 *AAR* 中，你最重视哪个指标？绝大多数的回答是 *NPV*，其次是 *IRR*。另外两个指标尽管很古老，但仍然是他们在投资决策时会参考的。笔者认为，这几个指标各自有优点，在做项目可行性分析报告的时候，通常都应该提供多个指标供决策者参考。

1. 四个投资决策指标的优缺点评价

（1）*NPV* 指标的计算基于 DCF 模型，充分考虑了货币的时间价值和所有的现金流，通过贴现率体现了对投资对象现金流风险的衡量，可以据此对不同项目的可行性进行排序，可以体现项目对于公司的价值增量。这个指标可以说能够满足所有投资决策的需要。“净现值没有严重的缺陷，是首选的决策标准。”①

从财务管理的角度来说，财务决策目标是寻求股东权益最大化。*NPV* 直接衡量公司价值的增量：*NPV* 越大，说明项目给股东带来的利益价值越大，因此，任何指标的决策指引如果跟 *NPV* 有冲突，以 *NPV* 为准。

---

① 根据麻省理工学院金融系主任斯蒂芬·罗斯等编写的《公司理财精要》（第七版）。他强调：“净现值没有严重的缺陷，是首选的决策标准。”

NPV 指标的计算比较复杂，最近几十年在电脑和计算器的帮助下，人们可以将过去高高在上的金融模型用于实务工作，因此，*NPV* 被广泛地应用于实务工作。在中国中小企业的投资决策中，*NPV* 仍被忽略，主要原因是目前能够掌握该方法并有信心运用的专业人士还不多。但在一些跨国企业，以及一些上市公司和大型国企中，这个方法已经得到重视。有些大型国企在进行大型项目之前，通常会花大笔咨询费，委托专门的机构做这类可行性分析报告，现在也会逐步寻求通过专业人士进行这类工作。笔者近些年给一些大型企业做过“项目可行性研究与投资决策”的专题培训，如给美的集团空调事业部全球财务和投资业务近 200 名员工，分 3 期做全员培训。

（2）*IRR* 指标的原理与 *NPV* 一样，是基于 *DCF* 模型的，同样具有 *NPV* 绝大多数的优点，而且，这个指标比较容易理解，在投资决策中，很受重视。只是在一些特殊情形下（反常现金流和互相排斥项目的时候），它是无效的。

（3）*PBP* 指标在传统的运用中，主要的缺点是没有考虑货币的时间价值，只提示了投资回收期之前的现金流，并没有体现投资回收期开始之后现金流的大小，所提出的作为比较的衡量标准（要求的 *PBP*）具有很大的主观性。不过，该指标体现了投资者对于回收投资本金的高度重视，而且，也可以满足项目可行性直接排序的需要。在电脑和计算器被广泛运用以前，这个指标在企业做投资决策时受到高度重视。笔者认为，该指标到目前仍被广泛使用说明它具有很大的参考价值，而且，借助辅助工具，可以在计算 *PBP* 的时候考虑投资资金的时间成本因素，这实际上等于在一定程度上考虑了货币的时间价值（尽管不算精确）。

（4）*AAR* 指标的主要缺点是没有考虑货币的时间价值，而且，所提出的作为比较的衡量标准（要求的 *AAR*）也具有很大的主观性。不过，该指标也可用于对投资项目可行性进行排序，一定程度上也体现了公司的价值增量。在考察短期项目的时候，由于资金的时间价值重要性相对较低，该指标的参考价值也会高一些。可是在考察长期项目的时候，该指标可能会有误导成分，可能会不适当地放大那些未来现金流较大的项目的可行性。

投资者在使用上述指标进行决策的时候，需要考虑上述因素。

2. 特殊情形下 *IRR* 的使用

从 *NPV* 和 *IRR* 的计算方法看，它们都基于 DCF 模型。在绝大多数的情况下，*NPV* 和 *IRR* 给出同样的决策指引。但是有一些例外情况，比如在“反常的现金流”和“比较两个互相排斥的项目”的情况下，*NPV* 和 *IRR* 可能会给出相反的指引。

（1）反常的现金流。

多数的投资项目在开始阶段是投入阶段，然后才进入产出阶段，表现在现金流上，是一开始是正数，后来变成持续的负数。可是，有些特殊项目，很可能出现反常的现金流：现金流的正负数可能出现了超过一次的变化。反常的现金流导致所计算的 *IRR* 不准确，很可能给出一个与 *NPV* 截然相反的结论。而这种反常的现金流在一些特殊情况下是可能出现的。例如，某核电站在一开始的投资期有大量的投资成本，然后开始长期的现金流收入，可是当该核电站结束需要关闭的时候，将需要大量的资金成本进入核反应堆的安全处理。这个时候就会出现这种反常的现金流情况。

例如，某项目需要初始投资成本 1 000 万元，投资期 3 年，自由现金流如下：

第一年 1 400 万元；

第二年 1 100 万元；

第三年 -1 550 万元。

如果投资者要求的回报率为 15%，这个项目是否可行?

用 WPS 表格计算如表 8-2 所示。结果是 $NPV = 30$，$IRR = 6\%$。

根据 *NPV* 的决策指引，$NPV > 0$，该项目可行。可是，根据 *IRR* 的决策指引，*IRR* 小于要求的回报率，该项目不可行。

表 8-2　反常的现金流的情况下计算的 *IRR* 与 *NPV*

项目		*CF*
t（年份）	0	-1 000 万元
	1	1 400 万元
	2	1 100 万元
	3	-1 550 万元
RATE		15%
NPV		30
IRR		6%

任何指标的决策指引如果跟 *NPV* 有冲突，以 *NPV* 为准。因此，在上述例题的决策要求中，根据 *NPV* 的指引，该项目是可行的，可以完全忽略 *IRR* 的指引。

不过，对上述例题进行深入的考察之后发现，当面对反常的现金流时，原来的一些“常识”变得不合时宜。比如，一般情况下，*NPV* 会随着贴现率的下降而提高，反之亦然。可是，在上述例题，假设贴现率从 15% 下降到 10% 和 5% 的时候，*NPV* 分别变成 17.28 和 -7.88；假设贴现率从 15% 提高到 20% 和 30% 的时候，*NPV* 分别变成

33.56 和 22.30（读者可以在 WPS 表格中，在表 8－2 计算的基础上，仅调整贴现率的水平，观察上述 *NPV* 的变化）！

显然，这个情况与反常的现金流有直接关系——一个未来的负值，在贴现率下降的时候，其绝对值变大，意味着负值变小，反之亦然。那意味着，根据 *NPV* 的计算结果做决策的时候，假定投资者对未来的现金流收支进行了适当的投资利率管理，即当利率上升时，收入的现金流取得更高的利率收入，而当利率下跌时，支出的现金流同样获得利息成本的降低。

显然，在现实的财务管理中，以上的管理并不是必然的。这一点提示了我们：DCF 模型的运用实际上是以一些假设为前提的。因此，包括 *NPV* 指标在内，仅仅是提供了决策的参考。不过，了解假设前提有助于经营者在实际执行资本预算计划的时候，懂得如何去关注重要问题，如上述的利率管理。

话说回来，为什么在反常的现金流的情况下，*IRR* 不适用？主要原因在于，如果现金流出现多次正负号的变化，*IRR* 将出现两个数值。这时候，两个数值都不能准确体现项目的回报率。

上例中的 *IRR* 在用 WPS 表格计算过程中，选择不同的猜测值（GUESS）有两个不同的计算结果：

第一种，按照默认的 10% 猜测值，当 *NPV*＝0 时，计算结果是 *IRR*（1）＝0.06。

第二种，选择 22% 以及以上的猜测值，当 *NPV*＝0 时，计算结果是 *IRR*（2）＝0.39。

如果现金流是正常的情况，即正负值仅出现一次的变化，用 WPS 做 *IRR* 计算的时候，如果实际值超过 10% 的猜测值太远，结果显示错误，就不会显示其他答案，通过调整猜测值，可以找到实际的 *IRR* 答案。

（2）互相排斥的项目。

如果投资者手上的资金有限，只能在两个项目中选择其中一个：选择了 A 就不能选择 B，反之亦然。当这两个项目互相排斥时，分别使用 *NPV* 和 *IRR* 来选择项目，也可能会碰到这两个指标给出不同指引的情况。

案例：假设投资者最多只有 5 000 万元资金，在项目 A 和项目 B 之间做选择。经测算，两个项目在投资期（两年）内每年的现金流如表 8－3 所示，投资者要求的回报率为 10%。如何选择？

计算结果显示：*NPV*（A）＞*NPV*（B），项目 A 更优；*IRR*（B）＞*IRR*（A），项目 B 更优。

根据“任何指标的决策指引如果跟 *NPV* 有冲突，以 *NPV* 为准”的原则，应该选择项目 A，因为其 *NPV* 较大。

表 8－3 考察互相排斥项目时 *IRR* 与 *NPV* 的决策指引

项目		项目 A	项目 B
t（年份）	0	－5 000 万元	－4 300 万元
	1	3 200 万元	3 300 万元
	2	3 500 万元	2 500 万元
RATE		10%	10%
NPV		802	766
IRR		22%	24%

当考察在不同回报率下两个项目的 *NPV* 时，会发现两个项目的优劣与要求的回报率有重要的关系。图 8－3 显示上例 A 和 B 两个项目在不同贴现率之下的 *NPV* 曲线。从图中可见，项目 A 的 *NPV* 曲线比项目 B 更陡一些，而两者在约 12.5% 的水平处相交。这说明 A、B 两个项目的 *NPV* 在这个利率水平下相等；当要求的回报率低于这个水平时，项目 A 的 *NPV* 高于项目 B；而当要求的回报率高于这个水平时，项目 B 的 *NPV* 高于项目 A。其原因在于项目 A 第一年的现金流小于第二年的现金流，而项目 B 第一年的现金流大于第二年的现金流。表明项目 A 的现值对利率的变化相对于项目 B 较为敏感。

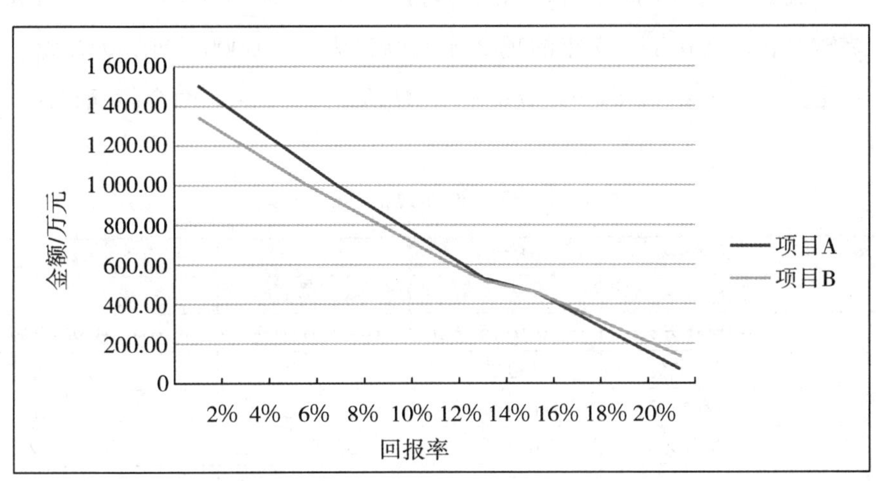

图 8－3 两个互相排斥项目的 *NPV* 曲线

3. 修正的内部回报率（Modified Internal Rate of Return，MIRR）

当出现反常现金流时，按照一般的计算方法，*IRR* 会出现两个值令它没法作为适当的决策指标。为了解决 *IRR* 出现两个值的困扰，可先对现金流做出调整，调成正常的现金流（正负号出现一次的变化），再计算出修正的内部回报率。

调整现金流并计算 *MIRR* 有三种方法：

（1）*MIRR*1。

这种方法是，首先把所有负值的现金流都折为现值，并与期初的投资成本相加，再计算 *IRR*，如表 8－4 第 3 列 *MIRR*1 的数据所示，调整以后，从 0 年到 3 年的现金流分别为：－2 019. 15 万元，1 400 万元，1 100 万元，0 万元。计算结果：*NPV*＝30，*MIRR*1＝16%。这两个指标显示，项目是可行的。

（2）*MIRR*2。

这种方法是，把除 0 年之外的所有现金流都折为期末的终值并相加，再计算 *IRR*。第一年和第二年的现金流折为第三年的终值再加上第三年的－1 550 万元，就等于 1 236. 5万元。如表 8－4 第 4 列 *MIRR*2 的数据所示，调整以后，从 0 年至 3 年的现金流就调整为：－1 000万元，0 万元，0 万元，1 236. 50 万元。计算结果：*NPV*＝－186. 98，*MIRR*2＝7%。这两个指标显示，项目是不可行的。

（3）*MIRR*3。

这种方法是上述两种方法的综合：把所有负值的现金流都折为 0 年的现值，把所有正数的现金流都折为期末的终值并相加，再计算 *IRR*。如表 8－4 第 5 列 *MIRR*3 的数据所示，调整以后，从 0 年至 3 年的现金流就调整为：－1 000万元，0 万元，0 万元，2 786. 50 万元。计算结果：*NPV*＝－186. 98，*MIRR*3＝11%。这两个指标显示，项目是不可行的。

表 8－4　修正内部回报率的计算

项目		*IRR*	*MIRR*1	*MIRR*2	*MIRR*3
		调整后 *CF*	*CF*	调整后 *CF*	—
t（年份）	0	－1000 万元	－2 019. 15 万元	－1 000 万元	－2 019. 15 万元
	1	1 400 万元	1 400 万元	0 万元	0 万元
	2	1 100 万元	1 100 万元	0 万元	0 万元
	3	－1 550 万元	0 万元	1 236. 50 万元	2 786. 50 万元
RATE		15%	15%	15%	15%
NPV		30	30	－186. 98	－186. 98
IRR/MIRR		6%	16%	7%	11%

鉴于国外著名教科书都介绍 *MIRR* 的计算方法，本书也简要介绍。只是笔者认为，*MIRR* 只是纯粹想避免内部回报率出现两个值的情况，实际上并没有什么意义。首先，

调整现金流的三种方式的计算结果差异可以很大，哪一种更好，学术上并没有定论；其次，三种调整方式导致现金流出现变化，以其为依据计算的 *NPV* 差异也很大。

因此，笔者认为，绝大多数的投资项目并没有必要使用 *MIRR*。如果碰到反常的现金流，就忽略 *IRR* 这个指标的指引，按照 *NPV* 的决策指引。

不过，如果在一个大型项目中，比如一个核电站项目的资本预算，投资期所收到的现金流再投资利率和收益等数据可以估算出来，就可以据此把现金流做相应调整，使其更接近现实。这样不仅解决了 *IRR* 双解的问题，还使 *NPV* 更加准确。

第二节　自由现金流分析

资本预算或者项目可行性研究所需要的 *NPV* 和 *IRR* 等重要指标在计算方法上是不难的。读者掌握方法以后，借助 WPS 表格或者金融计算器就可以很容易地计算出来。不过，这些指标的计算只是资本预算的一个重要环节，在计算之前，必须先做现金流分析。

一、自由现金流及其计算公式

现金流分析的指标与企业的现金流量中的指标计算口径有一些差别。

现金流指的是流入的现金与流出的现金之差。通过一个公司的资产负债表和损益表，可以测算出该公司的自由现金流情况。而且，通过分析自由现金流，研究者可以对一个公司的财务状况有更深入的了解。

1. 企业现金流的恒等式

自由现金流，就是公司通过使用各种资产，包括流动资产和固定资产，而产生的现金流，因此，它又称为“来自资产的现金流”（Cash Flow From Assets，CFFA）。

运用资产的过程中，现金流当然有进有出，不过，*CFFA* 指的是在这个过程中所有流入减去流出之后的余额。

除了资产运用的过程外，企业的现金流出，只能有两个去向，就是企业资金的提供方——债权人和股东。所以，*CFFA* 称为“流向债权人和股东的现金流”（Cash Flow to Creditors and Shareholders，简称 CFTC + CFTS）。可列一个恒等式：

$$CFFA = CFTC + CFTS$$

来自资产的现金流之所以被称为自由现金流，是因为在企业持续经营的前提下，它可以“自由地”被用于债务的还本付息或者给股东支付股息。当然，自由现金流也可能是一个负数，那意味着企业不仅不能向债权人还本付息或向股东支付股息，而且需要从他们那里融取更多的资金。

2. ABC 公司财务报表

本节将以 ABC 公司的资产负债表（如表 8－5 所示）和损益表（如表 8－6 所示）的资料，计算 ABC 公司的现金流指标。

表 8－5　ABC 公司 2020—2021 年资产负债情况

单位：万元

年度	2019 年	2020 年	年度	2019 年	2020 年
资产	—	—	负债现股东权益	—	—
流动资产	—	—	流动负债	—	—
现金	208	301	应付账款	550	666
短期投资	110	130	应付票据	260	230
应收账款	988	1 100	流动负债小计	810	896
存货	1 005	1 200	长期负债	989	999
流动资产小计	2 311	2 731	总负债	1 799	1 895
固定资产	—	—	股本金	1 200	1 329
固定资产净值	3 850	3 880	留存利润	3 162	3 387
总资产	6 161	6 611	负债与权益	6 161	6 611

表 8－6　ABC 公司 2021 年损益情况

单位：万元

总营业收入	3 030
售货成本	2 200
毛利	830
折旧	130
除息税前收益	700
利息	140
应税收入	560
税收	185
净利润	375
股息	150
留存利润	225

二、来自资产的现金流

来自资产的现金流或简称 CFFA，包括三个部分：经营现金流（Operating Cash Flow，OCF）、资本支出净值（Net Capital Spending，NCS）、流动资本变动值（Change in Net Working Capital，ΔNWC）。可列式如下：

$CFFA = OCF + NCS + \Delta NWC$。

式子中所包含的数据，需要根据流入还是流出来确定正负号。

1. 经营现金流

经营现金流产生于企业每天的生产和销售活动。计算公式：

经营现金流 = 销售收入 - 售货成本 - 税收
= 除息税前收益 + 折旧 - 税收
= 净利润 + 折旧 + 利息

以表 8 - 6 资料为例，ABC 公司的经营现金流可以计算如下：

经营现金流 = 700 + 130 - 185 = 645（万元）。

2. 资本支出净值

企业购买新的固定资产就产生了现金流出，而企业在出售旧的固定资产时就产生了现金流入。资本支出项目等于企业在资本方面的现金流出减去现金流入的净值。

资本支出净值的计算公式如下：

资本支出净值 = 期末固定资产净值 - 期初固定资产净值 + 折旧

在这个公式里，加上了折旧，因为在负债表中，它虽然已经被当作费用扣除了，并相应地减少了固定资产净值，但实际上并没有发生实际的现金支付。

当公司出售旧的固定资产而获得的现金流入超过当期由于购置新的固定资产而发生的现金流出时，资本支出净值可能为负数。

以表 8 - 5 和表 8 - 6 资料为例，ABC 公司的资本支出净值为 3 880 - 3 850 + 130 = 160（万元）。

3. 营运资本变动值

在财务学里，同期流动资产与流动负债之差即为营运资本。营运资本变动值即统计期内该指标的变动值。计算公式如下：

营运资本变动值 = 期末营运资本净值 - 期初营运资本净值

如表 8 - 5 所示，期末营运资本净值 =（2 731 - 896）-（2 311 - 810）= 334（万元）。

这个指标表明，ABC 公司 2021 年度在营运资本方面增加了 334 万元的投资资金。

综上所述，在 2021 年度，ABC 公司来自资产的现金流 = 645（经营现金流）- 160（资本支出净值）- 334（营运资本变动值）= 151（万元）。

在企业的三大会计报表中，有一份是现金流量表，这份表中的指标与这里进行的现金流分析指标有所不同。在现金流量表中，现金流包括来自经营活动的净现金流入、投资活动的净现金流入以及融资活动的净现金流入。这三个指标合计的净值就是公司的现金或现金等价物净增加值。

来自资产的现金流，也称为"自由现金流"，因为这笔现金可以自由地被用于偿还贷款或者分配给股东，而不需要为了维持正常的经营而用于固定资产或流动资产的投资。自由现金流，是在资本预算或项目可行性研究时最关心的现金流指标。

来自资产的现金流如果为负数的话，说明该公司在当期的经营中必须额外筹集资金以维持经营的正常进行。筹集资金的办法可以是债务融资（比如增加向银行贷款、发行更多的债券等），也可以是股权融资（比如发行新股）。

在会计报表之一——现金流量表中，利息支付被认为是一种经营支出，因此，其经营现金流的计算是净利润加折旧，但不加利息支付。这一点，是与这里所指现金流分析方法最主要的差别。

三、流向债权和股权的现金流

从一家公司流出去的现金总去向，就是债权人和股东。

1. 流向债权人的现金流

流向债权人的现金流，指的是公司在当期向长期债权人支付的现金流。计算公式如下：

流向债权人现金流 = 利息支付 - 新增长期债务

以表 8 - 5 和表 8 - 6 的资料为例，2021 年度 ABC 公司流向债权人的现金流 = 140 -（999 - 989）= 130（万元）。

2. 流向股东的现金流

流向股东的现金流指的是公司在当期向股东支付的现金流。计算公式如下：

向股东流出的现金流 = 股息 - 新增股金

以表8-5和表8-6的资料为例，ABC公司在2021年度流向股东的现金流 = 150 -（1 329 - 1 200） = 21（万元）。

2021年度ABC公司流向债权和股权的现金流合计为130 + 21 = 151（万元）。

四、相关现金流的确定与测算

在测算一个资本预算项目的现金流时，需要界定哪些现金流应该被包括在里面。按照公司财务管理的准则，一个资本预算项目必须包括的，是那些只有当项目被接受并实施以后才会发生的现金流。因此，又称之为增量现金流。会计原则中的独立原则可以帮助我们认清哪些属于增量现金流。

1. 几种特殊现金流的确定

这里列举几种容易被错误归入或者排除的特殊现金流。

（1）已支付成本。

已支付成本，指过去已经发生的成本。因为不管新项目是否确定要投资，这些成本都已经发生了，比如研发成本，因此，它们不属于增量现金流。例如，某公司在过去5年连续每年投入1 000万元研发某种产品，现在取得了突破，正在考虑是否移出实验室并进行产业化生产。公司对这个项目的可行性进行论证，这时候是否应该把过去5年的研发成本列入现金流的计算之列呢？按照上述原则，这个成本是不应该被列进来的。因为，过去花费的资金不能作为未来要上马做这个项目的理由。比如，过去研发的产品尽管成功了，但是现在发现市场暂时还不能接受这种产品，如果推出市场可能导致亏损，这样的情况下就不应该上马这个项目。

（2）机会成本。

由于公司资源是有限的，上马一个项目也许意味着公司的某些资源无法得到其他的收益或好处，这就是所谓机会成本的概念。这种成本是与新项目的投资有关系的，因此，必须包括在项目增量现金流之列。例如，某公司在两年前以1 000万元获得某块土地的使用权，现在准备用于新项目的厂房建设，这个土地成本就必须包括在项目的增量现金流里面。那么，应该按照什么成本来计算呢？

这时候需要考虑该项土地的机会成本。如果该公司不打算上马这个项目的话，就可以把该项土地使用权按照2 000万元出售，那么2 000万元就是该项资产的机会成本，要列入项目的投资现金流预算中。

（3）新项目上马所产生的副作用。

新项目上马以后，可能会对公司原有的业务造成影响，这种影响可能导致正面或者负面的副作用。这个因素与新项目的投资有间接的关系，因此必须在资本预算中予以考虑。

正面的副作用指新项目的投资将给公司原有的业务带来好处，比如，提高了产能的利用率、降低了综合的管理成本，或者提高了销售量等。正面的副作用需要量化成经济利益，并将其包括在新项目的增量收益。

负面的副作用指新项目的投资将给公司原有的业务带来坏处，比如，新产品对公司原有的产品造成竞争影响，降低了旧产品的销售量等。负面的副作用需要量化成经济成本，并将其包括在新项目的增量成本中。

（4）营运资本净值的变化。

新项目上马以后除了增加固定资产的投资外，还可能会增加流动资产的需求（需要预留公司周转资金）。当然，新项目还可能通过流动负债项目获得一些商业信用资金的周转。因此，新项目未来增量的流动资产与流动负债之差就是未来投资方必须在新项目上马以后增加的资金投入。

（5）财务成本。

在上述的自由现金流计算中，我们是不考虑财务成本因素的。我们把利息归入流向债权人的现金流项目中，因为财务成本属于融资方式选择的范畴，与投资项目的可行性没有直接的关系。当然，当我们把自由现金流指标用于净现值和内部回报率的计算时，我们使用的贴现率就是融资成本水平。

（6）税收。

税收通常都是一个投资项目十分重要的现金流出之一，因此我们必须将其归入自由现金流中。

2. 预测报表与现金流估算

自由现金流可以从普通会计报表的指标中计算，因此，做资本预算的第一步就是对未来投资期的财务指标做出估算，编制出预测报表。有了预测报表以后，就可以按照以上的方法计算出自由现金流，然后据此计算 *NPV* 和 *IRR* 等指标。

第三节　投资项目可行性研究案例分析

本节以一个设备更换项目的可行性研究及决策为例，来说明整个决策过程。

案例：某公司正在论证一项关于更换设备的可行性。新旧设备的相关资料如下。

旧设备：初始成本 = 100 000（元）；

直线折旧法：每年折旧费 = 9 000（元）；

购置时间：5 年以前；

目前账面值 = 55 000（元）；

今天的残值 = 65 000（元）；

5 年后残值 = 10 000（元）。

新设备：初始成本 = 150 000（元）；

预期使用年限：5 年；

5 年后残值 = 0；

预期节省成本 = 50 000 元/年；

加速折旧：第一年 33%，第二年 45%，第三年 15%，第四年 7%；

要求回报率 = 10%；

新机器不会导致营运资本变动；

新设备投资不涉及任何新的财务成本；

所得税率 = 40%。

分析思路：以预测财务报表估算现金流指标，计算自由现金流，再计算 *NPV* 和 *IRR* 指标，以评价该项目的可行性。

一、预测报表估算

如表 8 - 7 所示，该项目的重点是考虑节省成本、设备投资、折旧费和税收等方面的现金流变化。第二行“节约成本”显示分析者已经做了基础工作，确认更换设备后将给公司每年节约 50 000 元的成本，意味着这个金额的收入增量。

表 8－7　预测损益表数据

年份	1	2	3	4	5
节约成本/元	50 000	50 000	50 000	50 000	50 000
折旧	—	—	—	—	—
新设备/元	49 500	67 500	22 500	10 500	0
旧设备/元	9 000	9 000	9 000	9 000	9 000
增量/元	40 500	58 500	13 500	1 500	－9 000
EBIT/元	9 500	－8 500	36 500	48 500	59 000
税收/元	3 800	－3 400	14 600	19 400	23 600
净利润/元	5 700	－5 100	21 900	29 100	35 400

1. 计算折旧费的增量

首先，新设备的 150 000 元投资将在今后 4 年按照折旧比率提取每年的折旧费（表中“新设备”的指标），如表 8－7 中第 4 行数据。由于测算该设备在使用期末没有残值，所以在前 4 年折旧完毕后，第 5 年账面值就为 0。其次，购买新设备以后就可以把旧设备卖掉，因而可以获得处置旧设备的现金流入，同时旧设备在未来 5 年停止提取每年 9 000 元的折旧费（见表 8－7 中的“旧设备”折旧指标）。由新设备的折旧费减去旧设备的折旧费就是增量折旧费净值。

2. 计算税收支出

用除息税前收益（EBIT）乘以 0.4 就得出收入所得税的指标。其中由于第二年的 *EBIT* 是负数，因此得出的所得税支出为负数。该年导致的亏损可以扣减公司的应税收入，因此也体现为一种现金流入。

二、自由现金流计算

自由现金流，或称来自资产的现金流（CFFA），等于经营现金流减去资本支出净值再减去营运资本变动值。

1. 经营现金流

将表 8－7 中的净利润加上增量折旧费就等于经营现金流指标，如表 8－8 第 3 行，以及表8－9第2行所示。

表8－8　经营现金流计算

单位：元

增量折旧费	40 500	58 500	13 500	1 500	－9 000
净利润	5 700	－5 100	21 900	29 100	35 400
经营现金流	46 200	53 400	35 400	30 600	26 400

表8－9　来自资产的现金流（自由现金流）计算

年份	0	1	2	3	4	5
OCF/元	0	46 200	53 400	35 400	30 600	26 400
NCS/元	－89 000	0	0	0	0	－10 000
ΔNWC/元	0	0	0	0	0	0
CFFA/元	－89 000	46 200	53 400	35 400	30 600	16 400

2. 资本支出净值

考虑该项投资的资本支出除了计算新设备投资成本外，还要扣除处置旧设备的现金流入。由于处理旧设备的收益高于账面值，因此必须计算税后残值才是处置该项资产的净现金收入：

旧设备税后残值＝65 000－0.4×(65 000－55 000)＝61 000（元）

也就是说，超过账面值部分的残值需要交纳所得税。因此，投资期初资本支出净增加值＝150 000－61 000＝89 000（元）（流出）。另外，如果旧设备继续使用到期末，期末（第5年）旧机器还有税后残值10 000元［10 000－0.4×（10 000－10 000)］，由于提前处理掉了，5年后少了这项现金流入（相当于流出，用负号），因此，这体现为期末资本支出净值方面的支出，如表8－9第3行所示。

3. 营运资本变动值

由于假定更换设备不涉及营运资本的变动，所以投资期内这项指标均为0，如表8－9第4行所示。

4. 自由现金流

所有数据准备好之后，就可以计算来自资产的现金流（自由现金流）：$CFFA = OCF + NCS + \Delta NWC$。即第2行数据加上第3行和第4行，就等于第5行的数据——该项目从期初到期末每年的现金流。

5. *NPV* 和 *IRR* 的计算与决策

现在已经有了自由现金流的资料，可以着手计算 *NPV* 和 *IRR*。使用上述方法，计算结果如下：

NPV = 54 812. 10，*IRR* = 36. 28%。

根据投资决策准则，该项目是可行的。

第四节　状况分析与敏感度分析

NPV 和 *IRR* 指标只是在自由现金流估计为一定的情况下计算出来的“估算值”，如果自由现金流的实际数和估算数存在差异，就会形成投资的主要风险。决策者在考虑投资项目的可行性时必须关注其风险性，因此必须关注预期现金流变动的风险。

项目可行性研究中的风险分析主要是进行状况分析和敏感度分析。如下以一个案例来介绍现金流的风险分析方法。

案例基本资料：

初始投资成本为 200 000 元；

项目投资期为 5 年；

直线折旧法，期末没有残值；

营运资本净值期内不发生变化；

要求回报率为 12%；

税率为 34%。

一、状况分析

状况分析方法，就是预测项目在可能的不同市场环境中的现金流状况，并分别考察 *NPV* 和 *IRR* 指标可能发生的差异，以测试未来的投资风险。

1. 设想不同的状况

实际操作中，一般需要估计未来至少 3 种可能的市场环境。

（1）一般的市场环境：销售量中等、售价中等、成本中等。

（2）最好的市场环境：销售量最大、售价最高、成本最低。

（3）最坏的市场环境：销售量最小、售价最低、成本最高。

2. 测算不同状况下的主要经营指标

在以上案例中，预测未来5年内每年的几个主要指标①在普通状况、最低指标和最高指标情况下的数据，如表8-10所示。

表8-10　未来设想的三种状况下主要指标的数据

经营指标	普通状况	最低指标	最高指标	投资期	5年
销售量	6 000件	5 500件	6 500件	初始投资	200 000元
单价	80元	75元	85元	直线折旧法（每年）	40 000元
单位可变成本	60元	62元	58元	*NWC*	没有变化
固定成本	50 000元	55 000元	45 000元	要求回报率	12%

3. 计算并编制投资期项目预测损益表

（1）普通状况下的预测损益表。

在普通状况下的预测损益表（如表8-11所示）中，按照普通状况下的经营指标来计算销售额和成本等指标：销售量=6 000件、单价=80元、单位可变成本=60元、固定成本=50 000元。

表8-11　普通状况下的预测损益情况

单位：元

销售额	480 000
单位可变成本	360 000
固定成本	50 000
折旧	40 000
EBIT	30 000
税收	10 200
净利润	19 800

① 在本案例中，为了简单起见，假定未来5年每年都一样，实际上分析者可以根据自己对未来的预测逐年做出不同的预测。

（2）最好状况下的预测损益表。

在最好状况下的预测损益表（如表8－12所示）中，选择最好状况下的经营指标来计算销售额和成本等指标：销售量＝6 500件（最大）、单价＝85元（最高）、单位可变成本＝58元（最低）、固定成本＝45 000元（最低）。

表8－12　最好状况下的预测损益情况

单位：元

销售额	552 500
单位可变成本	377 000
固定成本	45 000
折旧	40 000
EBIT	90 500
税收	30 770
净利润	59 730

（3）最差状况下的预测损益表。

在最差状况下的预测损益表（如表8－13所示）中，我们选择最差状况下的经营指标来计算销售额和成本等指标：销售量＝5 500件（最低）、单价＝75元（最低）、单位可变成本＝62元（最高）、固定成本＝55 000元（最高）。

表8－13　最差状况下的预测损益情况

单位：元

销售额	412 500
单位可变成本	341 000
固定成本	55 000
折旧	40 000
EBIT	－23 500
税收	－7 990
净利润	－15 510

4. 计算不同状况下的自由现金流和 *NPV*

（1）普通状况下的自由现金流。

用普通状况下的预测损益表中的指标计算出项目未来5年每年的经营现金流为59 800元（净利润＋折旧）。

资本支出净值：在期初发生了－200 000元的变动。

营运资本变动值：本案例假设投资期内不导致营运资本变动，所以不参与计算。

计算出自由现金流、*NPV* 和 *IRR* 如表 8－14 所示：

表 8－14　普通状况下的自由现金流、*NPV* 与 *IRR*

年份	经营现金流	资本支出净值	自由现金流
0/元	0	－200 000	－200 000
1/元	59 800	0	59 800
2/元	59 800	0	59 800
3/元	59 800	0	59 800
4/元	59 800	0	59 800
5/元	59 800	0	59 800
—	—	*NPV*/元	15 565. 62
—	—	*IRR*	15. 10%

（2）最好状况下的自由现金流。

用最好状况下的预测损益表中的指标计算出项目未来 5 年每年的经营现金流为 99 730 元（净利润＋折旧）。

资本支出净值：在期初发生了－200 000 元的变动。

营运资本变动值：本案例假设投资期内不导致营运资本变动，所以不参与计算。

计算出自由现金流、*NPV* 和 *IRR* 如表 8－15 所示：

表 8－15　最好状况下的自由现金流、*NPV* 与 *IRR*

年份	经营现金流	资本支出净值	自由现金流
0/元	0	－200 000	－200 000
1/元	99 730	0	99 730
2/元	99 730	0	99 730
3/元	99 730	0	99 730
4/元	99 730	0	99 730
5/元	99 730	0	99 730
—	—	*NPV*/元	159 504. 33
—	—	*IRR*	40. 88%

（3）最差状况下的自由现金流。

用最差状况下的预测损益表中的指标计算出项目未来 5 年每年的经营现金流为 24 490 元（净利润＋折旧）。

资本支出净值：在期初发生了 -200 000 元的变动。

营运资本变动值：本案例假设投资期内不导致营运资本变动，所以不参与计算。

计算出自由现金流、*NPV* 和 *IRR* 如下：

表 8-16　最差状况下的自由现金流、*NPV* 与 *IRR*

年份	经营现金流	资本支出净值	自由现金流
0/元	0	-200 000	-200 000
1/元	24 490	0	24 490
2/元	24 490	0	24 490
3/元	24 490	0	24 490
4/元	24 490	0	24 490
5/元	24 490	0	24 490
—	—	*NPV*/元	-111 719.03
—	—	*IRR*	-14.40%

5. 状况分析的结论

以上分析的过程，通常在 WPS 表格上完成，不一定体现在项目可行性研究报告中，我们可以把上面研究用表 8-17 总结说明。

提供状况分析结果给决策者，分析者的工作基本就算结束了。决策者应该如何使用这个结果呢？

首先，这个研究结果实际上并没有一个明确的结论，不过，决策者可以得到提示，了解未来的风险边界在哪里；其次，决策者通常需要运用自己的直觉和经验，判断未来出现何种情况的可能性更大些，是否愿意承担风险。

表 8-17　状况分析的结论

状况	净利润/元	现金流/元	*NPV*/元	*IRR*
普通情况	19 800	59 800	15 565.62	15.10%
最坏情况	-15 510	24 490	-111 719.03	-14.40%
最好情况	59 730	99 730	159 504.33	40.88%

二、敏感度分析

敏感度分析就是通过考察某一因素发生了变化以后对现金流以及 *NPV* 和 *IRR* 造成

什么影响。某因素的变化导致 *NPV* 波动率越大，与那个因素有关的风险就越大。由于现金流的变化与很多因素都可能有关系，因此通过敏感度分析可以让决策者明白并关注现金流变化与各主要因素之间的敏感程度，并且适当地对不同因素分配不同的关注度。

1．对销售量的敏感度分析

（1）假定单价、单位可变成本和固定成本等因素都不变，分别等于 80 元、60 元和 50 000 元，只改变销售量，分别编制该项目的预测损益表。其中，“普通状况”下的预测报表中假定销售量为 6 000 件；“按最低计算”下的预测报表中假定销售量为 5 500 件；“按最高计算”下的预测报表中假定销售量为 6 500 件。

（2）按照三种销售量计算的预测报表指标，分别计算三种情况下的自由现金流、*NPV* 和 *IRR*（如表 8－18 和表 8－19 所示）。

表 8－18　三种销售量下的损益表数据

单位：元

经营指标	普通状况	按最低计算	按最高计算
销售额	480 000	440 000	520 000
单位可变成本	360 000	330 000	390 000
固定成本	50 000	50 000	50 000
折旧	40 000	40 000	40 000
EBIT	30 000	20 000	40 000
税收	10 200	6 800	13 600
净利润	19 800	13 200	26 400

表 8－19　三种销售量下的自由现金流、*NPV* 与 *IRR*

年份	自由现金流		
	普通状况	按最低计算	按最高计算
0/元	－200 000	－200 000	－200 000
1/元	59 800	53 200	66 400
2/元	59 800	53 200	66 400
3/元	59 800	53 200	66 400
4/元	59 800	53 200	66 400
5/元	59 800	53 200	66 400
NPV/元	15 565. 62	－8 225. 91	39 375. 14
IRR	15. 10%	10. 33%	19. 68%

（3）对销售量做敏感度分析的结论（如表 8－20 所示）。

表 8－20　对销售量做敏感度分析的结论

状况	销售量/件	现金流/元	*NPV*/元	*IRR*
普通情况	6 000	59 800	15 565. 62	15. 10%
最坏情况	5 500	53 200	－8 225. 91	10. 33%
最好情况	6 500	66 400	39 375. 14	19. 68%

2. 对单价的敏感度分析

（1）假定销售量、单位可变成本和固定成本等因素都不变，分别等于 6 000 元、60 元和 50 000 元，只改变单价，分别编制该项目的预测损益表。其中，“普通状况”下的预测报表中假定单价为 80 元，“按最低计算”下的预测报表中假定销售单价为 75 元，“按最高计算”下的预测报表中假定销售单价为 85 元（如表 8－21 所示）。

表 8－21　三种单位售价下的损益表数据

单位：元

经营指标	普通状况	按最低计算	按最高计算
销售额	480 000	450 000	510 000
单位可变成本	360 000	360 000	319 000
固定成本	50 000	50 000	50 000
折旧	40 000	40 000	40 000
EBIT	30 000	0	101 000
税收	10 200	0	134 340
净利润	19 800	0	66 660

（2）按照三种单价计算的预测报表指标，分别计算三种情况下的自由现金流、*NPV* 和 *IRR*（如表 8－22 和表 8－23 所示）。

表 8－22　三种单位售价下的自由现金流、*NPV* 与 *IRR*

年份	自由现金流		
	普通状况	按最低计算	按最高计算
0/元	－200 000	－200 000	－200 000
1/元	59 800	40 000	106 660
2/元	59 800	40 000	106 660
3/元	59 800	40 000	106 660
4/元	59 800	40 000	106 660
5/元	59 800	40 000	106 660
NPV/元	15 565. 62	－55 808. 95	184 485. 43
IRR	15. 10%	0	45. 01%

表 8－23　对单位售价做敏感度分析的结论

状况	单价/元	自由现金流/元	*NPV*/元	*IRR*
普通情况	80	59 800	15 565. 62	15. 10%
最坏情况	75	40 000	－55 808. 95	0
最好情况	85	106 660	184 485. 43	45. 01%

3．对单位可变成本的敏感度分析

（1）假定销售量、单价和固定成本等因素都不变，分别等于 6 000 元、80 元和 50 000元，只改变单位可变成本，分别编制该项目的预测损益表。其中，“普通状况”下的预测报表中假定单位可变成本为 60 元，“按最低计算”下的预测报表中假定单位可变成本为 58 元； “按最高计算”下的预测报表中假定单位可变成本为 62 元（如表 8－24 所示）。

表 8－24　三种单位可变成本下的损益表数据

单位：元

预测报表	普通状况	按最低计算	按最高计算
销售额	480 000	480 000	480 000
单位可变成本	360 000	348 000	372 000
固定成本	50 000	50 000	50 000
折旧	40 000	40 000	40 000
EBIT	30 000	42 000	18 000
税收	10 200	14 280	6 120
净利润	19 800	27 720	11 880

（2）按照三种单位可变成本计算的预测报表指标，分别计算三种情况下的自由现金流、*NPV* 和 *IRR*（如表 8－25 和表 8－26 所示）。

表 8－25　三种单位可变成本下的自由现金流、*NPV* 与 *IRR*

年份	自由现金流		
	普通状况	按最低计算	按最高计算
0/元	－200 000	－200 000	－200 000
1/元	59 800	67 720	51 880
2/元	59 800	67 720	51 880
3/元	59 800	67 720	51 880
4/元	59 800	67 720	51 880
5/元	59 800	67 720	51 880
NPV/元	15 565. 62	44 115. 44	－12 984. 21
IRR	15. 10%	20. 57%	9. 35%

表 8－26　对单位可变成本做敏感度分析的结论

状况	单位可变成本/元	自由现金流/元	*NPV*/元	*IRR*
普通情况	60	59 800	15 565. 62	15. 10%
最坏情况	62	51 880	－12 984. 21	9. 35%
最好情况	58	67 720	44 115. 94	20. 57%

4. 敏感度分析结论的使用

如果观察比较表 8－18、表 8－21 和表 8－24 中的数据，从销售量、单价和单位可变成本 3 个主要经营因素的敏感度分析结果看，单价的敏感度最高，其次是单位可变成本。这个研究成果对于决策者来说，至少有如下两个意义：

（1）决策者通常需要运用自己的直觉和经验判断这几个因素的风险程度，并考虑自己是否愿意承担风险。

（2）决策者可以根据这些数据了解未来项目启动以后管理需要关注的重点，适当分配好管理资源。

第五节　投资决策的权变原则

以 *NPV* 和 *IRR* 等指标作为决策依据，是现代财务管理学的重要指引，在理论上具有合理性。不过在企业管理决策中，决策者未必会完全依照这些指标的指引，可能需要考虑其他因素。

一、权变原则

从事实务工作的人常说，计划赶不上变化。管理学中的权变原则，强调决策者需要根据内外条件的变化随机应变。一个项目经研究后认为是可行的，如果在推行的时候发生了突发因素，是否应该做出调整呢？

笔者 2010 年应邀到长春一汽集团下属专门从事汽车零部件生产的某下属公司讲授“项目可行性研究”的课程。一位公司领导跟我说，2008 年底全球金融危机最严重的时候，他们放弃了两个很好的扩张项目，没想到 2009 年第二季度开始，中国的汽车市场需求旺盛，他们的生产能力跟不上市场需求的增长，很多订单都不敢接，十分后悔对形势做出错误的判断。从结果来看，决策者对市场的变化估计不足，错过了机会，可能会从“太保守”或者“缺乏冒险精神”等方面来检讨过去的决策。不过，从风险控制的角度来说，当时放弃一个项目也许并不值得后悔，不能简单地从结果来推断过去决策的得失。当时金融危机的后果对很多人来说还很难预料，美国三大汽车公司都陷入困境，国内汽车行业会不会步其后尘？决策者面临的难题是：如果继续扩张，一旦市场环境继续恶化，公司就要承担太大的风险，说不定新项目会拖垮整个公司；如果新项目成功的话，只是让公司锦上添花而已。决策者应该怎么样选择呢？俗话说：留得青山在，不怕没柴烧。这种情况下，放弃一个新项目是可以理解的。在管理学有一个权变管理原则，指的是要根据市场变化随时做出反应。投资决策总是在充满不确定性的环境中进行，决策者需要根据各种因素做出判断和抉择。市场机会总是存在的。可是，如果投资者承担过大的风险，一旦时运不济，也许活不过冬天，那么次年春天的明媚又有什么意思呢？因此，从事投资的人，保持良好的心态非常重要。

二、从公司总体战略确定新项目投资

对于一个大公司来说，每个新项目的运作都需要考虑与公司总体战略规划的一致性和协调性，不能只考虑某个项目本身的经济技术可行性。比如，一个产能扩张项目的可行性研究结果表明该项目是可行的，是否就应该立即上马呢？并不一定。假如公司发现自己在该产业中具有绝对的垄断地位，而且市场对预期产品的需求缺乏弹性，公司可以考虑提高价格，在不必增加投资的情况下获得更多的利润。

三、掌握进入市场的适当时机

市场未来的机会存在不确定性。前面介绍了通过状况分析和敏感度分析来评估项目的风险大小。如果评估结果发现项目虽好但存在较大的风险，决策者也可以考虑先关注市场的发展，等待最佳时机再介入。在金融投资领域有一句话：“准确把握时机就是一切。”这句话在项目投资中仍然是很有意义的。

在中国互联网早期的行业英雄中，人们都会记得张朝阳、王志东等以及他们创立或参与创立的新浪和搜狐等互联网品牌。但很少人知道张树新以及其创立的瀛海威品牌。张树新从美国回来后，创立了中国最早的互联网服务供应商——瀛海威信息通信有限责任公司。有人说，中国是在瀛海威的推动下开始走进网络时代的。创建初期，该公司主要从事互联网接入服务，即拨号上网服务。当时该公司提出了“中国人离信息高速路还有多远?”的口号，扮演了“互联网传教士”的角色。不过，瀛海威对中国人的互联网启蒙教育并没有给其带来利润，当市场变得较为成熟以后，该公司面对的是激烈的竞争。前期投入的高成本、后来风险投资对于互联网内容提供商的偏好和对互联网服务提供商的冷漠导致该公司未能享受到互联网时代的成果。

四、控制项目投资的节奏

新产品推出以后市场是否有足够的需求，是投资者必须考虑的一个重要问题。新产品出来以后如果不能迅速扩大销售量，就不能降低产品的成本；如果项目上马以后发现市场达不到自己的理想状态，投资失败很可能就是不可避免的结果。因此，投资决策的另一个选项，就是先试探性、小规模地生产，待市场前景比较明朗后再决定是否投入大规模的资金。

第九章　融资理论与资本结构管理[①]

本章将介绍资本结构理论等与企业融资有关的理论，以帮助读者了解并建立起资本成本和市场观念的框架。同时，我们也会通过案例分析，剖析中国民营企业家在融资活动中所遭遇到的挫折与失败，帮助企业家理顺在企业发展中的思路，以确定适合本企业实际情况和实际需要的目标。

第一节　公司资本结构

每一项投资都涉及资本成本，而企业赚取的收益只要超过成本就能为股东创造价值。资本包括股权资本和债务资本，它们所产生的资本成本以及对企业盈利的贡献是不一样的。

一、资本结构与杠杆比率

在现代金融学中，资本结构的概念，被用来表述资本中使用股本融资与债务融资的比例关系。债务融资能够使企业以 1 元的资本做 2 元甚至 3 元的生意，因此，企业使用的债务又称为杠杆，并以杠杆比率来表示一个企业在资本结构中对债务融资的依赖性：

杠杆比率 = 债务 ÷ （债务 + 股权）

① 本章内容主要根据下列教材并结合个人教学经验编写：Stephen A. Ross，Randolph W. Westerfield and Bradford D. Jordan，*Essentials of Corporate Finance*，Seventh Edition（McGraw-Hill Education，2016），P. 66。

二、杠杆效应分析

杠杠作用是物理学中的一个简单原理：利用一根杠杆和一个支点，就能以很小的力抬起很重的物体。而财务杠杆就是通过财务运作，用很小的自有资金撬动大规模的资本。

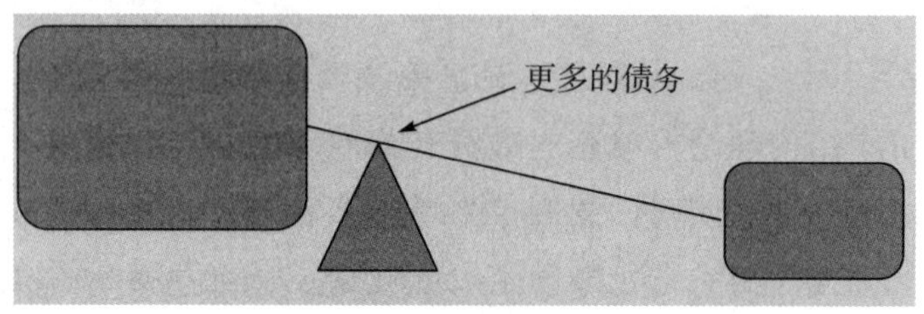

图 9－1　财务杠杆原理

杠杆可产生杠杆效应，即债务可以使企业在自有资本不变的情况下扩大经营规模，并对股本收益率产生影响。

1. 良好市场状况下的杠杆效应分析

在表 9－1 中，考察在良好的市场状况下不同的杠杆比率对公司每股利润及股本收益率的影响。

在状况 A 中，杠杆比率为 0，即公司使用 100% 的股权资本；在状况 B 中，杠杆比率为 30%，即公司使用 300 元作为债务融资，700 元作为股权资本。除此以外，其他条件都一样，如销售收入、生产成本、管理成本、折旧、税率等。因此，两种状况的除息税前收入都是 240 元。由于状况 A 没有任何债务，所以其利息成本为 0，税后利润为 160. 8 元。状况 B 中，300 元的债务产生了 18 元的利息成本，除息及税后利润为 148. 74 元，这个数据虽然比状况 A 的小，但是由于股本较小，每股利润反而比状况 A 更高。

表 9－1　良好市场状况下的杠杆效应

数据指标	状况	
	A	B
杠杆比率	0	30%
资本/元	1 000	1 000
债务/元	0	300

（续表）

数据指标	状况	
	A	B
股权	1 000	700
除息税前收益（*EBIT*）/元	240	240
利息（6%）/元	0	18
税前利润/元	240	222
公司所得税（33%）/元	79.2	73.26
税后利润/元	160.8	148.74
股数/股	1 000	700
每股利润（*EPS*）/元	0.16	0.21
股本收益率（*ROE*）	16%	21%

从表9－1的数据，可以看到较高的杠杆比率可带来较高的每股收益及股本收益率。可是，是不是杠杆比率越高越好呢？显然不是。让我们看看表9－2。

2. 恶劣市场状况下的杠杆效应分析

在表9－2中，由于市场状况恶化，公司的销售收入仅仅能够抵偿成本、管理费用、折旧等，两种情况下除息税前收益均为0。在状况A中，没有利息成本，所以每股利润和股本收益率都是0；而在状况B中，利息成本使每股盈利为－0.026元，股本收益率为－2.6%。显然，在恶劣市场状况下使用债务融资以后，公司抵抗经营风险的能力变弱。杠杆比率越大，公司的财务风险就越高。

表9－2　恶劣市场状况下的杠杆效应

数据指标	状况	
	A	B
杠杆比率	0	30%
资本/元	1 000	1 000
债务/元	0	300
股权	1 000	700
除息税前收益（*EBIT*）/元	0	0
利息（6%）/元	0	18
税前利润/元	0	－18
公司所得税（33%）/元	0	0
税后利润/元	0	18
股数/股	1 000	700
每股利润（*EPS*）/元	0	－0.026
股本收益率（*ROE*）	0	－2.6%

3. 影响公司财务风险的因素

从以上例子可见，影响公司财务风险的因素主要有三个。

（1）除息税前收益：这个指标越大，该公司承担债务的能力就越强。在市场环境好的情况下，公司的经营收入大，回收现金的能力强，还本付息的能力也比较强。

（2）负债的利息率：在除息税前收益以及负债比率一定的情况下，负债的利息率越高，财务成本就越大。设想在以上的例子中负债利息率从6%提高到10%，财务费用就从18元提高到30元，直接影响税后利润和每股利润指标。

（3）资本结构：负债比率的高低直接体现为公司所承担债务的规模、财务成本的大小。在除息税前收益和负债的利息率保持一定的情况下，杠杆比率越高，公司的债务规模和财务成本越大，反之亦然。

4. 资本结构与经营风险

从金融学的角度来看，风险就是不确定性。未来的不确定性越大，即表示风险越大。从表9－1和表9－2的数据中，可以观察到：如果公司不使用任何财务杠杆，在良好市场环境下，公司的每股盈利和股本收益率是0.16元和16%，而在恶劣市场环境下，这两个指标都是0；如果公司使用30%的杠杆比率，在良好市场环境下，公司的每股盈利和股本回报率分别是0.21元和21%，而在恶劣市场环境下，这两个指标分别是－0.026元和－2.6%。显然，使用财务杠杆的企业所面对的未来经营风险要大于不使用财务杠杆的企业，使用的财务杠杆比率越大，经营风险也越大。

表9－3　两种资本结构下的经营风险

资本结构		良好市场环境下	恶劣市场环境下
杠杆率为0时	每股盈利/元	0.16	0
	股本回报率	16%	0
杠杆率为30%时	每股盈利/元	0.21	－0.026
	股本回报率	21%	－2.6%

资本结构理论揭示了公司股权资本与债务资本的结构对股本收益率的影响。杠杆效应表明财务杠杆是一把“双刃剑”，债务资本可以扩大企业经营规模，但同时也使企业承担起较大的财务成本和财务风险：当市场环境良好时，财务杠杆可以提高公司股本利润率；当市场环境恶劣时，财务杠杆将导致公司亏损或扩大亏损。因此，企业必须保持合理的资本结构，以充分利用资本扩张的可能，同时保持低风险。

第二节　资本加权平均成本

当公司的资本涉及多种来源时，我们使用资本加权平均成本（Weighted Average Cost of Capital，WACC）来衡量整个公司的资本成本。这个概念也有助于我们理解资本结构理论所揭示的问题。

一、资本加权平均成本的基本含义

资本加权平均成本，是一项在考虑公司融资来源比例结构的情况下，衡量公司所有资本的预期成本的指标：

$$WACC = 股权权重 \times 股权成本 + 债务权重 \times 税后债务成本$$

一个更精细的计算公式还将股权分为普通股和优先股。由于优先股在中国并不常见，所以在这个简单化的公式里我们不做区分。

首先，计算公式的总资本市场价值（股权+债务）。

比如某公司的股权为5亿元，债务为5亿元，那么该公司的总资本市场价值为10亿元。

其次，计算各筹资来源的权重。

按上述的数据，股权和债务的权重分别为1/2。

1. 股权市场价值

对于上市公司来说，计算股权部分的资产价值最简单的办法就是将该股的市价乘以总股本。

尽管许多人买股票只是打算投机性地炒作赚取差价，但一定的投资回报率是决定其投资决策的主要因素，如果公司没有给予满意的分红派息，股票持有人可能就会通过出售持股的方式来表达对现有股价的看法。因此，股权成本从根本上来说就是公司为了维持股价并使股价处于一个令股东满意的水平所需要的成本——预期回报率。

股权成本的计算方法包括股票估值模型和资本资产定价模型。

2. 债务市场价值

一个公司的债务指公司现阶段的所有负债，包括发行的债券、银行贷款、作为商业信用的应付款、其他应付款等。商业信用在某些企业中占的比例会很大，而且这部分的信用也是有代价的。我们将在第十章对商业信用进行详细讨论。

相对于股权成本，债务成本是刚性的指标，即对于一个正常经营的公司来说，债务价值的变化弹性是很小的，在计算中比较简单。债务成本就是公司目前支付债务的利息的支出成本。

由于利息成本的支付是在税前扣除的，因此，与股权成本相比，债务资本的成本事实上是公司支付的利息减去节省的税务支出。所以，税后的债务成本是 $R_D \times$（1 - 公司税率）。

对于这个概念的理解，我们一定要有税前和税后的概念。由于我们都是在税后计算股权成本，因此，为了令债务成本的计算与股权成本的计算有可比性，我们需要对债务成本节省税负的因素进行调整。

如果公司债务是公开发行、交易的公司债券，其市场价值也很容易计算。通常，公司还有大量的银行贷款，这部分债务的市场价值就不能很准确地计算出来。不过，如果公司的信用评级没有大的变化，公司债务的市场价值一般都与账面价值很接近。因此，债务的账面价值一般都被直接当作市场价值运用于 WACC 的计算中。

二、资本加权平均成本的计算方法

资本加权平均成本是股权与债务的加权平均资本成本，其计算建立在公司的资本结构中股权与债务的比例之上。

1. *WACC* 计算公式

WACC 可以用下式表示：

$$WACC = R_E \times E/V + R_D \times (1 - T) \times D/V$$

其中，R_E 表示股权成本，R_D 表示债务成本，D 表示债务金额，E 表示股权金额，V 表示公司资本的总价值（$V = D + E$），D/V 表示债务的比例，E/V 表示股权的比例，T 表示公司所得税率。

2. 案例分析

举例来说，一个公司的股权市场价值为4亿元，债务市场价值为4亿元，股权成本为13.5%，债务成本为6%，公司所得税率为33%。

该公司的 $WACC = 13.5\% \times (4/8) + 6\% \times (1 - 33\%) \times (4/8)$

$= 6.75\% + 2.01\%$

$= 8.76\%$

这个计算结果显示，对于这个公司来说，*WACC* 为8.76%，表明只有能够提供回报率高于8.76%的投资才是值得该公司考虑的。

任何投资的资本成本，都是投资者投资项目时期望得到的回报率。因此，资本成本也是机会成本。

债务资本的成本较低和成本税前扣除的特点，是公司能够在保证自身投资的回报率达到8.76%的情况下，满足其股权投资者对该公司期望的13.5%收益率的重要因素。

三、资本加权平均成本的综合案例

在计算资本加权平均成本的时候，需要估算股本成本和债务成本，很多人会觉得很困难。事实上，如果对金融投资的基本理论和方法有了解的话，进行这方面的研究并不难。我们拿如下的综合案例来做示范。

假设某公司的股本为10亿股，当前的股价为10元/股，该公司的股票贝塔值为1.2，市场风险溢价为10%，市场无风险利率为3%。同时，该公司的长期债务为发行在外的5 000万张面值为100元的债券，目前每张债券的市场价为105元，券息率为6%，每年付息一次，还有10年到期。该公司的所得税率为25%，求该公司的资本加权平均成本。

1. 公司股本成本

公司股本成本可以使用资本资产定价模型来计算：

$R_E = 3\% + 1.2 \times 10\% = 15\%$。

2. 公司税后债务成本

（1）债务成本。

公司的债务成本就是债券的到期收益率（Yield to Maturity，英文缩写 YTM），使用财务计算器计算：

$N=10$, $PV=-105$, $PMT=6$, $FV=100$，求 I/Y 值。

计算可知：$R_D=5.34\%$。

（2）税后债务成本。

税后债务成本 $=R_D\times(1-T)=5.34\%\times(1-25\%)=4.01\%$。

3. 资本结构

（1）股本总值 = 10 亿 × 10 元 = 100（亿元）。

（2）债务总值 = 5000 万 × 105 元 = 52.5（亿元）。

（3）资本总值 = 100 亿元 + 52.5 亿元 = 152.5（亿元）。

（4）股本比例 $=100/152.5\times100\%=65.6\%$。

（5）债务比例 $=52.5/152.5\times100\%=34.4\%$。

4. 资本加权平均成本

$WACC=65.6\%\times15\%+34.4\%\times4.01\%=11.232\%$。

WACC 在做投资评估和分析时非常有用，比如，在做现金流分析时，该指标被用作贴现率以对未来的现金流进行折现，计算企业的净现值。*WACC* 还可以作为预期最低资本回收率用于评估投资资本回报的表现。此外，*WACC* 还在计算企业经济增值（Economic Value Added，EVA）方面扮演一个角色。

四、企业信用评级及其对加权平均成本的影响

WACC 的概念清楚地表明：资本成本与风险相适应，风险越高，投资者对于收益的要求也越高。

1. 股权资本与债权资本的投资风险差别

股权和债务在公司破产后的清偿顺序是不一样的。债务所有人在资本清偿顺序中处于优先地位，而普通股股东处于最后。很明显，股权投资的风险高于债权投资。因此，股权融资的成本通常也较债权融资成本高。

企业的经营及财务风险是一个动态的概念。如果一个企业的债务越来越多、负债

比率越来越高，那么该企业的财务风险就会越来越大。

2. 信用评级制度

在国际金融市场，企业发行债券（长期或短期），一般都要有信用评估机构的信用评级。投资者主要通过专业机构的评级来决定是否购买、以什么利率购买。

国际上有专门对企业的经营及财务风险进行信用评级的评估机构，其中最著名的三大评估机构为标准普尔（Standard & Poor）、穆迪（Moody）和惠誉（Fitch ICBA）。

信用评级，是指通过分析公司的各种条件，以一套标准对公司的信用度进行评估并给出意见和看法。评级中会考虑到公司所处产业的周期性以及公司的还本付息能力。信用评级的重点就是测量企业发生偿付债务困难的可能性和严重性。

标准普尔将公司长期债券评级分为 AAA、AA +、AA、AA –、A +、A、A –、BBB +、BBB、BBB –、BB +、BB、BB –、B、B –、CCC +、CCC、CCC –、CC、C 20 个等级。其中 BBB（含本级）以上为投资评级，以下为非投资评级。如果属于非投资评级的长期债券，其利率就一定比市场平均利率高得多。因此，非投资级的长期债券又称为高收益债券。

3. 信用评级变动对 *WACC* 的影响

当公司信用评级被降低时，公司的债券价格就会下降，导致债券到期收益率提高。债券到期收益率提高了以后，当公司需要发行新的债券时，就必须提供更高的利率才能吸引资金来购买。

五、加权平均成本理论的现实意义

一般的投资者都不想计算 *WACC*，因为它的计算过程很复杂，还需要公司的很多资料，而且，使用 *WACC* 的计算公式计算，要得出一个精确的结果是很困难的。用现金流贴现估值法计算股本和债务成本似乎是很客观的数据整理和计算，可是，数据来源的差异、不同分析者对未来现金流预期的差异，都会影响到计算的结果。因此，*WACC* 总的来说也是供参考的指标。不过，*WACC* 的计算方法确实有助于投资者更深刻地理解债务资本和股权资本的差别以及融资成本的概念。

综上所述，可以总结出如下的要点：

第一，由于所承担风险的不同，债务融资成本比股权融资成本低，因此，对于企业来说，债务融资是较优的融资方式。

第二，债务成本可以在税前扣除，因此，对于企业来说，使用更多的债务资本是更为合算的事情。

第三，负债比率的上升将提高企业财务风险并导致企业信用评级的下降（不是唯一的因素，但却是重要的因素之一），从而提高债务融资成本。

第四，债务融资成本的上升使企业继续举债变得不合算，逼使企业转而求助股权融资。

总而言之，企业家需要在股权资本与债券资本之间做出选择，寻求一个最合理的资本结构。

第三节　资本结构理论

佛朗哥·莫迪利亚尼（Franco Modigliani），1918 年出生于意大利，后移居美国。1944 年获纽约新社会研究学院社会科学博士学位，1960 年后在麻省理工学院任教授，1985 年获得诺贝尔经济学奖。

默顿·米勒（Merton Miller）出生于 1923 年，2000 年去世。他于 1952 年获约翰斯·霍普金斯大学博士学位，曾在美国财政部和美联储工作，后任芝加哥大学教授，1990 年与马科维茨和夏普一起获得该年度的诺贝尔经济学奖。

1958 年莫迪利亚尼和米勒联名发表论文《资本成本、公司融资与投资理论》，被学术界认为构建了现代资本结构学说的基础。该论文提出了著名的 MM 定理即莫迪利亚尼 - 米勒定理；1963 年，这两位学者又发表论文《企业所得税和资本成本：一项修正》，对他们的理论进行修正和完善。

一、莫迪利亚尼 - 米勒定理

根据 MM 定理，假定没有税收、破产成本、信息不对称的因素，并且处于完美市场状态下，一个公司的价值不会因公司融资方式的不同而受到影响——不管公司的资本是通过发行股票还是发行债券筹集到的，也不管公司的分红政策如何。

显然，上述的假定条件在现实世界中无一符合。不过，这个看似与现实无关的结论具有很重要的意义——企业家必须考虑不同的资本结构对公司价值的影响。这个定理提示我们应从何处入手去改善资本结构以提高公司的价值。

MM 定理分别假设如下 3 种情况以考察推断资本结构对公司价值和资本成本的影响：

（1）无公司所得税和无破产成本。

（2）有公司所得税但没有破产成本。

（3）有公司所得税和破产成本。

二、公司价值在不同情况下的差异分析

资本结构理论需要解释不同的资本结构对公司价值和资本成本的影响。首先，我们设 V_U 为不使用财务杠杆（即全部使用股权，不使用任何债务）的公司价值，V_L 为使用财务杠杆的公司价值。其次，为了简化研究过程，假设公司在运作过程中没有出现额外的资本支出，营运资本净值也没有出现变化，而且不存在折旧因素（这些因素加进来并不会改变研究结果），在这些假设前提下，资本结构理论要解释使用财务杠杆和不使用财务杠杆的公司价值是否有变化。

1. 没有公司所得税收和破产成本情况下的资本结构

（1）假设前提下的自由现金流。

如果不存在公司所得税收和破产成本，那么每年的公司自由现金流等于每年的除息税前收益，而且是每年不变，直到永远。

（2）不同资本结构下的公司价值。

根据永续年金现值的计算公式可得 $V_U = V_L = \frac{EBIT}{r}$，即公司价值不受资本结构的影响。也就是说，如果公司不需要缴付收入所得税，而且没有破产成本（即公司不会有破产导致资产损失的风险），那么公司的股本和债务比例一点都不会影响公司的总价值。如图 9－2 所示，股本和债务两者的比例只是体现为一个“饼”如何被切成两半，饼的大小并不会因为两部分的比例而改变。

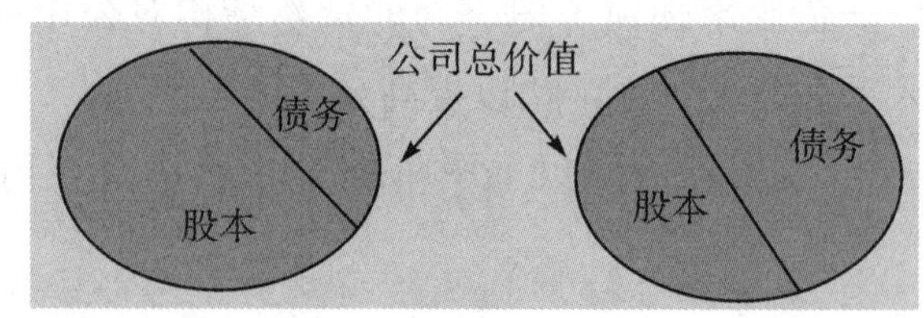

图 9-2　没有公司所得税和破产成本条件下的公司价值

2. 存在公司所得税但没有破产成本情况下的资本结构

在存在公司所得税的情况下，公司的股本成本（股息）是在税后提取的，而债务成本（利息）是在税前扣除的。由于税前扣除债务的利息而为公司减少了部分税务支出，也即为公司增加了自由现金流，所以这“原应纳税”部分可以称为避税收益，或称“税盾”。以 D 代表公司债务规模，R_D 代表债务利率，T 代表公司所得税率，每年的避税收益 $=D(R_D)\times T$。假设每年的避税收益不变，那么每年公司所获得的避税收益也符合永续年金现金流的特点，其现值可计算如下：

$$现值=\frac{D(R_D)\times T}{r}$$

当债务成本（利息）等于要求的回报率时，$\frac{D(R_D)\times T}{r}=D_t$。当公司不使用财务杠杆时，$V_U=\frac{EBIT}{r}$；当公司使用财务杠杆时，$V_L=V_U+\frac{D(R_D)\times T}{r}$。由于 $\frac{D(R_D)\times T}{r}>0$，所以 $V_L>V_U$。

由于在这种情况下不存在破产成本，公司的债务融资成本也不会有变化，因此，我们不需要担心负债率是否过高的问题。由此可以看出，财务杠杆降低了公司税后的加权平均资本成本，使借债经营成为更合算的选择。因此，公司负债越多，避税收益越大，公司的价值也就越大。当公司的负债率达到100%时，公司价值最大。

3. 在有公司所得税和破产成本情况下的资本结构

当一个企业负债太多，以至于没法按期还本付息的时候，就面临很危险的境地。债权人可以通过法院诉讼的办法，强制企业清盘偿还债务。如果一个企业被迫清盘破产，那么企业所有人——股东——将蒙受很大的损失。首先，企业的无形资产价值（公司品牌价值、市场地位价值等）可能会大大降低甚至丧失。其次，企业的资产很可能会被低价出售。例如，企业原来一栋价值 1 亿元的大厦可能在急于出售的情况下被按8 000万元卖掉。这样股东就蒙受了2 000 万元的损失。然而，我们在这里讲的破产成本，还不止这些。事实上，当企业面临破产危险的时候，已经在支付破产成本了！企业如果拖欠贷款，就会受到债权人的追讨，包括上法院诉讼。尽管企业不一定会因此破产，但是无疑会对公司造成一种困扰，甚至会影响公司的正常经营。

由于存在破产成本，因此我们原来假设公司债务成本不变的前提就不存在了。首先，公司的债务过多，就会导致信用评级下降，公司债券价格下降，因此投资者对公司要求的回报率就会上升，这样公司债务融资成本势必提高。其次，公司可能会因面临精神紧张的债权人追债而影响运作。

图 9 – 3 的上部分描述了在三种状况下债务规模与公司的价值之间的关系：

（1）假设没有公司所得税和破产成本，公司的价值不会随着公司的债务增减而发生变化。

（2）假设有公司所得税没有破产成本，公司的价值随着公司的债务增加而增大。

（3）在现实中，公司所得税和破产成本同时存在的情况下，公司的价值一开始随着使用债务规模增加而增大，到了某一点以后，公司的价值开始下降。这个拐点就是企业最佳的债务规模。

图 9 – 3 的下部分描绘了在三种状况下公司加权平均资本成本与债务/股本比率之间的关系：

（1）假设没有公司所得税和破产成本，公司的加权平均资本成本不会随着债务/股本的变化而发生变动。

（2）假设有公司所得税但没有破产成本，随着债务/股本比率的提高，公司的加权平均资本成本不断下降。

（3）假设有公司所得税同时有破产成本，随着债务/股本比率的提高，公司的加权平均资本成本开始是持续下降的，但到了某一点后就出现反弹持续上升。这个拐点就是最佳的债务/股本比率，也是最佳的资本结构。

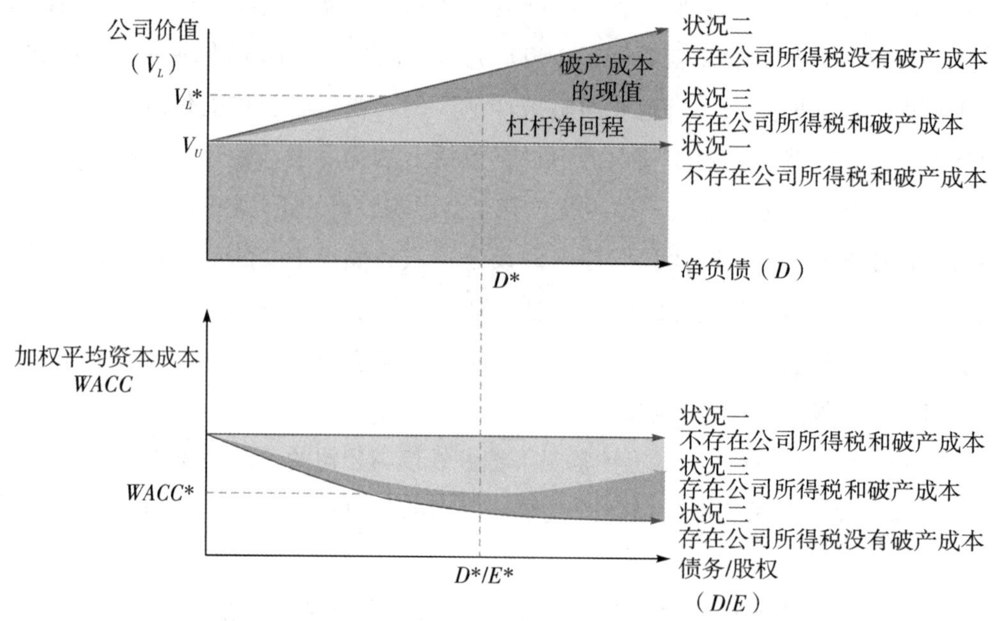

图 9－3　三种状况下资本结构变化对公司价值和 WACC 的影响

资料来源：Stephen A. Ross，Randolph W. Westerfield and Bradford D. Jordan，*Essentials of Corporate Finance*，Seventh Edition，（McGraw-Hill Education，2016）。

三、MM 定理的启示

在 MM 定理所假定的三种情况中，第三种情况最准确地描绘了公司融资环境的现实：

首先，绝大多数企业都需要缴纳收入所得税。税收几乎是现代人类社会最重要的特征。政府通过税收来维持社会福利、公共工程、国防开支、社会安全等公共利益的事业。因此，可以说，没有税收就没有政府，没有政府就没有秩序，没有秩序就没有现代人类社会。因此，企业在运作中都需要把税务因素纳入决策考虑范围中。我们从企业的损益表中看到，企业在核定应税收入前必须扣除一系列的费用和成本，其中就包括利息成本，债务成本也可以在税前扣除。相对来说，股权资本成本就没有这个优势，因为公司是将税后净利润在股东中进行分配的。从这一点出发，我们很容易理解为什么企业家在需要资金的时候首先考虑的就是借债。

其次，公司在负债经营中，可能要承担破产成本。一个零负债的公司是不可能破产的，因为任何人都没有权利要求公司破产。如果股东大会做出决议，公司可以清算并解散，这是一种主动性的结业行为。公司负债经营就可能在无法还本付息的情况下，被债权人要求将公司的所有资产清算破产，并将所取得的现金用于清算债务。通常被动式的清算对于股东来说就是一场噩梦，甚至意味着所有股权投资资产的丧失。要强调的是，这里所说的破产成本其实并不限于破产清算后股东的损失。当一个公司面临可能破产时，公司股东就在支付破产的成本，因为公司可能面临一系列的诉讼，可能因供货商不再提供付款优惠条件而迫使公司只能用现金采购原材料，客户可能因担心供货不稳定或者售后服务没保障而停止向公司下订单。凡此等等的困扰，很有可能令公司的状况进一步恶化而陷入万劫不复的处境。

再次，信息不对称的现实。我们讲信息不对称，指的是对于同一事物，不同人由于所掌握的信息质量和数量不同从而得出不同的看法和结论。因为这个因素的存在，人们习惯会用“平均”的标准去对事物做出判断。中国目前正处于经济快速发展时期，存在很多投资机会，在企业界里，有一种被称为“投资饥渴症”的倾向——人们尽量去借多点钱来投资，期望让企业有更好的发展空间。对于一个企业家来说，他对其所处的市场是有很充分的了解的，因此会很有信心去扩大借贷规模。但银行家或者其他投资者在考虑是否对该公司投资的时候，就不得不考虑使用一个一般的标准来衡量该公司目前的财务状况——道德风险。如果该公司的负债率非常高，即使企业家所描述的情况可能性很大，银行家或者其他投资者还是很难决定对其继续或者增加融资。也就是说，从不对称信息的角度来说，企业必须按照普通的标准来维持一个比较合理的负债率水平，以确保财务的安全性和稳定性。我们经常看到这样的事，市场传闻某公司的资金周转出现问题了，结果银行等债权人上门追债，导致公司倒闭。也许市场传闻并不是事实，但是一旦债权人从保护自己的利益出发要求提前收回贷款，就可能使公司出现短期支付的压力。如果公司不能及时得到资金支持，也许就逃不过破产的命运。因此，谨慎的企业家总是对自己的债务融资能力留有余地，以防不测。

综上所述，企业应该充分利用成本较低的债务融资条件来扩大经营规模，同时又必须考虑债务融资可能增加财务风险的因素。因此，维持一个合理的负债率水平是非常重要的。

第四节　融资顺序选择理论

MM 定理认为融资方式对一个公司的价值没有影响的诸多假设前提之一，就是不存在信息不对称。不过，在现实生活中，不对称信息的因素客观存在，也使不同融资方式对公司价值产生重大影响。

一、啄食顺序理论

1984 年，美国经济学家迈尔斯（Myers）在针对企业融资方式选择的研究中提出融资顺序理论——啄食顺序理论。他发现，公司管理层与投资者之间的信息不对称会导致不同融资方式对公司价值产生不同的影响。当公司宣布通过增发股票进行股权融资的时候，投资者会理解为公司管理层认为股票价格过高，因此投资者会抛售股票，致使公司市场价值下降。因此，除非不得已，否则公司通常不会采取增发配股的形式来融资。

迈尔斯认为，在信息出现不对称的情况下，企业倾向于选择内源融资或低风险的债券融资，最后才会选择股权融资方式。即企业在选择融资方式时，会遵循内源融资、债务融资、股权融资的先后顺序。

尽管迈尔斯强调信息不对称的因素，但啄食顺序理论事实上同时反映了企业经营者对于融资成本、财务风险、企业控制力等方面的抉择，具有相当的合理性。

二、内源融资与外源融资

按照资金来源的不同，企业融资分为内源融资和外源融资两种方式。

1. 内源融资

内源融资又称再投资，即将本企业的留存利润转化为资本投资的过程。

留存利润是企业实现的可分配利润中未被作为红利分配给股东而留在公司的部分。

例如，某企业上一年共有可分配利润 3 000 万元，股东大会决定向股东发放股息

1 000万元，余下2 000 万元作为留存利润保留在公司，在资产负债表里计入“股东权益”下的储备项目。

留存利润作为一种股权融资方式的优点是很明显的：

（1）内源融资来自企业内部，不必额外支付利息。

（2）将利润再投资可以使股东免除收入所得税。

（3）操作简便，企业要通过留存利润进行融资，只需在股东大会上做出一个分红的决议即可，因此，几乎不发生融资费用。

（4）对于控股股东来说，留存利润可以在不改变股权结构和比例的情况下实现融资目的，是一种对自己的控股权完全没有威胁的股权融资方式。

基于以上的好处，留存利润成为企业首选的融资来源。企业内源融资能力的大小主要取决于企业的经营规模及盈利能力，同时，投资者本身的资金需求也是一个重要的因素。如果投资者需要通过获取红利支付本身的债务，则客观上限制了内部融资能力。

一般来说，只有当内源融资仍无法满足企业资金需要时，企业才会转向外源融资。

不过，股东大会在审批分红决议的时候，必须权衡分红与留存利润及其比例。公司必须说服股东：利润留在公司里可以产生比一般的投资更高的回报。因此，企业需要提交令人信服的投资计划。

对于很多民营企业来说，由于股本都由某一家族所有，做出再投资的决策是比较容易的。尽管绝大多数民营企业都在大量使用内源融资来滚动发展，对他们来说，将自己消费以外的资金留在企业继续发展很简单，但将企业留存利润再投资当成一种融资行为却不容易。

由于国内民营企业大多规模很小，因此自有资金的滚动发展永远跟不上企业大规模发展所需的资金要求。随着企业规模的发展以及市场的开拓，内源融资通常难以满足企业对资金的需求，这样便需要引进外部的资金，即所谓外源融资。

2. 外源融资

外源融资，即吸收其他经济主体的资本，以转化为自己资本的投资过程。外源融资可根据其融资后在企业中的位置区分为债务融资与股权融资。

债务融资指通过增加企业负债的方式取得资金，而股权融资指通过扩大公司股本规模的方式取得资金。这两者有几个方面的区别：

（1）股权融资所带来的盈利增加必须缴纳公司所得税，而债务融资的利息成本可在税前利润中扣除。

（2）股权融资实际上就是增加公司所有人自有资金的投入，而债务融资可以在不增加股本的前提下发挥财务杠杆的作用，放大资本规模，在企业经营状况好的时候，可以放大公司的盈利能力，增加企业盈利。

（3）股权融资由于增加了股本金的投入，因此如果原公司控制人不同比例地增加股本金投入，其持股比例势必摊薄，其控制权也会减弱。而债务融资的增加通常不会对原控股股东的控制权构成威胁。

（4）股权融资没有偿还的问题，而债务融资需要还本付息，因而增加了公司未来的偿债压力。

三、啄食顺序理论在实际中的检验

啄食顺序理论在逻辑上是没有问题的，那么，在现实中是否有指导意义呢？

1. 资本主义国家企业融资结构

许多研究者在对资本主义国家的实证研究中发现啄食顺序理论基本符合现实的情况。

有关统计数据①表明，内源融资是资本主义国家企业的主要融资来源，而且其占全部资金比例有不断上升的趋势。20 世纪 70 年代到 90 年代中期，德国的内源融资比例从 53. 2% 上升到 65. 5%，日本从 29. 7% 上升到 49. 3%，英国从 58. 4% 上升到 68. 3%，美国从 61. 5% 上升到 83. 8%。而 1970—1989 年上述 4 国净融资的来源中，最重要的还是留存利润，4 国的比例都超过 70%，其中英国比例最高，达 97%。

在外部融资方面，间接融资（债务融资）占的比例也是比较大的。1970—1985 年，上述 4 国中，企业间接融资占全部外源融资的比重都超过 60%。

2. 国内上市公司的融资偏好

有学者对国内上市公司的情况进行实证研究②，得出的结果与传统理论有所不符。他们认为“在长期、短期和总体上中国上市公司确实存在权益融资的总体倾向”。中国

① 高正平：《中小企业融资新论》，中国金融出版社，2004 年。

② 唐健：《中国上市公司权益融资倾向探讨》，《CCER 学刊》2005 年第 4 期。

上市公司倾向于选择股权融资的偏好是明显的。笔者认为主要是因为国内整个资本市场的市场化程度低，企业融资方式的选择行为被许多行政因素扭曲了。最重要的原因是股票一级市场还没有进入真正的注册制，上市资格成为稀缺资源。IPO 的高溢价对很多企业家来说有巨大的吸引力。高溢价意味着较低的融资成本，上市公司当然喜欢进行股本融资。一旦一级市场放开，IPO 高溢价发行的情况受到抑制，股本融资的热情应该会受到抑制。上市公司将以市场的观点来进行融资方式的决策。当股票价格较高的时候，公司会倾向于采用股本融资的方式；当股票价格较低的时候，上市公司发行新股的融资成本就比较高，股本融资就未必是比债务融资更合算的选择。

3. 股权融资方式的选择

中小企业融资困难，是一个被广泛关注的问题。由于缺乏举债的条件，中小企业应该积极引进外部的股权投资者。从经济社会的角度来说，我们应该大力发展私募股权投资基金。第十一章将详细讨论这个问题。

企业发展到一定的程度，就需要考虑进入股票市场公开发行股票募集资金。

四、融资骗局案例分析

2004 年笔者还在北京任职。有一天接到一个朋友的电话。这个朋友是广东一家民营企业的老板。他很兴奋地告诉我，他来到北京，准备与一家外国投资机构签融资意向性协议。对方已经原则上同意提供 2 000 万元人民币的贷款，利率参照银行人民币贷款利率约 6%。笔者曾为该公司在上一年一笔 500 万元股权融资提供过意见，知道该公司发展得快，但资金始终是瓶颈。按理说，应该恭喜他才对，但当时笔者心里觉得奇怪：该公司产业是传统行业中的食品加工，还处于刚起步阶段，而且该公司规模偏小，缺乏对这么大额债务的抵押保障，外国投资者凭什么贷给他呢？

经过对来龙去脉的了解，笔者得出了初步结论，这很可能是一起以融资为名的骗局。因此，笔者叮咛这位朋友：在签订意向书时，千万不要支付任何名目的款项。果然，对方首先表示其美国总部对这个项目非常有兴趣，已经批准了融资要求，待实地考察核实后即可发放，并要求融资方在签订融资意向书时支付 10 万元的融资诚意金。这项要求自然被拒绝了。几周过后，媒体《南方周末》刊登披露了专门以融资为名诈骗民营企业钱财的金融骗子“美国世行集团”的黑幕。文中所披露的案例触目惊心。这家骗子公司的骗人手法拙劣，但是竟然有很多民营企业家上当受骗。

稳定的政治环境和低廉的劳动力成本使中国经济具有很强的竞争力。中国在国际贸易中的地位越来越高，并获得了“世界工厂”的称谓。中国民营企业也面临一个难得的发展机遇，但是，民营企业有限的积累使其对外部资金的需求很大。而中央政府宏观调控的结果，是民营企业对外部融资的需要达到渴求的地步。一些金融骗子正是利用了企业家的急切心理，用一些粗劣的伎俩诈骗钱财。前面提及的案例是比较典型的。笔者以下做一些分析。

将该民营企业称为 G 公司，把骗子公司称为 P 公司。

1. G 公司概况

G 公司是一个小型民营企业，原靠食品贸易业务积累了约 1 000 万元的财富，2002—2003 年收购了一个即将倒闭的国有食品加工企业，开始了实业投资经营。由于当地的工业比较落后，因此当地政府对 G 公司非常重视，将其列为当地重点扶持的对象，同时以不到市价一半的价钱向 G 公司提供约 5 万平方米的土地用于冷库和加工场的发展。这项土地的投资用了企业过半的资金。G 公司 2003 年被一家韩国食品公司选中作为合作伙伴，并开始了代理加工业务，由韩国公司提供资金在当地购买材料、加工并以韩国公司的品牌出口到韩国及美国。G 公司在这项业务中基本上不需要流动资金，基本上没有风险，但利润也有限，只是赚加工费。由于设备、场地、冷库的限制，目前没法满足对方的订货量。

2. G 公司的发展计划

G 公司的老板从小贩起家，很有市场意识和开拓能力。他通过长期建立起来的销售渠道推广自己品牌的食品，并以自己的品牌直接出口到国外。因此他急需实施如下两个投资计划：

（1）尽快启动新园区的建设，扩大产能，包括厂房、冷库和投资设备。

（2）向当地政府租赁土地（第一步租赁 3 000 亩），建设原材料基地。

按照估算，该项计划需要超过 3 000 万元的投资。G 公司在 2003 年成功以出让部分股权的方式吸引到一名香港商人投入 500 万元的股权投资。原计划余下部分的资金缺口通过土地质押方式向银行贷款，但由于国家实施宏观调控政策，银行进一步收紧对民营企业的贷款，一笔 2 000 万元的贷款申请在 2004 年被银行拒绝。

正当他到处找贷款的时候，一位所谓北京国际某某投资集团（P 公司）的广州业务代表找到他，声称可以通过国外资金帮助他解决贷款。面对“及时雨”，G 公司老板自然很开心，给对方提供了一些基本资料。对方很快答复，认为经过初审，G公司的项目符合美国投资方的要求，需要提交中英文的《商业计划书》。对方又声称，为了符合国际标准及容易被美国投资方接受，他们可以帮助编写并翻译《商业计划书》（当然收取费用）。

G公司提交《商业计划书》以后不久，P公司即通知G公司上北京洽谈并签订备忘录，声称美国投资方已经同意按照人民币贷款利率向G公司融资2 000万元，一经实地考察确认即可发放贷款。不过，在准备签备忘录的时候，P公司提出要G公司支付10万元诚意金及实地考察差旅费用。由于听了笔者的劝阻，G公司老板拒绝了这个条件，但答应以实报实销负担对方到广东实地考察的费用。备忘录没有签成，双方答应保持联系。过了不久，《南方周末》披露同类公司"美国世行集团"以融资为名的诈骗内幕，P公司及其联系人一夜之间都消失了。

3. **如何识破骗局**?

G公司老板事后问笔者为何一开始就怀疑对方是骗子公司，其实笔者只是使用了一些金融学常识。

首先，所谓的"外国投资公司的运作方式"不合惯例。国际投资者通常是专业化运作的，非常理性。在没有亲自对融资方进行尽职调查的情况下，不可能做出决定。另外，正式的投资机构不可能收取什么诚意金，在签协议以前，双方都是平等的，哪一方都没有权利预收费用。

其次，在目前的资本市场条件下，美国投资方不可能以普通利率向一个缺乏信用担保的民营企业提供贷款。

企业需要信贷资金通常会先寻求银行的帮助。如果银行不能解决，通常的原因就是缺乏抵押或担保、负债率太高等。这种情况下如果有机构愿意提供贷款，利率也必然很高。2004年国内的国债年回报率约为4%，民间融资利率在15%以上。按照资本资产定价模型计算，风险附加值达到11%以上。该案中P公司答应以略高于银行贷款利率的条件给予贷款，不符合收益需要与风险匹配的常识。世上没有免费的午餐，美国商人可不是来做慈善家的！风险投资机构如果对某个企业有兴趣，通常会进行股权投资——希望获得公司发展以后股权增值的机会。

针对G公司的情况，笔者建议为了保持持续经营的能力，别再花心思去借钱，而应该想办法寻找股权合作资金，或者收缩经营规模，放缓发展的脚步。

以上案例虽然发生在10多年前，但是类似的案子经常见诸报端。骗局的桥段几乎一样，希望读者能引以为戒。

关于股权融资的运作，请参阅后面的章节。

第五节　公司股息决策

内源融资通常指企业通过将盈利转化为留存利润而不是马上分配给股东的一种安排。这事实上与公司的股息决策有关系。

一、股息决策与股东权益最大化

上市公司的盈利如何分配涉及公司的股息决策——留存利润与现金红利比例。公司财务决策问题涉及各方面的利益，决策的标准应该是股东的价值最大化。我们先来考察现金分红对股东的利弊。

1. 在不考虑税收因素的情况下，股息决策对于股东权益的影响

对于公司的股息决策，每个股东可能从自己的财务状况表达出各自的偏好。如前所述，每个人对于现金股息决策的偏好与其各自所处的税率水平有很大关系。如果不考虑税收，股息决策对股东权益的价值有影响吗？Ross，Westerfield & Jordan[①] 使用现金流贴现法来考察同一个公司调整派息比例后股票估值水平的变化。

假定 Wharton 公司是一个全股本公司（即没有债务），一共有 100 股，股东大会决定两年后就解散。该公司今后两年每年清理资产可以分别有 10 000 美元的净现金流入，全部向股东分配，即每股可获得 100 美元。假设资金贴现率为 10%，按照现金流贴现估值模型可得 $V_0=\sum_{t=1}^{n}\frac{CF_t}{(1+r)^t}$，则该公司每股的价值可计算如下：

$$V_0=\frac{100}{(1+0.1)}+\frac{100}{(1+0.1)^2}=173.55\text{（美元）}$$

如果该公司股东大会要求第一年增加 10% 的现金分红，那么公司必须在第一年对

① Stephen A. Ross, Randolph W. Westerfield, Bradford D. Jordan, Essentials of Corporate Finance, *Seventh Edition*, (McGraw-Hill Education, 2016), P. 423 - 424.

外举债 1 000 美元，需要支付 10% 的资金成本，第二年需要支付 100 美元的利息。这样，该公司第一年的净现金流入为 11 000 美元，每股可得现金红利 110 美元，第二年的现金流入扣除了清还上一年借款 1 000 美元和利息 100 美元后，为 8 900 美元。该公司每股的价值可计算如下：

$$V_0=\frac{110}{(1+0.1)}+\frac{89}{(1+0.1)^2}=173.55\text{（美元）}$$

结论：在不考虑税收的情况下，不同分红派息比例对公司股东权益的价值并没有影响。

2．在考虑税收因素的情况下，股息决策对于股东权益的影响

现金分红增加了股东的税务支出。按照国内的税法，投资者必须为利息受益交付所得税。如果公司决定不进行现金分红，利润就留在公司做扩大再生产用途。对于股东来说，“肉烂在锅里”。

对于单个投资者来说，可能出于不同的财务考虑而对现金分红有不同的偏好。这也是投资者的财务决策问题。而财务决策与投资者所处的财务环境有关。在美国，股息收入是纳税人核算个人应税收入之一，在累进税的制度下，富有阶层所处的边际税率很高，实际税后股息可能只有一半。因此，这个群体的人通常都比较偏好所投资企业不派现金股息。因为公司增加了留存利润，意味着未来可以预期有更高的盈利能力。这样，公司的股价就会上涨，投资者照样可以从股价上涨中获得投资收益。尽管股票投资收益也要交资本收益税，但是相对于个人所得税率来说，资本收益税率要低得多。

美国著名投资人沃伦·巴菲特在 1965 年以买壳上市的方式控制了上市公司伯克希尔·哈撒韦公司并把它打造成世界最成功的公司之一。巴菲特入主以后，提出了公司的派息决策：不派现金股息。尽管该公司此后 55 年来从不派现金股息，但该公司的长线投资者却获得了巨大的回报。为什么即便该公司从来不派息，投资者也从来都不抱怨？因为他们得到了真正的实惠。也正因为从来不派息，导致该公司股票单价太高，很多普通投资者都买不起。其股票吸引的是高收入阶层，所以，巴菲特所服务的投资者都是真正的大富翁。

在中国，利息税单独征收，而且资本利得税还没有开始征收。因此，投资者对于现金股息的偏好有所不同也不奇怪。

二、上市公司确定股息决策的考虑因素

纯粹从财务决策的角度来说，企业从自身的盈利能力以及资本成本的情况来确定分红决策。如果公司的净资产收益率高于资本成本，那么提高留存利润率是合算的；如果公司的净资产收益率低于资本成本，那么公司应该尽可能降低留存利润率，提高股息支付率。不过，上市公司的股息政策是一项涉及各方面的财务决策内容，每个公司在决策其股息决策的时候，需要考虑多方面的因素。在现实中，上市公司实行的股息决策有多种形式。

1．残余股息决策

残余股息决策指在确定股息分配以前，先考虑满足其增加投资的资金需要以及维持公司债务与股本比例的需要的决策。举例来说，公司上一年有 1 亿元的盈利，公司今年需要投入 1.2 亿元在一个新项目上面，公司的资产负债率（负债/总资产）目前处于 50% 的水平（股本不计上一年的 1 亿元盈利），公司希望未来保持同样的资产负债率。按照残余股息决策，公司新投资的项目同样以 50% 来安排债务和股本的比例。这意味着公司需要投入股本金 6 000 万元，并对外筹集债务资金 6 000 万元。这样公司能够用于股息分配的现金就是 4 000 万元。

2．固定增长率股息决策

固定增长率股息决策指维持每年的股息分配额都比上一年度有固定增长的决策。公司的经营风险体现为公司盈利的不确定性。如果一个公司每年能够为股东提供稳定增长的现金股息收入，就可以建立起低风险的形象。根据资本资产定价模型的理论，低风险的企业，其资本成本也相对较低，其提供的同样的现金流的现值，即估值也可以提高。因此，维持每年固定的股息增长率是很多公司追求的目标。不过，要做到这一点并不容易。每个行业都有周期性，因此，公司每年的现金流都会有波动，因而会影响公司的派息能力。从国内外上市公司的实践来看，通常一些蓝筹股公司比较有可能做得到。由于这些公司通常在行业里处于主导地位，有可能在行业波动中维持一个较稳定的盈利水平，因此他们通常在公司有较多盈利的时候，增加留存盈利，在公司盈利出现倒退的时候，动用分红中的部分留存利润，以保持当年不仅能派现金股息，还可以保持与过去同样的增长率。在国内的房地产上市公司中，万科在这方面就做得

比较好，现已成为一个公认的蓝筹股公司。

3. 固定股息支付率决策

固定股息支付率指每年按照一个固定比率来分配当年盈利的决策。这种决策的管理和执行就比较简单：首先确定每年股息支付率，然后每年核定上一年度的盈利以后，就按照同样一个比例来确定用于股息分配的金额。比如，公司确定每年的股息支付率为50%，那么公司一个年度如果盈利1亿元，就可以将其中的5 000万元用于股息支付；如果盈利只有5 000万元，则只能将其中的2 500万元用于股息支付。

4. 折中的股息决策

折中的股息决策是前面几种决策的综合。它首先把公司的财务目标按照重要性排列下来，然后依次考虑如何满足这些目标。通常要考虑的财务目标如下：

（1）避免放弃对公司发展有利的投资项目。

（2）避免降低股息支付（降低股息支付是一种负面的信息，容易令投资者对公司财务状况产生担心而令股价下跌）。

（3）避免发行新股（发行新股导致原有股东的持股比例被摊薄，或者需要股东投入新资金来维持持股比例）。

（4）维持一个合适的债务/股本比例。

（5）维持一个合适的股息支付率。

这些财务目标都是不要让派息对市场产生负面的信号，以维持公司股票价格的稳定。

第六节　案例分析——从无锡尚德的衰败看企业投融资风险[①]

2001年，无锡尚德在无锡设立，生产光伏太阳能设备，初始注册资本800万美元。该公司2003年开始盈利，当年净利润为92.5万美元，2004年又达到1 975.7万美元，

① 本案例由笔者和同事甘星合作撰写。原作发表于《国际融资》（作者：甘星、蓝裕平）2013年第6期。本节内容在原案例上做了修订和补充。

2005 年底在美国纽交所成功上市。股票挂牌开盘一瞬间，创始人施正荣以 14.35 亿美元的身家成为当时中国内地首富。若以 2007 年底的最高价计算，施正荣所持股份的市值约达 55 亿美元。

无锡尚德借助上市的东风，迅速扩张产能，占领市场空间，到 2008 年底，无锡尚德产能已跻身世界光伏前三强。曾几何时，作为一家在新兴产业迅速崛起、脱颖而出的民营企业，无锡尚德在技术创新、企业的国际化运作以及融资模式等方面都令人津津乐道，堪称“中国制造”的成功典范。然而，2008 年金融危机爆发以后，该公司的经营状况江河日下。2012 年下半年开始，无锡尚德更是吸引了几乎全球金融界的目光：反担保骗局、纽交所退市警告、债务违约、关联交易等将无锡尚德推向舆论风浪的尖口，无锡尚德成为各大媒体财经版的热门话题。2013 年 3 月 20 日，无锡市中级人民法院依据《中华人民共和国企业破产法》规定，正式裁定对中国光伏巨头无锡尚德太阳能控股有限公司实施破产重整。在美国上市的母公司尚德控股完全失去了这块本来价值巨大的资产，被纽约交易所除牌，沦落为 OTCBB 上一个“壳”公司。

在大约 10 年的时间里，无锡尚德经历了一段抛物线式的发展路径，大起大落，令人唏嘘！无锡尚德出世到死亡的整个过程，笔者都非常关注。根据笔者对于经济和金融历史的认识，无锡尚德在整个生命过程中所经历的，还有很多企业家会遇到。因此，笔者希望通过对无锡尚德案例的分析，让读者对企业在投融资过程中可能遇到的风险有清楚的了解，以便将来做类似决策时有所参考。

一、新兴产业的机会与风险

20 世纪末的互联网泡沫，让人们很真切地了解了一次新兴产业的魅力。当时互联网产业给人们带来无限的遐想，因而短期内吸引了大量的资金，并短期内推高了相关资产的价格。互联网泡沫破灭以后，很多企业纷纷倒闭，投资者颗粒无收甚至亏损惨重。显然，与成熟的传统产业相比，新兴产业意味着更高的成长性和回报率，但相对更高的风险也如影随形。一个新兴行业在发展之初，会通过产品价格和资产价格的暴涨暴跌，对业界进行一轮又一轮的竞争淘汰、兼并，最终形成若干家大企业主宰市场的寡头垄断局面，令行业进入成熟稳定阶段。这是行业发展的基本规律。事实上，在这一轮光伏产业重新洗牌的过程中，已经有一批光伏企业先于无锡尚德倒下，尚存者多数也是奄奄一息。继续存活成为很多企业的短期目标。人们原本认为：无锡尚德太大了，倒不了！但破产的选项终于还是摆上了该公司投资者和管理层的日程表。导致无锡尚德崩盘的最大风险来自系统性风险，也就是产业风险或者市场风险。当行业处于上升周期，多数参与者都很容易赚钱，盈利持续上升，即使公司本身有经营问题和财务问题，也容易被迅速增长的销售量和节节上升的价格所掩盖。可是，当市场趋势发生逆转时，一系列的问题就暴露出来了。因此，人们应该能理解为何在2008年以前，与无锡尚德以及施正荣有关的新闻都是赞美之词，而当太阳能产业进入下跌周期的时候，其负面新闻就渐渐见诸报端。

二、光伏产业市场的泡沫膨胀与破灭

自21世纪初开始，石油价格从每桶13美元左右一路狂飙到2008年初的148美元，导致光伏产业等替代能源产业的需求迅速发展。最具代表性的就是作为行业最重要原材料的多晶硅的价格迅速飙升——从2000年不到10美元/千克的价格一直上升到2008年的近600美元/千克！其上升倍数远超石油价格。可是，当石油价格掉头向下的时候，多晶硅的价格以更快的速度回落，至2020年6月上旬，到了20美元/千克以下。暴涨暴跌的市场对于参与者来说是一个重大的考验。一旦趋势判断错误，灭顶之灾就悄然而至！当重要原材料价格持续上升时，下游厂商预测价格还将保持上升趋势，因此囤积原材料，或者签订长单，以锁定成本，这是供应链管理的一种策略。不过，这种做法成功的前提是对行情的发展趋势预估准确，若预估与实情相反，长期合同就会带来巨大亏损。2006年，无锡尚德与美国MEMC公司签订了固定价格80美元/千克的多晶硅十年期长单，当时市场零售价高于150美元/千克。这个合同当时看起来似乎很合算，尤其是能源价格预期还将继续上升的时候。不过，2008年之后，多晶硅的价格一路狂跌，至2011年7月已跌到50美元/千克，无锡尚德忍痛以赔付2.12亿美元的代价终止了该合约以止蚀。2011年初，无锡尚德与韩国多晶硅巨头OCI签署的另一个长期供应合同，也让无锡尚德付出了惨重的代价。合约规定无锡尚德将以高于35美元/千克的价格进行采购，当时看起来还不错的供货合约到了后面又是亏大钱的买卖。继续买单还是再次违约交罚款？无论选择哪种方案，无锡尚德都是输家。

长期供货合同相当于一份价格事先确定的长期合约，这种合约可以是一种风险对冲的手段，但是也可能成为投机的手段。如果无锡尚德的产品价格可以保持不变，或者本身的产品已经有同样期限和同样数量的长期销售合约，那么，通过长期供货合约来对冲长期销售合约就是一种风险对冲的策略。也就是说，通过长期供货合约控制成本从而锁定利润。但是，无锡尚德的产品面对的是终极消费者，显然不容易获得同样的长期销售合同，而且，光伏产业的竞争性很强，价格随行就市。无锡尚德显然也不具有定价权——其产品的价格也是随着重要原材料多晶硅的价格波动而波动的。2013年科尼尔咨询公司发布的数据显示，中国光伏产能已达50GW～60GW，相当于全球需求的2倍。光伏组件出货价格从2006年的3.98美元/瓦下跌至2011年的0.43美元/瓦，跌幅达89%。可以由此推测，无锡尚德的产品销售并不能让其弥补高成本的负担，亏损成为必然。根据无锡尚德公布的年报，2009年现金净流入额为3.29亿美元，2010年大幅下滑至3900万美元，而到了2011年为-3.8亿美元；同期的流动比率分别为142%、102%和80%，显示短期支付能力大幅下降；销售额在2009—2011年保持了良好的增长，但成本急剧增加，导致巨额亏损，2011年的亏损额达到6.45亿美元，造成年销售净利率为-32.38%。巨额亏损导致无锡尚德资产缩水，进而使长期清偿能力迅速恶化：2011年资产负债率高达81%，负债总额达到35.82亿美元。财务状况恶化的直接影响就是融资能力减弱，无法保持以新债还旧债的操作。最终债务违约也就不可避免了。

表面上无锡尚德使用长期合约对冲价格上升的风险，但事实上承当了价格下跌的风险。如果说无锡尚德一开始使用长期供货合约是出于对冲风险的初衷，那么无锡尚德实际上的运作可以理解为投机——希望获得原材料价格上升带来的利润。其悲惨遭遇只是泡沫爆破后受到严重冲击的又一个典型个案。近年披露的类似案例比比皆是。如波罗的海干散货运价指数DDI从2008年5月20日11793点的历史高位暴跌到同年12月5日的663点。中远集团在2008年金融危机前大举做多以该指数为基础的长期运费协议FFA，而在2008年的业绩中爆出39.5亿元的浮动亏损。当年的巨亏至今仍然让这家大型的国有企业深陷泥潭！

从理论上来说，无锡尚德作为光伏设备制造企业，应该专注于制造环节并获取这个环节的利润，不应该期望通过炒作原材料获取暴利。如果其当时的原材料按照产品订单来采购，相信就不会遭遇这么巨大的困难。不过，如果仅仅只是赚取一点加工制造费，无锡尚德“上半场”的成功故事肯定没有那么震撼人心。而且，面对节节上升的原材料市场行情，想要保持“坐怀不乱”不去参与投机性交易，确实很难。笔者在2007年曾经到无锡访问另一家生产光伏产品的企业，该公司老板急切地想出让一部分公司股权，套现部分资金准备去参与多晶硅投资项目。就像股票市场进入上升周期的时候，一些人会放弃原本的生意或工作，专职炒股票一样。由此可见，只要有市场就会有泡沫，泡沫的膨胀注定会使人们变得疯狂，而泡沫的爆破也注定会让一些人付出代价。能否把承担风险的程度控制在可承受的范围内，决定了企业能否保持可持续性。

这是市场经济的参与者都必须面对的挑战。在新兴产业中投资和经营，风险控制尤为重要！

三、国际贸易保护和外汇市场风险

石油和煤炭等石化能源的大量开发利用被认为是造成自然环境污染和人类生存环境恶化的重要原因，寻找洁净能源成为未来的潮流。光伏发电具有无污染、可持续、总量大、分布广、应用形式多样等诸多优点，得到人们的青睐。可以预见，光伏产业未来仍然会有很大的发展空间。不过，光伏发电在价格上与传统能源相比仍然不占优势。近年来对于太阳能电池的强劲需求主要来自各国政府，尤其是欧美发达国家对于光伏产业的政策扶持和价格补贴，而市场的持续增长所产生的规模经济效应也推动了其成本降低，进而促进该产业的快速发展。不过，对于国内的制造商来说，由于在国内光伏产品的使用还处于初始阶段，因此国内生产的光伏产品严重依赖于境外市场。2008 年全球金融危机后，欧债危机紧接爆发，欧盟国家经济陷入衰退。西方国家政府紧缩财政政策，“双反”贸易保护主义盛行。2011 年 11 月以来，美国、欧洲先后对我国的光伏产品提起“双反”，光伏产业的境外市场受阻，供求失衡迅速恶化。

外汇市场的风险也是无锡尚德这些国际性企业所面临的另一个重要风险点。从 2005 年的人民币改革至 2014 年，人民币兑美元的汇率有约 30% 的升幅。尽管之后随着美元对非美元货币汇率的全面上升，人民币出现了回调，到 2020 年 3 月，人民币兑美元汇率又回到 7 之上。这意味着出口型企业将长期面临人民币升值因素的不利影响。如何在长期的经营中对冲和规避外汇风险，也是这些企业的挑战之一。

显然，这些因素使无锡尚德等国内光伏产业制造商雪上加霜。2010 年底无锡尚德对欧美市场的依赖度高达 70%。相对于其他大多数内地光伏企业来说，无锡尚德的国际开拓能力是比较强的，公司聘用了一批国外的专业人士进入管理层，采用境外建厂的方式，缓解与销售地的贸易摩擦，缓解客户集中的风险。无锡尚德在美国亚利桑那州建厂并于 2010 年 10 月投入运营，积极拓展美国市场，弥补欧洲市场的不足。即使这样，无锡尚德仍然无法摆脱困境。

四、产业整合策略的选择

“多晶硅—硅片—太阳能电池及组件—太阳能照明灯具”是一条完整的产业链条。

无锡尚德的主营业务处于产业链的中、下端。无锡尚德是一家专业从事太阳电池、组件和光伏发电系统研发、制造与销售的高科技企业。要解决上游供应瓶颈问题，在供应链管理上通过投资控股上游供应商以建立稳固的供应链，对保证产能、控制价格意义重大。当无锡尚德成为世界光伏产业的巨头以后，通过持股亚洲硅业、GSF、辉煌硅能源、西安隆基，以及与豫金刚石公司开展深度合作，可以理解为无锡尚德供应链管理的战略部署。这种战略试图通过向上游的纵向扩张，在整个产业链上提高控制力，并进一步获取上游环节的利益。不过，这种战略的最大缺点是：公司过于深入介入整个产业价值链，导致经营风险和投资风险加大。

一些较成熟产业的领先者采取的整合战略刚好是相反的。比如海尔集团在20世纪末进行过一次整合战略的转变。在此以前，海尔几乎介入冰箱产业的整个价值链，自己有工厂生产压缩机、线束等零部件直至最后的装配。海尔参考了日本丰田汽车公司的做法，把所有的零部件都外包出去，并从运输距离、供应商资格审批、供货方式、结算方式等方面加强对供应商的管理，而自己集中做最后的总装部分。也就是说，海尔对外采购冰箱的所有零部件，然后在自己的安装车间装配成冰箱，并贴上自己的标签。海尔的这种整合战略具有几个优点：一是由于集中于最后的总装配环节，提高了专业化水平并迅速提高了市场的占有率；二是在更大的规模上通过订单对于上游的供应商形成了控制力；三是减少了整个单位产品的资金占用，降低了财务风险；四是通过商业信用的手段控制上游供应商的现金流（对上游供应商采取延长结算时间的办法），达到商业信用融资的目的。这些做法一方面提高了产业控制力，另一方面把产业经营风险的其中一部分转嫁给供应商，降低了自己的经营风险和财务风险。海尔集团在经营了若干年以后才做了这个重大的战略调整。最近十几年来海尔集团的高速成长表明这种战略调整的效果很好。最近几年随着国家对房地产业的严厉调控，电器行业的厂商普遍受到生产成本上升但电器产品价格持续下跌的影响，而海尔集团仍然能够保持增长的势头并维持行业的龙头地位，跟其较优的产业定位有很大关系。笔者发现，这种通过总装环节来控制产业价值链并降低经营风险和投资风险的模式不仅在电器产业有成功的案例，在其他不少的成熟产业，如汽车行业、电脑行业和房地产行业等也有很多成功的案例。

无锡尚德在各种有利的市场条件的推动下，几年内迅速发展成为一个新兴产业的巨头。但市场突然快速逆转，让还来不及做战略调整的无锡尚德陷入窘境。从企业产业发展战略的角度来说，这一点非常值得企业家们重视。

五、对公司治理问题的思考

代理人问题通常都是产生公司治理问题的最重要原因。管理层与投资者之间由于存在利益的差异，互相之间会有矛盾和冲突。无锡尚德进入财务困难阶段以后，管理层、投资方、地方政府、债权人等各方利益相关者各自叫屈，互相指责。掏空企业资产、关联交易、利益输送、粉饰财报等公司治理中常见的问题，在无锡尚德事件中也被人们一一提了出来。作为局外人，我们需要以客观的态度来看待这些问题。

在各种经济往来中，供应商、投资者和公司管理层的利益有时是有冲突的。如果没有一个较好的公司治理结构，交易中某方的利益可能就得不到保障。进行战略合作时，利益的天平很难维持每时每刻都是平衡的，但总体上，只要能给双方带来共赢，合作就是必要的。无锡尚德管理团队带领公司进行高速扩张，并不断拉长产业价值链，是出于为投资者带来长期高利润回报的战略考量，还是不惜牺牲投资者的利益来满足个人利益的最大化？这个问题恐怕很难简单地判断。施正荣是最大的股东，公司的盛衰对他的影响远大于其他人。他所领导的管理层团队从主观上来说，当然是想把公司做大做强。客观上造成的决策错误以及损失是另一个层面需要讨论的问题。至于公司在采购等环节是否有非法的利益输送，需要具体问题具体分析。有些人对施正荣贸然地指责的确有失公正。即使他确实在某些方面有过失，公司的董事会、监事会以及独立董事等其他相关人士也难辞其咎。比如10年期多晶硅采购签订、另辟蹊径投资薄膜电池等重大决策错误被披露出来以后，人们发现其决策程序存在诸多纰漏。无锡尚德此次债务违约的始作俑者是其子公司——环球太阳能基金（GSF）。无锡尚德因资金紧绷，为应对2013年3月到期的数亿美元可转债，决定出售其在GSF的80%股权套现偿还到期债务。操作时无锡尚德才发现GSF基金管理公司为无锡尚德提供的反担保的5.6亿欧元等值的德国政府债券抵押根本就不存在。在最初参与GSF基金投资时做调查的人员是否存在过失？决策者是否用人不当？监管制度是否缺失？投资决策程序是否妥当？若存在诸如此类的问题，公司管理层作为投资者的代理人负有不可推卸的责任。2012年8月，5家美国法律机构代理原告向美国联邦地方法院提交诉状，指控无锡尚德以及包括董事长兼CEO（首席执行官）施正荣在内的部分高管违反联邦证券法。

有关方面对施正荣的另一重要指责是施正荣拒绝以个人的所有资产对公司的债务做担保以换取进一步的注资来挽救无锡尚德。笔者认为这种指责对施正荣不公平。他有权力根据自己的判断以及个人对风险的承受能力，来决定是否要以个人的资产和信用为公司的未来做保证。无锡尚德是一家有限责任公司，施正荣是公司最大的股东，但不是唯一的股东。他从个人理财的角度，在公司上市以后，选择合适的时候套现了一些股票并投资在其他领域，做分散化理财安排，是合情合理的。笔者关注过一批富豪在遭遇类似公司倒闭之后的状况，如中国特种纤维控股有限公司前大股东陈顺利（2002 年福布斯中国内地第 21 位富豪）和前湖南太子奶集团的老板李途纯在公司破产之后进入悲惨境况，而施正荣在公司破产之后，尽管没有了原来在公众面前的风光，却可以继续过着富足的生活。这种差别，体现了投资理财和风险控制策略的差异。

综上所述，从光伏产业巨头无锡尚德的案例分析中，我们可以总结出一个新兴产业运作的几大风险因素，包括新兴产业所具有的高回报高风险、市场泡沫膨胀诱惑与爆破所带来的冲击、国际经营风险、产业整合风险以及公司治理问题等。无锡尚德最后没法起死回生，其教训值得业界和投资者关注并引以为戒。

任何产业都会有兴衰周期的变化，这对于投资者来说是一个永恒的挑战。在周期变化中“活着”，并不容易。美国的页岩油产业在 21 世纪初的油价暴涨行情中得到迅速发展，美国从世界最大的石油进口国变成世界最大的石油生产国。不过，2008 年国际油价持续走低，美国不少页岩油企业走向破产。2020 年 3 月中旬，国际原油价格出现两次闪崩——第一次一天内暴跌 30%，第二次一天内暴跌 15%。此后油价疲软，到年底，油价维持在 40 美元一桶左右的水平。据披露，这个水平实际上已经低于大多数美国页岩油企业的生产成本。世界风云突变，俄罗斯与乌克兰的关系恶化，到 2022 年初甚至酿成严重的军事冲突，油价因此一飞冲天，重上 100 美元一桶的高位。可以想象，这将给相关产业又带来冲击。

第十章　债务融资策划

正如啄食顺序理论所述，债务融资是外源融资的首选。在债务融资方式中，证券化品种包括债券和信托计划及其估值方法，这些已经在第六章讨论过，本章讨论其他非标准的债务融资工具，包括银行信贷、债券融资、商业信用等的运用和相应的风险控制策略。

第一节　银行信贷

银行信贷是传统的债务融资方式。以下回顾中国银行业改革进程，进而讨论在进行银行信贷融资策划时需要关注的事项。

一、中国银行业改革

中国在改革开放前的计划经济时代，银行业全部是国有的，其决策几乎完全纳入国家的总体计划体系中。那个时代，获得银行贷款的主要还是国有企业。改革开放以后，随着很多跨国公司进入中国，民营经济茁壮成长，原有的国有企业受到冲击，相当一批国企通过现代企业制度改革，脱胎换骨，成为新时代的国家栋梁企业，而有一批企业没能适应新时代的要求，被“关停并转”，由此产生了一大批银行坏账。

中国的国有银行实际上承担了从计划经济向社会主义市场经济过渡这一过程中的很大一部分社会成本，这些社会成本的表现形态就是不良贷款。有效防范和化解金融风险是金融得以促进经济发展的前提。若不防范风险，银行不良资产会越来越多，包袱会越来越重，结果必然危及银行的生存。

加入 WTO 后，中国承诺开放金融行业的时间表，外资金融机构将会逐步进入中国参与竞争。为了这一挑战，中国政府在 20 世纪 90 年代末制定了银行业改革的三大目标：第一，清理不良贷款并推进资本化；第二，使所有者结构多样化以及改善公司治理；第三，在境外资本市场首次公开发行股票。在 2006 年底的大限时间前后，这三大目标基本达到了。

首先，在四大专业银行之下成立四大资产管理公司负责对银行坏账进行剥离和处理，同时由国库拨出大笔资金补充四大银行的资本金（如向中国建设银行投入 450 亿美元）。至 2005 年底，国有商业银行的不良贷款总额从 2003 年的 20 万亿元降至 10.7 万亿元，而平均不良贷款率从 20% 下降到 10.5%。

其次，国有银行以市场为导向，进行股份制改造，推动几大银行在国内外资本市场上市的进程，转变经营机制。这样做的目的是改进国有商业银行的经营效果，改善资产质量。各银行在股份制改造过程中，引进了一些国际性战略投资者或者国内民营性质的新股东，使所有者结构多样化，同时改善并提高公司治理结构。

再次，中国银行、交通银行、中国建设银行和中国工商银行等在香港和内地成功上市，这样一来不仅进一步提高了这些国有控股银行的实力，也提高了它们的融资能力。中国的改革都是“摸着石头过河”，先从试点开始，再逐步推开。由于银行业的敏感性，中国政府先从一些地方性的银行（如深圳发展银行和浦东发展银行）开始试点，将其改造成股份制银行并推向股票市场，成功以后再扩张到国有的大银行。

中国银行业改革取得成功，粉碎了过去西方舆论界预期的中国银行业崩溃论，在 2008 年的金融危机中，西方一大批银行受危机影响进入困境的情况下，中国银行业一枝独秀，快速发展。最近 10 多年，中国四大银行在国际银行业的地位越来越高。英国《银行家》杂志在 2021 年 6 月公布了 2021 年世界 1 000 大银行排行榜，榜单显示中国四大银行继续包揽前四名，这四大银行是中国工商银行、中国建设银行、中国农业银行和中国银行，美国摩根大通排第五①。

经过 20 多年的改革，中国银行业已经取得了较高的市场化程度，信贷管理越来越规范化。银行对于信贷管理的加强，目的就是回避将资金贷给那些资信差、还款能力差的企业，支持那些有发展前景、还款能力强的企业。银行信贷部门的人总是抱怨：手里有信贷额度，但是贷不出去，因为想贷款的企业还款能力差，好企业又不一定来贷款。

---

① https://www.thebankerdatabase.com/。

面对越来越规范化、市场化运作的银行业，企业又应该怎么做呢？

二、运用银行信贷的战略

企业应该以市场化的方式来运用银行信贷。

1. 企业与银行的关系

在银行实行市场导向的改革后，银行与企业的关系成为一种商业合作关系，前提就是互惠、互利。

（1）银行对企业的需要。

对于银行来说，企业是重要的潜在客户。银行首先希望通过将吸收存款得来的资金放贷给资信情况较好的客户并取得较高的利息收入以赚取差价；其次，银行希望通过信贷业务取得客户其他方面，如存款、结算，甚至外汇交易业务等的银行业务。

从银行对客户的需求看，我们就能明白为什么人们常常说，银行是“晴天给伞、雨天收伞”。一个破败的企业对于银行来说没有什么意义，不能带来什么业务，而且如果发生业务（尤其是信贷业务）的话，会对银行的资金安全产生很大的威胁；而经营状况好的企业当然是银行争夺的客户，因为其可以为银行带来很多业务，而且也比较安全。所以又有一句话形容银行的业务特点：不喜欢“雪中送炭”，只喜欢“锦上添花”。显然，作为一个商业经营机构，银行需要与企业保持良好的关系。在市场经济导向下，银行家必须区分什么是好企业、什么是有发展潜力的企业。

（2）企业对银行信贷的需求。

对于企业来说，取得银行贷款是为了帮助企业解决资金周转问题，缓解资金困难。面对很“势利”的银行，企业必须与银行建立良好的关系，尽量展示自己的优势，取得银行的信任。

2. 与银行建立良好的关系

根据笔者在银行及企业工作的经历，与银行建立良好的关系是有一定技巧的。

（1）与银行业务人员建立沟通渠道。

在一个商业社会，任何生意都是由人操作的，人与人之间的生意关系就需要沟通。由于信息不对称，作为外部机构，银行不容易了解到企业的实际情况，企业应该主动地让银行了解企业。

企业应该首先与银行建立沟通渠道。一般来说，在银行开立账户是沟通的第一步。通过一般银行业务，可与银行业务人员建立初步的联系。银行业务的处理通常是由一般业务人员操作，而领导负责审批。在具体运作上银行还强调“审贷分离，集体决策”的原则。从与一般业务人员沟通逐步上升到与领导沟通是比较好的程序。与银行沟通最重要的是将公司的情况以及未来的业务发展计划让银行知道，逐步让银行建立对企业的信心。

（2）在现金较充足的时候注意培养与银行的关系。

许多企业常常是在紧急需要资金的时候才想起找银行，这是不对的。银行对一个客户的观察、了解通常需要一段时间，刚刚建立业务关系的客户通常很难马上获得银行的支持。企业必须未雨绸缪，在现金较充裕的时候就开始培养与银行的关系。与银行建立互信关系后，在关键时刻银行才可能帮你想办法，尽可能地为你提供方便。

（3）集中选择结算银行，便于取得较优惠的合作条件。

有些企业喜欢同时在好多家银行开户口，期望以后需要银行帮助时有更大的选择余地。根据笔者的经验，与银行打交道应该相对集中。银行的资源有限，人员也有限，通常会重点关照大客户。集中将公司的业务放在一两个银行，相对使业务量增大，可以得到银行方面更多的关注。较大的业务量可使公司在与银行进行合作时获得较优惠的条件。

笔者早年曾经在国际商业信贷银行深圳分行外汇交易室工作，负责金融机构间的外汇交易和资金交易业务。大亚湾核电站在银行常年存有上亿港元资金，经常有开大额的信用证和短期贷款业务需要。但该公司的业务原来属于柜台服务的内容，在银行里的地位与一般的客户无异。不过，有一天该公司新任的财务总监来到银行拜访行长，提出他们公司希望在业务处理上享受优惠待遇。行长把我叫过去，交代以后大亚湾核电站这个客户由我们外汇交易室负责，给他们享受类似信托公司或财务公司等非银行金融机构的待遇。这个待遇与一般客户的待遇是有很大差别的。比如，普通客户不能办理“隔夜定期存款”，即存款期为一天的定期存款，这个存款的利率比活期高不少。该项业务通常只发生在金融机构之间，又称资金市场交易。从那以后，银行也给大亚湾核电站享受该项待遇。另外，该公司的存款利率也可以参照银行同业利率水平确定。这个差别也是挺大的。普通客户和金融机构的客户的年存款利率差别可能超过 1%，而大亚湾核电站在银行里的待遇不一样，1 亿元存款 1 年的利息就差了超过 100 万元！后来我才知道，大亚湾核电站的这位新任财务总监曾经是香港一家银行的资金部经理，对于银行的业务非常熟悉。这件事情给了我很大的启示。银行和企业之间是一种合作关系，而合作条件通常是双方谈判的结果。企业的规模小，谈判能力弱，银行说什么就是什么；企业的规模大，谈判能力强，就有议价的能力。当然，企业规模的大小很多时候是一种客观条件，不过，企业在和银行打交道时需要讲究策略。另外，企业是否熟悉银行的运作也很重要。

（4）以良好的心态与银行家打交道。

过去，在银行业改革前，银行在给予企业贷款时有很大的随意性，因此企业会觉得，银行给不给贷款是行长或者信贷处长一句话的事，企业在与他们打交道时诚惶诚恐，缺乏信心。尽管目前银行在信贷管理方面已经有比较客观的标准，审批过程程序化、制度化，但不少企业家还没有转过弯来。要记住，银行与企业的关系是商业合作关系，是互惠互利关系。企业家与银行家打交道最重要的是让别人相信：借钱给你是安全的，银行可以获得利益。企业家应该对自己、对企业有信心，如果在与银行家打交道时低声下气，就会让银行家觉得你没实力。

（5）建立规范运作的良好形象。

为了获得银行的支持，企业必须取得银行的信任。在目前银行运作越来越规范的情况下，企业必须做出实实在在的努力，建立一个规范运作的良好形象。

①建立现代规范的公司法人治理结构。

公司法人治理结构，指公司所有者、经营者和监督者之间透过公司的权力机关（股东大会）、经营决策与执行机关（董事会、经理）、监督机关（监事会）而形成权责明确、相互制约关系，并依据国家有关法律、法规、规章和公司章程等予以制度化的统一机制。

对于完全由个人及其关联人拥有的民营企业来说，真正做到以上所说的很少。所谓三权分立不能只是名义上的。不过，对于一个真正想做大做强的企业来说，即使现在不能完全做到，也应该以建立规范的公司法人治理结构作为将来的目标。将这种思路落实到位，就是建立并执行一系列公司规章制度，并在具体运作中体现公司运作程序化、制度化的形象。

如下几个方面是银行特别在意的，企业应该尽可能避免：其一，企业的家族控制太明显，从股东大会、董事会到各主要管理职位均由家族人士担任。大家由于血缘关系无法形成不同利益关系的互相制约关系，这种企业缺乏监督机制。其二，企业法人代表同时兼任其他多家公司的法人代表。在这种情况下，法人代表可能在其不同公司之间转移利益，损害公司其他小股东以及债权人的利益。其三，财务管理制度不健全，财务报告不真实。银行最忌讳在对贷款对象没有充分了解的情况下提供资金信贷。银行如果对贷款对象的资产状况和经营情况有怀疑，就会放弃该项业务。要取得银行的信任和支持，企业就必须坦诚相见，提供准确的财务资料，帮助对方了解自己。要做到这一点，企业就必须建立并且完善财务管理制度，提高规范经营、自由约束的能力。有些企业喜欢耍小聪明，向银行提供虚假文件资料，骗取贷款，这种行为且不说面对认真负责的银行人员不容易得逞，即使得逞，也是“一槌子买卖”，不可能有第二次合作。

②提高理财能力，保持良好的财务状况。

对企业来说，应该根据本身的经营情况和资产状况来制定融资计划，这不仅是所制定的融资计划具有较高可行性的前提，也是企业保持长期稳健发展的关键。企业财务管理人员必须控制好企业的财务风险，保证资产负债比率、偿债比率、流动比率、速动比率等重要指标保持在一个安全合理的水平。

③保持一个诚信记录。

对于银行来说，放出去的贷款能否收回是一件很重要的事情。对于企业来说，在可能的情况下，都不应该让“贷款逾期未还”的情况发生。“有借有还，再借不难”是中国的古话，对于银行信贷来说，也是如此。如果企业有拖欠贷款的记录，下次申请贷款肯定就会比较困难。因此，企业必须加强对现金流的管理，对资金的收支情况有较准确的预测。

三、供应链融资

供应链融资，是由银行将核心企业和上下游企业联系在一起，提供灵活运用的金融产品和服务的一种融资模式。银行把资金作为供应链的一个溶剂，增加其流动性。

在一个产业链中，总装企业通常属于核心企业，比如前面关于海尔电器的案例。海尔电器是电器行业中的核心企业，处于总装地位，向上游的供应商采购各种零部件，安装在一起，再贴上标签，就是它的产品，实际上所有的零部件都是其他供应商生产的。海尔的下游企业是分销商。

1．供应链各环节融资能力分析

（1）核心企业的融资能力。

核心企业通常在行业中就是龙头企业，经营规模很大，实力雄厚。这类企业绝大多数是上市公司，资本实力雄厚；同时，核心企业以总装地位控制上下游的现金流，本身的财务安全性大大提高了。这样一来，核心企业很自然成为商业银行积极争取的优秀客户。

（2）上下游企业的融资能力。

上下游企业，通常从规模上来说属于中小企业，它们业务单一、客户单一，上市通常较难（关于上市条件分析，请详阅本书第十四章论述）。作为总装核心企业的上下游企业，它们长期在现金流上受到拖欠，在财务上经常出现大量的应收账款和应收票据。当然，手上的应收票据通常可以通过银行贴现的方式获得融通，但是，应收账款经常成为公司严重缺乏流动性的资产，给公司的资金周转造成压力。

2. 银行的供应链融资业务

对于商业银行来说，放贷本来就是其重要业务之一。不过，商业银行需要重视资金的安全性。虽然上述总装企业的上下游企业看起来财务风险较大，但是，如果银行对于总装企业的支付能力有信心，就可以把其与上下游企业的应收账款债权联系在一起，从而提高对总装企业上下游企业的融资力度。

3. 供应链融资形式

具体来说，供应链融资大概可以分为三种形式。

（1）应收账款融资。

应收账款融资是在供应链核心企业承诺支付的前提下，供应链上下游的中小型企业可用未到期的应收账款向金融机构进行贷款的一种融资模式。在具体操作上，例如某银行如果确认了A公司与海尔的供货合同和货物首付单据，并确认A公司已获得海尔在5个月内结算支付的承诺，该银行即可把A公司的这笔应收账款与海尔的支付信用联系在一起。如果银行相信海尔的支付能力没有问题，就可以向A公司提供以该应收账款单据为质押的贷款。上述的确认方式，很可能需要海尔提供一份书面的支付承诺书。

利用银行与核心企业和其上下游企业的三角关系，银行就可能完成这种交易。

（2）未来货权融资（保兑仓融资）。

这是一种下游购货商向金融机构申请贷款，用于支付上游核心供应商在未来一段时期内交付货物的款项，同时供应商承诺对未被提取的货物进行回购，并将提货权交由金融机构控制的融资模式。例如，某分销商向海尔购买1 000台电视机，向银行申请贷款。如果海尔能够保证将来接受该批电视机的退货要求（如果未能成功销售或者出现质量问题），且将该批货物的提货权交给银行，银行为该分销商提供贷款的风险就大大降低。

（3）融通仓融资。

该融资模式，是由企业以存货作为质押，经过专业的第三方物流企业的评估和证明后，金融机构向其进行授信的一种融资模式。笔者十几年前曾经参与无锡某太阳能企业股权转让交易项目。在参观该公司的仓库的时候，被仓库门口的一块招牌——“某某银行分理处”——吸引住。原来该公司当时的重要原材料是多晶硅，在最贵的时候，一根柱体式的多晶硅价值近 50 万美元（在 2008 年油价最高峰的时候，每千克多晶硅原料价格超过 500 美元）。公司日常要维持数百万美元的原材料库存。该公司以存货向银行申请贷款，而该商业银行为了随时掌握公司的原材料库存，专门在该公司的仓库设了一个办事处，派专人随时监控。

第二节　中小企业信用担保

对于大多数中小企业来说，银行信贷的服务仍然是奢侈品，“贷款难”是普遍中小企业家抱怨的事情。很多中小企业就是在早期的发展中得不到支持而无法创造辉煌的。中小企业信用担保公司可以作为一座桥梁，为一些中小企业获得银行的支持创造可能性。

一、中小企业信用担保体系

中小企业信用担保是在 1999 年国家经贸委发布的《关于建立中小企业信用担保体系试点的指导意见》（简称《指导意见》）以后，才开始有较大的发展。要点如下：

1. 信用担保公司的审批与监管

根据《指导意见》的规定，中小企业信用担保公司不是金融机构，不需要人民银行批准成立，不能从事金融业务，要遵循自主经营、自负盈亏的原则，监管工作由当地政府负责。

2. 主要业务内容与职能

中小企业信用担保公司担保的主要内容是短期流动资金贷款，担保的主要对象是产品有市场、技术含量高、有发展前景的中小企业。

中小企业信用担保公司的主要职能是对被担保者进行资信评估，开展担保业务，实施债务追偿。

3. 担保程序

（1）由债务人提出担保申请，并附债权人签署的意见。

（2）进行资信评估与担保审核。

（3）在债权人与债务人签订主合同的时候，由担保公司与债权人签订保证合同；需要时，担保公司与债务人签订反担保合同。

（4）按约定支付担保费。

（5）主合同不能履约，由担保机构按约定代偿。

（6）担保公司实施追偿。

4. 协作银行选择和担保资金管理

（1）协作银行选择。

《指导意见》规定，担保公司须在当地经贸委、财政和同级人民银行的指导下，选择有积极性和资信好的商业银行作为开办中小企业信用担保业务的协作银行。担保公司与协作银行应签订协作合同，明确保证责任形式、担保资金的放大倍数、责任分担比例、资信评估标准等内容。协作合同要报省、市经贸委和同级人民银行备案。

（2）担保资金管理。

①担保公司货币形态的担保资金，须存入省、市经贸委和同级人民银行指定的银行，也可以按协作合同约定存入协作银行。

②担保公司要按“再担保”协议要求，将担保资金和客户交纳的风险保证金按约定比例存入再担保公司指定的银行专门账户。

③担保公司货币形态的担保资金可按国家规定购买国库券、国债。

④担保公司非货币形态的担保资金可按国家规定进行管理。

5. 担保业务收费与经费来源

（1）担保业务收费。

中小企业信用担保公司的担保收费标准一般控制在同期银行贷款利率的50%以内，具体收费标准由同级政府有关部门审批。

商业性担保公司和企业互助担保公司从事中小企业担保业务的收费标准经同级政府物价部门审批，可以在上述标准的基础上适当浮动。

（2）业务经费来源。

信用担保公司的业务经费包括财政拨款、担保收费、担保资金存款利息所得以及其他来源。

6. 放大倍数的选择

担保放大倍数是指担保资金与担保贷款的放大比例，一般在10倍以内，再担保放大倍数可大于担保倍数，具体倍数由担保公司和协作银行协商，并报省、市经贸委和有关部门审定。

需要信贷担保服务的企业，通常是那些不能直接从银行贷到款的、信用程度不高的企业，贷款风险比较大。由于担保公司对贷款提供信用担保，相当于把银行的不良贷款风险转嫁到担保公司，银行的贷款风险几乎减为零。

二、信用担保公司的作用与限制

国家出台《指导意见》的目的是扶持中小企业的发展，解决它们贷款困难的问题。应该说，这些年中小企业信用担保公司确实起到了一定的作用。在商品经济比较发达的地区，这种新型的融资服务发展得比较快。

但根据媒体有关报道，目前信用担保公司在业务上的发展出现了一些问题。

1. 信用担保公司的运作不够市场化

全国各地成立的担保公司多数是由政府出面的国有机构，运作上行政管理的风格还很浓。

2. 担保公司的风险大，但盈利空间小

银行和担保公司都认为，寻求贷款担保的中小企业，都是那些不能直接从银行贷到款的、信用程度不高的企业，贷款风险比较大。这些中小企业通过担保公司贷款，由担保公司直接承担贷款风险。信用担保公司的风险控制压力大，行内的话就是随时

担心“三年不赔，一赔到底”。

相对于这么大的风险，担保公司的盈利空间却是有限的。

首先，尽管《指导意见》规定担保公司的资金放大倍数可达到10倍，但是实际上银行不一定会接受这样的比例，能够达到6倍就不错了。由于担保公司被认定为非金融机构，不能接受存款，因此担保公司能够运用的资金数量就受到限制。

其次，按照《指导意见》，担保公司收取的担保费用，不得超过同期银行贷款利率的50%。按照银行一年期贷款利率5.58%和银行认可的放大6倍计算，担保公司每年收取的担保费用最高只达到注册资金的16.74%，扣除了经营成本、税费负担，利润空间非常小，没法抵偿其所承担的违约风险。

三、信用担保公司的融资成本

按照《指导意见》的规定，通过信用担保公司获取的银行贷款，利率水平至少提高50%。由于贷款人还需要支出一系列其他费用，如审计费用、评估费用等，这些融资的实际成本还会高一些。

由于担保公司在贷款安排中须承担风险，因此都要求被担保对象提供足够的有效资产或者以其本身的信用做反担保。据了解，有效资产的估值一般要在贷款金额的两倍以上。这些资产在正常情况下达不到银行对贷款抵押资产所要求的条件，因此它们不能获得银行的贷款，需要求助于信用担保公司，比如房地产项目达不到“四证一金”的条件，或者非流通性的股权资产。不过，如果贷款对象以这些资产做了反担保，照样承担违约风险。

由此可见，信用担保公司提供的贷款担保服务仍然有相当高的门槛。

第三节　小额贷款公司

小额贷款公司不能归集社会资金，仅由各地方政府金融办公室负责监管，税收也是按普通服务型企业标准缴纳。所以按一般的标准，小额贷款公司称为准金融机构。

一、尤努斯及其小额信贷实践

2006 年诺贝尔和平奖被颁给了孟加拉国人穆罕默德·尤努斯和他创建的农村银行，以表彰他们在扶贫工作中做出的贡献。尤努斯于 1976 年在孟加拉国贾布拉村创建小额贷款项目，1983 年成立以小额贷款业务为主的孟加拉国农村银行。该行自成立以来，一直进行小额贷款业务，迄今共向全国 750 万贫困人口发放贷款 70 亿美元，取得贷款的人中 96% 为妇女。

孟加拉国的小额信贷，是一种小额的短期信贷方式，一般不需要担保，直接贷款到户，手续简便易行。主要有以下几个特征：一是面向农村贫困人口放贷，特别是妇女。接受贷款的农民一般由 5 人自愿组成一个小组，5 ～ 6 个小组再组成一个中心。二是贷款时间短，持续性强。贷款期一般为一年（52 周），从第二周开始还贷，每周还本金的 1/50，50 周内还清。初次贷款金额为 1 000 美元，如借款人按规定还本付息，第二次可贷 1 500 美元，最高一次可贷 3 000 美元，直至脱贫为止。三是以小组为成员联保代替担保。贷款发放时，一般按“二二一”顺序。即先贷给两个组员，观察两周后再贷给另外两个组员，最后才是组长。发放贷款时，农户需要把 5% 的贷款部分作为基金扣留。

二、中国小额贷款公司试点[①]

20 世纪 90 年代后，我国民营资本参股的城信社和农信社开始积极介入当地金融市场。目前我国发放小额信贷的机构有三类，分别是商业银行、农信社和小额贷款组织，放款总量达几千亿元，覆盖农业人口的近 30%。其中农信社达到 3 万多家。不过，面对日益增长的小额信贷需求，这种服务供给还远不能满足人们的需求。2005 年中国人民银行在全国 5 省（区）推动试点，成立了 7 家小额贷款公司。其中山西平遥日升隆和晋源泰两家小额贷款公司率先成立，它们被称为民间融资阳光化的开始。此后一年间，陕西、四川、贵州和内蒙古又诞生了 5 家小额贷款公司。

小额贷款公司被严格限定“只贷不存”，即只能办理贷款业务，但不准办理存款业务。因此这类公司的扩张潜力有限。比如，山西平遥 2005 年设立两家小额贷款公司，

① 王芳艳：《小额贷款的“围城”》，《21 世纪经济报道》2008 年 12 月 5 日。

试点3年，累计发放贷款3亿元，回收资金2.7亿元。

2006年12月22日，银监会调低了农村金融机构的准入门槛，鼓励设立三类新型农村金融机构，即村镇银行、农村资金互助社、贷款公司。设立这三类机构的重要前提是：必须由银行类金融机构作为发起人或出资人，且至少持有20%的股份。原来成立的7家小额贷款公司，被允许按银监会相关政策要求，本着自愿原则，改建为村镇银行或贷款公司，接受银监会的审慎监管。

三、《关于小额贷款公司试点的指导意见》

2008年5月4日，中国银行业监督管理委员会和中国人民银行联合公开发布了《关于小额贷款公司试点的指导意见》（银监发〔2008〕23号，简称《指导意见》），允许试点小额贷款公司的设立和规范运作。

根据《指导意见》的规定，小额贷款公司是不吸收公众存款、经营小额贷款业务的有限责任公司或股份有限公司。其中，有限责任公司注册资本不低于500万元，由50个以下股东出资设立；股份有限公司注册资本不低于1 000万元，有2～200名发起人，且半数以上发起人须在中国境内有住所。单一自然人、企业法人、其他社会组织及其关联方持有的股份，不得超过小额贷款公司注册资本总额的10%。

小额贷款公司的主要资金来源为股东缴纳的资本金、捐赠资金，以及不超过两个银行业金融机构的融入资金。小额贷款公司从银行业金融机构获得融入资金的余额，不超过资本净额的50%。

在发放贷款时，小额贷款公司应坚持“小额、分散”的原则，鼓励面向农户和微型企业提供信贷服务，着力扩大客户数量和服务覆盖面。对于同一借款人，贷款余额不超过小额贷款公司资本净额的5%。

《指导意见》还要求，小额贷款公司应建立审慎规范的资产分类制度和拨备制度，确保资产损失准备充足率始终保持在100%以上。同时，中国人民银行会对小额贷款公司的利率、资金流向进行跟踪监测，并将其纳入信贷征信系统。小额贷款公司应定期向信贷征信系统提供借款人、贷款金额、贷款担保和贷款偿还等业务信息。

《指导意见》的发布，使小额贷款公司的法律地位和生存意义在制度上获得了肯定。中国银保监会办公厅在2020年9月7日发布《关于加强小额贷款公司监督管理的通知》（银保监办发〔2020〕86号），在如下四个方面提出要求：规范业务经营，提高服务能力；改善经营管理，促进健康发展；加强监督管理，整顿行业秩序；加大支持力度，营造良好环境。其中允许运作状况良好的小贷公司“经地方金融监管部门批准可依法开展发行债券、以本公司发放的贷款为基础资产发行资产证券化产品、股东借款等业务”。

四、小额贷款公司的发展局限性

由于小额贷款公司被规定“只贷不存”，放贷所需资金完全靠自有资金，因此其发展规模及扩张能力受到限制。这样，也影响了其盈利能力。王芳艳[①]在其研究中按照实际情况测算一个小额贷款公司的盈利能力。假定一个小额贷款公司有 1 亿元注册资本金，按全年 90% 的使用率计算，贷款月利率 18‰，全年的利息收入为 1 944 万元。扣去 25% 所得税、5.56% 营业税及附加（按收入比算），合计约 30%，即 583 万元。按有关规定，坏账准备金要达到年终贷款余额的 1%，即 90 万元（进入成本，扣除所得税，实际为 67.5 万元）。上述两项合计 650.5 万元，因此税后利润为 1 293.5 万元。而如果股东要求年股本回报率 10% 的话，公司的营业费用、人员工资等便无从开支。或者说，如果扣除了公司的营业费用和工资等成本以后，股东的股本回报率就会远低于 10% 的水平。小额贷款公司的经营风险较大，低于 10% 的预期收益率也不容易吸引到投资者。

对于监管机构来说，小额贷款公司一旦被允许向公众吸收存款，现有的金融秩序将面临一个严峻的考验。比如，小额贷款公司可能采取各种方式高息揽存存户的资金，这样就会对其他金融机构的业务形成冲击，因为公众未必留意到不同机构的风险大小，只关心利率的高低。一旦小额贷款公司接受了公众的存款，公司资产安全性的监管问题就变得非常重要。

小额贷款公司是一种将民间信贷业务纳入政府监管的重要尝试。只是这项改革可能涉及现有银行体系的安全性，确实有必要谨慎进行。笔者认为，中国未来的金融体制改革要着力于完善金融架构，并建立一个与各自的风险相适应的利率结构。首先，可以考虑允许一些符合某个条件的小额贷款公司按照本身的资金实力，发行公司债券以扩充经营规模，同时也可以让市场多余的流动性得到一定的释放。其次，由于小额贷款公司的经营风险较大，它们发行的债券应该支付较高的券息（意味着较高的融资成本）。再次，允许小额贷款公司发行的债券在市场上流通，一方面通过增加债券的流动性以降低持有者的风险，另一方面也通过市场交易价格的波动进一步调整债券的风

① 王芳艳：《小额贷款的“围城”》，《21 世纪经济报道》2008 年 12 月 5 日。

险与收益的关系。不过，债券市场的良好运作以及建立合理的风险与收益率结构还需要一个客观和公正的信用评估体系。

近些年的网络支付手段，就是向广大消费者和中小企业发放小额信贷业务。由于网络支付的普及性，从事小额信贷业务的群体规模变得非常庞大。而它们通过各种手段吸取商户和消费者的资金，慢慢侵入商业银行的业务范围。只是由于它们不是金融机构，因而回避了政府的金融监管，实行超高杠杆的金融业务。其经营主体在当前如日中天的情况下，有实力应付市场的波动冲击，并且获得高额利润，可是，经济周期和行业周期的波动总有一日会让这些经营主体遭遇困难，那时候超高杠杆可能会压垮它们，进而严重冲击整个社会的信用体系。

在互联网时代，小额信贷再也不是可以忽略的小生意。对它加强监管非常有必要。

第四节　商业信用融资

很多人在消费时都遇到过这样的情况：服务员向你兜售打折的优惠卡——预付费用获得价格优惠。比如洗车场每次洗车价格是 40 元，服务员会向你推销洗车卡，交 500 元买一张，可以享受 15 次同样的服务，等于每次约优惠 7 元。类似的融资办法在企业运作中非常普遍。移动通信公司的预存话费优惠政策，都是商业信用融资的案例。对于消费者来说，这是一种获得优惠的办法，而对于经营者来说，这是一种融资行为。

本节从企业的资产负债表分析开始，讨论信用融资的各种形式。商业信用，是一种成本较低的债务融资方式，商业信用管理是企业财务管理的重要组成部分。

一、商业信用的种类

商业信用融资的形式有很多种，按照融资时在商业交易中的买或卖环节上的不同，可以总结为买方信用融资和卖方信用融资。

1. 买方信用融资

（1）基本形式。

顾名思义，买方信用融资指在交易中从卖方得到融资的行为。这种融资行为主要是通过增加应付账款、应付票据等办法来进行。

应付账款，是指企业在对外采购中收到货物或服务，但因尚未支付有关款项而形成的对供货方的欠款。通常在订立供货合同中，付款方式是最重要的谈判内容之一。作为购买方，从两个方面考虑希望尽可能延迟支付有关款项：其一，收货后有足够时间确认所收货物在品质、性能等方面合乎事先约定的要求，如果发现问题时还未支付货款，那么在退货或索偿时就比较主动；其二，延期支付货款意味着获得该部分资金在一定时间内的支配权和使用权，与获得融资无异。

供货企业也很清楚这一点。一方面，延期收款意味着有一定的商业风险，对方可能由于客观的原因（比如财务出现困难）或恶意（故意欺诈）的原因而不履行付款协定；另一方面，延期收款对卖方也意味着一定的资金成本。因此，供货企业一方面要清楚判断对方要求延期付款的目的和风险，另一方面也要采取相应措施促使对方尽早付款。

（2）买方信用的成本。

供货方的措施包括对提早付款提供优惠条件，如“立即现金付款可获赠奖品”“购货 5 日内付款可获得 1% 折扣优惠”。

由此可见，尽管这种商业信用表面上没有融资成本，事实上在大多数情况下，应付账款还是隐含一定的机会成本。这种机会成本还体现在对企业信用地位的影响方面。一个及时付款的企业给外界的形象是资金充足、运作正常，这种企业通常可以获得优先供货甚至在将来的交易中可能取得更好的条件。因此，企业在运用应付账款方式进行商业融资时，必须考虑到这些隐形的成本。

企业的买方信用融资具体还包括分期付款、延期付款、商业期票、代销商品、带资施工等形式，其在融资上的运用都与上述类似。其中代销商品在商业企业中非常普遍，商场在对供货商未付或仅付少量定金的情况下提供销售商品服务，商场销售后再结算。不少商场甚至要求供货商在商品上架前要预交一定的“上架费”，这对于商场来说又是一种商业融资来源。

带资施工这种形式在房地产行业尤其普遍。开发商与建筑企业签订合同，在预付少量资金的情况下，由建筑企业入场施工，架构封顶时才结算费用。这样，开发商可以节约开发所需的资金。

2. **卖方信用融资**

（1）基本形式。

卖方信用融资主要通过增加预收账款的办法来进行。

预收账款，是企业在正式销售以前预收客户部分或全部款项形成的账面负债项目。预收账款使企业获得了一定时期内资金的使用权，事实上也是一种商业融资行为。对于客户来说，预付货款使其承担一定的风险：其一，限制了其选择权，如果在收到款项前遇到更加价廉物美的产品，客户没法改变其决定，或者须承担违约成本；其二，供货商可能违约（不交货、不按期交货或货不对版）。因此，买方一般都不愿意预付货款。

（2）卖方信用的成本。

企业要求对方预付款项，必须拥有一定的条件。比如，该公司的产品在性能、品牌、质量等方面具有特别的优势，企业就有谈判的资本让对方同意预付货款。企业对愿意预付货款的客户提供一定的折扣等优惠条件，也是一种常见的方法。由此可见，预收账款同样也是有成本的。

卖方信用融资的变种方法还包括来件装配、来料加工、“楼花”销售等。

在来件装配和来料加工中，对方提供原材料或中间件，本企业完成后交付对方并收取加工费，对方在提供原材料或中间件时等于提供了一定的资金。

商品房预售是房地产商融资的重要手段。房子建造完毕以前，开发商把房子销售出去，预先取得售房款，大大减少了对开发资金的需求量。

早期开发房地产时，开发商在地上挖一个坑就可以卖图纸上的房子，在市场逆转再加上许多房地产开发商不规范运作，如“挪用资金”的情况下，出现了很多无法交付使用的“烂尾楼”案例。国家后来逐步规范有关的管理，1998 年 7 月 20 日国务院颁布了《城市房地产开发经营管理条例》，对房地产开发企业预售商品房做了明确规定。其中第二十三条规定，房地产开发企业预售商品房，应当符合下列条件：①已交付全部土地使用权出让金，取得土地使用权证书；②持有建设工程规划许可证和施工许可证；③按提供的预售商品房计算，投入开发建设的资金达到工程建设总投资的 25% 以上，并已确定施工进度和竣工交付日期；④已办理预售登记，取得商品房预售许可证明。

总的来说，关于商品房预售会越来越规范。不过，商品房预售始终会是房地产企业进行商业融资的重要方式。

从以上的分析可见，商业信用融资是企业融资来源的重要方式之一，通常也是低成本的融资方式。事实上，国内企业很积极寻求商业信贷融资的途径。一些公司的资金环境较松动，所以缩短给客户付款的时间，以换取较低的供货价格，从而降低成本。很明显，商业信用本身也是有融资成本的。因此，商业信用的管理也是公司财务管理的重要内容。

相对来说，国内企业对资金有强烈的需求，但融资途径和来源却受到很大限制，因此只能挤压上下游企业以获得更多的商业信用融资机会。也就是说，中国金融市场的市场机制需要理顺才能纠正企业融资行为方面的偏差。

二、案例分析：海尔集团运用商业信用的策略①

电器行业是国内发展比较成熟的产业，由于该行业对国内外开放得早，国内崛起了一批世界级的企业集团，如海尔、康佳等。这些企业在市场竞争中摸索出一套大企业集团经营运作以及资本运作的策略，使它们在国内外激烈的竞争中脱颖而出，连续多年保持领先地位。下面笔者就从各方面所了解到的海尔集团资料进行分析。

1. 利用商业信用资源的方式

海尔是通过如下几方面利用商业信用的资源的。

（1）以较稳定的订单作为条件，要求独立的中间零部件供应商（海尔没有权益或者没有实际投资）使用海尔的集中采购中心买进原材料，如塑胶粒、钢铁，但必须以现金支付货款。而海尔对原材料供应商（如钢铁公司）以自己大客户的资格拥有延期付款的优惠，海尔从买卖支付的时间差中获得了商业融资条件。而且，由于采用“集团采购”的方法，可享受一定的价格折扣。这样一来，海尔甚至还有可能从交易过程中获取一定的利润。

（2）要求供应商的生产基地在其装配车间的指定距离内建厂，并对其供货时间、数量、质量提出很严格的要求，违者轻则罚款、重则取消其主要供应商的资格。以这些措施来保证海尔自己的装配生产的中间件实现“零库存”。无形之中，把占用资金的一个重要环节转移到供应商，巧妙地运用了供应商的商业信用。这一招的绝妙之处是，使用了商业信用但不提高负债率。

（3）供应商供货后，海尔3个月后才和客户结算，结算时开出6个月承兑商业汇票（6个月后由银行兑付）。这样，海尔占用了客户整整9个月的资金运用权利。其中6个月，供应商可以持期票到银行贴现，由银行提供银行信用的便利。银行给予办理贴现服务，但贴现的受益人必须支付贴现利息费用。

① 本案例主要根据笔者向海尔集团的几位配套产品供应商了解的情况整理分析而成。

2. 庞大的商业信用资源是海尔集团迅速扩张的基础

海尔通过以上运作方式，掌握了一个庞大的商业信用资源，为其在海内外的急剧扩张提供了重要保障。近年来，海尔集团的迅速发展又使其运作体系更舒畅。因为海尔经营规模越大，给予供应商的订单越大，因此也带动了整个产业链的迅速发展，使之与供应商的合作关系更加牢固（换句话来说，供应商对其有更强的依赖性），而其能够使用的商业信用的额度也更高。当一个企业在行业内具有举足轻重地位的时候，商业信用的资源就在自己的控制之中。有人说海尔通过这种方式“剥削”供应商，但是，有趣的是，众多供应商“打破头”也想让海尔“剥削”！有些供应商为了打入海尔的供应系统而频出奇招，包括免费送股权等。

3. 成功的定位和扩张战略

海尔集团以上策略的成功运用体现了其对自己定位的成功。

一台洗衣机的生产涉及许许多多的零部件生产，假如所有零部件都由一个企业生产的话，不仅涉及巨大的投资，而且也很难做到最好，这是很简单的专业化分工经营的道理。

海尔集团在进入规模化经营时期（1998 年前后）便对产业进行大规模调整，其中包括将集团资源集中在总装，把中间环节的经营资产重组出售、业务外包，对中间商的控制从股权和产权的直接控制改为以订单和原材料集中采购形式控制，从而扩大并利用商业信用资源，强调所谓的“资源杠杆运用”。

海尔将中间零部件的业务外包出去，将自己定位在总装的位置，集中精力和资源在新产品研发、市场开拓、收购兼并，从而取得更快的扩张、更好的发展。

总装的位置处于整个产业价值链的末端，直接面对最终的消费市场，处于总装位置的企业对整个产业链具有一定的控制力。

由此可见，商业信用融资是企业总体发展策略中的重要一环。行业地位决定了其商业信用融资空间的大小，商业信用融资促进了企业迅速扩张，规模的扩大进一步加强了海尔在行业的位置，使其有更大的商业信用融资空间。

海尔将扩张规模、增加市场份额、扩大商业信用、增加盈利几个目的巧妙地联系在一个流程中，形成了良性循环——在扩张中产生资金需求，同时又在扩张中产生资金来源。

笔者认为，海尔能够在短期内成为一个世界级的企业集团，有效地利用商业信用融资条件是其重要的法宝之一。

动物世界里的弱肉强食，形成了食物链，商业社会也是类似的模式。海尔、康佳和长虹等著名的电器厂商对各自的供应商形成控制，同时它们又要受到国美电器等电器销售商的控制。

国美电器在国内的迅速崛起和发展是业界一道亮丽的风景线。黄光裕于2004年在香港通过收购京华自动化并注入其国美电器部分股权而成功实现买壳上市的目的。当时国美电器六成左右的股权估值88亿元港币，以发行可转换债券的方式注入上市公司时，很多人还不以为然，以为又是一出自编自唱的闹剧。随后连续上涨的股价令人们大吃一惊。其掌门人黄光裕成为当年的中国内地首富。在“2007胡润套现富豪榜”上，凭借出售非上市公司股份给上市公司套现93亿元，黄光裕成为当年套现最多的富豪。人们在看到国美电器成功的同时，也在思考其成功的秘诀。事实上，国美电器能在很短的时间里开数百家分店，建立起广泛的市场网络，是因为其充分利用了商业信用的条件。国美开分店的投资主要就是租金和装修费用，而开张的时候差不多就是能够实现正数现金流的时候：首先，电器厂商的货品入场要交入场费；其次，货物入场国美仅支付少量定金；再次，货物售出后，延期与厂家结算。通过这些办法，国美就可以占用厂商的流动资金，更重要的是，大大降低了扩张成本。而国美电器能够从海尔等大牌的厂家获得这些条件，靠的是其在电器零售市场中的江湖地位。每个地方的国美都通过低价策略成为当地的龙头，以至于对于那些电器厂商来说，产品不进入国美也许就意味着放弃当地市场，除非自己建立销售网络。不过，在大型的电器厂商中，目前似乎只有以制造空调机为主的格力电器选择这样的策略。

商业社会的变化非常快速。互联网出现以后，国美和苏宁电器等连锁零售商也遭遇狙击，阿里巴巴和京东商城通过网络销售平台，也在抢夺零售市场。阿里巴巴通过支付宝，从另一个角度抢夺商业信用的资源，其聚集资金的能力，令传统银行业也为之震惊。

第十一章　私募股权融资策划

如前面所述，每个企业都需要考虑融资成本、杠杆效应等方面的因素，以确定最佳的资本结构。尽管债务融资因其融资成本可在税前扣除的优势而成为企业外源融资的首选，但随着企业债务比例的上升，企业财务风险也在提高，到了一定程度，企业就必须考虑外源股权融资。外源股权融资有公开募集和私下募集两种。公开募集需要通过一系列的股权重组并向证监会和证券交易所申请并获得同意，才能公开募集资金并挂牌上市。私下募集则是以非公开的形式向其他投资人募集资金。私募股权投资基金是从事企业股权的专门机构。有资金需求的中小企业应该积极地争取它们的资金支持，一起想办法把公司做强做大。

本章从投资与融资两个角度讨论私募股权融资的特点及其运作模式。

第一节　中小企业融资困难

中小企业融资困难经常成为热门话题。言下之意，就是在融资方面，中小企业比大企业更困难。在笔者看来，这是一个很正常的现象。试想，如果中小企业融资比大企业更容易，是不是说明中国金融体系的市场机制完全失灵？因此，首先，要了解中小企业融资困难的真正原因，其次，要了解在市场经济的条件下，应该如何解决这个问题。

一、中小企业融资困难及其原因

中小企业融资困难，通常指它们很难向银行等金融机构借到钱。从金融市场的角度，如下几个方面可以解释为何中小企业融资更困难。

1. 缺乏可用于贷款质押的有效资产

银行提供贷款，通常要求提供有效资产做质押，中小企业普遍缺乏有效资产。大公司在资产结构上通常呈现比较高的固定资产比例，比如拥有自己的办公大厦、工业园等，或者拥有对其他上市公司的股权投资，这些资产都是可以作为贷款的质押资产，自然更容易获得银行贷款。小企业通常为了节省资金，尽量减少占用资金较多的固定资产投资，比如办公场地和厂房等都是租用的物业，只有生产经营必需的机器设备等是自购的。甚至，为了进一步节省资金，机器设备等固定资产也是可以用租赁的方式取得，或者尽量用二手的设备。可想而知，中小企业通过质押获得贷款的能力比较差。

2. 中小企业本身缺乏获得信用贷款的条件

银行愿意向企业提供免抵押品的信用贷款，前提是贷款方本身具有较可靠的支付能力和较高的信用基础。大企业显然是更受银行青睐的。尤其是上市公司，融资方式很多，可以发行债券、股票，生存能力很强，即使财务出现问题，公司也容易找到更有实力的企业过来重组从而获得新生。

3. 中小企业经营风险更高

企业家在创业初期，对市场变化及经济波动的适应较差，令其经营具有较高的不确定性及倒闭率，金融机构对其进行贷款融资时当然更有戒心。

4. 中小企业缺乏累积的商誉

由于中小企业缺乏可供参考的经营历史和商誉，因此，获得银行等金融机构的融资难度更大。

5. 中小企业的单位融资成本较高

每次贷款金额较小，银行处理信贷项目的运作成本相对较高，因此银行对中小企业提供信贷的兴趣更小。

6. 中小企业通常较不规范

中小企业多数财务制度不健全，有关财会信息不健全或者不规范，这也是金融机构较不愿发放贷款的原因。

二、中小企业应如何解决融资问题

尽管笔者认为中小企业融资困难是正常现象，但中小企业在中国经济中占非常重要的比例，解决了大多数人的就业问题，因此中小企业融资困难问题仍然是值得关注的。如上所述，中小企业取得债务融资是比较困难的，那么，按照啄食顺序理论的指引，中小企业应该想办法争取股权融资。

1. 美国的经验

由于上述几个原因，中小企业融资困难的问题，在欧美发达国家也是长期存在的。那么，它们是如何解决这个问题的呢？它们的经验就是通过市场方式，主要靠私募基金解决这个难题。

（1）发达的私募基金行业。

美国是目前世界上最强大的经济大国和技术大国。美国能够长期保持这个领先地位，与其发达的私募基金行业分不开。美国私募基金行业培养了一大批优秀的企业，如微软、苹果，让这些企业迅速发展壮大的同时，私募基金也获得很高的回报。而可能赚大钱的效应，又刺激了更多的投资者进入私募基金行业。因此，在美国，只要是有前途的技术和投资项目，就容易找到私募基金提供资金。有了私募基金的投资，拥有新发明新技术的中小企业就可以得到应用和尝试，从而有机会脱颖而出。

想当老板的人很多，但成功概率很小。因此，创业通常意味着要准备承担失败的风险。中国改革开放后，早期创业的人相当大的比例属于被迫创业，比如失业、下岗人员，在当时以国有企业为主的经济社会中，上述人员要获得一份稳定的职业是很困难的。他们没有收入来源，只能靠当小商小贩讨生活，其中有些人从小做大，获得了成功。

通常富裕生活会让人们失去创业的兴趣和冒险精神。可是最富裕国家之一的美国，却仍然有不少创业成功的案例。笔者认为，这与美国的私募基金产业有直接的关系。比尔·盖茨和乔布斯都不是出生于穷苦家庭，他们的创业模式是，自己有技术或者有好的想法，就想办法去争取获得私募基金的投资，也就是说，自己出力，别人出钱。引进私募基金，创业者需要让出部分股权，未来成功的成果也要与他们分享，可是优点是明显的：首先，让项目尽快启动，且有机会持续获得更多的资金，推动项目尽快占据市场并走向成熟；其次，减小创业者的资金压力，可以集中于项目所需的创造力以及市场开拓等。后工业化时代的创业，创新能力和创造能力非常重要，如果创业者天天为资金发愁，他们的创新能力和创造能力自然会受到限制。

（2）高度发达的资本市场提供强有力的支持。

美国的经济和技术水平均属世界顶尖，这与其高度发达的私募基金分不开。而私募基金的发展也需要资本市场的支持。美国成熟、多层次的资本市场对于其私募基金的发展有重要支撑作用。其重要性可以按照如下两个层次来理解：

首先，高科技产业的发展对于投资资金的需求量很大。由于风险很高，因此必须有高利润的预期才能够吸引外部私募基金投资进入。

其次，资本市场为私募基金投资者提供一个套现并实现高回报预期的场所——一个运作顺利、经营成功的项目最终可以在正式的和有组织的交易所①上市，前期的投资者所持股份将可以套现，并获得很高的投资收益。

在二级市场上市后可能获得高额利润的预期，吸引更多的资金进入风险投资的行业，使大量从事高科技产业投资的企业容易获得资金，从而加快它们的发展。可以说，美国金融体系提供了一个良好的机制，鼓励更多的投资者将资金投入有前途的高科技领域。

2. 中国私募基金的产生与发展

（1）中国私募基金产业的产生。

中国私募基金产业开始于20世纪末。在美国以互联网为主的高科技热潮影响下，北京、上海和深圳分别由政府主导设立了创业投资公司，开始投资一些从事高科技产业的中小企业。不过，当政府把钱投入一批项目之后，却发现难以为继。首先，所投的项目有些尽管很成功，但按当时的沪深交易所的规则，都很难获得上市资格，或者需要等待期限无法确定的审批过程，这意味着公司没法实现资金投入—资金回收—再投入—再回收的良性循环；其次，公司没法提供高盈利业绩记录，自然也很难获得更多的新资金用于新项目的投资。

（2）深交所中小企业板和创业板的积极作用。

很大程度上为了解决创业投资产业的困局，深交所从2004年开始设立中小企业

① 有组织的交易所，指对上市挂牌有最低要求的交易所，美国纽交所和纳斯达克是相对于无最低要求的柜台交易板而言的。

板，尽管上市规则仍然与主板一致，但该板以接受中小规模企业，尤其是民营企业挂牌上市为主；2009 年深交所又开始设立创业板，以较低的上市条件，接受更多的以高科技产业为主的中小企业挂牌上市。深交所中小企业板和创业板开设以来，给一大批中小企业提供了融资的机会，并推动其中的一部分公司成为行业龙头企业，如深圳得润电子股份公司，2002 年股份制改造时只有 4 000 多万元股本，从事以劳动密集型为主的电器接插件企业，2006 年成功在中小企业板上市后，经过几轮融资，经营规模不断扩大，发展到 2022 年初总资产近百亿元的公司，并逐步成为家电和消费类电子、汽车电子连接器、精密组件和车联网相关技术行业的龙头企业。

中小企业板和创业板的推出，让一大批成功的创业者获得了价值的实现，积极参与其中的私募基金也获得巨大的回报。巨大的财富效应，对于手握资本的投资者来说，是一个很大的刺激。因此，风险投资悄悄地热起来，那些有前途的中小企业也较容易获得股权投资资金。显然，国内资金存量和增量都很大。资本市场应该发挥资金分配功能，把资金引导到高科技和新产业，推动国家经济发展和技术进步。中国经济在过去几年已经开始进入转型和产业升级的过程。

第二节　私募股权基金及其运作

私募股权投资基金属于私募投资基金的一种。这是一种受到严格监管的组织形式。因此，在介绍和讨论私募股权投资基金以前，先了解一下私募投资基金这种企业组织的法律要求。

一、私募投资基金的组织与管理

私募投资基金，是一些有金融行业从业资历和客户关系的人打算尝试的事业。不过，这是一个典型的知识密集型事业，管理者不仅需要具备金融行业的知识和经验，还需要了解足够的相关法律规则和要求。简单来说，与私募投资基金相关的法规至少包括如下这些：《中华人民共和国证券法》（简称《证券法》）《中华人民共和国信托法》（简称《信托法》）《中华人民共和国证券投资基金法》（简称《证券投资基金法》）《中华人民共和国合伙企业法》（简称《合伙企业法》）《私募证券投资基金监督管理暂行办法》《私募投资基金管理人登记和基金备案办法（试行）》《私募投资基金管理人内部控制指引》《私募投资基金合同指引 1－3 号》《私募投资基金募集资金行为管理办法》《私募投资基金信息披露管理办法》。如果管理者缺乏相关的知识，在运作过程中就随时会陷入困境。

以下重点介绍《私募投资基金监督管理暂行办法》（简称《办法》，由中国证监会在 2014 年 8 月 21 日，以第 105 号令颁布）对私募投资基金这种组织形式的相关规定。

1. 资金的募集

《办法》第二条即明确，私募投资基金募集资金的方式是“非公开的”，第十四条还具体规定不准“通过报刊、电台、电视、互联网等公众传播媒体或者讲座、报告会、分析会和布告、传单、手机短信、微信、博客和电子邮件等方式，向不特定对象宣传推介”。

这一点是该组织形式与“公募”投资基金的最重要区别。似乎不是个别例子，有些打算在私募基金领域创业的人士，在社交软件里邀请群友参与投资，这种行为涉嫌“非法融资”。

2. 投资者资格

私募基金的募集对象，只能是“特定对象”。且投资者人数也有限制，“单只私募基金的投资者人数累计不得超过《证券投资基金法》《公司法》《合伙企业法》等法律规定的特定数量”。

关于“特定对象”，第十二条特别规定：“私募基金的合格投资者是指具备相应风险识别能力和风险承担能力，投资于单只私募基金的金额不低于 100 万元且符合下列相关标准的单位和个人：（一）净资产不低于 1 000 万元的单位；（二）金融资产不低于 300 万元或者最近三年个人年均收入不低于 50 万元的个人。”

对于投资人资格的限制是很有必要的。私募基金通常追求较高回报，因此其投资对象可能流动性较差，可能在较长时期不会有分红，且风险较高，失去本金的可能性也较大。因此，这些投资品种仅适合那些高净值人士，而低净值人士承担风险的能力有限。

美国证券与交易委员会（SEC）对私募基金参与者也有非常严格的规定：若以个人名义参加，最近两年个人年收入须在 20 万美元以上；若以家庭名义参加，家庭近两年的年收入须在 30 万美元以上；若以机构名义参加，其净资产须在 100 万美元以上，而且对每个基金计划的参与人数也有相应的限制。

《办法》第十三条还规定，包括“社会保障基金、企业年金等养老基金，慈善基金等社会公益基金”的特殊社会团体和个人，也可以成为合格投资者。事实上，由于参与私募基金的投资者数量受到严格限制，那些大规模的私募基金，往往都是因为获得了那些大型机构的信任而获得巨额资金的投资委托。

3. 组织形式

私募基金通常有三种形式：契约型基金、公司型基金和合伙型基金。

（1）契约型基金，是以契约形式设立基金，基金管理人、投资者和托管人按约定行使权利，承担义务和责任。一般的形式是，投资人把资金交付到基金托管人（通常是某一家指定的银行）为其设立的专用账号，由管理人（例如某家资产管理公司）管理，管理人只能在专门账户中进行投资操作，不能直接支取资金。按照契约约定，该基金进行分配时，向托管人支付托管费用，向管理人支付管理费用以及佣金，向基金投资人支付基金利息或者本金。

（2）公司型基金，是一个具有独立法人地位的有限责任公司，投资人通过出资成立一家基金公司。通常由基金公司组成管理团队自行管理，也有委托专门的管理机构进行管理的。投资人作为基金公司的股东，根据公司章程，按持股比例行使权利，承担义务和责任。

（3）合伙型基金，是依据《合伙企业法》成立的投资基金有限合伙企业。合伙人分为普通合伙人和有限合伙人，其中，普通合伙人对合伙企业债务承担无限清偿责任，有限合伙人只承担有限责任，其最大的损失就是在合伙企业所投入的资本金。合伙型基金通常由普通合伙人兼任基金管理人，负责投资运作和管理。通常普通合伙人由于承担无限责任，因此能支配合伙企业的管理费，并享受盈利一个比例的分红。关于管理费和分红比例，行内有两个“2”的说法：管理费为管理金额的2%，分红比例为合伙企业利润的二成。实际的分红比例跟管理人的行业地位有关系，行内口碑好的管理人比例可能高点。

4. 投资领域

《办法》规定私募基金投资的领域包括买卖股票、股权、债券、期货、期权、基金份额及投资合同约定的其他投资标的。股票和股权投资包括二级市场上市公司股票的投资，也包括初创公司等未上市公司的股权和股票。

5. 盈亏

《办法》第十五条明确规定："私募基金管理人、私募基金销售机构不得向投资者承诺投资本金不受损失或者承诺最低收益。"

任何私募基金如果做出盈亏承诺都属于违规行为。有些私募基金管理人打擦边球，口头承诺或者暗示有固定收益，对投资人做出误导，但不会做出书面明确承诺，这经常为以后的争议埋下伏笔。投资人对此必须有清楚的认识。

二、私募股权投资基金及其运作

私募股权（Private Equity，PE）投资基金，是专门投资非上市公司股权的私募投资基金机构。按照被投资项目的成熟程度，可以大致分为初创期（种子阶段）、早期和晚期阶段的私募股权投资基金。每个 PE 都有自己的投资偏好，那些较专注于种子阶段或者早期阶段项目的 PE，称为风险投资或者创业投资，简称为 VC，即风险资本（Venture Capital）的英文缩写。

1. 初创期

一个初创期或种子阶段的项目，通常就是在创业者有一个比较成熟的想法，持着一份商业计划书寻找资金的阶段。创业者一般在某个方面有经验，有了一个创业的计划以后需要筹措创业资金以设立公司、开始研发工作等。这时候一般是利用自己的积蓄，或者在自己最亲近的人群（比如亲戚朋友）中寻找资金支持。一般的投资者对于自己不了解的人是很难决定放贷的。对于一个没有成功记录的融资者，专业机构普遍也不敢投入资金，参与这种种子投资的风险投资机构通常称为"天使基金"。如果把创业、运作直到成功（从风险投资的角度来看，公司最后能在证券市场上市就是成功的标志）比喻为马拉松比赛，能走完全程并获奖的人，肯定是少数。可以想象，投资初创期的项目，就像在对一个名不见经传的选手打赌其可以获奖那样，风险很大。因此，"天使基金"对预期回报率的要求当然也很高。典型的"天使基金"在投入小额资金后很可能需要占公司股本较大的比例。

2. 早期投资

早期阶段指公司开办后缺乏进一步的研发经费或市场拓展费用，因此需要再一次对外融资的阶段。处于这个阶段的公司已经有了较成熟的产品，市场前景也已经比较明朗。参与这个阶段的投资风险较种子投资有所降低，因此，这个时候股权的定价明显提高。如果在种子投资阶段以 100 万元可以获得 20% 的股权的话，那么这个阶段有可能要 1 000 万元才能获得 20% 股权。

3. 晚期投资

处于晚期阶段的公司已经有了很成熟的产品，可能有了一定规模的市场销售，甚至开始有了盈利，处于急需扩张的阶段，需要更多资金，同时也需要为上市和 IPO 创造条件。这个阶段的融资活动，经常称为“IPO 前私募融资”。通常这个阶段融资会比较容易，融资成本也比较低。因为，处于这个阶段的公司生存能力比较强，对于投资者来说，进入参股的投资风险比种子阶段和早期阶段更低，而且公司离上市，投资者可以套现的时间点更近。风险与收益成反比。投资风险更低，意味着投资预期收益率就会降低。投资者预期收益率降低，意味着融资成本就会下降（要记住：投资者的投资收益，就是融资者的融资成本）。如果在早期阶段投入 1 000 万元可以获得 20% 的股权，晚期阶段也许需要投入 2 000 万元才有机会获得 10% 股权。

有人觉得奇怪：公司上市后股票可以涨得更高，为什么公司在上市前还要进行“IPO 前私募融资”，而且有些现有股东还选择卖出全部或者部分股票？

这个情况可以这么理解：公司目前资产规模和盈利规模等还不具备上市条件，但急需资金扩张和发展；而 IPO 即使可能性很大，但远水解不了近渴；创始股东和在种子阶段和早期阶段进入的股东出于保持流动性安全的考虑，可能在这个时候卖出全部或者部分股权。事实上，公司前景永远都存在不确定性，选择进入或者退出，取决于各自的判断。

当然，投资者永远都要保持警惕：原有股东提前退出是否与不对称信息有关？进入之前的调研很重要。

三、私募股权投资基金的特点

私募股权投资基金具有如下几个方面的特点。

1. 私募股权投资基金与股票市场走势密切相关

图 11－1 和图 11－2 分别是中国私募股权投资项目数量与投资金额和深圳成分股指

数柱线，可以看到，2015 年深成指曲线达到阶段性的高点，也刚好是私募股权投资项目数最高的时候（16 896 个项目），尽管总投资金额在 2017 年才达到最高水平。2018 年和 2019 年中美贸易摩擦，中国股市也进入另一轮下调阶段，私募股权投资项目数量和总投资金额都出现明显下降。

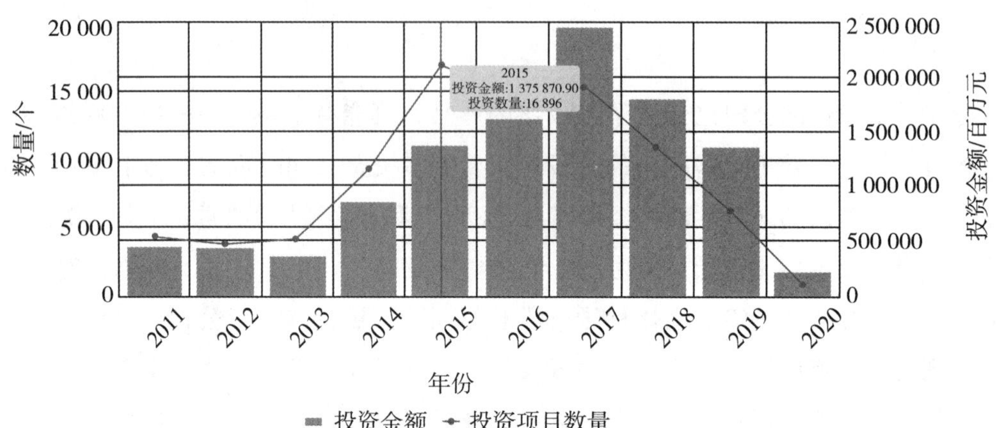

图 11－1　中国私募股权投资项目数量与投资金额（2011—2020 年）

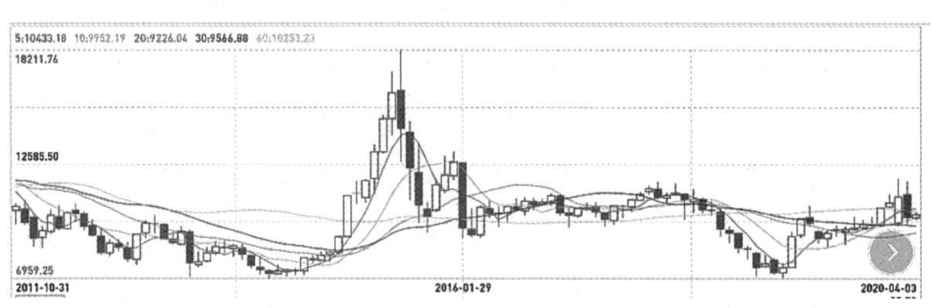

图 11－2　深圳成分股指数（2011—2020 年）

私募股权投资基金是专业化管理的投资机构。

它们通常都是集合了很多方面（包括个人和机构）的资金进行投资。这类基金基本上是公司型基金，运作上就是一个以股权投资为主营业务的有限责任公司，而基金持有人就等同于公司股东。私募股权投资基金的投资行为受股票市场总体趋势的影响很大。

2. 所有权与管理权分离

典型的私募股权投资基金，是所有权与管理权分离的。它们通常集合很多方面（包括个人和机构）的资金做投资。基金持有人就类似于公司股东。由专业管理团队负责决策、操作和管理。通常管理团队的负责人本身也是基金的发起人，但多数仅持有少量份额。

3. 追求高收益

私募股权投资基金的投资对象主要是那些风险和预期收益率都比较高的中小企业。这些企业通常还未上市，还没法通过资本市场直接发行股票或者债券进行融资。另外，这些公司的间接融资能力也很弱，缺乏可用于债务融资所需的抵押资产或者担保资质。由于股权还没有上市，股权资产的流动性就比较低，因此也带来流动性风险（投资者需要套现时不容易脱手）。在这种情况下，私募股权投资基金必须在有比较高的预期收益率的情况下，才愿意投资入股。

4. 以股权投资为主

私募股权投资基金通常以股权投资方式参与一个项目。如果公司运作不顺利，私募股权投资基金可能就颗粒无收。但是，如果公司发展起来并成功上市的话，私募股权投资基金通常可以获得超额的利润。私募股权投资基金通常都不做债务融资，因为债务融资的收益很难与这类公司的高风险相对称。

5. 重视分散投资

中小企业的成功率比较低，这也是外界对它们的股权投资通常称为风险投资的重要原因。因此，如果私募股权投资基金集中投资，没有足够分散化，所承担的非系统性风险就很高。

6. 强调长线的投资，但也强调流动性

相对专门投资二级市场的证券投资基金，私募股权投资基金通常着眼于较长线的投资。因此，参与私募股权投资基金的投资者也会有思想准备。由于通常投资门槛比较高（常以 100 万美元为认购的起点），因此，私募股权投资基金的投资人属于非常富有的阶层或者很有实力的投资机构。不过，私募股权投资基金也会要求有一定的流动性。作为专业的金融投资机构，它们希望投入的资本能在一定时候重新转化为现金并给投资者带来丰厚的回报，同时收回的资本再投入到新的项目。因此它们在参与投资的时候会很关注未来退出的方式和可能性。

四、私募股权投资基金的收益与风险

阿里巴巴股票在美国纽交所上市当天（2014 年 9 月 20 日），其总市值就超过 2 300

亿美元（约1.4万亿元人民币），超过了世界第一大银行中国工商银行的总市值（当天的市值为1.3万亿元人民币）。韩裔日本人孙正义控制的软银（Soft－bank）当年以风险资本向创业时期的阿里巴巴投资2 000万美元。虽几经后续融资的摊薄，但孙正义在公司上市前仍占约1/3的股份，上市后获得了巨额的回报。不过，风险投资者并不都这么幸运。据美国风险资本协会的统计①，美国的私募股权投资平均收益率大约为20%，种子阶段的股权投资收益率能达到约24%，而晚期阶段的股权投资收益率约为18%。另据学者②对美国私募股权投资基金所投资项目的业绩走势进行统计分析，一个企业从创业到上市，平均要经过五轮股权融资，能够获得第一轮融资的项目，大约只有20%的可能性实现上市的目的。

行业一般的说法是，风险资本投资通常有50%的项目会亏损（创业企业如果不成功而放弃，通常是清盘后颗粒无收的），有30%的项目会保本或获得微利，只有20%的项目会成功。当然，所谓成功的项目，通常都是获得10%以上的收益率！

投资收益率在不同时间上有差别，在不同项目上也有差别，这就体现为投资的非系统性风险。从投资学的角度来说，分散化投资就是降低甚至消除非系统性风险的最好策略。因此，专业的风险投资机构都会强调一定程度的分散化投资安排。美国资本市场很发达，投资者可以通过多种形式进行分散化投资，比如可以在一个基金中做分散化投资安排，也可以投资不同的基金，获得进一步的分散化。由于分散化投资，因此风险资本投资机构的收益率可以保持相对稳定。美国的养老基金一直比较强调安全性，其能够被政府允许进入风险资本市场，正是因为分散化投资策略的使用。

第三节　引进风险投资

风险投资在西方国家非常流行，中国经济在高速发展的过程中也吸引了国内外的不少风险投资。

---

① Frederic S. Mishkin and Stanley G. Eakins: *Financial Markets & Institutions*, *Fifth Edition*, (*Pearson International Edition*, 2006), P.610.

② Yael V. Hochberg, Alexander Ljungqvist and Yang Lu, "*Whom You Know Matters: Venture Capital Networks and Investment Performance*," *Journal of Finance American Finance Association* 62 (1) (2007): 251－301.

一、金融投资者的要求

正如上一节所述，金融投资者以取得投资回报为主要目的。为了控制未来的风险，金融投资者通常对投资对象在如下几个方面有严格要求：

1. 规范的管理

金融投资者对公司的控制权没有兴趣，除了在董事会层面上参与企业的重大战略决策外，一般不参与日常的经营管理；由于以持有少数股权的方式参与一个私营企业，金融投资者对自己的投资很难控制，因此，他们都要求投资对象有全面的规章制度，而且公司的运作严格规范化。如果企业运作不规范，就容易出现道德风险。要引进投资者，企业需要做一系列的工作，包括理清企业的产权关系、资产权属关系、关联企业间的关系等，让投资者对公司的资产及业务关系等一目了然。此外，还必须建立完善的管理制度。企业经营规范化运作，使投资者相信有关的权益能够得到保障，而且也不容易出现非系统性风险。

2. 良好的业绩记录和（或）潜在的盈利能力

对于传统企业来说，企业（或经营团队）的良好经营记录是很重要的，否则投资者无法判断是否值得投资。对于从事新兴产业的企业，公司的商业计划及盈利模式非常重要。公司必须令投资者相信，所提的商业计划是可信的，未来的商业模式和盈利模式是合理的。由于较高的投资风险，私营企业的投资者对预期投资回报的要求肯定会比较高，因此他们期望得到25%～30%的投资回报率是很正常的。

3. 退出机制

金融投资者不仅要考虑每年的回报率，还要考虑未来变现的可能性。作为专业的金融投资机构，长期持有股票获取股息并不是主要目的，对于它们来说，最理想的结果是持有股票到一定的时间后能够出售或转让以获得投资回报。因此，投资者非常关注有关的投资未来是否能够变现退出。

二、创业项目取得成功的关键点

美国著名风险投资家比尔·格罗斯（Bill Gross）在其著名的TED演讲“让公司取

得成功的最重要因素（What Makes Companies Succeed the Most）”中，总结了他所投资的上百个各类项目，包括成功的和失败的项目之后，认为让创业项目取得成功的关键点（按照他认为的重要性）包括时机、团队、主意、商业模式和资金。笔者经常与学生一起观看这段视频。强烈建议有志创业的人上网搜索下载仔细观看，相信看了以后一定会有所收获。笔者非常赞同他的观点，如下结合自己的认识解读一下。

1. **时机**

笔者从事金融投资行业的理论与实务工作。记得西方投资界流传一句话：时机就是一切！

互联网在中国几乎已经成为每个人每天不可或缺的一部分。可是有谁知道中国互联网之母的名字吗？这个人成立了中国第一家互联网公司瀛海威，把互联网服务引进中国。她就是张树新女士。张树新1984年毕业于中国科技大学应用化学系，从事科技信息行业的工作，在美国接触到互联网后，她使用国际风险投资资金于1995年5月创建了瀛海威信息通信有限责任，在中国宣传并推广互联网。创始资金是张树新夫妇自己筹集的700万元，而名字“瀛海威”是“信息高速公路”（Information Highway）的英文音译名组合。次年又获得中兴发集团5 000万元的风险资金；1997年公司把资金都先后投入之后继续出现较大的亏损，没法获得新资金的支持；1998年张树新被董事会解除职务，从此关于她的消息就很少在互联网行业被提及，尽管她仍然在互联网行业参与很多重要的项目策划和投资。按照她的说法：“像个暴发户一样暴发，然后像彗星一样就坠落了，就结束了。”① 有人从张树新引进中兴发集团之后失去控制权来解读瀛海威的失败。笔者认为，那不是最关键的因素。杨致远与戴维·菲洛（David Filo）在1994年各出100万美元创办了雅虎，后来随着大量风险资金的进入以及上市，杨致远作为创始人的股权比例也逐步下降，到2000年前后，他的股份比例只有7%，但不影响他长期一直担任董事局主席（2009年被解职），主持公司的发展方向。笔者认为张树新以及瀛海威的失败，最主要的因素仍然是比尔·格罗斯所说的时机。早期人们不懂得什么是互联网，市场很不成熟，宣传推广的费用很大，而市场的规模没法养这么一个需要继续长期“烧钱”的项目。风险投资项目就像在大海中挣扎的人，如果能游到岸边，就活下来了，如果在精力完全耗完之前无法获得能量，就只能沉入海底，即

① 大咖记事《远去的“中国互联网教母”张树新》，搜狐网，2018-04-28。除这篇文章外，本书关于张树新和瀛海威的信息，笔者还参阅了360百科关于张树新的资料。

使离岸边只有咫尺之距！投资界也流传这么一句话：长江后浪推前浪，前浪死在沙滩上。实际上，在瀛海威之后，王志东领衔的新浪和张朝阳领衔的搜狐才陆续登场，并获得成功。

笔者听过不少关于张树新的故事，感觉她是一位非常优秀的、很值得尊敬的企业家和投资家。然而，创业投资确实是一件成功率很低的事情，准确把握时机很重要！有时候来得早不如来得巧，时机是否把握得好，有运气的因素。

2. 团队

每个人的能力都是有限的，通常仅有某方面的专长。从事一项事业，需要多方面的人才组成一个团队，一起努力才能取得成功。本书第十七章解读乔布斯在创业和创造奇迹中的重要事项，大家能感觉得到，乔布斯的成功，实际上离不开创业过程中重要伙伴的配合。例如，在评估创业初期，史蒂夫·沃兹尼亚克发明了电脑线路板，本想供公众免费使用，乔布斯却通过商业运作，让这项发明实现了商业价值；当苹果公司想进一步做大却紧缺资金，投资人纷纷表示没有兴趣的时候，乔布斯遇到英特尔营销高管马库拉，获得 9.2 万美元以及 25 万美元的信用担保贷款。马库拉还给处于萌芽阶段的苹果公司描绘了远大的前景和高水平的营销策划方案。

3. 主意

好的主意常常是成功的开始。有了好的主意还需要持之以恒地去追求。

4. 商业模式

最近几十年来，很多企业之所以能成功，是因为它们有一种创新的商业模式。麦当劳将普通的快餐业务实行标准化，包括产品配方、产品质量、产品加工过程、服务操作流程和店面设计等，形成连锁经营。这种商业模式带来了一场商业革命。互联网时代开始以后，电子商务的商业模式又带来另一场商业革命。每一场商业革命都出现了一批成功的企业。

5. 资金

任何项目都需要资金的支持。就像马云当年创办阿里巴巴，在获得孙正义的软银2 000万美元的风险投资之后才开始了规模化发展的道路。

以上五个因素哪一个最重要？出乎很多人的意外，最重要的因素不是资金。现代社会，只要项目好，就不缺资金的支持，当然，创业者需要积极地去沟通，宣传推销自己的项目。最重要的因素是时机！好的主意、良好的团队、适当的商业模式以及足够的资金固然重要，但准确地把握时机才是最重要的！

三、引进私募股权基金的策划

引进金融机构投资者是一件很不容易的事情，需要精心地策划和组织。

1. 选择合适的投资机构

国际和国内的私募基金有很多。不过，每家机构投资者擅长的投资领域是不一样的。比如有些可能侧重投资互联网及其相关业务，有些可能侧重投资生物工程等。另外，正如前面所述，私募基金对于项目所处阶段的兴趣也不一样。有些机构愿意投资种子阶段或者早期阶段的项目，但有些机构却只愿意投资那些即将上市或者已经有成熟上市方案的企业。这些机构可能会很执着。对于不是自己有感兴趣的领域或者投资阶段的项目，它们都视而不见。引资企业需要选择合适的对象进行接触。

2. 提供一份全面的商业计划书

在投资市场中，需要资金的企业总是比有资金的投资者更多。专业投资机构总是会接触到很多需要融资的企业，它们不可能每家都花时间精力去考察。因此，它们往往从企业提供的商业计划书中先做筛选。所以，一份精细制作的商业计划书是非常重要的。

（1）商业计划书至少需要包括如下几个方面的内容：

①公司所处行业及竞争情况分析。

②公司核心竞争力（技术、产品、服务）。

③公司管理层情况。

④公司盈利模式。

⑤投资预算及盈利预期。

⑥融资计划。

⑦退出机制设置。

（2）商业计划书的撰写策略。

在商业计划书中，适当的“包装”是很有必要的。项目的“包装”，包括两个含义：第一，清楚地介绍项目的状态、计划和未来。再好的项目，如果不能让投资者理解和认识，就不可能有投资者愿意投。第二，尽可能展示公司的优势而达到吸引投资者注意的目的。好的项目，如果不能在商业计划书上吸引投资者，恐怕连下一步的会面都没有机会。

正如第六章关于道德风险所述，融资者通常不会刻意展示自己的投资风险。这一点需要投资者自己去调研和评估。不过，过度“包装”很可能就成造假。从法律上来说，融资者如果提供虚假信息和数据，或者故意隐瞒对投资者有利益影响的投资风险等，就需要承担法律责任。事实上，作假者通常要承担很大的风险。

首先，专业投资机构不会仅凭一份商业计划书就做出投资的决定。它们会以专业的判断力审视计划书所提供资料的可靠性，而且，会做实地考察以印证原来的判断，要瞒过它们也不容易。融资者造假一旦被识破，就会影响自己的信用。

其次，私募股权基金经理即使未识破虚假信息，很可能也会用“对赌”条款让融资者（项目负责人）为所提供的资料的真实性及未来的业绩做出保障承诺——如果有假或者达不到目标就给予赔偿。因此，作假者等于作茧自缚。某游戏软件项目创业者成功找到几家私募基金入股，可是一年以后打算下一轮融资的时候，新投资方在尽职调查时发现，该项目过去的用户实际数据以及收入实际数据被虚假地放大了好几倍。尽管上一轮融资时他们成功骗过了参股的私募基金，但按照当时的承诺，该项目创始人也必须以个人名义承担他们的损失。

再次，成熟市场通常有集体诉讼制度，投资者一旦发现公司有造假嫌疑，可能会采取法律行动。作假者将会遭遇清算。

最后，成熟市场的做空机制，让“浑水”公司（挖掘某些公司的造假证据，沽空股票并在作假证据被公布后股价下跌中获利）通过发掘上市公司的作弊行为获得暴利的机会。2020 年 2 月，在美国上市的瑞幸咖啡，遭到“浑水”公司的沽空狙击，股价出现明显下跌。到 4 月 2 日，公司主动承认，管理层伪造业绩约人民币 22 亿元，导致瑞幸咖啡股价当天暴跌超过 80%。市值当天缩减 66 亿美元。

3. 商业计划书中的几个重要问题

（1）公司治理。

尽管投资者也许会理解新公司在管理上的不足，但公司必须有规范化管理的意识和计划。财务管理制度、人力资源管理制度、生产流程管理制度、原材料采购制度、仓储管理制度等都必须建立。这些制度对于一些人来说只是几套文字资料，但对于专业投资者来说，实地的考察很容易知道这些文件是否只是门面功夫。因此，企业应该未雨绸缪，平时就注意规范化管理建设，免得“临时抱佛脚”，露出破绽。

（2）清晰的商业模式与盈利模式。

商业模式和盈利模式是投资者做出投资决策的重要判断基础。融资方必须清楚地让潜在投资者明白公司从事的是什么业务，靠什么赚钱。公司如果现在还没有盈利，则要让投资者知道未来赚钱的方法和可能性。

（3）合理的资金预算计划。

企业需要以商业模式和发展战略为基础做出合理的财务预算计划。其中最重要的工作是编制今后几年的现金流量表，对未来的现金流出和流入情况做出预测，提出需要的金额和时间，据此提出合理的融资计划。做财务预算的时候应该要有合理的依据，太乐观和太保守都没有必要。

（4）技术及管理团队的介绍。

任何生意都是由人来做的。在商业计划书中，投资者会从公司的技术和管理团队人员的素质和结构来判断一个公司的持续经营、创新能力。一般的企业团队中，有几类人员需要重点着墨：领军人物——这个角色几乎决定了企业的成败，技术主管——决定企业的生产、产品品质和未来的技术创新，营销主管——决定产品、服务的销售和市场的开拓。

（5）融资计划与增发新股比例。

企业应该根据上述的投资预算了解项目未来的资金需求，以确定当前的融资计划。如上所述，一般一个项目随着运作越来越成熟，估值也会越来越高，意味着越晚融资需要的成本越低。因此，公司如果不是需要马上同时投入大笔资金，就应该按照未来资金使用实际需求的时间来确定融资计划。例如，公司未来两年需要 2 000 万元资金，如果是第一和第二年分别需要 1 000 万元，可以提出本期融资计划为 1 000 万元，一年后再融资 1 000 万元。如果项目运作顺利，第二年融资成本就很可能比本次融资成本低得多。举例如下：

第一，某项目本期计划融资 1 000 万元，那么需要跟投资方商议本项目增发的新股占比。谈判的焦点就是本项目现在（即融资前）的估值。假设投融资双方同意，估值为 4 000 万元，那么本轮增发新股之后，新加入的股东（可能不止一家）合计就占 20% 的股份，计算方法为：1 000 ÷ （4 000 + 1 000） = 20%。

第二，设想第二年该公司的估值被确定为 8 000 万元，那么下一轮同样融资 1 000 万元，增发新股之后，新加入的股东合计仅占 11.11% 的股份，计算方法为：1 000 ÷ （8

000 +1 000） =11. 11%。

（6）新项目的估值方法。

新项目的估值是比较复杂的，主要是没有可参考的历史财务数据做估值参考。不过，下列变通的方法可做参考：

第一，参考行内类似项目的数据，估算未来的自由现金流，以及行业的贴现率，使用现金流贴现估值模型做测算。

第二，参考行内类似项目的数据，估算未来的项目税后利润，并参考行内的平均市盈率做测算。

第三，一些新兴行业的新项目，可能找不到类似项目的历史数据（可能根本就没有），只能靠投融资双方对该项目未来可能的现金流和盈利情况做测算，参照行内其他项目的定价标准。

（7）退出方式。

商业计划书中最好能考虑到投资者未来退出变现的需求，对公司未来发展前景提出展望，让投资者获得信心的同时，也便于其对未来变现的方式和可能性做出判断。

一般来说，私募基金在项目中退出的方式包括上市（IPO 或买壳）、下一期融资时出让、并购时退出和清算退出等。

如果项目能上市，一般来说创始股东获得的投资回报率是最高的；在项目下一轮融资时，向有兴趣的新进入股东转让股份也是一个好办法，通常公司股权在下一轮融资时已经有一定的升值；项目做到一定的程度，被其他公司收购，也是一个值得考虑的选项，原有股东通常可以考虑换取新公司的股份，或者取得现金离场；清算退出通常是最坏的被迫选项——公司没法独立生存，也没有新的资金进入，只好选择清算破产，多数情况下股东能收回的资本很少。

第四节　创业投资案例分析

以私募形式引进风险投资并获得成功的案例不胜枚举。私募基金把一个个小公司培养成成功企业，同时自己获得巨大的收益。不过，一个创业公司要取得成功并不简单。

一、盈富泰克入股中星微电子公司①

信息产业部在1999年设立电子信息产业发展基金，取名盈富泰克投资公司（简称“盈富泰克”），尝试以风险资本投资的方式管理国家的一部分科研发展资金。改变过去对于科技企业无偿划拨资助的模式，该公司向有发展潜力的科技企业做股权投资。该公司开业后的第一个项目，就是新成立的中星微电子公司（简称“中星微”）。中星微上市后给盈富泰克1 000万元的初始投资带来了20倍的回报。2007年2月，信息产业部还专门就盈富泰克的成功模式召开成果报告会，肯定了盈富泰克“政府创投VC模式”的试点经验。

1. 中星微电子公司的创立

毕业于中国科技大学的邓中翰在美国获得博士学位后，在美国从事芯片研发制造多年。1999年，邓中翰带着3位有类似经历的伙伴回国打算寻找创业机会，希望在中国从事专业集成电路芯片设计和技术开发及制造，推广他们研发的高性能数码影像芯片技术。可是他们带着商业计划书寻找创业资金的过程并不顺利。直到在北京遇上时任中国科协主席的周光召教授，邓中翰被引荐到电子信息产业发展基金。

2. 盈富泰克入股

经过论证，盈富泰克投资公司决定给中星微投入1 000万元的风险投资资金，并占一定比例的股份。进入中星微后，盈富泰克协助其完成公司管理架构的建立，后来又将加拿大鲍尔太平洋创业投资基金介绍给中星微，使资金匮乏的中星微获得了350万美元的第二轮风险投资资金。

3. 发展与上市

公司自1999年成立以来，以国际领先的微电子技术、广阔的产业化前景、先进的经营管理机制进一步吸引了包括国外投资机构在内的众多新的投资者的股权投资，为公司进一步发展奠定了坚实的基础。经过几年的艰苦磨炼，中星微在芯片设计领域取得重大进展，“星光”芯片已成系列产品，受到业界及应用领域的关注，多品种芯片和

① 该案例主要根据盈富泰克创业投资有限公司网站资料整理。

技术被推广认证。在2003年北京抗击“非典”的战役中，中星微电子运用“星光”数字影像芯片和技术，为北京小汤山非典防治医院构建了大型视频通信网络。公司设计的手机彩信和弦芯片打入国际主流市场，并被国外著名公司（惠普、三星、飞利浦）所采用，其生产的计算机图像输入芯片在全球的市场份额占40%以上。笔者曾于2004年7月与盈富泰克总经理刘廷儒先生一起到中星微访问，并听了邓中翰博士讲述创业故事，深深地被他们的创业精神和开拓精神所感动。当时中星微正开始策划到美国上市，前景一片光明，刘廷儒总经理无比激动地说：“我们现在见到长得像邓中翰的人就想向他扔钱!”中星微于次年底在纳斯达克挂牌，赢富泰克的投资获得了超过20倍的回报!

二、马云如何重获阿里巴巴的控制权①

在现代公司治理中，创始人与投资人、大股东与小股东、大股东与经理人的代理冲突无处不在，并往往演变成对控制权的争夺。掌握了控制权，便可以掌控公司的运营，还可以获得某些私人收益。这种私人收益包括货币型收益和非货币型收益。货币型收益包括工资、奖金和期权，还可能包括对小股东利益的侵占——隧道挖掘，即通过非公平关联交易、资金占用、现金股利、股价操纵等方式来攫取私人收益。非货币性收益包括福利、社会地位、个人名誉等。

关于公司控制权的争夺战近年来上演了多场。2010年国美创始人和控股股东黄光裕与经理人陈晓争夺控制权，最终陈晓出局，公司进入了由黄光裕与战略股东贝恩资本共同治理的新阶段。雷士照明创始人吴长江于2012年出走，2013年回归，与投资人之间反复博弈。由于失去对公司的控制权，公司创始人被战略资本家反噬的案例也时有发生，如当年新浪创始人王志东被迫出局、UT斯达康创始人吴鹰黯然离场等。纵然有了这些前车之鉴，阿里巴巴集团创始管理人马云和大股东雅虎还是再次上演了创始人与资本的对决。

1. 控制权争夺战的背景

2005年雅虎与阿里巴巴集团签订合作协议后，阿里巴巴集团股权结构为：马云及持股高管等31.7%，软银29.3%，雅虎39%。雅虎是阿里巴巴集团的第一大股东，其

① 甘星、蓝裕平：《马云如何重获阿里巴巴的控制权?》《国际融资》2013年第12期。

投票权到2010年10月增至39%，而董事会的席位也增至两名，董事会格局变成2∶2∶1。2005年雅虎与阿里巴巴集团之间签订的合作协议中存在股权隐患，导致后续一系列雅巴之间围绕着股权争夺的事件。

马云是阿里巴巴的创始人和董事会主席，但他却只是阿里巴巴的小股东。公开数据显示，截至2011年底，马云私人持股只有约7.43%。马云有三重典型身份——创始人、管理人和小股东。雅虎是互联网鼻祖，在全球有着极大的影响力，作为阿里巴巴的大股东，给这个新公司带来了资本和品牌效应，同时取得了公司的控制权。马云与雅虎在阿里巴巴集团中分别是创始经理人与大股东的角色，他们之间的矛盾仍然是委托与代理的问题。后来马云借助支付宝的股权变动和价值重估重新取得了阿里巴巴的控制权。这个事件跌宕起伏，引人入胜。本人从各种公开的信息讲述这个市场事件的前因后果，并对雅虎和马云的角色以及操作策略做出评述，希望能帮助大家深入理解这个注定成为经典的案例，并从中得出启发。

2. 雅巴合作协议与控制权隐患

2005年的阿里巴巴处于市场开拓的前期，面临严重的资金缺口。同年8月，雅虎以10亿美元外加雅虎中国的全部资产参股阿里巴巴，并获得其约39%的股份。协议内容为：（1）从2010年10月开始，雅虎投票权增加至39%，成为阿里巴巴真正的第一大股东。（2）雅虎在董事会的席位增至两位，即雅虎和阿里巴巴均可委任两位董事，软银依旧是一位。此外，马云只要持有一股，就有权在董事会指派一个董事。（3）“阿里巴巴集团首席执行官马云不会被辞退”条款到期。在2010年10月以前，雅虎虽为阿里巴巴单一最大股东，和软银一样在董事会仅占一席，但阿里巴巴在董事会占两席，小股东兼创始人马云实际掌控了阿里巴巴。这种控制格局是有期限的，这就为后续的股权之争埋下了隐患。这份协议为雅虎带来了巨额回报。至2012年签署雅巴回购协议，雅虎已有部分回报落袋为安。投资阿里巴巴被视为杨致远时期最成功的一笔投资。

马云之所以和雅虎签订有股权隐患的条约，有以下几个原因：第一，2005年的雅虎相对于在中国市场崭露头角的阿里巴巴来说强大太多，雅虎2005年度营收近40亿美元，市值近500亿美元，而当时阿里巴巴的年营收不过数千万美元。双方地位悬殊，阿里巴巴处于弱势，在谈判中的筹码自然不够，且马云亟待解决资金缺口问题。第二，当时电商在中国市场还属于新鲜物种，面对eBay（易趣网）、亚马逊，阿里巴巴的前景并不明朗，投资风险较大。然而市场就是这么残酷，签订协议后的5年，雅巴之间的地位发生了逆转。第三，马云与雅虎掌门人杨致远的私交不错，互动良好，杨致远因华裔的身份多少对中国商业文化有所了解，且电商不是雅虎的强项和发展重点，因此杨致远将雅虎在阿里巴巴的角色定位为纯粹的财务投资者。第四，马云的自信，忽略了资本残酷与贪婪的本性。作为创始人的马云一手打造了这家公司，自信一切在自己掌控中，也许以为雅虎、软银的角色仅是财务投资者，赚钱分钱而已。显然，商场没有永恒的伙伴，只有永恒的利益。

3. 支付宝事件与谈判较量逆转

2008 年底雅虎易帅，与马云私交甚好的雅虎创始人杨致远辞职，新掌门人卡罗尔·巴茨（Carol Bartz）行事作风强势，是西方职业经理人市场上的佼佼者。但她在应对中国最具潜力的电商企业阿里巴巴时，显得水土不服。媒体报道，巴茨上任后的两年没有和马云有过任何接触。马云在硅谷与她会面时，巴茨公开对马云在运营雅虎中国业务方面表示了不满。巴茨的不友好态度引发了马云对控制权的担忧。实力大增的阿里巴巴集团于 2009 年 2 月向雅虎发出回购股权要约，巴茨公开发表声明表示拒绝，声称在淘宝、支付宝业务未上市之前，无意出售手中持有的阿里巴巴集团股份。其后，雅虎在阿里巴巴集团年庆前抛售了 1% 的阿里巴巴股票；后来雅虎香港染指内地及香港广告市场，与阿里巴巴抢夺客户，迅速恶化了与阿里巴巴集团的合作关系。阿里巴巴前 CEO 卫哲公开回应，阿里巴巴不再需要雅虎。雅巴关系跌入冰点。巴茨则表达了进入阿里巴巴董事会、执行雅虎大股东权力的想法。雅虎的步步紧逼加速了马云在 2012 年 10 月大限前收回股权、掌握主动权的计划，但谈判异常艰难。有媒体认为阿里回购雅虎股权不可能实现，因为当时雅虎不可能放弃这么诱人、还在继续膨胀的蛋糕。

支付宝所有权转移的事情，让局面迅速得到了扭转。雅虎这才意识到契约并不能完全约束代理人。2011 年 5 月 11 日，雅虎在提交给美国证券交易会的经营业绩详细报告（10－Q）中投诉阿里巴巴集团旗下子公司支付宝所有权被转移到了马云控股的一家公司（浙江阿里巴巴）。马云和阿里巴巴集团另一创始人分别持有浙江阿里巴巴商务有限公司 80% 和 20% 的股份。自此，阿里巴巴集团最核心业务之一、最具增长潜力的支付宝从阿里巴巴集团剥离，脱离了大股东雅虎和软银的控制。2011 年 5 月 18 日，支付宝拿到国内首张第三方支付牌照——非金融机构支付业务许可。

雅虎随后声称，阿里巴巴集团将支付宝在线支付业务转移给其他公司并未获得阿里巴巴集团董事会或股东的批准，甚至他们都不知情。马云公开承认管理层对支付宝股权调整并未获得董事会的正式授权，仅有无实际效力的会议纪要和所谓的口头协议。支付宝股权转移是为了尽快拿到支付牌照，否则，淘宝模式就会难以为继。因为根据中国人民银行的规定，支付宝若要获得支付牌照，不能由外资绝对控股。

联系到之前旷日持久的股权之争，马云拒绝了软银控制人孙正义所提出的通过重新签订 VIE 协议回归到三方控制支付宝的提议，这确实是马云所走的一步险棋——以个人声誉换取谈判股权回购的筹码。为了避免事态扩大，给三方带来更大损失，2011 年 7 月 29 日，阿里巴巴集团、雅虎和软银就支付宝股权转让事件正式签署协议，支付宝的控股公司承诺在上市时予以阿里巴巴集团一次性的现金回报。回报额为支付宝在上市时总市值的 37.5%（以 IPO 价为准），回报额将不低于 20 亿美元且不超过 60 亿美元。雅虎股东重回谈判桌。如果股东之间无法达成妥协，就会影响公司的各个方面，尤其会耽误公司挂牌上市，毕竟大家都在等着上市后资产升值。

4. 回购协议

支付宝股权转移使雅虎认识到了管理人的强势以及阿里巴巴回购股权的决心，雅虎最终做出了让步。事实上，雅虎面对一个不熟悉的电商领域，也找不到比阿里巴巴更好的管理团队。2012 年 5 月 12 日，阿里巴巴集团宣布，以 63 亿美元现金及价值 8 亿美元的新增阿里巴巴集团优先股，回购雅虎手中所持股份的 50%，即阿里巴巴集团股权的 20%。在未来公司上市时，阿里巴巴集团还有权优先购买其剩余的所持股份。在交易完成后的阿里巴巴集团董事会，软银和雅虎的投票权之和将降至 50% 以下。作为交易的一部分，雅虎将放弃委任第二名董事会成员的权力，同时也放弃了一系列对阿里巴巴集团战略和经营决策相关的否决权。阿里巴巴集团董事会将维持 2∶1∶1（阿里巴巴集团、雅虎、软银）的比例。阿里巴巴集团董事会的控制权重新回到了马云手中。

5. 控制权争夺的反思

回顾雅巴联姻的“七年之痒”，目前这个结果有其必然性。最初结合时雅巴互相依赖。雅虎的优势是资金、搜索技术和品牌效应。阿里巴巴则会给雅虎股东带来未来发展红利。而后的 5 年，雅虎停滞不前走下坡路，在中国内地搜索领域的市场份额缩水至可以忽略不计。阿里巴巴甚至抱怨雅虎未贡献其先进的搜索技术，并自主开发了搜索引擎“一淘”和“阿里云”。相比之下，阿里巴巴一路向前冲，发展迅猛，蒸蒸日上，资本不断积累，为雅虎股东带来了丰厚的投资回报，市值远超雅虎，全球知名度越来越高。

6. 如何看待雅虎的作用

很多人看到一些公司上市后股价大涨，很嫉妒战略投资者获得的暴利，认为他们获得暴利与其投入不对称。尤其是一些创始人，认为自己辛辛苦苦打下江山却当不成“皇帝”，往往迁怒于早期的投资者。笔者认为，这是一种错误的看法。从投资的角度，投资收益与投资风险是要对称的。一个项目在早期阶段的投资风险是非常大的。按照国际风险投资的统计，10个早期阶段的项目，能够走到最后成功的，往往不到2个。人们往往只看到在某些成功的项目中风险投资者赚大钱的例子，却没留意到他们同时投资在类似项目上可能已经颗粒无收。尽管雅虎在投入资金后没有为阿里巴巴提供其发展的支持，但是当初雅虎在这个项目上投入巨资，也算是风险投资界的一次豪赌。雅虎最后获得的利益，可以理解为他们承担高风险的高回报。如果没有雅虎当初的出资，阿里巴巴能否有目前的成功？这种假设似乎很难有统一的看法，不过，当初雅虎的入局，肯定是因为马云认为对方是最合适的伙伴才得以成功的，双方是出于自愿走到一起的。而阿里巴巴集团确实是在雅虎入资以后才进入高速发展时期的，雅虎功不可没。

三、京东商城成功故事背后的控制权博弈①

创业者在引进外部资金，迅速做大做强的同时，通常都想尽量保持自己对公司的控制力。可是，发展迅速的公司，股本的扩张往往也很快，创业股东的股权往往会被逐步摊薄，最后其控制权也逐步消失。1998年底，互联网名人王志东创办了新浪，两年后新浪在纳斯达克上市，次年王志东却被董事会免去了公司的所有职务。杨致远于1994年与费罗联合创立了雅虎，两年后雅虎在纳斯达克上市，逐步成为互联网行业巨头。2008年，杨致远被迫辞去CEO职位，2012年辞去公司的所有职务。阿里巴巴在2007年引进了雅虎10亿美元的风险投资资金，使雅虎成为事实上的大股东。当2010年雅虎行使大股东权利的时限即将到来的时候，马云将支付宝脱离了阿里巴巴集团，并最终以此为筹码重新获得对阿里巴巴集团的控制权，成为又一出控制权博弈的神奇故事。

2014年5月22日，京东商城在纳斯达克正式挂牌上市，按当天收盘价计算，公司市值达到286亿美元。从2007年创办到上市，京东创始人刘强东的股份虽然被多次的融资摊薄到21%，但仍然控制该公司83.7%的投票权，拥有公司的绝对控股权。这个新崛起的电商巨头背后的控制权博弈过程耐人寻味，值得中国的企业家了解和学习。

① 刘伟杰、蓝裕平：《京东的成功故事背后的控制权博弈》，《国际融资》2014年第7期。

下面对京东商城创办后一系列的融资活动进行解读和分析，希望能从中总结其在现代资本市场参与控制权博弈的策略与思路。

1. 可转换可赎回优先股

自从20年前深圳发展银行赎回并注销了以港币发行的优先股以后，优先股对于国人来说就逐步变成一个熟悉的概念。中国证监会在2014年3月21日公布了《优先股试点管理办法》，允许上市公司发行优先股并挂牌交易，可以预见，优先股以后会成为金融市场中的重要部分。优先股最主要的特点：第一，固定股息率（从这个角度来说，其与债券类似）；第二，一旦公司进入清盘破产程序，优先股股东可在普通股股东之前获得投资补偿（从这个角度来说，其不同于债券，属于股权类资产）。

优先股在国际私募股权投资市场经常被使用。在使用优先股时常赋予“可转换”和“可赎回”权利，以保障投资方的权利并控制其风险。

所谓“可转换”权，一般指优先股持有者可以选择按照事先商定的换股比价，将所持优先股转换为公司所发行的普通股。私募股权投资者通常是看好该公司将来上市的前景，并希望在公司上市后，普通股在市场中升值获利。一旦公司上市明确，他们就愿意把优先股转换为普通股。不过，“可转换”权是一种权利，没有责任，也就是说持有人可以选择“不转换”。这样一来，投资人在公司上市前景不明朗的时候可获得较多的保障，比如固定股息率和优先的清偿权。

所谓“可赎回”权，一般指优先股持有者可以选择按照事先商定的方法，将所持优先股转售给公司，并收回原先投入的现金资产（通常还包括一定的补偿收益）。同样，这对于持有人来说，是一种权利。显然，这一权利是对股权投资人的另一层保障措施。在公司上市计划受挫，且经营和财务状况每况愈下、无望回天的情况下，优先股持有人行使该权利有可能收回自己的投资。

赋予持有人多重权利的可转换可赎回优先股的各种条件，通常是在强势的私募股权投资人要求之下确定的。不过，这是在自由经济环境下双方博弈的结果。在企业开办初期，公司未来能否生存都是充满不确定性的。根据美国的经验，风险投资项目通常经过五轮股权融资才能达到成熟并实现上市的目的。美国风险投资协会的统计结果显示，一个风险投资项目从第一次融资开始能够走完整个流程的概率只有约20%。在每一个环节搁浅，投资人的资金都会面临重大损失。面对这么大的风险，股权投资人为自己的投资设定多重保护措施，也是可以理解的。从项目融资方来说，创业初期，公司急需资金支持，可以说，只要能获得资金，什么都可以谈。

从京东商城的上市公告书可见，京东在创业最初的 3 年（2007—2010 年）间，发行了 3 轮可赎回可转换优先股，总共获得 1.69 亿美元的资金，其中包括 A 轮融资引进今日资本的 1 000 万美元、B 轮融资引进今日资本、雄牛及梁伯韬 3 家公司合计 2 100 万美元、C 轮融资引进高瓴资本的 1.38 亿美元。

据称，在 A 轮融资中，今日资本所投入的 1 000 万美元占当时京东总股本的 30%。按照这一投资金额和所占股权比例，可以测算出当时京东的市场估值为 3 300 万美元。相对于目前 300 亿美元左右的市场估值来说，当时今日资本入股京东的投资代价太低了。不错，从投资的角度来说，显然这是当时各方面都合理并为双方所接受的定价水平。当时京东刚刚起步，距离成功还很遥远，在风险巨大的情况下，投资者也不可能接受更高的定价。

由此推断，经过 3 轮融资，刘强东在京东的控股地位已经岌岌可危。如果他不做适当的安排，那么他对公司的控制权必将逐步丧失。

2. 夹层融资与公司负债管理

可转换可赎回的优先股，因其风险与收益介乎股权融资和债务融资方式之间，又称为夹层融资方式。本来优先股属于股权资本，但由于持有人可能会要求赎回，公司将承担无条件的现金支付责任，因此，对于公司来说，可赎回的优先股又属于公司的“或有负债”。如果优先股股东不愿转换为普通股，则公司潜在的支付责任可能导致其实际负债率保持在高水平，这显然会提高公司的财务风险水平，大大降低公司进一步的融资能力，甚至会威胁到公司的生存。要投资者把优先股转换为普通股，必须让他们对公司的未来有信心。京东尽管长期处于亏损状态，但销售量增长迅速。2004—2013 年，京东销售额从 1 000 万元增长到 693.40 亿元（如图 11－3 所示），年均增长率达到 143%！这一突出的成绩，通常都会让投资者在很短时间内决定将优先股转换为普通股。

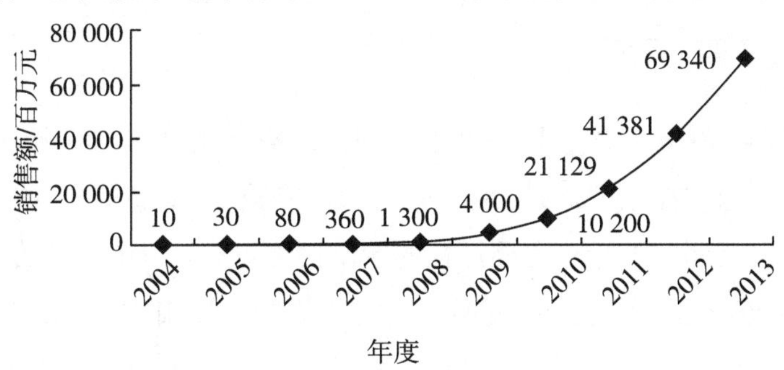

图 11－3　京东商城销售额增长曲线

根据梅耶斯的啄食顺序理论，企业需要资金的时候，通常会按照“先内源融资后外源融资，先债务后股权”的顺序筹集资金。可转让可赎回的优先股给予投资者的选择权，客观上增加了公司的负债规模，提高了财务风险。因此，对于公司来说，直接发行普通股当然是更好的选项。京东早期缺乏内部资金积累，在与淘宝争夺市场，不断“烧钱”，急需资金支持的情况下，只能对外融资。而正如以上所述，直接的股权融资，对于投资者来说风险过大，因此早期的3轮融资都采取了具有负债性质的“可转换可赎回优先股形式”。不过，京东一旦树立了高速成长的形象，投资者便信心大增，京东当然就会选择以直接发行普通股来筹集资金。

根据京东的招股书，自2011年以来，京东历经了5轮普通股股权融资，累计发行了约8亿股普通股，共募集18.58亿美元资金。此外，京东还在2014年的股权融资中获得腾讯旗下拍拍100%股权、网购100%股权以及易迅9.9%股权。

从发售的股份数与融资额数据看，后来发行普通股的成本大大降低了。这反映了公司估值在这段时间内大幅上升。不过，京东确实也不枉投资者的厚爱。参与这几轮大规模的股权融资的投资者都获得了可观的回报。根据招股书披露的数据，按照IPO价格计算，这些投资者在账面上已经出现了巨幅的利润。如老虎基金持约4.45亿股，约赚37亿美元，成了最大的赢家；而早期的投资者如高瓴资本，持有约3.19亿股，市值约28.7亿美元，约赚27.32亿美元；最早参与投资的今日资本由于投资早，成本早已通过减持收回，所持1.918亿股，市值约17亿美元都是投资利润。此5轮发行普通股的融资，为京东在实现跨越式发展并取得中国电商行业巨头地位提供了巨额资金支持。不过，天下没有免费的午餐。京东在获得这些外部资金的同时，创始人刘强东的股权比例在上市时被摊薄至18.8%，尽管他还是公司最大的股东，但仅比第二大股东老虎基金高了0.7%。显然，仅靠这个比例的股权，刘强东对京东的控制权是很弱的。那么，刘强东有什么办法保持其对公司的绝对控制权呢？

3. IPO前的投票权委托

京东上市以前，在数轮的股权融资中，刘强东有效地通过投票权委托的方式保住控制权。所谓投票权委托，即通过协议约定，某些股东将其投票权委托给其他特定股东来行使。在这种机制之下，获得委托权的股东便可以行使比自己股份大的投票权利，获得更大的控制权。刘强东充分利用了这一游戏规则，在引进外部风险投资资金的时候，要求获准进入的风险投资商将其投票权委托给自己在英属维尔京群岛所掌控的Max Smart或Fortune Rising公司行使。在京东上市前，他的股权比例只有18.8%，但却持有55.9%的投票权，获得绝对控制权。

融资市场是一个市场化程度很高的领域。投融资双方往往经过反复谈判，多方博弈才能达成交易。而投资方和融资方能否将自己的某一个条件加入合作的协议，取决于其谈判力。一个弱势的融资者是很难提出额外的要求的，强势的融资者需要足够的底气，而这通常都来源于自身投资价值的吸引力。对于专业的风险投资机构来说，它们属于财务投资者，即主要关注财务回报，并不在乎对公司的控制权。如果它们对公司的未来有信心，尤其是对管理层有信心，它们不仅投入巨资，同时也会投入信任。如曾对脸书、Groupon、阿里巴巴等互联网明星企业有过投资的俄罗斯DST，一旦看好某个公司的发展，就会全力支持被投资企业的CEO，通常都会将其大部分投票权委托给被投资企业的CEO来行使。

刘强东要求投资方把投票权委托的条款写入合作协议，当然需要让对方对京东的未来充满信心。刘强东在2011年提出了一个雄心勃勃又颇具可行性的巨大战略规划："京东将在未来3年投资100多亿（元人民币）加强物流系统"，打通线上和线下的联系。这是一个颇有超前眼光的计划！事实上，一直走在前列的马云是在更后的时间才意识到物流对于线上和线下之间互通的重要性，甚至打算提前在阿里巴巴退休，专职推行其"菜鸟计划"——由阿里巴巴集团主导设立菜鸟网络科技有限公司，启动在全国多个城市建设仓储系统的"中国智能骨干网"项目。京东招股书披露，截至2014年4月1日，京东物流拥有仓库86间，总面积达150万平方米，分布在36个城市；配送站1 620家、自提点214个，分布在495个城市；快递员24 412名、保管员11 145名、客服5 832名。京东的物流体系不仅规模大，而且效率高。凭借此体系，京东成功在43个城市实现"下单当日投递"，在265个城市实现"下单次日投递"，两者合计占订单总量的70%。强大的物流处理能力直接为京东带来了漂亮的运营数据，持续向上的销售额曲线，早已让那些有经验的风险投资专家们"蠢蠢欲动"，有些急于进入公司的投资者当然也就不会很在乎所谓投票权的条件了。不过，刘强东显然没有能够让其他所有投资者给出投票委托权。在京东IPO上市前，其中老虎基金、高瓴资本和今日资本等大牌机构就继续保持它们的投票权。为什么刘强东没有让这些机构也交出投票委托权？没有资料记录他们当时的谈判细节。不过原因也许是一开始时刘强东还没意识到这个必要性，在他们进入之前并没有讨论这个问题；也许是那个阶段刘强东还不具备那么强大的谈判力，而老虎基金的行业地位太高了，其拥有更强大的谈判力（对于一般的项目来说，能够引入某些超大牌的风投机构本身就是一项增加价值的因素）。

4. IPO 后的双层股权结构

投票权委托尽管是一种保持刘强东控制权的方法，但毕竟不是一项长期稳定的模式。而且在未来股权进一步扩张的过程中，能否获得更多的投票权委托以维持其控制力仍然充满不确定性。况且，京东 IPO 之后，所有的投资者股权可能出现交易，他们都将收回原来委托的投票权。显然，除非提早做出安排，否则京东上市以后随着股权的自由流动、总股本的进一步扩张，京东的控制权也随时可能出现变化（表 11 －2 为京东 IPO 上市后股权结构情况）。

表 11 －1　京东 IPO 上市后股权结构情况

股东	A 类/百万元	B 类/百万元	合计/百万元	投票权
刘强东	9	556	565	83.7%
老虎基金	432	N/A	432	3.2%
黄河投资（腾讯）	490	N/A	490	3.7%
高瓴资本	309	N/A	309	2.3%
俄罗斯 DST	219	N/A	219	1.6%
今日资本	186	N/A	186	1.4%
红杉资本	40	N/A	40	0.3%

为了解决这一问题，刘强东采用美国一些巨型企业普遍采用过的双层股权结构。所谓双层股权结构，就是对公司所有股票的投票权做出差异安排，一般包括如下几个内容：把股票分为 A 类普通股与 B 类普通股；A 类普通股通常由机构投资者与公众股东持有，而 B 类普通股由创业团队持有；A 类普通股与 B 类普通股设定不同的投票权，通常 B 类普通股具有更高的投票权；A 类普通股无法转换为 B 类普通股，但 B 类普通股一经转让即自动转换成 A 类普通股。这种制度的特点是，企业创业团队能够在股本的扩张过程中，保持对企业的有效控制。这种双层股权结构是一种“同股不同权”的制度。不过，这种“不同权”是包含着权利和义务的对等：创业者获得的更高的投票权是有代价的——放弃对 B 股票持有期的资产流动性（即不会卖出股票）。创业者需要对自己的公司有足够的信心才能继续保持这种控制权。美国很多财团在一个大公司中长期维持其控制地位，就是靠这种双层股权结构，如福特家族控制福特汽车公司和巴菲特控制伯克希尔·哈撒韦公司等。新经济的明星企业如谷歌、百度、脸书等也采用这种模式来保护创业者对公司的控制权。

招股书披露，京东上市后，刘强东持有的 5.65 亿股将转为 B 类股票，每股有 20

份投票权；而其他投资者持有的都是 A 类股票，每股只有一份投票权。刘强东所持股票的投票权按加权计算达到了 83.7%，他掌握了京东的绝对控制权。此外，根据招股书，上市后京东将有 5 名董事会成员，分别是刘强东、刘炽平、黄明、李道葵和谢东萤。然而，除刘强东和刘炽平之外，其余都是独立董事，京东管理层无一人进入董事会。另外还有一项规定，只要刘强东担任董事一职，如其本人不在场，董事会将无法构成法定最低人数进行重大事项的决定。

5. **总结**

京东商城的成功是中国电商行业的又一个神奇故事。而在这个神奇故事背后包含的创业者与风险投资家在资本市场这个大舞台上的斗智斗勇，同样是引人入胜的。资本市场的运作主要就是围绕着投资和融资活动展开。双方各有所需，走到一起来。每一方都需要关注并保护自己的利益和权利，并与对方进行博弈。为了最大限度达到自己的目的，双方都需要利用市场规则，依托自己的各种条件为己方争取利益。当国外的资本市场活动逐步进入中国的经济生活时，学习市场博弈规则变得非常重要。

第十二章　股票上市对企业的影响

有人说，人类社会最近100年内所创造的财富，比人类以往几千年所创造财富的总和还要多。说这话的人主要从科学技术的发明来解释生产力的进步。其实，以上成就的背后还包括了其他很多因素的贡献。最近100年来，世界范围内规模越来越大、制度越来越成熟的资本市场，对于生产力的进步也提供了强有力的支持。

没有资本市场，企业只能靠自有资金的积累来扩大再生产。公司化制度使资本可以集中起来运用，而资本市场的资源分配功能可以在很短时间内让那些有能力的企业家获得大量的资本，使他们的事业迅速做大做强。生产力决定生产关系，而生产关系也可以反作用于生产力。

从股本融资的角度看，现代经济社会的资本市场，提供了私募股权和公募股权融资的机会。第十一章讨论了私募股权融资的策划，本章将从股票市场的角度，讨论企业上市之后各方面将受到什么影响，在公司运作中将有什么重要的变化，主要从融资、资产估值、并购重组、股权激励、公司治理、信息披露和外部监督这几个方面进行论述。

第一节　建立长期稳定的融资渠道

非上市公司的融资过程是比较困难的。当企业获得上市资格的时候，不仅能够以较低成本引进股权资金，而且在获得债务资金的时候也变得比较方便。

一、可以获得较低成本的股权资金

那些管理运作规范、经营良好、盈利能力强、成长性好的上市公司在市场中可以得到更多投资者的追捧，股价可以持续上涨并长期保持在高水平。股价上涨在为投资者带来较好的投资回报的同时，也为公司提供了一个更好的融资环境。

比如，某公司的股价在5元/股的时候，增发2 000万股新股只能筹集1亿元；当公司股价上升到10元/股的时候，增发2 000万股新股能够筹集2亿元；当公司股价再上升到20元/股的时候，增发2 000万股新股能够筹集4亿元的资金。显然，随着股价的上涨，企业融资成本越来越小。同时，公司股价的上涨，使公司的市场价值也水涨船高，给债权人更大的信心，银行等金融机构会更愿意向公司提供资金，使公司的融资渠道更加畅通。当然，如果公司运作失败，没有良好业绩，市场也会果断抛弃这个公司的资产。

二、扩大融资渠道

由于公司具有在资本市场筹集股权资本的条件，因此银行等信贷投资人或机构会更放心地向上市公司提供借贷资金。同样，商业伙伴与公司进行业务往来的时候也更愿意提供商业信用的便利。

公司股票上市后，就获得了源源不断的融资渠道。只要公司正常运作，保持较高的获利能力，有可以打动投资者的发展项目，就可以源源不断地从资本市场获得资金支持。资本市场可以帮助公司进一步培育和发展公司的竞争力，保持公司的长期稳定发展。

近几年国内政府持续对房地产市场进行宏观调控，不断收紧房地产企业获得银行贷款的条件。比如，政府要求完全房地产企业付清土地款才能获取建设用地使用权、土地闲置两年将被无偿收回等一系列土地新政，导致房地产企业对于资金需求量增加。而国家对于房屋贷款首付比例的提高以及第二套以上购房按揭贷款利率的提高，直接打击了房地产市场的短期需求。这样一来，不少房地产公司都出现资金困难，直接挤压房地产企业的生存发展空间。那些已经上市或者成功在国内外首发上市的房地产企业拥有比非上市的房地产企业大得多的融资优势。

当企业获得上市资格以后，意味着可以采用更多灵活的融资方式。比如可转换债券是一种较低成本和有效率的融资方式。但这种方式只是对那些上市公司或者拟上市公司有意义。因为上市公司的股权所具有的市场流通性价值和投机性价值使投资者对于公司股票价值前景产生更大的想象空间，所以为了获得转换股票的权利，投资者愿意接受较低的券息率水平。这样无疑为发债公司节省了融资成本。

我国在2007年开始发展国内公司债券市场。截至2014年底，发行主体仅限于净资产超过10亿元的上市公司。因此，上市公司更有可能获得发行公司债券的机会。2015年1月，证监会发布《公司债券发行与交易管理办法》，将公司债券发行主体扩展至所有公司制企业。2021年2月修订后的该《办法》又规定公司债券发行全面实施注册制，但非上市公司在发行公司债券的过程中，仍然面临比上市公司更严格的监管。

上市公司在获得银行等金融机构的债务融资时也比一般的企业具有优势。银行每天接受的存款也需要贷出去，以赚取利差。银行在发放贷款时，最关心的就是安全性。上市公司本身具有的融资条件，使其生存能力更强，违约的机会相对较小，因此也是银行等金融机构偏好的贷款业务对象。

第二节　股票上市提高公司市场价值

得润电子在2002年股份制改造的时候实施了高管人员持股计划，以账面值1元价格给高管人员安排了一部分原始股。公司股票挂牌上市的那一刻，公司的高管人员因为持有公司股票都成为百万甚至千万富翁。按照开盘价18.8元算，得润的高管人员持股几年的回报率达到17.8倍！在上市当天的庆祝晚宴上，高管人员自然也很开心。有一人突然说道："今天某某人估计郁闷。"原来所提的某某人是在2006年春节前刚刚离职的一位公司高管人员A先生。A先生走的时候按规定把所持的13万股原始股按账面值转让给大股东，账面值在3年时间从1元增值到2元，A先生因此获得13万元的投资收益（2002年按照账面值每股1元入股）。不过，相对于半年后股票挂牌上市时17.8倍的回报率，真是天壤之别。如果按照2014年12月初的价格计算，A先生所持的股份已经升值近100倍！

为什么上市前和上市后的股票价值差别这么大呢？其实，这两者之差可以称为资本市场的"泡沫"。大家在国内投资市场谈到泡沫时总是将其看作一个负面的概念。然而，泡沫是资本市场与生俱来的产物，也是资本市场能够正常运作的润滑剂。设想如果资本市场没有泡沫，那么得润电子上市后的股价也是按照账面值 2 元/股交易。首先，得润发行新股要如何定价？发行价肯定也不会高，可是公司以这么低的价格发行新股对于公司以及大股东来说有什么意义？其次，即使按照 2 元以下的价格发行新股（投资者的投资成本很低），如果上市后股票价格不涨，投资者会愿意认购吗？

事实上，泡沫并不是没有意义的。泡沫至少包含三样有意义的东西：无形资产的价值、流动性的价值和投机性的价值。

一、无形资产的价值

每个公司在长期经营中都累积了无形资产——品牌价值、市场声誉、客户资源等。这些无形资产大多数都没有反映在公司账面的资产上，可是这些无形资产是非常重要的。比如说，用账面上的价值也许可以建成比得润现有工厂更漂亮的工厂、购置更新更好的设备，可是，能不能找到同样水平的工人、技术人员和管理人员来运作？能不能取得康佳、海尔、长虹这些电器厂商的供应商资格？要知道这种行业地位不是一两天就能取得的，需要长时间的积累。不过，这些无形资产到底值多少钱呢？显然，没有通过资本市场的定价是没法知道的。资本市场的定价与账面值之差至少能够给我们一个参考。当然，这两者之差不是公司无形资产的总价值。除此以外，应该还包括流动性的价值。

二、流动性的价值

在金融学，流动性指的是资产变现的速度和方便性。流动性越高的资产，价值就越高；流动性越低的资产，价值就越低。因为流动性低的资产需要以更低的投资成本来吸引投资者。更低的投资成本也等于更低的资产交易价格，更低的交易价格也等于给投资者提供更高的投资回报率。

投资者在一个未上市企业里当小股东是很难受的，公司赚到钱，大股东不分红的话，小股东无法享受到成功的果实，而公司亏钱的时候，小股东却一定要一起承担。

投资者如果在非上市企业当股东，需要将股份变现的时候就会很困难，很难找到合适的买家。非上市公司的股份转让没有一个集中场所或者系统，也不能通过公开媒体等途径进行转让，这样使买卖双方很难相遇。此外，对于企业不了解的投资者通常不会愿意参与投资。而非上市公司信息没有公开披露，了解公司状况的投资者少，愿意购买的投资者自然也少。另外，非上市公司的股份在个人投资者之间转让时受到很多限制。由于国家规定企业不能向“非特定对象”融资，因此，那些与企业没有关系的投资者即使愿意接受，在办理过户手续时也有困难。所以，如果碰到无良的大股东，小股东没法退出就会被套。事实上，缺乏流动性是非上市公司募集资金困难的重要原因之一。在股票市场上，由于投资者可以自由选择买入股票和卖出股票，因此，投资者不仅可以在股东大会上“用手投票”，在决定公司重大投资及经营战略上有发言权，而且可以在证券市场“用脚投票”，选择投资或者退出。投资者的决定会直接影响公司股票的价格，也会直接影响整个公司的市场价值。可以说，市场的行为，形成了对公司价值的评估机制。证券市场给投资者提供了股权交易的场所，提高了公司资本的流动性，大大降低了公司股权投资的风险附加值。投资者买股票要看公司过去和现有的价值，同时要看公司的未来发展趋势。

任何投资都是为了获得回报，投资者只有将所投资的股权卖掉套现，才能完成整个投资过程，享受到投资成果。股票上市就可以为投资者实现这一过程提供方便。风险投资者对于投资的退出途径非常重视。风险投资者向风险项目进行投资，不介入经营管理，只期望获得高额的回报。定期获得股息收入不是他们所需要的，这也是股票有别于存款、购买债券等投资工具的地方。股票市场如果没有顺利退出的机制，风险投资者就不能实现其投资回报，也就影响了其继续投资的计划。事实上，中国过去资本市场不够发达，国内企业上市集资很困难，这是中国风险投资产业发展慢的重要原因之一。风险投资发展不起来，中小企业，尤其是那些投资风险比较高的高科技企业融资困难的问题就没法得到真正的解决。

股票上市，还能使有关股权产生抵押的价值。非上市公司的股权是不能作为银行借贷的抵押物的，而上市公司的股权却可以。尤其是拥有控股权的上市公司股票一般可以按照净资产值的七成以上担保贷款，这无疑增加了持有人运作资产的灵活性。

三、投机性的价值

投机性的价值可以说是流动性的价值的衍生物。因为资产流动性的提高会增加资产价值的波动性，而资产价值的波动性为投机性交易提供了短期获利的可能性。投机心理是人们的天性之一，所以资产流动性的提高自然能够吸引更多的人关注和购买，最终使资产估值提高。

从过去几年的情况看，国内企业上市以后在市场发行的新股定价都在 30 倍左右，上市以后往往还能增长 50% 以上。而非上市公司的资产估值显然比前者要低得多。就笔者的了解，正常情况下，制造业的非上市公司的估值为 5 ～ 6 倍的水平。从这里，我们也可以看到上市前后企业市场估值的变化。事实上，那些拟上市企业离上市的目标越近，在吸纳新股权投资的时候定价就越高。比如，笔者在 2007 年曾经协助一家风险投资公司洽购某拟上市企业的部分股权，对方的要价是 11 倍市盈率，因为对方的整体股份制改造过程接近完成，按照一般的预测，如果各方面进展顺利的话，一年内有望成功 IPO。

当然，这种 IPO 前的股权融资成本也是随股票市场的行情涨跌而波动的。2008 年整个股票市场持续下跌，导致上市企业 IPO 的价格下降，而且，证监会对于企业上市申请的审批时间拉长。这样一来，对于 IPO 前的股权投资需求降低，而且投资者愿意接受的价格也降低了。到 2008 年底，国内很多拟上市公司的入股价格（或股权转让价格）也回到 5 倍左右水平。很简单，当投资者看到部分二级市场的股票市盈率已经到了个位数的时候，自然不会选择 IPO 前的股票，因为至少二级市场的股票具有充分的流动性，可以随时套现。

第三节　帮助公司建立现代企业管理制度

企业股份制改造，就是建立和完善现代企业制度的过程。

一、家族企业的公司治理问题

中国的民营企业基本上是从家族企业经营模式发展起来的。这种模式决定了它们很难建立现代企业的公司治理结构。典型的民营家族企业的架构是大股东当董事长兼总经理，财务总监以及其他高管人员基本上是家族成员。在企业创业初期，这是可以理解的，因为家族成员互信关系肯定优于与家族外人士的互信关系。不过，当一个企业发展到一定的程度时，如果只靠原来的家庭信任关系就很难进一步发展。

首先，家族企业抑制外部的人才进入或继续留在本企业工作。根据管理学理论，每个人的管理跨度（即每个人的直接下级人数）有一个最佳数量，尽管每个人最佳的管理跨度可能不一样，但可以肯定的是，管理能力再强的人其最佳的管理跨度都是有限的。随着企业规模的扩大，通常需要更多的管理人员和技术人员。家族企业那种任人唯亲的体制，对真正的人才通常很难有吸引力，如果不能有所改变，势必抑制企业的发展。

其次，家族企业很难获得外部人的资金支持。家族企业那种血缘和姻亲关系连接的管理架构缺乏足够的监管，令外部人担心企业是否真正按照融资承诺使用资金以及对投资者还本付息或者支付投资回报。

二、现代公司治理结构

尽管很多民营企业家逐步接受了现代企业的管理理念，但是一般的民营企业要靠自身的力量来建立现代公司治理结构还是有困难的，可以说，这一点是很多民营企业没法上升一个台阶的重要原因。不过，如果企业要走向上市，就必须按照上市条例的要求进行重组并建立现代公司治理结构。

股票市场对上市公司的股东大会、董事会及监事会的规范运作和互相监督的法人治理结构都有严格要求，上市企业必须有独立的产权关系和股权关系，也必须有独立的决策体系和监督体系。股票市场对于关联交易、同业竞争等方面的规范化运作以及信息披露都有很明确的规定和要求。公司要达到获准公开发行股票并上市的要求，就必须进行有关的重组和调整，上市以后不仅要有内部监管体系的运转，还要接受证券监管机构和交易所的日常监督，更要接受媒体和普通股票投资者的监督。这种全面的监管，可以帮助企业进行规范化运作。

尽管有些民企的重组形式多于实质，但是不可否认，经过股份制改革以后，这些企业的公司治理结构都有很大的改善。举例来说，中国证监会要求上市公司都引入独立董事制度，规定每个上市公司的独立董事人数必须超过董事会成员的1/3。独立董事与上市公司和大股东之间不能有利益关系，这一点规定的目的就是让独立董事在董事会的工作中能够保持独立的立场，维护包括小股东在内的全体股东的利益。独立董事不仅要在董事会里行使一般董事的职责，参与重大经营投资决策，还要对一些诸如大股东与上市公司之间的关联交易等特别事项提出独立董事的独立意见。比如大股东要将某些自由的资产注入上市公司，由于大股东在两方面都有利益关系，因此这项交易容易产生利益冲突。从自私的人性来说，大股东为了自己获得更多利益而可能有损害小股东利益的倾向（比如在向上市公司出售资产时高估注入的资产）。这时候，除了董事会需要为此做表决外（某些时候还需要股东大会表决），独立董事也需要提出专门的独立意见，表明其是否认为该项交易的定价等方面符合公允价格原则。担任多家公司的独立董事，根据自己的经验，认为独立董事尽管没法完全根除上市公司违规违法运作的可能性，但是独立董事制度确实能够降低这种可能性。笔者曾经在一次独立董事学习班的交流会上将独立董事制度比作“稻草人”制度：在收成季节农民扎了些稻草人以驱赶盗吃稻谷的麻雀。国内上市公司有了独立董事制度以后，对于那些想损害小股东利益谋取私利的大股东，有一定的抑制作用。毕竟独立董事基本上都是专业人士，有能够识穿其所玩花招的能力，大股东要想蒙骗他们有一定的难度。独立董事与大股东之间一般没有直接的利益关系，如果独立董事发现公司运作有问题，就不会视而不见，因为他们作为董事也需要承担责任。如果大股东想要独立董事同流合污，也许会想到与之分享利益，而一个利益在多人之间分配的结果就是个体利益变小，最后他们进行违法违规行为的冲动也减弱了。再好的管理制度都无法完全杜绝违法违规的行为，但这些制度如果能够提高进行这种行为的成本，客观上还是有它们的作用的。

美国的金融制度和监管制度长期被认为是世界上最成熟和最规范的。不过，美国照样有安然案、世界通信这样的重大舞弊案子。与中国不同的是，美国一般的舞弊案子很少，但是发生的都是大的案件！为什么呢？按照经济学的原则，成本高的情况下，收益也要大一些，否则就不值得做。美国的金融管理制度很严密，处罚也很严格，违法违规行为的成本很高。因此，美国人对于一般的利益不屑一顾，要做就做大的——出现的案子中造假金额以 10 亿美元计。

在对市场秩序的管理方面，笔者认为不能太强调道德管理。从本质上来说，无论哪个国家的人，都可能受利益驱使而铤而走险。好的监管制度必须在健全相关法规的同时，对违法违规行为进行严厉打击，设定足够高的处罚条例，以对那些蠢蠢欲动的违法违规行为产生威慑力。

三、公司上市是一个规范化的过程

企业上市前属于私人公司，上市以后，企业就成为公众公司，尽管可能仍由私人控股，但公司的财产已经不属于个人，而属于公司与其他小股东共同拥有。因此，其运作和管理必须符合公众公司的要求。每个交易所对于企业股票挂牌上市都有一系列的条件。基本上，这些条件就是要求上市企业必须符合现代企业制度的规范。因此，没有一个想上市的企业可以不通过重组就完全符合要求。在国内，通常一家企业需要先做股份制改革，对资产、股权和业务等方面做重组，以符合相关要求。公司取得上市资格，等于获得市场和投资者的接纳和肯定。同时，公司证券的交易信息、年报、中报、季报等经常性的信息通过电台、网络、报纸、电视台等各种媒介不断向公众披露，无形中扩大了公司的知名度，提高了公司的市场地位和影响力，有利于上市公司在进行对外合作和市场开拓中发挥品牌优势。上市公司在对外合作时，能够比较容易取得合作方的信任，合作方会想："人家是上市公司，没必要来骗我们。"而公司职员在进行市场营销活动的时候，上市公司的市场地位也会让他们多一份自豪感："我们是上市公司，产品质量是有保证的。"

第四节　上市企业在收购兼并方面的优势

中国在改革开放前20年，主要接受从发达经济体转移过来的、劳动密集型的、出口导向型的加工业务。21世纪初开始，中国实行西部开发战略，沿海地区的低端产业逐步转入中西部（西部开发战略），留下来的逐步升级为中高端产业。在产业转移和产业升级的过程中，出现了大量的资产收购与兼并活动（关于企业并购方面更多的论述，请阅读第十五章）。

上市公司在进行收购与兼并的过程中，除了具有较大的资金优势外，其上市公司的地位也使它拥有特别的优势。

一、资金的优势

上市公司的融资途径比一般企业多，而且容易得多。只要发现合适的收购对象并得到合适的价格，它们就可以在资本市场集资实施收购计划。

二、收购手段的优势

一个非上市公司如果要收购另一个企业，通常都要使用现金进行收购。但是，如果一个上市公司要收购另一个企业，则有可能实行非现金收购的方法。比如A公司的股本为1亿股，每股市价10元，总市值为10亿元。如果A公司看中B公司并谈妥收购代价1亿元，A公司可以向B公司的股东定向发行1千万股新股。由于A公司是上市公司，股票可以流通，因此 B 公司的股东很有可能接受这样的条件。而非上市公司的股票由于缺乏流动性，基本上没法通过定向发售新股来进行并购。事实上，以发售新股的办法来进行并购是西方很多并购案惯用的办法。尤其是那些数以百亿美元计的大型并购案，不使用这个办法几乎没法进行。

第五节　上市公司较容易实行股权激励措施

上市之后，公司的股权具有较高的流动性，因此在对高管人员实施股权激励措施方面具有特别的优势。

一、企业管理中的代理人问题

在公司治理结构中，由于公司所有权与管理权分离，因此产生了代理人问题，即公司聘请的管理层与公司股东和债权人之间在利益上的差别导致双方在公司运营和利益分配中经常意见不合。事实上，几乎每个公司都存在代理人问题，如何有效解决代理人问题是企业管理中非常重要的问题之一。现代企业管理理论表明，除了完善聘任合同的条款以外，期权制度是解决代理人问题显著有效的办法之一。

二、期权及其运用

期权是一种在未来的某个时间或某段时间按照既定价格购买或者沽出股票的权利。上市公司可以实行股权激励机制，给中高级管理人员和技术骨干将来某个时间按照既定价格购买本公司股票的权利。这等于给他们一份福利——如果到时候价格上升了，他们可以选择行权，获取差价；如果到时候价格下跌了，对他们不利，他们可以选择放弃该项权利，不必承担损失。

比如某公司股票的市场价格为 10 元/股，某人持有行使期为一年认购 100 万股期权，行权价为 10 元：如果一年后行权的时候股票价格上涨到 15 元，那么持权者还可以按照 10 元/股的条件认购股票，全部认购的话可以获得 500 万元的利润；如果行权期公司股票跌破 10 元，持权者则可以选择放弃该项权利。由于上市公司的股票在市场流通，具有很高的流动性，股票价格会升跌，这样就存在着赚钱的机会。可是，如果企业不是上市公司，股票的购买权就没有多少意义。

由于拥有期权，职业经理人与公司所有人具有一致的利益关系——都希望股票价格上涨并使所持资产升值。期权制在美国等发达的资本市场中是非常普遍的。在所有权与管理权分离的情况下，期权制被认为可以把管理层的利益与公司利益联系在一起，同时是避免代理人问题的最好办法。

美国等成熟资本市场普遍实行的制度为授权资本制。授权资本制指公司设立时，在章程中确定资本总额，但全部资本可以分期发行。公司成立时，发起人或股东只需认购章程中所规定的最低限额资本。而未发行的资本，股东大会授权董事会根据公司营业需要随时发行或募集。比如，一个企业注册资本总额为10亿元，但一开始发起人或股东可以按约定只投入1亿元股本，余下9亿元的股本授权公司董事会择期发行。这种制度下，公司要安排期权就很简单，基本上董事会就可以做决定。

中国的企业注册制度过去长期实行实缴资本制。实缴资本制就是根据实际收到的资本金确定公司的注册资本，验资报告是注册的必须程序。在这种制度下，企业要实行期权制就有一些技术性困难。中国在股权分置改革以后通过股票市场也建立起上市公司的期权制度。期权成本金的计算是一项比较复杂的工作，其中还牵涉对一系列数据的采集、统计分析等工作。所以，期权制度的建立通常需要证券公司的专家帮助才能实现。

自2014年3月1日开始，中国将注册资本实缴登记制改为认缴登记制，并放宽工商登记的其他条件。验资报告不是必须的程序，资金实际到位的时间由公司股东大会根据投资项目的需求确定。这一制度与西方流行的授权资本制比较接近。笔者相信这一改革未来会给公司设置期权安排带来更大的灵活性。

第六节　公司股票上市的代价

任何事情都是有成本的，同样，公司股票上市也需要付出成本。公司上市以后面临几个方面的有形成本支出和无形成本支出。

一、上市运作及其费用

企业在进行股份制改造、申请上市的过程中，需要聘请一系列的中介机构，如券商、会计师事务所、律师事务所、评估师事务所等。

券商负责统筹设计重组方案、协助公司拟定融资计划、向证监会上报上市申请报告、拟定新股发行价格、承销新股发行等。

会计师事务所负责对公司财务状况进行审计，提供“三年零一期”的审计报告。所谓“三年零一期”的审计报告，就是指过去三年完整会计年度的报告加上最新不满一年的审计报告。比如，拟上市企业在 2022 年 7 月要向证监会提交上市申请，必须在所提交文件中包括 2019 年度、2020 年度和 2021 年度的审计报告，外加 2022 年一期（未满一年）的审计报告。由于最新一期的审计报告有效期为半年，因此最新一期的审计报告截止日必须距离提交申报材料不足半年的时间。

律师事务所负责对公司的股权、资产拥有权的合法性以及经营的合法性等出具法律意见书。

资产评估师负责对公司的资产价值提供评估报告。在公司的股份制改造过程中，资产评估师的角色有时候不是必要的。不过，根据国务院国资委的要求，在股份制改造过程中涉及国有股权或者资产的过户，必须提供一份资产评估师的报告。

企业重组和上市的运作在聘请中介机构等方面的支出不是一笔小数目。按照这几年的情况，在内地中小企业板或者创业板上市的话，这方面费用需要 500 万～ 1 000 万元（还不包括在股改过程中可能涉及的各种间接成本）。如果公司在香港上市，则需要大约 2 000 万港元的费用。以上数据只供参考。实际上每个项目因其运作难度的差别，中介机构的收费也有很大的不同。比如，一个公司的分公司遍布全国，审计师事务所光是每次做审计的差旅支出就会是一个很大的数。

公司做 IPO 的时候还需要按照比例向承销商支付新股发行的承销费。企业上市以后，还需要支付一系列的维持费用，包括交易所费用、律师费、会计师费、公关费等。有关费用的多少与企业规模和上市地点不同而各有差异，一般即使是小规模的上市公司，每年这方面的费用也大约要 200 万元。国外股市的维持费用可能更大。

二、信息披露的义务

如果公司是私人公司，就没有必要向公众披露公司财务状况和业务经营情况；可是公司一旦变成公众公司，就必须定期公布公司财务状况，公司经营方面出现的重要事项也要及时予以公布。这样一来，相对于那些不需要披露信息的私人公司来说，在市场竞争中，公众公司在保守公司商业秘密方面处于劣势。中国上市公司信息披露的内容主要有四大部分：招股说明书（或其他募集资金说明书）、上市公告书、定期报告（中期报告和年度报告）、临时报告（如预警预亏制度）。

三、面对更严格的监管

企业上市以后，作为独立法人的地位就更明确了。公司的控股股东只能根据自己所持的股权比例行使相应的权力。即使该股东持有绝对性的多数，也不能把这个公司当成自己的公司，也必须尊重其他股东的权利。公司董事会中将有来自其他股东的代表以及独立董事，大股东对公司的控制力因而受到削弱。这对于以前实行家族式管理的民营企业家来说，是很不习惯的事情。公司的运作必须遵守上市公司的有关法规要求，并接受股东大会、监事会、媒体、证监会及其派出机构、交易所等内外的监管。

四、面临股民对业绩及其增长的要求

公司业绩及其增长情况将直接影响股价的涨跌，股民当然对管理层有迫切的要求，尽管管理层平时不需要直接接触股民，但一旦股民普遍失去对管理层的信心，“用脚投票”抛售股票而引起股价大幅下跌，管理层便会面临一系列的问题，包括融资环境的变化等。因此，上市公司的管理层会有更大的压力。

五、增加被收购的可能性

上市公司的信息比较透明，而且股权交易相对简单，因此容易成为其他大企业收购的对象。当大股东的控股权小于 50% 的时候，其控股权还容易引起恶意收购行为。当然，成为收购对象不一定是坏事，由于出现竞争者，公司的价值可得到更充分的体现。对于有意实现投资收益的股东来说，这是一个很好的套现机会。

六、维持上市资格有压力

经济的发展是有周期性的，行业的发展也是有周期性的。每个处于周期性变化的经济大环境和行业小环境中的企业难免遇到业绩波动的情况。比如，在 2008 年金融危机以及 2020 年新冠肺炎疫情所引起的经济下滑中，不少企业就出现亏损。在沪深股市的上市公司，如果不能在第二年迅速扭亏，公司将被视为财务状况异常而被特别处理；如果连续三年出现亏损，公司将被处以暂停股票上市；如果在期限内仍然无法扭亏为盈、不再具备上市条件的，公司将最终受到终止上市的处罚；如果公司的股价跌破面值，也会面临退市的危机。上市公司若要实施配股或增发新股等再融资计划时，面临着诸多资格要求。对上市公司来说，遵守规则非常重要，所以通常要设董事会秘书（公司高管岗位，通常相当于副总裁级别）以及证券事务代表的专门岗位以熟悉相关的规则并保证公司运作合规。

第十三章　股票市场与企业股权融资

在全世界普遍出现脱媒现象的情况下，各国股票市场在过去几十年都有了很大的发展。中国的股票市场更是从无到有，从小到大。在短短30年的时间里，中国的股票市场成长为世界第二大规模的股票市场。

本章介绍世界股票市场的基本状况；回顾中国股票市场的历史，希望读者能够更加客观地认识中国的股票市场——一个发展迅速但还需要完善的资本市场；讨论股票市场如何分配资本的资源，并如何影响上市企业的经营与发展。

第一节　世界股票市场概况

本节主要介绍境外的主要资本市场情况。

一、近年世界金融中心排名的变化

由中国（深圳）综合开发研究院和英国智库Z/Yen集团联合编制的《第31期全球金融中心指数报告（GFCI 31）》在2022年3月正式发布。该报告中，全球前十大金融中心排名依次为：纽约、伦敦、香港、上海、洛杉矶、新加坡、旧金山、北京、东京、深圳。自2021年以来，上海稳居世界前四（如表13－1所示）。中国在20多年前确定了推动上海重回远东第一金融中心的地位，政府在证券、期货、外汇等金融领域都推动上海优先发展。目前上海有这个成果，可以说是二十年磨一剑，终成正果。应该说，香港和上海作为远东金融中心的地位，与中国的国力也是相适应的。只是，随着中国经济的继续发展以及中国金融体系的国际化进程，上海的国际金融中心地位还需要强化和提高。

该榜单最近排名变化最大的是香港。过去国际金融中心的前3位基本上是纽约、伦敦和香港。可是，香港在第27期的排名中下跌到第6位，东京上升为第3位。在第30和31期的排名中，香港回升到第3位，显然，中央政府实施的国安法稳定了香港社会秩序，也改善了香港的营商环境，提高了其商业信心。中央政府在政策上提升了深圳在粤港澳大湾区的地位，显然也有利于其金融系统的升级。

表13－1　第31期全球金融中心指数（GFCI 31）与排名

GFCI 31 综合竞争力排名和得分						
中心	GFCI 31		GFCI 30		较上期变化	
	排名	得分	排名	得分	排名	得分
纽约	1	759	1	762	0	▼3
伦敦	2	726	2	740	0	▼14
香港	3	715	3	716	0	▼1
上海	4	714	6	713	▲2	▲1
洛杉矶	5	713	7	712	▲2	▲1
新加坡	6	712	4	715	▼2	▼3
旧金山	7	711	5	714	▼2	▼2
北京	8	710	8	711	0	▼1
东京	9	708	9	706	0	▲2
深圳	10	707	16	699	▲6	▲8
巴黎	11	706	10	705	▼1	▲1
首尔	12	705	13	702	▲1	▲3
芝加哥	13	704	11	704	▼2	0
波士顿	14	703	12	703	▼2	0
华盛顿	15	702	15	700	0	▲2

资料来源：《香港继续在全球金融中心中排名第三》，《中国日报香港版》2022年3月24日报道。

金融市场的重要部分就是关于股票和债券交易的资本市场。资本市场对经济水平和技术水平的支持是非常重要的，股市的规模与国家经济的规模也是基本相符的。

二、主要股票市场概述

世界十五大交易所基本上来自世界重要的经济体。下面就几个重要的经济体股票市场状况做简单介绍。

图13－1根据世界交易所联合会（World Federation of Exchanges，WFE）各成员交易所的统计数据整理而成。

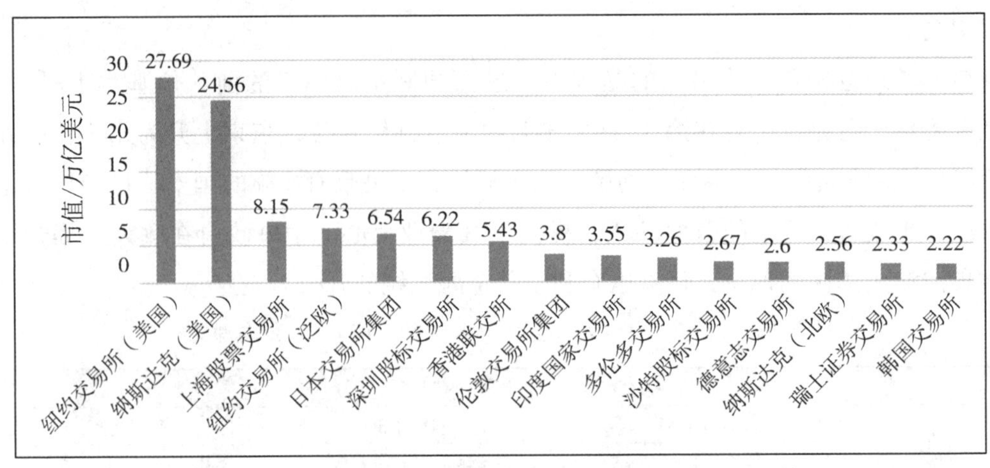

图 13－1　2021 年 12 月底世界前十五大证券交易所市值排名

资料来源：根据 WFE 公布的统计资料整理。①美国的纽交所和纳斯达克继续雄踞世界前两名。②深圳股票交易所最近 10 年的排名上升很快，从 10 年前的 10 名开外，上升到目前的第 6 名。③日本东京交易所和日本大阪交易所于 2013 年 7 月 6 日开始合并，并改名为日本交易所，所有现货股票交易都被合并在一起。

1. 纽约证券交易所与纳斯达克

纽约证券交易所（简称“纽交所”）是世界最大的证券交易所。它在最近 10 多年里通过不断的收购兼并，成为世界最大的交易所集团：在 2006 年，纽交所收购了群岛交易所（Archipelago Exchange），并将其改为纽交所高增长板（NYSE Arca）；2007 年 4 月 4 日，纽约证券交易所合并了泛欧证券交易所（Euronext），成立了纽交所泛欧证券交易所集团（NYSE EURONEXT GROUP）；2008 年 10 月纽交所泛欧交易所又成功并购了美国的第 3 家证券交易所——美国证券交易所（American Stock Exchange），并将其更名为 NYSE MKT。纽交所泛欧证券交易所集团在运作和统计上分纽约交易所（美国）和纽约交易所（泛欧）。

纳斯达克（NASDAQ）即全美证券商协会自动报价系统（National Association of Securities Dealers Automated Quotations），创建于 1971 年，是一个完全采用电子交易的有组织的股票交易市场。截至 2010 年，在其上市的公司超过 3 200 家。它初期主要是为新兴产业的企业提供上市交易的平台，扶持了一大批高科技企业，如微软、英特尔、苹果、戴尔和亚马逊等行业巨头都是在纳斯达克上市后逐步成长起来的，其对美国科技产业发展的推动作用巨大。不过，随着发展，纳斯达克已经成为一个汇集多行业优秀企业的多元化证券交易所，许多传统行业的企业如银行、商业企业等也选择在纳斯达克上市。2008 年，纳斯达克与瑞典 - 芬兰 OMX 集团（OMX 控制北欧和波罗的海 7 家证券交易所）合并，改名纳斯达克 OMX 集团（NASDAQ OMX Group），在统计上，纳斯达克分纳斯达克（美国）和纳斯达克（北欧）。

美国作为世界上最大的经济体，股票市场的规模也是世界第一的。从图 13 - 1 可见，纽交所（美国）的总市值为世界第一，2021 年 12 月底市值达到 27.69 万亿美元，如果加上纳斯达克（美国）的 24.56 万亿美元市值，总值达到 52.25 万亿美元，相当于沪深两个交易所总市值（14.37 万亿美元）的 3.64 倍。美国两大交易所的巨大市值规模显示了美国资本市场的实力。这一规模与美国的经济总量相适应，同时也与美国股市的国际化有关系，因为在美国上市的企业中有相当一部分来自其他国家，包括中国的一些企业也在美国挂牌，如阿里巴巴、百度等。美国股市的市值与股票数量有关，也与市场所处周期有很大关系。美国在 2008 年陷入经济危机以后，道琼斯工业平均指数曾经从约 14 000 点的高位下跌 50%；2009 年之后持续上涨，不仅收复失地，还连创新高，至 2022 年 1 月的高点（36 953 点），比金融危机时的最低点上升了约 4.7 倍！

从最早的定位来说，纳斯达克市场主要是针对高新技术等高成长行业的企业。不过，市场竞争的结果使其与纽交所之间的界限变得不清晰。纽交所在积极争取一些新产业企业去上市，而到纳斯达克上市的企业也包括那些传统经济企业。不过，纽交所的主板对于盈利和资产规模的要求是世界上所有交易所最高的。

美国纽交所和纳斯达克被称为有组织的证券交易所（Organized Securities Exchanges），在这些交易所进行的交易，属于场内交易。美国还有一个进行股权交易的地方，叫柜台交易板，由于其从一开始就实行电子报价和交易，与传统的在交易大厅以喊价竞争的交易方式不同，所以称为场外交易，意为交易达成之后买卖双方要到柜台办理过户手续。在电子化非常普及的今天，场内交易和场外交易都是实行电子报价交易和电子无纸化结算的方式。但是，场内交易和场外交易的差异，主要体现在挂牌的条件。到纽交所和纳斯达克挂牌上市，除了需要在美国证券与交易委员会注册，还需要在资产规模、股权和盈利等方面符合交易所的最低条件；到 OTCBB 挂牌交易，仅需要在 SEC 注册就可以，资产规模、股权和盈利等方面没有硬性的要求（当然，所有股票公开交易的公司，都必须定期公布财务报告）。柜台交易板给不符合到场内市场上市交易的公司提供实现股权流动性的场所（关于柜台交易板的更多介绍，请详阅第十六章境外买壳上市的讨论）。

纽交所、纳斯达克和柜台交易板之间可以无缝对接：柜台交易板上的挂牌企业如果达到纽交所或者纳斯达克的挂牌上市要求并得到交易所的确认，就可以转板过去上市交易（这是很多企业选择到柜台交易板买壳上市的主要原因）；如果纽交所或者纳斯达克的上市企业状况转坏并不再符合上市资格，就会被除牌，然后可以转入柜台交易板交易。

2. **日本交易所集团**

日本过去有两大交易所——东京证券交易所和大阪证券交易所。两家交易所于2013年1月1日合并为日本交易所集团（Japan Exchange Group），两家交易所原来的股票现货市场从2013年7月起全部交由东京证券交易所运营，而两所原来的金融衍生品市场在2014年3月前完成交接由大阪证券交易所运营。在20世纪80年代末日本经济泡沫最高峰[①]的时候东京交易所的总市值超过美国纽交所，引起世人哗然！日本人信心满满地认为日本会取代美国成为世界第一。随后日本泡沫的破灭摧毁了日本人的梦想。不过，1989年底泡沫爆破后，日本经济总量以及股票市场的市值仍然稳固世界“老二”的位置整整20年，到了2010年，GDP才被中国超越；到了2014年11月27日，日本交易所集团的总市值（4.478亿美元），被沪深两地交易所同期市值的合计数（4.48万亿美元）超过[②]；到2021年12月底，日本交易所集团的总市值为6.54万亿美元，还低于上交所的总市值。2020年，沪深交易所合计14.37万亿美元，相当于日本交易所集团的2.2倍。不过，2021年中国GDP相当于日本GDP的3.5倍，中国股市的相对规模仍然低于日本。

自20世纪90年代初日本经济进入泡沫破灭时代开始，日本的房地产市场和股票市场就进入长期熊市之中，日经225指数曾经在1989年12月创下历史高位38 957点，到2022年3月中，该指数仍然徘徊在28 000点附近，日本房价大约处在历史高位的七成。有不少论者都强调日本在1985年接受“广场协议”，导致日元过度升值，进一步加剧泡沫破灭而致经济陷入停滞状态。笔者不以为然。“广场协议”是美日英德法联合签署的协议，主要内容是各国协助让美元贬值。随后5年，美元兑非美货币汇率普遍贬值50%，美元兑日元汇率的贬值幅度也不例外（大约从260日元/美元跌至130日元/美元）。英镑同期兑美元的汇率也升值了约1倍。按照笔者的研究，日本经济最近30年增长缓慢，主要是人口的萎缩以及城市化进入成熟阶段，没法对经济提供推

① 当时日经指数最高曾经升至近40 000点，泡沫爆破以后反复下跌，后来的20年一直在10 000点上下徘徊。

② 石霞：《A股市值超日本成仅次于美国的全球第二大股市》，《人民网——财经频道》，2014年11月27日。

动作用。事实上，日本通过技术进步，在最近30年的年均增长率仍然达到1.64%（含通胀率）。

尽管日本交易所也欢迎外国企业去挂牌上市，但其对外国企业的要求较苛刻，因此其国际化程度较低。2007年4月27日，北京宽视网络有限公司在东京证券交易所创业板正式挂牌上市，这是中国内地企业首次在日本上市。

3. 伦敦证券交易所

伦敦证券交易所（London Stock Exchange）是世界上最古老、最负盛名的证券交易所。伦敦作为世界金融中心，国际资金流进流出非常便利，因此伦敦证券交易所的国际化程度也非常高，流动性很强，不仅吸引了全世界的资金，也吸引了很多国家企业来这里发行股票并挂牌上市。其国际业务约为国内业务的2倍。

伦敦证券交易所包括主板市场和二板市场（Alternative Investment Market，AIM）。AIM相当于创业板，于1995年6月19日创立。其设立的目的是为英国及境外中小型的高成长型公司提供一个全国性市场。目前也有一批中国企业在伦敦交易所上市。

2018年10月12日，中国证监会正式发布《关于上海证券交易所与伦敦证券交易所互联互通存托凭证业务的监管规定（试行）》。中国证监会和英国金融行为监管局2019年6月17日发布沪伦通《联合公告》，原则批准上海证券交易所和伦敦证券交易所开展沪伦通。同日，沪伦通启动仪式在伦敦举行，上交所上市公司华泰证券股份有限公司发行的沪伦通下首只全球存托凭证（GDR）产品在伦交所挂牌交易。

4. 泛欧证券交易所

荷兰阿姆斯特丹、法国巴黎、比利时布鲁塞尔3家证券交易所于2000年9月通过合并方式设立泛欧证券交易所。后来泛欧证券交易所兼并了LIFFE（伦敦国际金融期货与期权交易所）、BVLP（葡萄牙证交所），成为欧洲领先的证券与期货产品兼备、集交易与清算于一身的跨国证券交易机构。所有在泛欧证券交易所上市的公司，可自由选择通过阿姆斯特丹、巴黎、布鲁塞尔、里斯本任何一家证交所挂牌，并受当地法律管制，同时，市场参与者可通过任意一家成员证交所进行证券买卖。2007年，泛欧证券交易所与纽约证券交易所合并，组成纽交所泛欧证券交易所集团，目前泛欧证券交易所是该集团在欧洲的股权交易平台。

第二节　中国股票市场概况

本节回顾中国股票市场自20世纪80年代以来开设、改革和发展的历程，并展望未来的发展趋势。

一、中国股票市场发展历程回顾

19世纪中叶之后，西方列强侵略中国的同时，也带来了股份制公司和股票市场等市场经济组织形式。上海作为远东第一大金融中心，股票市场是有一定的地位的。

中国在计划经济时代的金融体系很单一，基本上就是银行系统的运作，由几大国有银行包揽了全国的主要投融资业务，更重要的是，银行业基本上属于财政管理系统的一部分而已。中国在改革开放以后，逐步开始金融体制改革。中国从20世纪80年代开始在上海、深圳和成都等地实行股份制公司的所有制模式的试点，后来在上海和深圳开始开放股票交易，到20世纪90年代初分别成立了上海证券交易所和深圳证券交易所。在30年的时间里，沪深股市进行了一系列的改革，成为世界第二大股票市场，可以说是举世瞩目的。

1. 股权分置问题及其改革

经过几十年改革，中国已经积累了一些经验，但是，关于股份制、股票发行、资本市场，仍是一系列复杂的问题。认识发展的第一阶段是要不要建立资本市场，解决“姓资姓社”的问题。当时大家担心的一个问题是，上市公司都是从国有企业的基础上改组过来的，上市以后意味着所有股份都可以上市交易，如果不加以控制的话，国有股份在市场上卖了就会导致企业失去国有控股地位而改变了企业性质。因为沪深股市早期规则规定，作为发起人的法人股份不能上市交易。当时表面上看起来解决了一个技术性问题，但是却为证券市场的发展留下了历史性的隐患，2/3以上的法人股不能进入市场流通，客观上导致“同股不同权”的事实。

（1）股权分置对于股市的影响。

股权分置长时间存在对股市造成很多困扰。

首先，股权分置导致大股东的利益与小股东的利益不一致。

在利益关系正常的市场里，公司盈利增长以后，股价就会上升，所有股东可以从股票资产升值获得利益。不过，由于大股东的股份通常都是非流通性的法人股，它们不能通过股价上升获得利益。在上市公司中占控股地位的法人股东不能从公司的盈利和发展中获得正当利益，他们的心理会非常不平衡。因此，很多控股股东转而通过非法或违规的手法获得利益。最常见的行为就是占用上市公司的资金。大股东利用其控制公司经营管理的有利条件，以借款的方式把上市公司的现金转入母公司，甚至使用上市公司的有效资产作为母公司银行贷款质押物。事实上，大多数控股股东在占用上市公司资金的时候，并没有支付利息，但大股东的风险最终却完全由上市公司承担。一旦大股东出现财务危机，上市公司的资产就可能出现损失。笔者在 2002 年曾代表某公司策划一项上市公司的股权收购，对方所持股权是一家上市公司的，约占该公司全部股权的 60%，按照当时谈判的价钱大约是 3.5 亿元，不过我们发现对方占用上市公司的现金（账上显示为其他应收款）也大约是 3.5 亿元。在 2005 年沪深股市开始进行股权分置改革以前，1 000 多家上市公司中绝大多数都存在大股东占用资金的问题。最令人觉得不可思议的案例是三九集团占用所控股的上市公司三九医药（000999）的资金。据相关报道①，截至 2001 年 5 月 31 日，三九医药大股东及关联方占用上市公司资金超过 25 亿元，占公司净资产的 96%。可是问题没有得到解决，截至 2004 年底，三九医药被占用的资金竟然达到了 37 亿元。

其次，股权分置使国有资产因缺乏流动性而无法实现其价值。

随着中国搞市场化改革，中国有很多计划经济时代的“欠账”需要清还，比如国有企业职工的工龄补偿金、退休职工的社会保险费用等，都是庞大的费用。这些费用是每年的财政收入所无法承担的。可是国家一大笔国有资产却固化在不流通的法人股那里。随着国有企业改革进程的深入，这个问题越显突出。

（2）对股权分置历史遗留问题的改革。

2005 年证监会下决心把它列入任务表中。经过反复的争论研讨，最后采取了由政府监督、非流通股股东和流通股股东谈判的办法来解决。非流通股股东以部分所持股份赠送给流通股股东作为条件，流通股股东同意让原来的非流通股股份变成可流通股股份。普遍的标准是非流通股股东无偿获得相当于原所持股份 30% 的赠送股份补偿。而原来非流通股比例较小的上市公司如万科、湘火炬等则采用金融创新工具，如大股

① 左志坚：《涉嫌违规占用医药巨额资金　三九集团被调查》，21 世纪经济报道，2005 年 12 月 3 日。

东赠送认股期权（万科）和与大股东换股合并（湘火炬，现改为潍柴动力）。

到了2009年，绝大多数的上市公司都完成了股权分置改革。这项改革理顺了股票市场的利益关系，使大股东和小股东之间有基本一致的利益关系，也使中国股市调节社会资源配置的功能得到体现，因此，具有非常重大的历史意义。

股权分置改革解决了一些重大的历史遗留问题，且在解决的过程中为市场认识提供了盈利机会。由于法人股与流通股之间存在巨大的价差，有些投资者预先通过其他非公开交易方式低价买入法人股，后来在冻结期结束后再卖出，获得不少差价。

2. B股市场及其前景分析

在笔者看来，中国股市在制度上的遗留问题，除了流通股和法人股的股权分置，就是A、B股分支的问题。而B股的问题至今仍未解决。

（1）B股市场的历史简述。

中国股市由于历史的原因存在A股、B股和H股。A股占了最重要的比例，A股市场是中国股市的主体。20世纪90年代初，为了让国内企业吸纳国外资本，建立了B股市场。原来规定B股只能由外籍人士以及港澳台人士以外币购买，但事实上，早期的B股市场包括了很大比例的日本投资者。日本股市在20世纪90年代初崩溃前后，有一些投资者选择到刚建立的中国股市淘金。后来随着日本股市下跌幅度加剧，一些投资者产生恐慌情绪，也抛售中国的B股以调整资产的流动性。另外，青岛啤酒1993年7月15日开始在香港联合交易所挂牌上市以后，到境外上市成为一些企业获得国外资本的重要形式。相比之下，B股市场在内地证券市场被边缘化，直到2020年B股市场几乎没有新股上市，市场规模长期没有扩大，因此也严重缺乏流动性。一个规模小而没有扩张的市场对新资金就会失去吸引力。没有新资金进入，原来的投资者就会焦虑，他们卖股离场的决心就会更加坚定。可是，由于市场状态低迷，成交淡静，这些投资者要想卖出股票并不是那么容易。有些日本的客户竟然通过经纪商下一个一周甚至一个月有效的卖盘，逐步地清仓。这个情况导致B股市场在2001年以前总体上处于持续下跌、交投淡静的低迷状态。

2001年2月，中国证监会突然宣布向合法持有外汇的国内个人投资者开放B股市场，导致长期低迷的B股市场发生井喷式上升行情，连续出现所有B股天天涨停的情况。当时正是A股市场经过连续几年的上升以后大调整的开始，相对便宜的B股吸引了很多从A股市场逃出来的投资者。不过，大部分国内投资者接到的货是暴涨以后的B股，进入以后只是得到一个“坐牢”机会，而原来那些被套牢的国外投资者抓住这一个难得的解套机会纷纷弃股而去。接纳了大量国内投资者的B股市场，逐步进入类似A股市场的周期。尽管从波动周期来看，B股和A股的走势基本同步，但除了个别股票外，同一个公司发行的B股普遍比A股要低50%左右。为什么会出现这个情况呢？笔者认为，主要原因是目前B股市场还有较大的限制性。尽管B股市场向国内投资者开放了，但是国内机构还未获准进入。而目前国内A股市场已经越来越成为基金等机构投资者角逐的场所。缺乏国内机构投资者的B股市场成交减少，流动性也降低，这令那些对中国内地股市有兴趣的国际投资者也望而却步，转投市场更活跃的中国香港H股市场。另外，尽管个人投资者可以参与B股市场的投资，但是个人换汇还是有限制。国家外汇管理局规定每人每年累计只能换汇相当于5万美元的外汇。这一规定限制了很多资金量较大的客户的B股投资规模。不过，A股和B股之间巨大的价差还是预示着潜在的投资机会。

（2）B股市场未来的改革思路。

从目前各方面的情况看，A股和B股合并的时机也许离我们不太远。首先，目前外籍人士持有A股的法律障碍已经消除了，合格境外机构投资者可以持有A股，另外，2006年关于外资企业并购中国企业股权规定，外资可以以并购的方式持有A股法人股，客观上也使外资持有A股合法化。其次，股权分置改革完成以后，B股市场成为另一个历史遗留问题。既然B股市场没有必要继续存在，自然就需要改革予以理顺。

中国证监会至今没有明确的政策和指引来安排B股市场的改革。笔者认为，从管理层的角度说，B股市场规模小，涉及公司数量少，因此证监会并没必要当成一项特别紧迫的事情，会鼓励相关上市公司采取市场化的方式予以解决。B股市场的改革主要有几种可选的方式，如回购、转H在香港上市和直接转A股。

股票回购：上市公司使用自有资金在股票市场购买本公司的股票，并予以注销。股票回购是一种市场行为。但由于回购股票涉及减少公司股本金，并等同于向股东返回现金资产，涉及与所得税相关的问题，因此公司在行使回购计划前，除了需要获得公司主要债权人的同意以及股东大会的批准以外，还需要向相关管理部门申请。回购B股的操作因为是由上市公司使用外汇资金在市场做买入操作，还涉及外汇问题，所以在目前资本项下外汇管制的情况下，也会有政策的限制。由于B股普遍较A股有较大的折价，因此，设想由上市公司增发A股并回购B股，可在不减少公司资产的情况下减少总股数，提高每股的资产值和股本回报率。例如，在2022年3月25日京东方B股收盘价3.26港元，按照当日港币牌价0.81元/港元计算，相当于2.65元，仅为当日京东方A股收盘价（4.23元/股）的63%。如果京东方发行1亿股A股，获得4.23亿元，就可以回购1.6亿股B股，再把该项B股注销，就可以实现“负成本减少公司总股本”的目的，对公司和现有股东就都是有利的。上述操作是假定A股B股的价格都保持不变的情况进行的。公司如果推出这样的计划，B股价格在回购中通常会上升，A股和B股价差会相对缩小。10年前，长安汽车就使用公司的部分现金进行过B股回购，并带动该股在股票市场中一枝独秀上扬。

转H股在香港上市：B股转为H股在香港联交所交易，是另一种改革方式。等于A股公司在香港第二上市。当然，在资产、股权、业务和公司治理等方面都需要符合香港的上市条例，获得批准才能完成操作。2012年12月和2013年1月，中集集团和万科公司分别以此方式解决了B股的问题。

直接转A股：对于那些纯B股的公司如山东航空等，除了可以考虑转H股公司以外，也可以考虑直接转A股公司。尽管目前还未有先例，但是，由于B股目前已经向国内投资者开放，而国外投资者也可以有条件地持有A股，因此，B股公司直接转A股公司技术上不会有困难。证监会和交易所需要根据A股的上市条件审查相关B公司的状况。B股上市公司如果都是规范运作，各方面符合相关要求，相关部门就应该给予方便。

从近几年国家在人民币国际化改革方面加快步伐的情况看，B股市场与A股市场之间的界限将逐步淡化并最终合二而一。由于B股市场与A股市场有较大的价差，因此对于长线投资者来说，持有B股安全性高，未来有机会获得B股改革的“红利”。理论上来说，A股市场和B股市场存在巨大的套利机会，只是客观上存在行为金融学所称的套利限制，比如外汇管制政策等，要获得这种利润需要足够的耐心。

二、2020年版《证券法》

中国跟西方发达国家在很多方面是不一样的，没必要也不可能完全照抄它们的一些制度。不过，中国作为一个发展中国家，具有其中一个后发优势，就是可以通过研究其他国家的经验和教训，选择和规划自己的发展道路。例如，在利率市场化改革中，中国学习了美国和日本的经验，大约在20年内，先易到难，逐步推进，基本实现了该项重要改革。全国人大常委会于2019年12月28日通过，并于2020年3月起实行的《中华人民共和国证券法》（简称《证券法》），在笔者看来，将让中国证券市场进入一个新的和更高层次的阶段。

1. 打造中国的多层次资本市场

资产的价值由该资产的预期现金流及其风险决定。风险，主要包括违约风险和流动性风险。资产如具有更高的流动性，可提高其投资价值，体现为其市场能接受投资回报率可以低一些。短期国债利率称为无风险利率，一方面是其违约风险极小，另一方面与其具有很高流动性有重要关系。短期国债对于投资者来说，几乎等同于现金。

如前面对于美国资本市场的介绍，美国通过纽交所、纳斯达克和柜台交易板建立起多层次的资本市场。经过 30 多年的建设，中国多层次的资本市场框架也基本形成。21 世纪初，作为恢复上海作为亚洲最大的金融中心地位政策的一部分，上海交易所被定位为大型国企上市的首选场所，逐步成为类似纽约交易所那样，以蓝筹股公司为主的交易所；深圳交易所被定位为中小企业和高新技术企业为主的上市交易所；全国中小企业股份转让系统（俗称“新三板”）从 2013 年开始面向全国，吸纳中小企业挂牌交易，提高了这些企业股权的流动性，这又很像美国的柜台交易板。

如同美国纽交所和纳斯达克都有不同上市要求的“板（Board)”，沪深股市也是。上交所目前除了有主板，还有科创板；深交所有主板、中小板（上市标准适用主板）和创业板。

2. 注册制将全面实施①

注册制为美国各层次交易场所之间的流动提供了条件，从而让证券市场机制可以更充分地发挥作用。在注册制之下，任何公司只要在美国证券与交易委员会（SEC）注册并履行定期提交和公布财务审计报告，得到许可后，都可以在纽交所、纳斯达克或柜台交易板申请挂牌交易。美国 SEC 强调市场参与者的自律，强调信息披露的公平公正公开，把识别风险的责任交给投资者自己。在笔者看来，如果说多层次的资本市场是美国资本市场的骨架，那么注册制就是它的血液。美国以纽交所、纳斯达克和柜台交易板形成了多层次的资本市场，满足不同层次企业对于资本市场融资和股权交易流动性的需要。注册制提高了美国资本市场的运作效率，使股市供给方具有较高的弹性：如果股价上升，则会有更多的公司股票会通过 IPO 或者买壳上市的方式进入市场；如果股价下跌，则会有一些股票退出市场。

---

① 关于中国股市上市制度的历史沿革，主要参考了如下文章：《从审批制、核准制到注册制，证券法二十年大修通过》，中国经济网，2019 年 12 月 29 日。

20 世纪 90 年代初，沪深证券交易所相继成立；中国证监会设立并开始了全国统一的股票发行审批制度，使用“额度管理”和“指标管理”，给各地下达上市发行额度和上市指标，审批企业上市。1999 年正式实施的《中华人民共和国证券法》确定实行核准制（未取消审批制），规定：“公开发行证券，必须符合法律、行政法规规定的条件，并依法报经国务院证券监督管理机构或者国务院授权的部门核准或者审批；未经依法核准或者审批，任何单位和个人不得向社会公开发行证券。”

核准制本身强调以强制性信息披露为核心，强化保荐人等中介机构的责任，证监会负责核准（核实和批准）。核准制之下由于证监会仍然保留行政审批的权力，因此发行上市仍然没有达到足够市场化的目的。虽然 2005 年在《中华人民共和国证券法》的修订中，“审批”被删除了，但“核准”仍然是必须的程序：“公开发行证券，必须符合法律、行政法规规定的条件，并依法报经国务院证券监督管理机构或者国务院授权的部门核准；未经依法核准，任何单位和个人不得公开发行证券。”

中国证券市场长期实行审批制和核准制，证监会深度干预市场参与者的行为（包括上市资格审批等），初衷是希望在每个环节杜绝和控制作弊的行为，以保护投资者的利益。当然，权力集中也导致不少寻租和腐败的事情发生，这可以算是改革过程中的一种代价。国内中介机构的职业道德、行业监管和自我约束能力有限，需要由政府更多地发挥集中管理监督的功能。如果过早实行注册制，营私舞弊的案子可能会更加普遍。近年反腐败中揪出了不少历史腐败案子，算是解决了历史遗留问题，也是一种亡羊补牢的措施。

按照修订后的 2020 年版《证券法》规定，中国股票市场将实行注册制。

2020 年版《证券法》第九条明确规定：“公开发行证券，必须符合法律、行政法规规定的条件，并依法报经国务院证券监督管理机构或者国务院授权的部门注册。未经依法注册，任何单位和个人不得公开发行证券。证券发行注册制的具体范围、实施步骤，由国务院规定。”

证券发行注册制是成熟证券市场在新股发行时的普遍做法，是指证券发行申请人依法将与证券发行有关的一切信息和资料公开，制成法律文件，送交主管机构审查，主管机构只负责审查发行申请人提供的信息和资料是否履行了信息披露义务的一种制度。其重要特征是：在注册制下证券发行审核机构只对注册文件进行形式审查，不进行实质判断。

实行注册制，可使股票市场供求关系更加合理。有些人担心实行注册制之后会出现供给过大的问题，笔者认为不必担心。首先，实行注册制之后，中介机构的责任更大（出问题的话将面对问责追责），需要提高自律性并保证上市公司的质量；其次，新股发行价格将放开由中介机构与发行公司自行决定，意味着定价水平将普遍接近市场价格，这样，市场普遍追捧新股的情况会有改变；再次，市场将会调节发行数量和进度，一旦发行过量，市场需求不足，定价将达不到发行机构的意愿，发行机构就可能主动撤回或搁置上市的计划。

总的来说，注册制是证券市场的一项重要改革，将进一步优化我国证券市场关系。

笔者曾参与香港的上市项目，有经验的投行人员，可以将整个上市机会的时间表做出很准确的判断和规划，包括何时提交申请材料、何时聆讯、何时出上市公告、何时发售新股以及何时挂牌等。因为在注册制之下，几乎所有的上市策划工作都有法可依，按章办事。企业只要在证监会注册过，并且达到交易所相关要求，就不会受到交易所拒绝。交易所在审核上市申请资料的时候，需要在预定的时间内给予及时答复，即使对所提交的申请材料有疑问，也需要按照规则指引，在预定的时间内组织聆讯，不得故意拖延。否则，拟上市公司可以以不作为或者渎职起诉交易所等审核机构。这样，就需要尽可能地把相关的法律和规则制定得详细且具有可衡量性。

3. 提高违法违规的成本

很多人担心，如果没有审批程序，上市公司的素质会因此降低，上市公司会变得良莠不齐。笔者认为，发行注册制与上市公司的素质没有必然联系。发行注册制只是淡化过去的“事前监督”，强调“事后监督”，把对公司上市前的条件是否符合相关要求的责任更多地交给券商、会计师和律师等专业中介机构，监管部门把工作重点专注于制度建设和对上市公司的监督。

金融市场的问题，绝大多数与信息不对称有关。因此，监管需要推动提高透明化，以维护证券市场公平、公正和公开原则。

首先，需要明确上市公司信息披露方面的规范化要求，包括中介机构运作和上市公司的管理。

其次，需要提高违法违规的成本。如果违反了相关法律和法规，惩罚力度小就很难达到抑制这些行为的目的。

2020 年 3 月实施的《证券法》，大幅提高对证券违法行为的处罚力度，如：①对于欺诈发行行为，从原来最高可处募集资金 5% 的罚款，提高至募集资金的 1 倍；②对于上市公司信息披露违法行为，从原来最高可处以 60 万元罚款，提高至 1 000 万元；③对于发行人的控股股东、实际控制人组织、指使从事虚假陈述行为，或者隐瞒相关事项导致虚假陈述的，规定最高可处以 1 000 万元罚款等。

新《证券法》对证券违法民事赔偿责任做了完善。如：①规定了发行人等不履行公开承诺的民事赔偿责任；②明确了发行人的控股股东、实际控制人在欺诈发行、信息披露违法中的过错推定、连带赔偿责任等。

4. 完善投资者保护制度

在股票市场的投融资活动中，投资人在信息不对称的关系中处于弱势地位，因此需要足够的制度去保护他们的利益：加强查处上市公司的造假行为并给予严厉处罚；建立投资者集体诉讼机制，一旦发现投资者受到伤害，帮助他们诉讼并获得赔偿；对于违规的中介机构和重要的机构投资者，一旦发现有利益输送和暗箱操作等问题，采取终止业务资格等措施，促使相关机构保持职业操守。

美国的股票市场监管系统各个环节普遍受到关注。不过，笔者认为，美国股票市场的监管不仅有各种制度规范，还包括无形的监管系统。美国在长期的市场经济运作过程中，形成了一个比较系统的社会信用体系，而且法律制度本身也提供了社会信用体系的高效运作环境。比如，美国有集体诉讼机制，由一人或者数人代表很多人一起提出诉讼，其他相关人（比如股东）只要提供委托权，就可以参加诉讼，诉讼失败了不必承担诉讼费用，如果胜诉则会得到赔偿费或者在庭外和解（绝大多数情况下的结果）获得和解费，可以一起分享。但需要向诉讼代表（通常也是律师）支付其中的一部分，比如 30%，作为佣金。显然，集体诉讼案一旦成功运作，发起者可获巨大的名利，因此有很多律师（尤其是那些刚从法学院出来，没有社会声誉和职业基础的年轻律师）会很认真地盯着上市公司的一举一动，一旦发现有“猫腻”，就发起集体诉讼。这类集体诉讼只要有足够的证据，就能让上市公司付出一定的代价，无形中提高了上市公司违法违规的成本，起到相当大的威慑作用。集体诉讼机制让美国的上市公司更加小心翼翼地运作，避免了弄虚作假的行为。美国的这套监管机制还是很值得学习的。

中国从计划经济向市场经济转型的过程中，出现了很多观念和社会伦理等方面的乱象，缺乏一个可靠的社会信用体系。这种情况下，政府的管理功能比较强大可能是有必要的，但还是需要充分发挥媒体、中介机构和集体诉讼机制等的作用，建立社会化的监督机制和信用体系，让社会的各个部分和个体都具有较高的自律性。国内的严义明律师从 1998 年起就开始代理多起小股东对上市公司作假的诉讼案，其中包括针对科龙及其大股东顾雏军的诉讼案。

2020 年 3 月开始实施的《证券法》，在如下方面有了很大的进步：

（1）区分普通投资者和专业投资者，有针对性地做出投资者权益保护安排。考虑到不同投资风险的差异，主板、创业板和科创板对普通投资者和专业投资者实行不同的开放程度。

（2）建立上市公司股东权利代为行使征集制度。这为国内未来鼓励更多的集体诉讼活动提供条件。

（3）规定债券持有人会议和债券受托管理人制度。这为债务投资工具持有人提供了一个集体维护利益的机制。

（4）建立普通投资者与证券公司纠纷的强制调解制度。

（5）完善上市公司现金分红制度。

（6）新《证券法》规定投资者保护机构可以作为诉讼代表人，按照“明示退出”“默示加入”的诉讼原则，依法为受害投资者提起民事损害赔偿诉讼。

笔者认为2020年3月开始实施的《证券法》将使中国证券市场监管水平得到很大的提升，而且，这部法规与欧美成熟市场的相关法规有更大的可比性，必将很大地推动中国证券市场的市场化程度。

三、选择上市地点的考量因素

企业确定上市之后，需要选择上市的地点。在笔者看来，选择上市地点，类似于“女嫁郎，男入行”那么重要。笔者认为，企业上市需要重点考虑如下几个方面：融资的可能性、估值差异以及流动性。

企业上市的主要目的之一，就是提高融资的便利性。因此，企业上市需要考虑上市地点的融资可能性。

股票市场通常都是牛市和熊市交替进行。尽管在全球化中，各国股票市场倾向于同步发展，但是，各国股票市场仍然可能呈现不同状态，跟各国经济发展周期所处阶段不同。

（1）不同股市可能处于不同的周期。

图13-2显示，2022年3月24日，美国道琼斯工业平均指数（包含30只成分股）的平均市盈率为23倍，相当于我国上证50指数（包含50只成分股）平均市盈率（10倍）的230%。以这两个指标为代表，中国股市的估值水平仅相当于美国的43.48%。

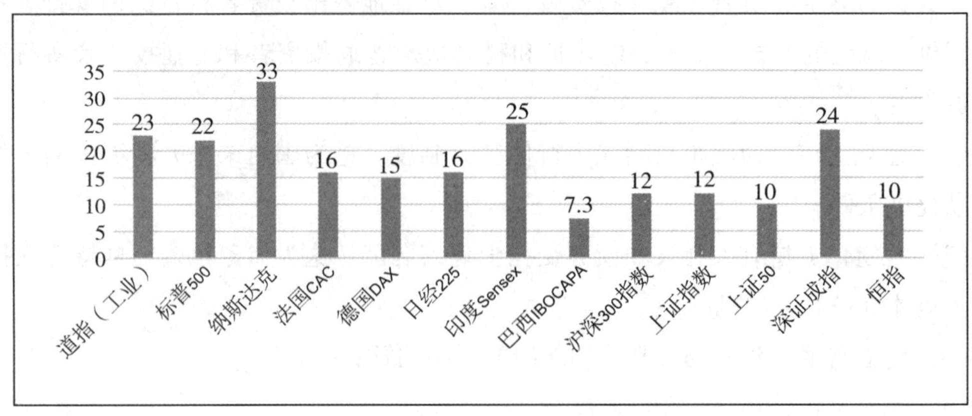

图 13－2　世界主要股市指数市盈率比较（2022－03－24）

资料来源：万得股票。

（2）各国投资者偏好不同。

尽管境外投资者对境内资产很有兴趣，但是，由于受各个市场的特点以及投资者的偏好等因素的影响，不同资本市场对于我国企业股权的估值水平是有差别的。比如，在香港市场，由于历史原因，当地投资者普遍偏好金融类股和房地产股，因此这类股票与在内地 A 股上市的同行业股票相比，估值更高。而制造业企业的股票在香港似乎不是很受欢迎。

在沪深股市，内地投资者比较偏好小盘股，导致中小企业板和创业板的股票市盈率水平普遍较高。可是在香港股市则刚好相反，小盘股的成交不仅冷清，而且估值常常比较低。根据笔者对香港市场的了解，这个情况与香港市场“以机构投资者为主”的特点有关系。投资基金等机构投资者在建立投资组合的时候，通常对投资对象的流动性非常重视，讲究“进得去”和“出得来”，因此对“股本规模”和“换手率”有最低要求，中小规模的股票一般很难进入其投资组合。而香港的散户在市场的比例较低，散户没法维持足够的流动性并推高股价，所以，小盘股在香港市场的情况经常是“交投清淡，股价低迷”，股票上市以后达不到融资和升值的目的。根据笔者的经验，在香港市场，能够得到机构投资者青睐的股票年利润规模应该达到 1 000 万美元。这也是香港创业板低迷和萎缩的重要原因。

准备上市的企业必须根据自身的情况，选择合适的地点上市，才比较有可能实现上市的目的。

香港创业板自 1999 年 11 月正式开通之后，受到市场的冷落。最主要的原因是，香港作为一个成熟的资本市场，投资者以机构投资者为主，而机构投资者非常关注投资对象的流动性。创业板公司普遍是小公司，买进和卖出都很困难，因此受到机构投资者的冷落。很多公司很可能出现连续多天零交易的情况。这影响到创业板公司的融资能力。因此，创业板上的公司数量虽然相当于主板的20%，但市值却不到主板的1%。最近10多年甚少公司选择到创业板IPO。一些创业板公司在盈利或市值规模等达到主板的要求时，就会转到主板交易，而另一些，却会成为壳资源，被用于买壳上市的操作。笔者2005年作为财务顾问，帮助一家从事包装业务的企业在香港收购了一家创业板公司——华智控股（后改名为中国海景控股有限公司），并使用反向收购的方式，把在内地的业务注入，然后再转到了主板。2014年，该公司又被出售。

笔者认为，小规模的企业最好不要选择在香港上市，因为这类企业很难获得投资者的关注。

那么，什么样的公司才不算小规模呢？按照香港一般基金经理的偏好，他们通常关注的公司，年净利润达到1 000万美元（大约相当于人民币6 500万元）。净利润低于这个水平的公司，通常都不会进入他们的投资组合。

第三节　案例分析——两大机制解读阿里巴巴上市传奇①

2014年9月19日，备受瞩目的电商巨头阿里巴巴在美国纽交所正式挂牌上市。阿里巴巴成功融资约250.3亿美元，创下全球最大的IPO融资规模，并以超过2 310亿美元的市值成为仅次于谷歌的第二大市值互联网公司。此外，在阿里巴巴IPO上市后，马云及其管理团队仅以12%左右的持股比例牢牢掌握公司发展命脉，更成为国际舆论焦点。阿里巴巴不仅创造了互联网公司的资本神话，也缔造了中国民营企业的境外上市传奇，值得我们深入学习研究。阿里巴巴的成功，关键在于其配售机制和股权机制，本节将分别从超额配售选择权和“阿里合伙人”制度两方面挖掘阿里巴巴IPO的制胜之道，希望能为民营企业实现“走出去”梦想提供经验借鉴。

① 本案例由笔者与同事刘伟杰老师合作撰写，原文发表于《国际融资》，格式略有改动。

一、超额配售选择权

阿里巴巴之所以能刷新全球 IPO 融资规模，直接原因是超额配售选择权的启动。超额配售选择权因由美国绿鞋制造公司率先使用而又称为“绿鞋机制”。其赋予承销商在股票上市之日起 30 天内，以同一发行价格额外发售不超过原定规模 15% 股份的权利。而承销商是否行使该权利，则取决于新股上市后的市场价格。因此，超额配售选择权实质上就是一种期权。一般情况下，当新股上市后反应未如预期理想，其市场价格低于发行价格时，承销商就会放弃行使超额配售选择权，以较低的市场价格自行从二级市场购入相应比例的股份，再以发行价格配售给事先参与超额认购的投资者。这样虽然没有改变新股发行的规模，无法为上市公司募集更多资金，但是承销商在二级市场的购买行为，能防止新股的市场价格跌破发行价格，帮助上市公司在二级市场顺利融资。当然，承销商也能从上述低买高卖的操作中获取利润。然而，当新股上市后反应热烈，其市场价格高于发行价格时，承销商则会行使超额配售选择权，要求发行人增发相应比例的股份，再以发行价格配售给事先参与超额认购的投资者。如此一来，新股发行的规模得到扩充，不仅上市公司能够募集更多资金，而且承销商也能因此增加交易手续费和佣金收入。此外，由于增发的新股能起到一定程度调节市场供求、稳定股价的作用，投资者的利益也因此得到保障。由此可见，超额配售选择权本身是一种能够让上市公司、承销商和投资者三方受益的机制。

阿里巴巴在美国纽交所上市所采取的是众多境外公司赴美上市的常用方式——ADR（美国存托凭证）。在该方式下，境外公司通过协议将股票交由美国本土银行托管，再由该美国本土银行发行代表这些股票价值的凭证供本土投资者购买，从而为境外公司实现融资。阿里巴巴赴美上市所指定的存托银行为花旗银行。据报道，阿里巴巴计划通过花旗银行发行 3.2 亿股 ADR，发行价格定为 68 美元，计划融资 217.6 亿美元。由于上市前的路演引发认购热潮，阿里巴巴上市当天收盘价为 93.89 美元，比发行价格约涨 38%。在此利好市况下，瑞士信贷、德银、高盛、摩根大通、摩根士丹利、花旗集团等阿里巴巴 IPO 六大承销商纷纷行使超额配售选择权，共同要求阿里巴巴增发 4 800 万股 ADR，比原定计划超额发售 15%，这样一来，承销商不必花更高的价格从二级市场购入相应股份配售给事先参与超额认购的投资者而又能增加费用收入，一举两得。此外，随着超额发售 4 800 万股 ADR，阿里巴巴 IPO 融资规模也增至 250.3 亿美元，打破了 2010 年农业银行 IPO 融资 221 亿美元的纪录，成为全球第一大 IPO。

二、“阿里合伙人”制度

阿里巴巴 IPO 的空前成功，体现出投资者对阿里巴巴未来发展的信心，而当中成功的关键在于“阿里合伙人”制度。

自 1999 年阿里巴巴创立以来，马云一直以“合伙人精神”运营这家公司。2010 年阿里巴巴正式确立合伙人制度，并以公司创立地“湖畔花园”将其取名为“湖畔合伙人”制度。目前，“阿里合伙人”由 30 名分别来自阿里巴巴集团、关联公司以及分支机构的管理层组成，而其中来自阿里巴巴集团的合伙人占 25 名。这 30 名“阿里合伙人”均拥有董事会成员的提名权，但不直接参与公司的运营决策。如此看来，“阿里合伙人”制度与为人熟悉的公司组织形式——“普通合伙人”制度——并不一样。“普通合伙人”制度下，公司合伙人须共同出资、共同经营、共同承担公司债务的无限连带责任，所以公司的合伙人既是公司的所有者、管理者，又是公司的债务责任者。然而，在“阿里合伙人”制度下，公司所有者并不等同于公司合伙人。虽然阿里巴巴规定公司合伙人必须持有公司一定股份，但是，当合伙人因退休或其他原因离开公司时，其合伙人身份也自动退出（永久合伙人马云、蔡崇信除外），尽管其仍可继续持有公司股份。此外，在“阿里合伙人”制度下，公司合伙人并不直接参与公司的经营决策。“阿里合伙人”虽然享有董事会成员的提名权，但是并没有取代公司的董事会来管理这家公司，公司的经营决策仍由公司董事会制定。最后，在“阿里合伙人”制度下，公司合伙人并不需要承担公司债务的无限连带责任。“阿里合伙人”主要负责传承公司的创新精神、文化和价值观等精神层面上的责任，并不像普通合伙人一样，需要承担公司经济层面上的责任。

既然“阿里合伙人”并不具有公司经营管理的直接决策权，那么，马云等公司初创合伙人如何保证公司未来的发展继续体现“阿里文化”和“阿里精神”就显得尤为重要。毕竟美国投资者对阿里巴巴 IPO 的热捧，说到底还是对马云团队的信任和对“阿里文化”的认同。然而，马云团队要想把握阿里巴巴的发展命脉，就要掌握公司的控制权。经过 IPO 上市和超额配售选择权启动后，阿里巴巴虽然能够募集更多公司发展所需资金，但是公司的股权也随之被稀释。根据阿里巴巴披露的招股文件，IPO 上市前，公司第一大股东为日本软银集团，持股约 34.1%；第二大股东为雅虎，持股约 22.4%；第三、第四大股东分别为公司初创合伙人马云和蔡崇信，分别持股约 8.8% 和 3.6%；而若再加上公司其他管理层的持股量，马云团队持股约 14.6%。由此可见，马云团队在阿里巴巴 IPO 上市前，持股比例远低于日本软银集团；而 IPO 上市后，公司原四大股东的持股比例分别减少至约 32.4%、16.3%、7.8%和 3.2%，马云团队的持股比例更减至约 13.1%，对公司控制权的争夺更显无力。

为了确保马云团队能够掌握公司上市后的控制权，实现公司的发展愿景，阿里巴巴推出了“阿里合伙人”制度。根据阿里巴巴招股文件披露，在“阿里合伙人”制度下，合伙人由合伙人委员会提名，并拥有一人一票提名过半数董事会成员的专属权，而合伙人提名的董事候选人需经过股东大会投票通过。由于董事会的决策服从简单的多数原则，而“阿里合伙人”又能够提名过半数董事，同时，“阿里合伙人”又是由马云、蔡崇信等 5 名马云团队成员所组成的合伙人委员会提名，因此，马云团队能够掌握公司董事会的决策权，从而实现“阿里文化”和“阿里精神”的传承。然而，要实现这一目标，需要保证合伙人所提名的董事候选人能够得到公司股东大会的投票通过。由于日本软银集团和雅虎分别是公司的第一和第二大股东，因此，它们的选择具有决定性的影响。而“阿里合伙人”制度规定，日本软银集团和雅虎必须与“阿里合伙人”在股东大会上相互支持，对“阿里合伙人”所提名的公司董事候选人须投支持票。因此，在服从简单的多数投票原则下，由马云团队主导的“阿里合伙人”能确保对公司董事会的掌控，实现少数股东对公司的控制。

在“同股同权”的原则下，“阿里合伙人”制度无疑削弱了公司第一和第二大股东的决策权。但是，对于风险投资者而言，其不外乎是想借助公司上市来实现巨额投资回报，而阿里巴巴正好能满足他们的愿望。根据阿里巴巴上市文件披露，IPO 上市后，公司第一大股东日本软银集团持股市值高达 560 亿美元，相比初始投资的 2 000 万美元，回报超过 550 亿美元；而公司第二大股东雅虎上市前套现了 76 亿美元，持股市值达 368 亿美元，相比初始投资的 10 亿美元，回报也是惊人的。由于公司两大股东均实现了丰厚的投资回报，对马云团队的管理也更加信任，因而也全力支持“阿里合伙人”制度。

三、“阿里合伙人”制度与双重股权结构的区别

从本质上看，“阿里合伙人”制度与近年来互联网企业上市所采用的双重股权结构很相似，两者都属于“同股而不同权”，但却又存在着细微差异。

在双重股权结构下，公司创办人通过 A 股和 B 股设计，将更多的投票权赋予自己，从而独揽公司的控制权。而在“阿里合伙人”制度下，公司管理层团队通过制度规定，

将董事会更多的决策权赋予公司管理层团队，从而实现少数股东掌握公司控制权。由此可见，“阿里合伙人”制度能避免双重股权结构可能引发的权力过于集中问题，体现出制度的创新。然而，权益市场存在信息不对称问题和公司管理者潜在道德风险问题，管理者有可能不是站在股东利益最大化的角度去做决策。因此，公司控制权掌握在少数管理层的股东手上，少不了引发股东对公司利益落入少数人手中的担忧。这正是典型的委托—代理问题。而解决这一问题的常见做法就是引入激励相容机制，使公司管理者与股东的利益保持一致。“阿里合伙人”制度正体现出这一特点。“阿里合伙人”制度规定，合伙人必须持有公司一定股份，该股份作为公司一种内部激励，既能提升员工积极性，提高公司效率，又能使“阿里合伙人”的利益与股东的利益连成一线。此外，为了进一步减少道德风险，更好地解决委托—代理问题，阿里巴巴在合伙人的选拔方面也做了相关要求。“阿里合伙人”制度规定，合伙人必须高度认同公司文化，并愿意为公司文化和使命传承竭尽全力。而且，“阿里合伙人”每年将会进行动态更新调整，合伙人的信息也会公开。如此一来，“阿里合伙人”团队能始终保持共同的愿景，步伐一致地运营公司，从而更好地向股东交代。

四、总结

近年来，民营企业到境外 IPO 为投行带来了高额的费用收入，成为投资银行家们眼中的主角。众多经验表明，民营企业到境外上市，既有助于解决民营企业融资难的问题，又有助于改善民营企业公司治理的缺陷。然而，随着融资规模的扩大，公司的股权被稀释，民营企业创办人也面临着失去公司控制权的危机。阿里巴巴作为民营企业的代表，通过启动超额配售选择权和建立“阿里合伙人”制度，在成功募集巨额资金的同时，也确保了马云等初创合伙人对公司的掌控，为众多民营企业树立了榜样。阿里巴巴的成功经验表明，民营企业到境外 IPO，既要熟悉国际资本市场运作规则，又要善于制度创新，如此方能实现钱权两得。

第十四章　企业重组上市策划

目前中国企业上市地点，基本上是在沪深证券交易所和香港联合交易所，或者在美国的纽交所和纳斯达克交易所。本章将对我国上海和深圳证券交易所主板、创业板和科创板，香港联合交易所主板和创业板，以及美国的纽交所和纳斯达克上市的主要条件做解读，并简要介绍企业上市前重组的主要内容。

第一节　沪深证券交易所上市条件解读

本节介绍并解读沪深证券交易所主板、创业板以及科创板的上市条件。

一、中国内地公开发行和上市的主要法规

当企业确定上市的目标以后，中国证监会就需要评估企业是否符合上市的要求。

1. 关于在沪深交易所主板上市的法规

中国证监会在2006年5月正式颁布了《首次公开发行股票并上市管理办法》（简称《主板上市办法》），2015年12月和2018年6月做了修订和修正。这个法规是针对上海和深圳证券交易所主板和中小企业板的上市公司的。

2. 关于在深交所创业板上市的法规

中国证监会在2009年3月正式颁布了针对深圳交易所创业板的《首次公开发行股票并在创业板上市管理暂行办法》（简称《创业板上市办法》），2009年5月1日开始

实施，2014 年 2 月、2015 年 12 月和 2018 年 6 月分别做了修订和修正。创业板并没有强调拟上市企业必须是高科技企业，不过，创业板定位于服务成长型创业企业，重点支持具有自主创新能力的企业。因此，自主创新能力强、业务模式新、规模较小、业绩不确定性大和经营风险高等特点应作为创业型公司上市的参考标准。

3. 关于在上交所科创板上市的法规

中国证监会在 2019 年 1 月 28 日颁布实施了《关于在上海证券交易所设立科创板并试点注册制的实施意见》。科创板坚持面向世界科技前沿、面向经济主战场、面向国家重大需求，主要服务于符合国家战略、突破关键核心技术、市场认可度高的科技创新企业。重点支持新一代信息技术、高端装备、新材料、新能源、节能环保以及生物医药等高新技术产业和战略性新兴产业，推动互联网、大数据、云计算、人工智能和制造业深度融合，引领中高端消费，推动质量变革、效率变革、动力变革。

二、主板和创业板对企业上市的主要要求

任何一个企业到主板或者创业板上市，都需要根据上述法规的要求将有限公司改组成股份有限公司。重组过程通常都需要在投资银行、审计师事务所和律师事务所的专家指导下进行。重组时通常都需要对着相关的法规进行。不过，主板和创业板在资产、股权和业务的一些重要方面有一系列刚性的要求，拟上市公司必须符合。下面笔者就国内主板和创业板的上市和发行管理办法中对上市企业的要求的主要方面做介绍。照着这些要求，读者可以先大致地对打算上市的企业做一个诊断，以了解该企业是否达到相关的要求，或者离上市要求还有多远。

1. 经营时间

（1）主板：发行人自股份有限公司成立后，持续经营时间应当在 3 年以上，但经国务院批准的除外。有限责任公司按原账面净资产值折股整体变更为股份有限公司的，持续经营时间可以从有限责任公司成立之日起计算。

（2）创业板：发行人是依法设立且持续经营 3 年以上的股份有限公司。有限责任公司按原账面净资产值折股整体变更为股份有限公司的，持续经营时间可以从有限责任公司成立之日起计算。

上述关于经营时间的条件中的所谓“整体变更”，必须是经变更以后的股份有限公

司的股权、资产和业务没有出现“重大变动”。那么，何为“重大变动”呢？虽然有关的规则没有很明确的界定，但一般认为重组前股权、资产、收入和利润等占重组后指标不到一半的，会被认定为“重大变动”。一旦被认定为出现“重大变动”，则经营时间必须从变动时间开始重新计算。

2. 净利润与现金流或营业收入的要求

（1）主板对于盈利的要求是：最近 3 个会计年度净利润均为正数且累计超过人民币 3 000 万元，净利润以扣除非经常性损益前后较低者为计算依据；最近 3 个会计年度经营活动产生的现金流量净额累计超过人民币 5 000 万元；最近 3 个会计年度营业收入累计超过人民币 3 亿元。

（2）创业板对于盈利的要求是：最近两年连续盈利，最近两年净利润累计不少于 1 000万元；最近一年盈利，最近一年营业收入不少于 5 000 万元。净利润以扣除非经常性损益前后孰低者为计算依据。

在核准制中，有经验的投行人员会关注过去 3 年盈利是否呈现增长情况。如果过去 3 年拟上市主体保持盈利且总额达到要求，但 3 年的盈利呈现明显下降趋势，是很难得到上市许可的。例如，某公司在 2019 年、2020 年和 2021 年的盈利分别是 500 万元、1 000万元和 2 000 万元，3 年合计超过 3 000 万元，且盈利的上升趋势很明显。如果这 3 年的盈利数据倒过来，是 2 000 万元、1 000 万元和 500 万元，尽管 3 年连续盈利且总数达到 3 000 万元，但呈下跌趋势，令人预期在新的一年很可能会出现亏损。笔者一直认为在新的修订版本中应该会加上“且持续增长”字样，不过，几轮修订和修正后的版本都没有对此做补充。而且，在 2018 年修订的创业板上市规则中，“且持续增长”的条件也被删除了。任何企业的盈利都可能随经济周期或行业周期出现波动，要求拟上市公司的盈利呈现上升趋势要求其实是挺苛刻的。笔者猜测，把“且持续增长”去掉是一项比较务实的做法。只要拟上市企业总体盈利达到要求，就没必要苛求盈利的增长性，把投资决策交给拟上市企业和投资者——如果盈利呈下降趋势，股票的市场定价就会比较低，这个时候上市未必是最佳的，也许企业应该等以后更好的时机再提交上市申请；如果企业在这种情况下也愿意上市，就让投资者自己去判断是否愿意认购买入。

3. 净资产要求

（1）主板对净资产总额无明确要求，只要求扣除土地使用权、水面养殖权和采矿权等后的无形资产占净资产的比重不能超过20%，最近一期末不存在未弥补亏损。

（2）创业板要求发行前净资产不低于2 000万元，但没有无形资产占比之要求。

在把有限公司改造成股份制公司的时候，如果净资产值不够，可以通过增资的方式弥补这个条件的不足。不过，增资部分不要超过增资后净资产值的一半，以免被认定为重大资产重组。例如，改组前净资产值为1 500万元，增资500万元（原有股东增资或者引进外部投资人），就达到目的；如果改组前净资产值为1 000万元，增资1 000万元，虽然达到2 000万元规模，但因增加部分达到重组后的50%，属于重大资产重组。

重组时产生的变化，还包括收购造成的收入、资产和利润的变化。

例如，A公司吸收合并B公司成立股份有限公司，A公司继续作为拟上市主体。这时候认定是否为重大重组的标准包括吸收合并进来的资产占总资产的比重、吸收进来的资产所产生的收入和净利润分别占总收入和净利润的比重。只要有一项达到或者超过重组后总额的一半，都可能被认定为重大重组。

如上所述，出现重大重组情况的话，上市时间必须从重组完成后重新算3年（完整的3个会计年度）。

4. 股本规模要求

（1）主板要求发行前总股本不低于3 000万元。

（2）创业板要求发行后股本总额不低于3 000万元。

尽管净资产和股本在进行财务分析时被视作同一个指标，但这里指的股本应该是工商注册上的概念。因此，在进行股份制改造的过程中需要做适当的变更。例如，某公司3年前设立有限公司的时候注册的股本为2 000万元，经过3年的经营，注册股本没变化，但公司的净资产由于每年留存利润增长而提高到4 000万元，还不符合“发行前总股本不低于3 000万元”的要求，这时候只要公司做出决议，并到工商局做变更，按照账面净资产4 000万元折为4 000万股即可。

5. 主营业务要求

（1）主板要求发行人最近3年内主营业务和董事、高级管理人员没有发生重大变化，实际控制人没有发生变更；发行人的经营模式、产品或服务的品种结构没有发生或者将发生重大变化，并对发行人的持续盈利能力构成重大不利影响。

（2）创业板要求发行人应当“主要经营一种业务，其生产经营活动符合法律、行政法规和公司章程的规定，符合国家产业政策及环境保护政策；发行人最近 2 年内主营业务和董事、高级管理人员均没有发生重大变化，实际控制人没有发生变更”。

总的来说，经营专门化是符合现代企业制度的要求的。根据笔者多年从事金融市场投资的经验看，通常专业化经营的公司更受投资者的青睐，其估值也比多元化经营的公司更高。王石在领导万科发展的过程中，也曾经尝试过多元化，如做过连锁超市和连锁洗车店，但是他经过多年的探索之后，坚定地选择了房地产行业的专业化经营道路。

公司上市，等于是把公司资产放到市场上供投资人选择。上市规则就是给公开出售的股权资产提出一个标准，至少需要有足够的、符合规则的经营记录可供投资人做判断。一个公司的重要资源，包括管理团队（董事会）和实际控制人等保持不变，其经营记录才具有可比性和可判断性。

主板要求拟上市公司“最近 3 年内主营业务和董事、高级管理人员没有发生重大变化”，关键还是对于“重大变化”的理解。一般来说仍然是掌握所发生的变化不要超过重组后的 50%。创业板上市公司通常规模小一些，对于专业化经营的要求更高，要求“主要经营一种业务”。

主营业务是与资产、收入和利润有关系的，这 3 个指标不能占变化后公司的一半。

“董事和高管人员”的重大变化一般从董事会人数和高管人员的变化人数是否超过一半来判断，另外，董事长和总经理两个最重要岗位人选的稳定性也很重要。

主板和创业板分别要求实际控制人 3 年和 2 年内未发生变化。实际控制人指的就是终极控制人。比如，拟在主板上市的 A 公司的控股股东是 B 公司，B 公司的控股股东是张三，那么张三就是 A 公司的实际控制人。张三获得 B 公司控股股东地位必须在 3 年以上，才能满足相关要求。

6. 控股股东责任

主板要求发行人及其全体董事、监事和高级管理人员应当在招股说明书上签字、盖章，保证招股说明书的内容真实、准确、完整。

创业板要求发行人及其全体董事、监事和高级管理人员应当保证预先披露的招股说明书（申报稿）的内容真实、准确、完整、及时。

三、科创板的战略定位与上市条件解读

在上交所设立的科创板，可以说具有很重要的战略意义。它为一些按照主板和创

业板要求不能上市的中国企业提供了融资和挂牌交易的可能。

1. 科创板的较高定位和较宽松上市条件

中国证监会在2019年1月正式颁布了《关于在上海证券交易所设立科创板并试点注册制的实施意见》（简称《实施意见》）。从《实施意见》的内容看，科创板定位很高，目的是为那些在现有主板和创业板的条件下无法上市，且具有国家战略意义的企业提供上市融资的条件。

（1）科创板有较高的定位："坚持面向世界科技前沿、面向经济主战场、面向国家重大需求，主要服务于符合国家战略、突破关键核心技术、市场认可度高的科技创新企业。重点支持新一代信息技术、高端装备、新材料、新能源、节能环保以及生物医药等高新技术产业和战略性新兴产业，推动互联网、大数据、云计算、人工智能和制造业深度融合，引领中高端消费，推动质量变革、效率变革、动力变革。"

中国政府制定了《中国制造2025》规划，要在2025年前进入世界制造业强国行列。而上述创业板的定位显示，该板可以理解为上述国家规划的一部分——为继续发展的企业提供资本市场的支持。

（2）较宽松的上市条件：允许符合科创板定位、尚未盈利或存在累计未弥补亏损的企业在科创板上市，允许符合相关要求的特殊股权结构企业和红筹企业在科创板上市。

创新企业通常相对于传统产业的企业有更大的风险，而且在创新的过程中更加需要资本市场的支持。而主板和创业板的上市条件总的来说比较强调企业的盈利能力和经营的稳定性。上述创新企业不容易符合相关的要求。而且，由于历史的原因，中国有不少高科技企业的企业股权结构等方面也不完全符合主板和创业板的要求。因此，它们在获得国内资本市场的支持方面有较大的限制。

当然，科创板企业的上述特点也决定了它们具有较大的不确定性。因此，科创板相应设置投资者适当性要求，防控好各种风险。

2. 科创板发行上市的基本条件

中国证监会在2019年3月颁布《科创板首次公开发行股票注册管理办法（试行）》（简称《科创板发行办法》）。紧接着，上交所颁发了《上海证券交易所科创板股票上市规则》等一系列规则。如下简要解读科创板对拟上市企业在市值及财务指标上的要求。

《科创板发行办法》要求，在市值及财务指标上，应当至少符合下列标准中的一项：

（1）预计市值不低于人民币 10 亿元，最近两年净利润均为正且累计净利润不低于人民币 5 000 万元，或者预计市值不低于人民币 10 亿元，最近一年净利润为正且营业收入不低于人民币 1 亿元。

（2）预计市值不低于人民币 15 亿元，最近一年营业收入不低于人民币 2 亿元，且最近三年累计研发投入占最近三年累计营业收入的比例不低于 15%。

（3）预计市值不低于人民币 20 亿元，最近一年营业收入不低于人民币 3 亿元，且最近三年经营活动产生的现金流量净额累计不低于人民币 1 亿元。

（4）预计市值不低于人民币 30 亿元，且最近一年营业收入不低于人民币 3 亿元。

（5）预计市值不低于人民币 40 亿元，主要业务或产品需经国家有关部门批准，市场空间大，目前已取得阶段性成果。医药行业企业需至少有一项核心产品获准开展二期临床试验，其他符合科创板定位的企业需具备明显的技术优势并满足相应条件。

上述净利润以扣除非经常性损益前后的孰低者为准，所称净利润、营业收入、经营活动产生的现金流量净额均指经审计的数值。

3. 科创板发行上市的特殊条件

很多原因导致不少企业的注册地在境外而主要经营活动在境内。不少这类企业过去在境外上市，被称为红筹企业。这类企业过去是不能在境内交易所上市的。

有些企业规定“特殊投票权机制”，即赋予某些股东（通常为创始股东）更高的投票权利。这类公司与内地公司法关于同股同权的规定有冲突，过去是不能上市的。

《科创板发行办法》允许符合条件的上述两类企业——红筹企业和有表决权差异安排的企业—申请发行股票或存托凭证并在科创板上市，但规定了特殊要求。

（1）红筹企业的上市条件。

《科创板发行办法》界定上述红筹企业需要符合《国务院办公厅转发证监会关于开展创新企业境内发行股票或存托凭证试点若干意见的通知》（2018 年 3 月颁布，简称《通知》）相关规定。而《通知》中提出“探索通过试点解决创新企业境内上市问题”，其中对试点企业做了如下规定：“试点企业应当是符合国家战略、掌握核心技术、市场认可度高，属于互联网、大数据、云计算、人工智能、软件和集成电路、高端装备制造、生物医药等高新技术产业和战略性新兴产业，且达到相当规模的创新企业。其中，已在境外上市的大型红筹企业，市值不低于 2 000 亿元人民币；尚未在境外上市的创新企业（包括红筹企业和境内注册企业），最近一年营业收入不低于 30 亿元人民币且估值不低于 200 亿元人民币，或者营业收入快速增长，拥有自主研发、国际领先技术，同行业竞争中处于相对优势地位。试点企业具体标准由证监会制定。”

《科创板发行办法》进一步做出的规定是：营业收入快速增长，拥有自主研发、国际领先技术，同行业竞争中处于相对优势地位的尚未在境外上市的红筹企业，申请在科创板上市的，市值及财务指标应当至少符合下列标准之一：

①预计市值不低于人民币 100 亿元。

②预计市值不低于人民币 50 亿元，且最近一年营业收入不低于人民币 5 亿元。

（2）具有表决权差异安排的企业上市的条件。

发行人具有表决权差异安排的，除需要满足股东大会的有关决议程序等要求外，市值及财务指标应当至少符合下列标准中的一项：

①预计市值不低于人民币 100 亿元。

②预计市值不低于人民币 50 亿元，且最近一年营业收入不低于人民币 5 亿元。

4. 科创板的发行方式

《科创板发行办法》规定：“首次公开发行股票，应当向经中国证券业协会注册的证券公司、基金管理公司、信托公司、财务公司、保险公司、合格境外机构投资者和私募基金管理人等专业机构投资者（以下统称网下投资者）询价确定股票发行价格。”

这说明科创板的发行方式，基本上是采用了国外成熟市场通用的市场化方式。这与上述发行条件对于市值及财务指标的要求相适应。《科创板发行办法》还规定，如果“发行人预计发行后总市值不满足其在招股说明书中明确选择的市值与财务指标上市标准的，应当中止发行”。

5. 科创板的发展前景

2018 年开始的中美贸易摩擦愈演愈烈，美国为了打击以华为为代表的中国高科技企业，无所不用其极。2020 年 6 月美国政府甚至发起驱逐在美国资本市场上市的中国概念企业。如此看来，上交所的科创板的设立很有战略的预见性。不仅可为未上市的红筹企业提供融资上市机会，也可以为受到美国驱逐的中国企业提供及时的帮助。从《科创板发行办法》目前的上市条件看，还是很苛刻的。但笔者相信，经过一段时间之后，如果试点情况良好，相关条件就会相应降低，且更具灵活性。

第二节 企业上市前重组

企业上市可采取直接上市或者间接上市的方式。直接上市，指企业通过股权重组、资产重组、组织架构重组以达到某一个特定证券交易所对上市公司的要求，并获准公开向公众发行新股并挂牌交易的目的。由于这种形式的关键环节是首次公开发行新股，因此，直接上市通常称为首发上市。间接上市，指企业获得一家现有上市公司的控制权，并通过剥离原有不良资产或无关资产，注入其他拟上市的资产，以实现上市的目的。间接上市通常称为买壳上市。

明确了上市的目标以后，就要根据有关的要求，对公司的股权、资产和业务进行全面重组。重组内容涉及资产、业务、人员、财务、组织机构等。

一、国内A股上市的操作程序

由于企业的上市运作一旦开始，就要投入资源，因此为了使有关的计划具有足够的可行性，企业在做出决策之前，需要有经验的专家对其总体计划做一个评估。

一旦明确了国内A股市场上市的目标，就需要组织并开始操作。整个操作程序可分为五个环节：聘请中介机构、股份制改造、上市辅导、申报及审核、发行及上市。

1. 聘请中介机构

拟上市公司进行整个操作涉及如下中介机构。

（1）投资银行。

投资银行在整个发行和上市中处于很重要的位置。选择一个好的投资银行可以在如下几个方面行使职能。

①公司改制财务顾问：在公司进行改组并成立股份公司的过程中，没有规定需要证券公司参与。公司如果还没确定未来是否会走香港H股的道路，就不必聘请证券公司做财务顾问，可以节省一些费用。不过，公司如果明确了A股上市的目标，在这个阶段有证券公司参与有利于将来的工作。

②保荐机构：保荐机构在推荐发行人首次公开发行股票前对发行人进行辅导，以

保证发行人符合证监会要求的上市条件。向证监会出具保荐意见。上市后，保荐机构还需要持续督导发行人履行规范运作、信守承诺、信息披露等义务。

③主承销商：按照证监会的规定，保荐机构同时担任主承销商的角色，负责起草、汇总、报送全套申报材料；组织承销团包销A股；承担A股发行上市的组织工作。

（2）律师。

律师主要是对股份制改造、股票发行与上市的各种文件的合法性进行判断并出具法律意见。

（3）会计师事务所。

公司成立股份有限公司、申请发行股票、上市，都需要提供会计师事务所的审计报告。会计师事务所对企业的账目进行检查与审验，工作主要包括审计、验资、盈利预测等，同时为公司提供财务咨询和会计服务。

此外，如果公司的股东涉及国有股东，在股份公司成立时也会需要提交资产评估师报告。如果拟上市公司是纯非国有成分的公司，则不需要提交评估报告。

2. 股份制改造

这个阶段的工作目标是进行股权、资产和业务重组，设立股份有限公司。

3. 上市辅导

股份公司设立以后还需要聘请辅导机构（通常由未来的保荐人担任）对其进行上市前的辅导，帮助学习上市公司运作中必备的知识。完善组织结构和内部管理，规范企业行为，明确业务发展目标和募集资金投向。对照发行上市条件，对存在的问题进行整改，准备首次公开发行申请文件等。

4. 申报及审核

企业和所聘请的中介机构按照证监会的要求制作申请文件，由证监会对申请文件进行初审，并提交股票发行审核委员会审核。

5. 发行与上市

发行申请经股票发行审核委员会审核通过后，证监会进行核准，企业在报刊上刊登招股说明书摘要及发行公告，公开发行股票，提交上市申请，办理股份的托管与登记，挂牌上市。

二、上市前重组的模式

每个证券交易所都有对上市企业的基本条件。几乎可以肯定，没有一个企业可以不经重组就能够完全满足一个证券交易所的上市要求。也就是说，每个企业在递交上市申请以前，都需要经过重组。尽管各个股票市场对于上市企业的要求都各有差别，但是可以说，大的方面都是相同的。

1. 重组的目标

公司重组的目标包括设立具备合法性、公司具备独立性、公司行为规范性、公司治理完善性、公司业务突出性、公司发展成长性等。企业改制重组主要可以归纳为三类：股权重组、资产重组和业务重组。笔者主持或参与策划过几家企业上市前的重组，现就重组过程中需要重点关注的几个方面进行讨论。

2. 股份制改造

打算在沪深股市上市，或者以国企股模式上市的内地企业，都必须先做股份制改造（简称“改制”），即把原有限责任公司改组成股份有限公司。如果企业在改制过程中，资产、股本和业务等主要指标都没有出现重大重组事项——改组后的收入、利润和资产等主要指标的增减额如果不超过改组前的50%，就可以称为整体改制。

整体改制指在原有限责任公司的基础上改造成股份有限公司。通过整体改制而成的股份有限公司可以延续原有限公司的经营记录，因此可以缩短上市的准备时间。新设改制指的是成立一个新的股份有限公司，股东以现金或资产入股。显然，从节省时间、加快上市步伐的角度来看，整体改制是公司重组的首选。要达到按照整体改制的标准——在重组的过程中不能出现重大重组的情况，即改制之后的状态中，资产、股权和业务变化（新增或者减少）所占比重，不能超过50%。

3. 新设改制

新设改制就是新设立股份有限公司。企业如果在改制的过程中没法达到上述整体改制的要求（改组后的收入、利润和资产等主要方面的增减额如果超过改组前的50%，很可能就被认定为出现“重大重组事项”），就只能当新设改制。从上市申请的角度来说，公司经营记录就要重头计算。民营企业在过去的经营中，总有些不规范的运作，在做股份制改造的过程中，需要逐一规范。有些企业家考虑到处理历史遗留问题难度太大，他们可能宁愿选择新设一家公司，把原公司的资产和业务逐步转入，从头准备经营记录和盈利记录，争取将来够时间和够条件以后再上市。这个想法虽然可以理解，但实际上技术上的操作未必是可行的。首先，这样做会把可能上市的时间推迟，耽误时间；其次，公司过去的资产转入问题不大，但两个独立法人之间的转移通常涉及税费的支出，无形中增加了成本；再次，原公司的无形资产，如客户关系、市场的商誉等很可能无法转移。这几个方面的问题需要充分考虑。一般来说，上市审核只是看过去三年的资料，只要最近三年保持规范运作，如果不是原则性的问题，公司没必要推倒重来，尤其对于那些已经在行业中有丰富的无形资产的企业。

三、上市前企业重组的主要内容

企业上市策划的第一步，就是做股份制改造——把有限责任公司改组成符合要求的股份有限公司。改制的内容很多，不过，最主要的内容是股权重组、资产重组和业务重组。此外，公司的收入和盈利的确认也需要符合相关的要求。下面分别就这四部分做介绍。

1. 股权重组

（1）股权重组的目标。

上市公司的股权和有关资产的所有权关系必须很明确，不能有任何争议和纠纷。中国搞市场经济的历史也就是40多年，早期在国内成立一家私人的有限责任公司是相当困难的。很多企业尽管都是私人以自有资金投资设立的，但为了顺利拿到经营执照或者为了取得经营上的方便，会挂靠某个国有或集体的单位。也就是说，在工商局的登记材料上表明这个企业的所有权是国有的或者集体所有的，由设立人当法人代表，实际控制银行账号的运用等。最初的时候，创业者只是希望有一个做生意的平台，并没有想到其他的事情。当时这种情况在商品经济发达的地区特别普遍。

企业创立初期，由于投资和经营规模小，因此有关各方都凭着私下的协议甚至口头承诺进行合作。随着企业越做越大，有关的权属关系会变得越来越复杂并可能引起纠纷。有些被挂靠的单位眼看过去一个名义上的下属小厂变成大企业，会“眼红”。有些白手起家的民营企业家在把企业做大以后猛醒过来，价值几千万元甚至上亿元的公司在法律上原来不是自己的，而要把巨额的所有权转回自己的名下并不是那么简单。

（2）股权重组的基本思路。

企业改组重组的过程，也是理顺关系的过程，企业必须将企业和股东的所有权在法律上明确下来。上市改制可以推动企业进行有关的工作，通过沟通彻底解决有关问题。针对其中的困难和成本，民营企业家应好好权衡其利害关系。

有些家族企业在创业初期也有家族内部所有权和决策权不明确的问题，股份制可以理顺有关问题，令决策程序更通畅。有一家民企由五兄弟创办。早期大哥带着四个弟弟创业，大家在决策上没有问题，都尊重大哥。但是，后来四个弟弟都成年了，到了结婚以后，大家对未来的看法和期望都不一样，矛盾就多起来了。公司的决策过程变得困难。股份制改革使大家的利益通过股份比例明确下来，大家都以所持股份的比例形式行使在公司经营管理中的权力，各方面的关系也就理顺了。

公司上市之后，将会是一个公众公司。很多企业在重组前是一个股权非常集中的私人企业，如果能在股权重组的过程中引进一些私募股权投资基金之类的专业投资机构，不但可以满足公司上市之前的资金需求，而且可以通过加入外部股东以及在董事会中加入外部董事，对公司习惯现代公司治理结构下的运作提供很大帮助。另外，公司在股权重组过程中，为公司中高层管理人员以及技术骨干安排股权激励措施，也有利于公司长远持续稳定的发展。一些专门做上市策划的投行专家表示，公司如果在重组过程中增加了外部股东以及公司员工持股的情况，在过去上市审批过程中会是一种“加分”项目。因为外部股东通常会要求维护自己的利益，并对公司实施一定的监督，有利于推动公司的规范化运作。

2. 资产重组

（1）资产重组的目标。

明确公司的资产是公司改组中的重要环节。有些股东的出资中有些所有权不清晰的资产，或者企业过去与原家族成员企业的关联交易可能存在没有办理过户手续之类的问题，也必须在这个阶段调整过来，以体现上市公司“产权关系清晰”的原则。比如在一些国有企业的股份制改造中，经常出现土地使用权的关系不明确的问题，过去国家以划拨的办法让公司取得土地的使用权，但是很可能需要补交一些费用才能拿到土地使用权证明。如果没有具有法律效力的土地使用权证明，律师就不能出具法律意见书证明该项资产是公司的资产。

（2）资产重组案例分析。

以上关于公司资产的规范化应该是好理解的。不过，得润电子在上市重组的时候碰到的一个困难，也许很出乎很多人的意料。问题是这样的：根据企业上市的条例，拟上市公司必须有一个合法和稳定的经营场所。律师必须对此进行调查并出示一个法律意见书证明得润电子具备这样的条件，但负责股份制改造法律事务的律师不肯出这份证明文件。律师提出，企业有一个合法和稳定的经营场所包括自有和租赁的办公楼和厂房。律师必须在出具相关法律意见书以前，查核经营场所的所有权证明，或者租赁合同的合法性。当时得润电子在深圳宝安西乡租赁了一个工业园，双方签订了正式的租赁合同。可是律师在审核文件的时候，却发现工业园的业主并没有合法的产权证明。这种情况在当地并不是个例，为什么会这样呢？这要从历史说起了。中国对外开放初期，广东省凭借毗邻港澳的优势，大力发展“三来一补”——来料加工、来件装配、来件设计和补偿贸易，以当时很低廉的土地成本和人工成本优势吸纳正在转型中的香港制造业。广东的很多农村地区建造了一些厂房和配套的员工宿舍等租赁给港澳和外国的厂家。当时政府在土地使用管理的法律法规等跟不上这一新的形势，如果要按照合法正规的手续办理报建审批并办理所有权证明几乎不可能，很多村集体和个人就用“先斩后奏”的办法来运作这种工业物业的建造和租赁业务。当时得润电子租赁的工业园就是这种性质的工业物业。如果租赁方是一般的企业倒没有什么问题，但如果是拟上市公司，就不能回避这个问题。既然没有产权证明，从法律上来说，这个工业园就是一个违章建筑。这样一来，得润所租赁的工业园明显缺乏“合法性和安全性”的要件。最后工业园的业主去国土局按照要求补交有关的税费补办产权证明，得润电子上市过程的一个障碍也因此得到解决。得润电子属于深圳当地的企业中较早上市的，碰到了很多最新的问题，最后都成功解决了，还成为深交所股权分置改革之后，百日上市（从提交申请到上市挂牌不超过100天）的首家企业，因此，得润电子上市过程中的不少实践，成为很多企业解决难题的范本。

中国最近20多年在法律法规方面比较规范，上述得润电子所遭遇的问题应该越来越少。总的来说，如果一个企业想做大做强，争取上市，就应该在各个方面尽可能地遵纪守法。这样，企业将来做股份制改造，策划上市的时候，需要调整和改造的方面就少一些。

3. 业务重组

上市企业必须具备独立运营的能力。在重组中，民营企业在如下几个方面很可能会遇到重要的调整。

（1）避免同业竞争。

上市公司的大股东不能在股份公司以外从事与其有竞争关系的同类业务，因此，拟上市公司的大股东在股份制改造重组中需要把所有的同类业务置入拟上市的主体。

（2）解除对大股东的依赖关系。

2003 年 9 月，中国证监会公布 116 号文件《关于进一步规范股票首次发行上市有关工作的通知》，强调了股份公司保持独立性的重要性。其中明确规定：

拟上市公司必须具有直接面向市场独立经营的能力，与大股东在产品销售或原料采购方面的关联交易额占主营业务收入或外购原材料金额的比例不得超过 30%。

拟上市公司必须具有完整的业务体系，与大股东在委托销售或委托采购方面的关联交易额占主营业务收入或外购原材料金额的比例不得超过 30%。

拟上市公司必须具有开展生产经营所必备的资产，利用大股东资产取得的收入，不得超过主营业务收入的 30%。

根据笔者的经验，对于拟上市公司关联交易比例的限制，香港市场的规定较有弹性。有一家由中石油控股，专门生产输油管的公司在香港上市，其产品 80% 以上被销售给母公司。香港批准这个公司上市，只是要求公司必须向投资者充分披露这一事实以及对于公司未来发展的风险，同时承诺关联交易须以公允价格进行。

（3）关于上市公司的关联交易。

《主板上市办法》中并没有禁止关联交易，只是要求充分披露："发行人应完整披露关联方关系并按重要性原则恰当披露关联交易。关联交易价格公允，不存在通过关联交易操纵利润的情形。"

上市公司如果在业务上对个别客户有太大的依赖关系也会构成一种不利因素，即使对方与本公司及其股东没有关联关系。从监管机构的角度来说，如果一个公司的经营严重依赖于另一个公司，将给投资者带来额外的风险。国内有些专门为某一大型厂商做配套生产的企业尽管有相当大的规模，也有很稳定的利润，但向该大型厂商的供货额占公司销售的比例很高（可达 80% 甚至 100%）。这种经营模式在汽车行业和电器产业中的配套工厂中是很普遍的，这样的企业在说服证监会上市审核委员会接纳上市申请时往往会有困难。要企业在很短的时间内调整客户结构并不容易。不过，企业既然打算进入资本市场，就必须对此加以重视，在未来的经营中进行调整，为今后的上市做准备。

得润电子在 2002 年完成股份制改造的时候，在客户结构方面也存在很大的缺陷，当时康佳和海尔两大客户占其销售总额的 80% 以上。由于当时得润电子股份公司成立后需要运作三年才能申请上市，因此管理层在这三年里把调整客户结构作为重要的经营战略之一，积极扩大客户队伍，先后与长虹、TCL、创维、索尼等国内外重要的电器厂商建立了业务关系并逐步扩大与它们的业务规模。这些努力取得了很好的效果，到2006年得润电子上市以前，公司最大的客户海尔在总销售额中所占的比例也不到30%，整个客户结构显得很合理。上市以后沿着这个思路，逐步建立了与其他国内外重要客户的联系，使客户更加多元化。

从以上几个方面的重组重点看，证监会对上市公司的要求与管理学上强调的现代企业管理制度还是比较吻合的。因此，企业上市前的重组也是企业管理规范化、现代化的过程，对保持企业长期可持续的发展有好处。

4．**确认公司收入和盈利**

民营企业在处理税务问题时通常碰到两类问题：

（1）为了充分反映收入和利润而引起的税收增加。

从正常的思路来说，一般的公司通过各种合法或灰色方式以少报收入、多报费用等办法达到降低税负的目的。不过，在准备进入资本市场以后，原来的思路就并不合理。由于公司的收入和盈利将与融资规模、融资成本、资本增值等直接联系在一起，因此，企业都想把收入和盈利充分地在账面显示出来，这样会使未来的税负增加，而且可能要补缴过去的税款。

企业选择补交应缴未缴的税款，是否是值得考虑的选项呢？有一家企业，就补交了应缴未缴的税款。这家公司在股改前三年累计少交3 000万元的所得税，公司主动认错，愿意补交该项税款，当地政府以高度的灵活性免除了滞纳金并返还部分税金作为奖励。后来，公司在上市发行审核委员会的聆讯中还是未获批准。根据《主板上市办法》的规定，“发行人依法纳税，各项税收优惠符合相关法律法规的规定。发行人的经营成果对税收优惠不存在严重依赖”。而该公司补交巨额税款，没法合理解释出现如此重大疏忽的原因。主动补交并获得有关部门的优待处理，只能说明“坦白从宽”，不能改变其有违法违纪的事实。

（2）地方税收优惠的确认问题。

近年来国内一些地方政府出于吸引外地资金、加快发展地方经济的目的出台了一些较为优惠的税收政策。这种优惠政策尽管符合当地政府规定，但是在进行重组的时候常常通不过。例如，有些地方政府规定企业可以以定额增收的办法缴税，即事先核定企业当年盈利，如1 000万元，并按照这个利润缴交所得税，而不管企业实际上的盈利是否超过1 000万元。通常所定的额度都低于实际水平，这是当地政府吸引大企业到当地投资注册的优惠政策。另外，国内很多地方政府出于发展当地经济的考虑，以各种形式给当地投资的企业提供税收优惠政策。不过，按照国家的规定，只有省一级的政策才有权利予企业以该项优惠政策。也就是说，一般地方政府所给的优惠政策不受法律的保护，国家将来还是有可能会追索。从监管机构的角度来说，必须保证上市公司过去的经营记录是能够用以预测未来的，没有足够权威的部门确认这项政策优惠，意味着企业未来的税负随时可能改变从而影响公司的盈利，企业的未来变得不确定。按照证监会的企业上市条例，拟上市企业在改组的时候，中介机构通常需要企业提供省级以上的政府出示的税收优惠政策才能予以确认。

如果企业不打算上市，享受地方税收优惠暂时就没什么问题。当企业计划上市时，尽管没有必要按照国家统一的税率去补缴税款，但是审计师在核算企业的利润的时候，就会按照国家统一税率来计算当年的“应付税金”，相应地减少当年的“税后利润”。这尽管没有导致企业的现金流出，但是会导致税后利润和企业账面股东权益的减少，从而降低企业的价值，同时会影响企业发行股票的价格和融资额。

2007 年笔者在广西南宁讲课时曾顺便为上市公司皇氏乳业①的上市计划提供诊断意见。董事长黄嘉棣先生告诉我，他们公司享受南宁市的税收优惠政策。我提醒他，由于南宁市政府是低于省级的政府，南宁市政府所给予的优惠政策应不受证监会的认可。黄总一听着急起来，因为这样将很可能导致公司账面盈利的大幅减少，公司价值缩水，并因而减少融资规模。因此他赶快向税务局领导做了询问，得到的答复是：南宁市政府的税收优惠政策与国务院的西部政策是一致的。这样，大家也就放心了。

《主板上市办法》特别强调，“发行人依法纳税，各项税收优惠符合相关法律法规的规定。发行人的经营成果对税收优惠不存在严重依赖”。这说明，如果发行人的净利润指标严重依赖税收优惠，即使其为国家认可的优惠政策，也是不符合上市要求的。目前国家对于一些产业，如新能源汽车有较大的优惠政策。但这些条件有时间限制。拟上市公司的经营和财务状况必须显示，如果国家取消这些优惠条件，公司还可以继续生存和发展。

① 皇氏乳业 2010 年 1 月在深交所中小企业板上市，股票代码为 002329。

第三节　主要境外证券交易所上市条件

中国经济的高速成长也让中国企业享受了难得的快速发展机遇，同时，国际资本市场可以说也为中国企业敞开大门，欢迎中国的优秀企业去挂牌上市。除了上海交易所和深圳交易所以外，中国企业也积极寻找境外上市的机会。目前中国企业在境外上市主要的选择地点是香港联合联交所、美国的纽交所和纳斯达克。

一、纽约证券交易所上市标准

纽约证券交易所包括 3 个板：NYSE、NYSE MKT 和 NYSE Arca。为了方便国内人士理解和比较，行内普遍把 NYSE 称为纽交所主板，它对上市的要求最高，主要为大中规模企业提供股票上市和交易服务；NYSE MKT 以原美洲交易所交易平台为主，因此又称为纽交所美洲板（NYSE American），相当于国内的中小企业板，主要为中小企业、初创公司等高成长企业提供股票上市和交易服务；NYSE Arca 原来的定位也是为中小企业的上市和交易服务，2008 年美洲交易所被并入纽交所之后，被重新定位，除了维持原来 8 000 多家企业的上市交易服务外，不再提供 IPO 服务，主要为交易所交易产品基金提供上市和交易服务，这部分的交易规模非常庞大，交易资产的规模数以万亿美元计。如下简要介绍纽交所主板和纽交所美洲板的 IPO 上市标准。

1. 纽交所主板对于股权和财务指标的要求

纽交所主板是世界上规模最大、流动性最好的股票市场，也是上市条件最高的股票市场。纽交所主板对于美国企业与非美国企业的上市要求有所不同，如表 14 - 1 所示。

针对美国拟上市企业在股权指标上的要求是：整手股票股东人数 400 人，公众持有的股数 110 万股，IPO、分拆上市①的公司公众持股市值 4 000 万美元（其他形式上市

① 分拆在英文中包括 Spin - off 和 Carve - out。Spin - off 是从母公司分离出来一个公司，原母公司股东按各持股比例成为新公司的股东；Carve out 指将母公司的一部分资产分离出来卖给外部卖家。

的须达到 1 亿美元），最低股价每股 4 美元。

针对美国拟上市企业在财务指标上，要求至少满足以下两个标准的其中一个：

标准一：过去三个会计年度调整后税前利润均为正数，累计达到 1 000 万美元，最近两年每年至少 200 万美元。

标准二：全球市值至少 2 亿美元。

针对非美国拟上市企业在股权指标上的要求是：全世界整手股票股东人数 5 000 人，全世界公众持有的股数 250 万股，全世界公众持股的市值 1 亿美元（以标准四上市的上市公司关联企业公众持股市值最低标准为 6 000 万美元），最低股价每股 4 美元。

针对非美国拟上市企业在财务指标上至少满足如下四个标准中的一个：

标准一：过去三个会计年度调整后税前利润累计达到 1 亿美元，最近两年每年至少 2500 万美元。

标准二：过去三个会计年度调整后现金流累计达到 1 亿美元，最近两年每年至少 2 500万美元，全球市值至少 5 亿美元，且最近 12 个月的营业收入至少 1 亿美元。

标准三：全球市值至少 7. 5 亿美元，且最近 12 个月的营业收入至少 7 500 万美元。

标准四：以关联企业上市者（适用于纽交所已上市公司的关联公司），全球市值至少 5 亿美元，且经营历史在 12 个月以上。

表 14 – 1　纽交所主板针对拟上市企业的标准

指标	要求	针对非美国企业的标准	针对美国企业的标准
股权指标	整股股东	5 000 人	400 人
	公众持股	2 500 000 股	1 100 000 股
	公众持股部分市值		
	IPO，分拆上市	60 000 000 美元	40 000 000 美元
	其他形式上市	100 000 000 美元	100 000 000 美元

（续表）

指标	要求	针对非美国企业的标准	针对美国企业的标准
财务指标	标准一——利润指标 经调整的税前净利润： 前三年总和 倒数第一年 倒数第二年 倒数第三年	 100 000 000 美元 25 000 000 美元 25 000 000 美元 不适用	 10 000 000 美元 2 000 000 美元 2 000 000 美元 大于 0
	标准二——市值标准 上市时市价总值 最近一个会计年度总收入	 750 000 000 美元 75 000 000 美元	200 000 000 美元
	标准三——市值标准 市价总值 最近 12 个月总收入 过去三年的现金流总和 最近两年每年现金流不低于	 500 000 000 美元 100 000 000 美元 100 000 000 美元 25 000 000 美元	
	标准四——关联公司上市 适用于纽交所已上市公司的关联公司 市价总值大于 公众持股部分市值 公司经营年限	 500 000 000 美元 60 000 000 美元 ≥12 月	

备注：表上数据根据美国纽交所泛欧交易所集团网页 2020 年 6 月中旬的资料编写。请注意，各交易所的上市标准尽管会保持相对稳定，但可能也会有变化。

2. 纽交所美洲板

纽交所美洲板的上市要求基本承接了原来的美洲交易所的规定，主要针对中小企业。拟到这里上市挂牌的企业，必须满足下列四个标准中的其中一个，如表 14－2 所示：

标准一：拟上市企业最近一年或者在挂牌前三年中有两年的税前利润达到 75 万美元。这一要求大约只相当于国内创业板的要求。拟上市企业的公众持股市值至少达到

300 万美元，股价不低于 3 美元，股东权益至少 400 万美元。

标准二：拟上市企业的公众持股市值至少达到 1 500 万美元，股价不低于 3 美元，经营历史不低于 2 年，股东权益至少 400 万美元。

标准三：拟上市企业的总市值达到 5 000 万美元，公众持股市值至少达到 1 500 万美元，股价不低于 2 美元，股东权益至少 400 万美元。

标准四：拟上市企业的总市值达到 7 500 万美元或者总资产和总收入均达到 7 500 万美元，公众持股市值至少达到 2 000 万美元，股价不低于 3 美元，股东权益至少 400 万美元。

表 14－2　纽交所美洲板股权交易市场针对拟上市企业的标准

要求	上市标准			
	标准一	标准二	标准三	标准四
最近一个会计年度或者最近三个会计年度中有两年	750 000 美元	不适用	不适用	不适用
市值	不适用	不适用	50 000 000 美元	75 000 000 美元，或者总资产和总收入均达到 75 000 000 美元
公众持股市值	3 000 000 美元	15 000 000 美元	15 000 000 美元	20 000 000 美元
最低股价	3 美元	3 美元	2 美元	3 美元
经营历史	不适用	2 年	不适用	不适用
股东权益	4 000 000 美元	4 000 000 美元	4 000 000 美元	4 000 000 美元
公众持股（股数）至少符合三个选项中的一个	选项一：至少 800 个股东，且最少 500 000 股 选项二：至少 400 个股东，且最少 100 000 000 股 选项三：至少 400 个股东，且最少 500 000 股，且最近 6 个月每天至少 2 000 股成交			

注：公众股东以及公众流通股中没有包括任何高管人员、董事、控股股东或者其他集中持股股东（持股达到 10% 或以上者）、附属机构或者家庭持股的股东或者股份。

资料来源：纽约泛欧交易所官方网站 https://www.nyse.com/publicdocs/nyse/listing/NYSE_American_Initial_Listing_Standards.pdf。

二、纳斯达克 OMX 集团

纳斯达克的股票交易业务分三个板，或称三个市场：纳斯达克全球精选市场、纳斯达克全球市场以及纳斯达克资本市场。三个市场以不同的上市要求吸引不同层次的企业去挂牌上市。申请人必须满足某些财务、流动性和公司治理要求，才能被批准在这些市场上市。

纳斯达克全球精选市场的初始财务和流动性要求比纳斯达克全球市场更严格，同样，纳斯达克全球市场的初始上市要求也比纳斯达克资本市场更严格。纳斯达克所有市场在公司治理方面的要求都是相同的。值得注意的是，纳斯达克表示，即使一家企业的证券符合所有经列举的初始纳入标准，也可能被拒绝初始上市，或在必要时使用额外条件，以保护投资者和公共利益。

1. 纳斯达克全球精选市场及其上市要求

纳斯达克全球精选市场在财务和流通性方面的上市要求是纳斯达克三大市场中最高的。被列入纳斯达克精选市场是优质公司成就与身份的体现。

拟在纳斯达克全球精选市场挂牌上市的企业必须至少满足表 14 - 3 中四个财务标准中的其中一个：

标准一：拟上市企业扣除非经常性损益后的税前收入，最近三个会计年度累计不低于 1 100 万美元，最近两年每年不低于 220 万美元，且最近三个会计年度每年都是正数。

标准二：拟上市企业经营现金流最近三个会计年度累计不低于 2 750 万美元，且每年都是正数，最近 12 个月的市值平均值不低于 5. 5 亿美元，且最近一个会计年度的收入不低于 1. 1 亿美元。

标准三：拟上市企业最近 12 个月的市值平均值不低于 8. 5 亿美元，而且最近一个会计年度的收入不低于 9 000 万美元。

标准四：拟上市企业市值达到 1. 6 亿美元，而且总资产达到 8 000 万美元，股东权益达到 5 500 万美元。

此外，还必须符合在股东总数、流动股东持股数和市值等方面关于流通性的要求。

表 14－3　纳斯达克全球精选市场首次挂牌上市的财务与要求

要求	标准一	标准二	标准三	标准四
税前盈利（扣除非经常性损益后的税前收入）	最近三个会计年度累计≥1 100 万美元，且最近两年每年≥220 万美元，且最近三个会计年度每年都≥0 美元	不适用	不适用	不适用
现金流	不适用	最近三个会计年度累计≥2 750 万美元，且每年都≥0美元	不适用	不适用
市值	不适用	最近 12 个月平均值≥5.5 亿美元	最近 12 个月平均值≥8.5 亿美元	1.6 亿美元
收入	不适用	最近一个会计年度≥1.1 亿美元	最近一个会计年度≥9 000 万美元	不适用
总资产	不适用	不适用	不适用	8 000 万美元
股东权益	不适用	不适用	不适用	5 500 万美元
买入价	4 美元	4 美元	4 美元	4 美元

资料来源：纳斯达克官方网站 https://listingcenter.nasdaq.com/assets/initialguide.pdf。

2. 纳斯达克全球市场及其上市要求

纳斯达克全球市场是纳斯达克最大而且交易最活跃的股票市场。表 14－4 是该市场在财务指标方面的要求。拟上市企业必须满足表中所列四个标准之中至少一个标准的所有条件。

标准一：拟上市企业扣除非经常性损益后的税前收入，最近一个会计年度不低于 100 万美元或者最近三年中有两年不低于 100 万美元，股东权益达到 1 500 万美元，未受限公众持股数达到 110 万且市值达到 800 万美元。

标准二：拟上市企业股东权益达到 3 000 万美元以上，而且，未受限公众持股数达到 110 万且市值达到 1 800 万美元。

标准三：拟上市企业上市证券的市值达到 7 500 万美元，未受限公众持股数达到

110 万且市值达到 2 000 万美元。

标准四：拟上市企业最近一个会计年度或者最近三个会计年度中的两年总资产与总收入均达到 7 500 万美元，未受限公众持股数达到 110 万且市值达到 2 000 万美元。

其他条件详见表 14－4。

表 14－4　纳斯达克全球市场首次挂牌上市条件

要求	标准一：收入标准	标准二：股权标准	标准三：市值标准	标准四：总资产/总收入标准
扣非后税前收入（最近一个会计年度或者最近三个会计年度中的两年）	100 万美元	不适用	不适用	不适用
股东权益	1 500 万美元	3 000 万美元	不适用	不适用
上市证券的市值	不适用	不适用	7 500 万美元	不适用
总资产与总收入（最近一个会计年度或者最近三个会计年度中的两年）	不适用	不适用	不适用	7 500 万美元/7 500 万美元
未受限公众持股数	110 万股	110 万股	110 万股	110 万股
未受限公众持股市值	800 万美元	1 800 万美元	2 000 万美元	2 000 万美元
买入价	4 美元	4 美元	4 美元	4 美元
未受限整手股票持股人数	400 人	400 人	400 人	400 人
做市商	3 家	3 家	4 家	4 家
经营历史	不适用	2 年	不适用	不适用

资料来源：纳斯达克官方网站 https://listingcenter. nasdaq. com/assets/initialguide. pdf。

3. 纳斯达克资本市场

纳斯达克资本市场主要为成长期的公司提供股权交易。在其上市标准中，财务指标要求比全球精选市场和全球市场标准都低，但在公司治理等方面的要求标准是一样的。当在纳斯达克资本市场上挂牌的企业在资产和盈利等方面发展起来并达到更高级市场的要求时，通常在履行简单的手续之后就可以转板升级。表 14－5 是纳斯达克资本市场首次挂牌上市的条件，拟上市企业必须至少符合以下三个标准之一，才能获得批准：

标准一：主要是拟上市企业股东权益须达到500万美元，未受限公众持股市值须达到1 500万美元，而且经营期限达到两年。

标准二：主要是拟上市企业市值须达到5 000万美元，股东权益达到400万美元以上，而且未受限公众持股市值须达到1 500万美元。

标准三：主要是拟上市企业扣除非经常性损益的税后利润（最近一个会计年度或者最近三个会计年度中的两个年度）须超过75万美元，股东权益达到400万美元以上，而且未受限公众持股市值须达到500万美元。

其他条件详见表14－5。

表14－5　纳斯达克资本市场首次挂牌上市条件

要求	标准一：股权标准	标准二：市值标准	标准三：净收入标准
股东权益	500万美元	400万美元	400万美元
未受限公众持股市值	1 500万美元	1 500万美元	500万美元
经营历史	2年	不适用	不适用
上市证券的市值	不适用	5 000万美元	不适用
扣非后税前收入（最近一个会计年度或者最近三个会计年度中的两个年度）	不适用	不适用	75万美元
买入价或收盘价	4美元	4美元	4美元
未受限公众持股数	100万	100万	100万
未受限持有整手股票持股人数	300人	300人	300人
做市商	3家	3家	3家

资料来源：纳斯达克官方网站 https://listingcenter. nasdaq. com/assets/initialguide. pdf。

三、香港联合交易所

中国香港是国际金融中心，在亚洲金融市场的地位仅次于日本东京。其成熟的法律制度和资金流动的自由度使其成为国际资金的集散地。中国经济的高速发展吸引了全世界资本家的关注，而作为中国特别行政区的香港就成为国际资本进入中国的桥头堡。这里云集世界各地的金融机构，具有很强的融资能力，其特殊地位以及在交通、语言交流上的便利，使其成为内地企业引进国际资本的重要场所。

香港联合交易所市场包括主板和创业板。两个市场对于上市公司的要求在资产、盈利和市值等方面有较大的差别。

1. 香港主板上市标准

到香港主板上市的企业，必须至少符合盈利测试、市值／收益／现金流量测试和市值/收益测试三个标准中的一个。

（1）标准一——盈利测试。

为符合盈利测试标准，拟上市企业必须符合如下三个条件：

①拟上市企业至少有三个会计年度经营记录，最近一年的股东应占盈利不得低于2 000万港元，前面两年累计股东应占扣非后盈利不得低于3 000 万港元。

②至少前三个会计年度的管理层维持不变。

③至少经审计的最近一个会计年度的所有权和控制权维持不变。

（2）标准二——市值／收益／现金流量测试。

为符合市值／收益／现金流量测试标准，拟上市企业必须符合下列六个条件：

①具备不少于三个会计年度的营业记录。

②至少近三个会计年度的管理层维持不变。

③至少经审计的最近一个会计年度的所有权和控制权维持不变。

④上市时市值至少为 20 亿港元。

⑤经审计的最近一个会计年度的收入至少 5 亿港元。

⑥拟上市企业或其集团的拟上市业务最近三个会计年度的现金流入合计至少 1 亿港元。

（3）标准三——市值／收益测试。

为了符合市值／收益测试，除非本交易所已根据《上市规则》第 8. 05A 条[①]的规定做出豁免，否则拟上市企业须符合下列五项要求：

①具备不少于三个会计年度的营业记录。

②至少前三个会计年度的管理层维持不变。

---

① 8. 05A 就市值／收益测试而言，如新申请人能够向本交易所证明（并获本交易所信纳）其符合下列情况，本交易所会根据《上市规则》第 8. 05（3）（a）及（b）条的规定，在发行人管理层大致相若的条件下接纳发行人为期较短的营业记录：（1）新申请人的董事及管理层在新申请人所属业务及行业中拥有足够（至少三年）及令人满意的经验。新申请人的上市文件必须披露此等经验的详情。（2）经审计的最近一个会计年度的管理层维持不变。

③至少经审计的最近一个会计年度的所有权和控制权维持不变。

④上市时市值至少 40 亿港元。

⑤经审计的最近一个会计年度的收益至少 5 亿港元。

2. 香港创业板上市条件

香港创业板上市的要求比起主板要低得多，没有盈利要求。主要的量化指标包括：

（1）拟上市企业在申请上市前 24 个月有活跃业务记录即可，如果营业额、总资产或上市时市值超过 5 亿港元，“活跃业务记录”可减至 12 个月。

（2）拟上市企业主要经营一种业务。

（3）上市时的市值不能少于 4600 万港元。

第四节 境外上市的国企股模式与红筹股模式比较

本节介绍内地企业到海外证券市场上市的两种模式。

一、国企股模式与操作程序

下面简要介绍国企股模式及其操作程序。

1. 国企股模式

国企股模式，指注册地在中国内地的企业直接在境外股市发行股票并挂牌交易。早期中国内地企业直接到境外上市的都是国有企业，因此，这种模式称为国企股模式。最早的国企股青岛啤酒是在香港首发上市。在香港联交所上市的国企股称为 H 股，在纽约上市的国企股称为 N 股，在新加坡上市的国企股称为 S 股。由于国企股大多数在香港上市，因此，H 股也常被当作国企股的代名词。

直接以中国内地注册企业的身份到境外上市的企业不一定都是国企股，有些民企也是以上述模式到境外上市的，只是都统称为国企股模式。

2. 以国企股模式到境外上市的基本条件

拟以国企股模式在境外上市的企业，都必须事先向中国证监会申请并得到批准。

证监会要求申请到境外主板上市的中国内地企业必须符合以下几个主要条件：

（1）筹资用途符合国家产业政策、利用外资政策及国家有关固定资产投资立项的规定。

（2）净资产不少于4亿元人民币。

（3）过去一年税后利润不少于6 000万元人民币，并有增长潜力。

（4）按合理预期市盈率计算，筹资额不少于5 000万美元。

（5）上市后分红派息有可靠的外汇来源，符合国家外汇管理的有关规定。

显然，以上关于资产、盈利的条件比香港主板的要求还要高。不过，对于拟以国企股上市境外创业板的企业在净资产、盈利和筹资额方面的具体规定有所降低。

3. 以国企股模式到境外上市的操作程序

以企业拟以国企股模式在香港联交所上市为例，在策划中需要进行如下几个程序。

（1）股份制改造。

拟在境外上市的企业必须首先改组成股份有限公司，改组过程与内地A股上市所做的股份制改造一样，但只需符合境外股市的要求，不需要符合内地“股份制公司成立后运作三年”的要求，也不必经过辅导期。这一点是比在内地A股市场上市较为优越的地方。

（2）向中国证监会申请。

股份有限公司成立后，便可直接向中国证监会提交申请。经中国证监会初步审查，且国家经贸委、外经贸部等有关部门没有提出反对意见（如含有国有股份的公司，还需要有财政部国有股权管理方案的批复），则中国证监会发出受理函。

接到中国证监会的正式受理函后，即可正式提出上市申请。须提供与A股上市同样的文件，包括：境内律师事务所出具的法律意见书，会计师事务所按照中国会计准则、股份公司会计制度及国际会计准则调整的会计报表出具的审计报告，完备的招股说明书等。

有关申请得到中国证监会审核合格并批准后，会收到中国证监会发出的无异议函，企业可以正式向境外证交所提出上市申请。

（3）上市申报、聆讯。

拟上市企业向交易所提交上市申请以及由中介机构所提供的各种文件，并接受其聆讯（香港联交所就上市有关事宜向拟上市企业进行讯问和调查）。

（4）推介和发行上市——路演。

路演阶段的工作主要是向各潜在投资机构如投资基金等进行宣传、询价、推介等，并确定发行价格，发行并挂牌交易。

在整个上市过程中，企业不仅需要与国内的中国证监会和境外交易所打交道，也需要两套中介机构人马：国内方面需要律师和会计师，如涉及国有股还需要评估师；境外方面需要律师、会计师、评估师、投资银行（证券公司）等。

二、红筹股模式与操作程序

下面简要介绍红筹股模式及其操作程序。

1. 红筹股模式

红筹股模式，指注册地在境外，持有中国内地控制性权益的企业在境外股市发行股票并挂牌交易。20 世纪 80 年代开始，内地一些部门和地方政府在香港注册的窗口公司通过直接或间接方式取得境外上市的资格。如 1984 年香港中银集团和华润集团斥资收购了康力投资的控股权，华润集团收购了天安中国的控股权；1987 年广东省的香港窗口公司粤海企业集团收购了友联世界，中信集团以 7 亿元港币的代价收购了泰富发展。此后，中国内地企业在中国香港买壳上市或者 IPO 形成了热潮，此起彼伏。后来逐步形成了一个特别的板块，称为红筹股（Red Chips）板块。作为红筹股的这些上市公司表面上是境外公司，但控股股东属于内地的国有企业①，主要资产及业务也是在内地。

后来陆续有不少国有企业或民营企业家也通过在境外注册的公司持有内地权益在境外市场（如纽约、中国香港等）上市，如华晨汽车、新浪网、网易、世贸中国等，因其运作模式与中国香港红筹股相同，国际投资银行家们便将这种模式称为红筹股模式。

以红筹股模式在境外上市少了中国内地证监会的审批程序，少了一层监管，在操作上就完全按照境外证券交易所的要求进行重组和申报。

2. 以红筹股模式境外上市的操作程序

一般来说，计划以红筹股模式到境外上市的企业，按如下程序操作。

---

① 根据中国香港证监会和联交所的标准，由中国内地中资机构拥有 35% 股权的上市公司，就称为红筹股。按照这个标准划分，2009 年底香港市场红筹股总数超过 70 家。

（1）内地企业在所选证券交易所的所在地或其认可的低税率国家注册公司作为上市主体。比如，中国香港市场对上市企业的注册地点有规定，只接受中国香港本地、开曼群岛（Cayman Islands）、百慕大（Bermude）和中国内地4个地方。低税率国家或地区基本上都实行授权资本制，不需要进行注册资本验资，因此成立境外企业的手续很简单，通过会计师等中介机构在很短时间内就可以完成注册登记。

（2）将中国内地的权益或资产注入该上市主体。尽管作为上市主体的境外公司只是一个控股公司，成立时间还很短，但只要注入的权益或资产的经营历史和盈利记录符合交易所的上市要求，拟控股公司的模拟合并报表的数据也可以被接受。需要提醒的是，注入的中国国内股权权益必须超过总股本的50%（即拥有绝对控股地位）才能够被合并在控股公司的报表中。

（3）以境外控股公司申请在境外上市。中国证监会宣布从2003年4月开始取消“中国律师出具的关于涉及境内权益的境外公司在境外发行股票和上市的法律意见书审阅”，即所谓“无异议函”。这意味着以红筹股形式上市只要符合所在市场的要求即可，不需要经过中国内地的审批，在申请上市及以后的运作上可以完全像一个境外企业那样进行。这使得拟上市企业以及中介机构对于上市的时间可以准确把握，也可以简化上市程序，减少运作成本，缩短运作时间，大大推动了中国内地企业采取红筹股模式上市。一批中国内地企业如携程网、盛大、空中网、灵通、E龙、前程无忧、北泰创业等抢滩境外资本市场，在中国香港、纽约等地挂牌上市。

3. 以红筹股模式境外上市的难点

尽管红筹股模式不需要经过股份制改造，但是进行股权、资产、业务重组仍然是必须的。还是要按照现代企业的要求，建立清晰的产权制度、责任明确的公司治理结构、科学的管理制度。从具体要求来说，境外股市对于上市公司的改组要求与我国境内的股份制有关的要求类似。通常在具体的运作中都需要聘请专业的中介机构进行改组指导，这里对具体细节不予论述，仅就红筹股模式中的难点和关键点——股权重组部分——进行重点讨论，希望对读者有所启发。

红筹股模式的前提之一，是境外公司（上市主体）持有境内资产的绝对控股权。如果公司本来就是以境外投资并控股的方式进行的，则改组比较简单，只需要把有关权益转入拟上市主体的公司，在境外做一次股权变更即可。但是，如果原来公司是以境内投资的方式进行，或者外资没有占绝对控股地位，则比较复杂。因为这涉及资本的国际流动和外汇管制。公司必须要用合法的形式把境内的权益转入境外公司名下。

民营企业家在进行有关股权转移的时候，关键是解决好外汇资金合法性的问题。

（1）股权重组过程中外汇资金筹措问题。2005 年 1 月，中国人民银行、外汇管理局、银监会及证监会四部委联手出台《关于完善外资并购外汇管理有关问题的通知》（简称《通知》），有关规定对民营企业到境外上市有比较大的影响。对于境内居民在境外设立或取得控制权以及将境内资产或股权作为交易对价取得境外企业股权及其他财产权益都做了更严格的规定。

该《通知》第一条规定："境内居民境外投资直接或间接设立、控制境外企业，应参照《境外投资外汇管理办法》的规定办理审批、登记手续。"

第二条规定："境内居民为换取境外公司股权凭证及其他财产权利而出让境内资产和股权的，应取得外汇管理部门的核准。未经核准，境内居民不得以其拥有的境内资产或股权为交易对价取得境外企业股权及其他财产权利。"

根据 1989 年 2 月颁布的《境外投资外汇管理办法》以及 2001 年 4 月颁布的《关于〈境外投资外汇管理办法〉的补充通知》，国内机构到境外投资须经过国家发改委、商务部和外汇管理局审批。

这意味着民营企业在实现红筹上市前，其股权重组须经过国家发改委、商务部和外汇管理局三道关卡。

2006 年 8 月 8 日商务部等六个部门联合下发了《关于外国投资者并购境内企业的规定》（简称《规定》），并于 9 月 8 日正式实施。其中《规定》第十一条规定：境内公司、企业或自然人以其在境外合法设立或控制的公司名义并购与其有关联关系的境内的公司，应报商务部审批。当事人不得以外商投资企业境内投资或其他方式规避前述要求。其中对外资并购境内企业须满足的条件做出更加具体的规定；还对外资并购完成的方式，特别是对以股权为收购对价、通过 SPV（特殊目的公司）进行跨境换股等技术手段做出了具体的规定。

有的民营企业家为了回避外管部门对境内居民的监管，取得外国人的身份并以外国人的身份进行有关的资本运作。不过，即使民营企业家持有外国人身份，要把原来以国内身份持有的权益和资产转到国外的企业，仍然回避不了外汇资金的周转。

（2）股权重组中外汇资金的筹措方式。每个企业的情况不一样，可以根据自己的具体情况与有经验的专家探讨合适的方法。这里笔者只是指出两种大体的思路。

境外股权融资：与境外投资者合组境外公司，由境外投资者提供外汇资金，再以现金购买境内企业的权益。具体的运作中，还可以采用境外投资者在提供股权投资的同时，再提供一部分债务融资以"过桥贷款"的办法帮助权益转移。

境外债权融资：在境外举债融资。不过，由于民营企业的资产主要在境内，因此在进行境外银行融资的时候常常无法解决质押和担保问题。周正毅在香港以 15 亿港元收购建联通控股权的时候，通过中银香港解决有关的巨额贷款，使用内地资产进行担保，尽管交易完成了，但后来却因此“翻了船”。因此，民营企业常常求助于高利率的融资机构，这种贷款的成本很高，年利率通常在 10% ～ 20% 之间，甚至更高。而且，这种机构通常会要求拟上市企业的股权做质押。民营企业在进行有关的境外融资操作时必须非常小心，否则很容易被债权人吞掉整个企业。

2014 年，中国证监会提出为落实国务院关于加大金融支持企业“走出去”的方针，在五大方面支持企业境外上市，简化境外上市核准手续的五方面内容：一是简化审核程序，取消了财务报表、纳税材料等的审核；二是不再保留出具环保证明文件的要求；三是依法核准了中国银行、工商银行优先发行要求；四是将股东大会及董事会决议等内容与申请报告的相关文件进行了合并；五是取消了境外首次上市创业板和上市主板的审核区别。

三、两种模式比较

上述两种海外上市模式在如下几个方面有明显差别。

1. 流通性

红筹股的股份是全流通的，发起人的股份在禁售期以后是可以进入交易所交易流通的（当然根据要求进行信息披露）。而国企股公司上市与国内 A 股上市类似，仅仅公开发行部分的股票能够上市流通，发起人股份即使过了禁售期也不能流通。

2. 筹资自主权

红筹股公司可以自行决定融资事宜，有关融资行为市场化，融资次数、融资规模和融资成本由市场决定。国企股公司在境外进行融资时，由于涉及资金进出等问题，同样需要向中国证监会和中国外汇管理局等机构申请。

3. 激励措施

红筹股公司采用虚拟注册资本制，可以和其他上市公司一样，对公司高管人员和技术骨干等提供期权以作为激励工具。国企股上市的公司受制于实收资本注册制，与在A股上市的公司一样无法使用这种国际上很流行也很有效的刺激措施。如在中国香港创业板以红筹股模式上市的著名财务软件企业金蝶国际自上市起先后多次授予职工期权，加上职工以信托方式认购的股票，有数百人持有公司股票或期权，这对吸引和留住公司高管人员和技术骨干很有作用。重要的是，这种刺激措施基本上不需要公司支出费用，虽由公司安排，但由市场给持有人以奖励。

总而言之，从H股与红筹股两种模式的特点来说，红筹股模式当然是民营企业的首选。由于内地公司注册资本制以及监管等方面对于上市公司的限制太多，就目前的情况来说，民营企业以红筹股模式上市可以更充分地利用香港资本市场的融资功能、流通功能以及丰富的资本运作工具。不过，红筹股模式需要解决内地权益转出境外的难题，这恐怕并不是每个民营企业家都能够做到的。

从目前的形势看，人民币国际化的步伐越来越快。笔者相信资本项下的外汇管制会逐步松动，企业到境外上市的障碍也会越来越少。不过，自2017年开始的中美贸易摩擦进入新阶段，2020年，美国政府甚至声称要实施在美国股市驱逐中国企业的行动。中国企业过去通过美国资本市场筹集资金的途径未来可能会有很大的变化。

笔者坚信，在全球化如此深入的情况下，中美之间的脱钩将给双方带来巨大的成本。美国目前的优势之一，就是拥有强大的金融市场。美国资本市场的资金实际上来自全世界，同时它也吸引来自全世界的优良资产，包括上市企业。其他国家的企业到美国上市，给美国金融服务企业带来很多的业务，也给美国金融行业带来大量的收入，同时给美国的投资人提供了更多的投资机会。中美之间未来各自会尽量去提高经济和科技体系的独立性，但仍然摆脱不了相互的依赖性。未来仍然有一些中国企业会寻求在美国上市的操作。不过，三十年河东三十年河西，经过数十年的发展，中国资本市场有足够的资金实力给中国企业提供融资安排。中国在科创板机制的设计中已经为这一天做了准备，最近几年，不少在美国上市的中国企业实施私有化计划并在中国证券市场重新上市，如分众传媒、三六零以及中星微电子等。

第十五章　收购与兼并策划

最近20年，国内有一个很热门的专业词汇——资本运作。一般的理解，资本运作就是通过对资金在资本市场的运作，达到保值增值的目的。金融领域的很多词汇来自西方专业词汇的翻译。不过，资本运作这个词，似乎没法从英文找到完全对应的词。笔者觉得企业兼并与收购（简称“并购”）比较接近国内一般意义上的资本运作。资本可以直接体现为资金，可以体现为股票、债券等资产所有权证明，也可以直接体现为一家企业，甚至某项具体的实务资产，比如厂房和机器设备等。事实上，从本质上来说，资本与一般商品类似，通过对商品的生产销售，企业家有机会获得利润，通过对资本的运用和交易，资本所有者也有机会获得利润。只不过，商品是用于消费的，资本似乎用于生产和经营。这样，资本的需求和供给也有别于一般的商品，其估值定价方式也有差别。本章讨论与资产并购相关的重要理论和方法，重点讨论通过反向收购达到买壳上市目的的交易及其相关运作方式。

第一节　企业并购

中国近年来连续多年成为并购项目数量最多、并购规模最大的国家。这与中国当前所处的经济状况有密切的关系。

一、企业并购将是市场化进程中的重要内容

讲授西方微观经济学的老师，通常都会先介绍完全竞争市场模式——市场中有很多卖者和买者。在这个市场模式中，任何人都无法对价格产生影响力，每个市场的参

与者都是价格的接受者。不过，这种市场模式在现实中几乎也是不存在的。那么，老师会介绍完全垄断市场——市场中只有一个买者或者卖者。在这个市场模式中，唯一的垄断者对于价格有完全的决定权。当然，这种市场模式在现实中几乎是不存在的。因为在一个市场经济社会中，是不允许完全垄断存在的。19 世纪后半叶，美国的资本主义迅速发展，逐步出现了像摩根、卡耐基、洛克菲勒这样一批亿万富翁，他们在一些行业形成了有很强控制力的庞大财团。这些财团凭借其垄断地位，通过控制价格，掠夺社会财富。这种情况引起了社会的强烈不满。1890 年，美国国会通过了共和党参议员谢尔曼（Sherman）提出的《谢尔曼反托拉斯法》（Sherman Antitrust Act）。托拉斯是英文“trust（信托）”的音译，是一种行业组织，加入这一组织的公司都是行业内的大公司，它们把公司的股权交由一个专门成立的董事会来管理，形成了一种价格垄断机构，那些在托拉斯以外的小企业最终成为弱肉强食的牺牲品。托拉斯成为垄断机构的代名词。《谢尔曼反托拉斯法》根据宪法授予国会管制州际商务的权力，规定任何限制州际商务和对外贸易的垄断和阴谋垄断的商业契约、行为和联盟都是违法的。谢尔曼指出，如果不控制垄断，美国人最终会面对“一个控制了一切生产的托拉斯和一个决定了一切生活必需品价格的主人”。这一法律宣示了美国的一个基本国策：维持公平的市场竞争。

这一法律问世以后，美国在 20 世纪初成功解散了由摩根家族控制的超级托拉斯“北方证券公司”（The Northern Securities Company）、洛克菲勒财团控制的美孚石油公司（Standard Oil Company）以及肉类托拉斯、烟草托拉斯等垄断组织。

中国在市场化改革的过程中，对一些原来国有垄断行业的改革也很注意培养竞争和避免垄断。比如中国在 1998 年把国有的石油行业以长江为界拆分为中石油和中石化两个公司，拆分后马上结束了地域的界限，鼓励双方到对方的地盘去经营。

显然，完全垄断也并不是一般市场经济的模式。经济学告诉我们，典型的市场模式是寡头垄断——市场里有很多买者和卖者，但存在一些较大的“玩家”，他们之间存在互相妥协又互相竞争的关系。美国的汽车行业就是一个典型的例子——美国在 20 世纪初有很多汽车公司，收购兼并后剩下三大汽车公司（通用、福特和克莱斯勒）主导了美国的汽车行业。反观中国目前的汽车行业状况，还有众多的汽车公司。从西方成熟市场经济的历史看，可以相信，这种情况肯定是不会长久的。未来中国的许多行业，包括汽车行业等，必将出现企业并购的热潮——现有的企业将来不是并购就是被并购，最终形成一个寡头垄断的局面。中国最早开放的彩电行业的整合历史就是一个例子——早期在国内出现的很多品牌如今我们已经看不到，剩下的仅有海信、TCL、创维等几个著名的国产品牌。

中国经济市场化的过程也是优势重新洗牌的过程，通过企业并购大鱼吃小鱼、快鱼吃慢鱼！最近几年，中国的并购案子的数量和金额都位居世界首位。

二、企业并购的目的

企业主动进行并购出于很多种目的，下面我们就主要几种目的做介绍。

1. 出于估值的目的

从事商品贸易活动的人中，有一批人就是专门买低卖高赚差价的贸易商。在资本市场，也有一批人或者机构，比如并购基金专门从事资产交易，赚差价的机构。其实这种操作在概念上与炒股票差不多，他们炒的是公司。只是“炒公司”的运作更复杂一些，不仅要组织资金，安排管理团队，还需要策划对接资本市场的上市等。他们在资本市场不断寻找价值被严重低估的目标，一旦明确了目标，就要进行一系列的操作。如下模拟某并购基金（简称“黑鹰基金”）的策划过程。

（1）确定目标：在市场中发现某公司目前大约 10 亿元可以收购，预计经过资产和业务重组，改善管理能力之后，能大幅度提高盈利能力，预计在三年之后可以以 20 亿元卖出。

（2）组织资金：通常并购基金不会用现金收购，一定会使用高杠杆，以提高资金使用效率。通常有几种模式可以提高杠杆：

①成立一家项目投资有限公司，股本投资 1 亿元，另外 9 亿元通过债务融资筹措。负债率为 90%。一般来说，会通过银团贷款之类的模式进行，即由一批投资者一起提供贷款。当然，这个时候黑鹰基金需要介绍这个项目的基本状况（一般在项目策划阶段不会公布这个收购目标的具体名称）以及未来预期结果，目的是给投资者信心，同时要提出借贷的利率条件（假设利率为年化 5%）。投资者需要通过对方介绍的信息做投资逻辑的判断。如果黑鹰基金的行业地位很高，而且项目介绍资料很有说服力，利率足以抵偿投资者的风险承担，很顺利地得到足够的债务投资者的认同，募集计划也许就完成了。如果没有足够的投资者参与，黑鹰基金可能需要提高利率水平，或者可以考虑引入夹层基金投资。

②夹层基金也是债务投资基金，但他们愿意承担更高的风险以获得更高的利益。假设黑鹰基金提出以年利率 8% 引进夹层基金，提供 2 亿元的贷款融资，并指定这部分

债务融资为后偿债务（即在投资期公司还本付息以及破产清偿的次序为 7 亿元的普通贷款、2 亿元的夹层基金贷款，最后才是股本投资者）。从这种安排也可以看出，这类基金被称为夹层基金，就是因为他们承担的风险和收益介乎股权投资和普通债务融资之间。一般来说，如上计划能否成功，取决于该项目未来的预期、黑鹰基金的行业地位和影响力（大牌的并购基金由于成功率高，往往比较容易获得市场认可，更容易获得融资）以及所提供的利率水平。

③股权投资资金的募集。表面上看，股权资金仅占上述项目的 10%，可是，通常黑鹰基金也没打算自己出这个钱。他们会另外组织一个股权投资基金。这个基金通常会采取合伙制模式：黑鹰基金作为普通合伙人，通常只出资 1%～5%（即 100 万—500 万元），其他股权投资人作为有限合伙人出余下的 9 900 万—9 500 万元；由黑鹰基金负责管理，通常每年提取总投资金额的一个比率（通常为 2%）作为管理费，维持日常开支，并提取净利润的一个比率（通常为 20%）作为奖金；但普通合伙人需要承担无限责任，而有限合伙人只需承担有限责任（即最大的亏损额就是他们投入的所有资金）。表面看，黑鹰基金以普通合伙人身份承担过大的风险，不过，作为投资方参与上述项目投资，如果黑鹰基金再注册一家有限责任公司，风险还是可控的。

（3）项目收购成功，黑鹰基金通常需要组织一个专业的管理团队对公司实施全面的资产和业务重组（通常会出售一些跟主营业务无关的资产以减少负债，改善现金流状况），并通过加强经营管理，降低成本，提高盈利能力，提高资产利用效率，以提高项目的市场估值。

（4）如果项目成功在三年后以两倍价钱 20 亿元卖出（卖出套现的方法可以用上市或者被收购等方式），债务本金和利息约 10. 6 亿元，净利润近 8 亿元，黑鹰基金就可得到 1. 6 亿元的奖金。

2. 出于技术的目的——得润电子收购美达的案例分析

（1）得润电子收购美达的目的。

2015 年 6 月，深圳得润电子股份有限公司（深交所代码 002055，简称“得润电子”）收购意大利公司美达（Meta System S. p. A.）的控股权（当时笔者担任得润电子非执行董事）。该公司的估值为 9 470 万欧元，得润电子出资 5 682 万欧元（约人民币 3. 906 亿元）取得 60% 的股份。

关于这个项目的投资价值，从财务指标以及技术和产业发展前景两个角度看，感觉是完全不一样的。

从财务指标看，美达的状况很不理想：2014 年实现销售收入 1. 28 亿欧元，息税折旧及摊销前利润 1 600 万欧元，净利润只有 90 万欧元；总资产 2 220 万欧元，总负债 120 万欧元，净资产 2 100 万欧元。按照净利润指标看，市盈率达 105. 22 倍，或者市净率 4. 51 倍。如果按照国内一般企业并购的相同指标看，这个估值水平相当高。

从行业技术的角度看，美达是一个汽车电子方面的研发平台，技术和产品得到全球顶尖汽车和摩托车制造商的认可，在汽车电子和防盗系统、新能源汽车的充电模块等领域具有广阔前景。这些方面对于得润这个始于电器连接器等低端产品生产并期望进入技术层次更高且市场前景更好的汽车领域的公司来说，是一个非常难得的机遇。

（2）估值考虑的因素。

当时的估值方式，主要是在中介机构的指导下，参照国际科技公司的估值指标“市价/除息税折旧及摊销（*P*/EBITDA）”，最后的定价是双方反复谈判的结果，相当于该指标的 5. 91 倍。

由于收购价格按照市净率计算达 4. 51 倍，美达公司财务数据进入合并报表之后产生了商誉 3. 67 亿元，因此该商誉被认为是产生于美达公司“在汽车电子核心领域拥有成熟的技术和产品，以及全球领先汽车品牌的核心供货资格”。

（3）美达导致的财务压力。

美达在研的新能源汽车车载充电模块技术等的研发费用很高，给上市公司带来了亏损，2015—2019 年的亏损额分别是 1 877 万元、8 462 万元、10 940 万元、10 754 万元和 10 754 万元。连续亏损，导致了计提商誉损失的压力（已经计提了 712 万元），这又增加了上市公司业绩的压力。

（4）研发成果为公司未来发展带来的机遇。

从得润电子近几年公布的资料看，公司目前还处于转型阶段。新能源汽车是《中国制造 2025》规划中十大重点发展的产业之一，而美达是世界上少数拥有新能源汽车车载充点模块技术的公司之一。得润电子通过并购的方式，才得以迅速进入这一领域并抢占有利地位。据得润电子 2019 年年报，以美达为基础的业务部门重点促进新能源汽车车载充电模块业务的实施落地，已经实现向宝马、东风、PSA 等客户的批量供应，并根据客户需求进一步扩大生产产能，随着宝马新业务、保时捷等客户订单的陆续交付，预计未来将持续带来稳定的收入。而美达的安全和告警传感器等具有较强竞争优势的汽车电子业务也将陆续转移到国内生产，导入现有的客户体系，扩大规模，进一步促进汽车业务的发展。

（5）研发是一种风险投资。

研发新技术和新产品是一种冒险。研发可能成功，也可能失败。钱花了，时间花了，颗粒无收都是很正常的。美达公司为了赶上新能源汽车产业发展的势头，需要持续在产品研发和试验上加大投入，同时需要将新技术产业化，以满足全球订单的批量交付，因此急需大量的新增资金以满足发展需要。事实上，很多公司没法保证持续不断的技术进步和产业发展，主要还是因为资金不足。

（6）美达的进一步融资与估值的变化。

为了解决资金的需求，自2017年以后，美达实施了一系列的融资安排：

2017年12月，深圳远致富海新能源产业有限公司以1 500万欧元对美达进行增资，新增股份占增资后总股本比例为15%，得润电子的股份被摊薄到51%。以此次交易的估值看，美达增资前的价值为8 500万欧元，略低于两年多前得润刚入主美达时的9 470万欧元。

2019年10月，得润电子以1 620万欧元的价格将所持有的美达6%股权转让给四川港荣投资发展集团有限公司（简称“港荣集团”）；同时，港荣集团向美达增资7 626万欧元，并获得增资后美达22.02%的股权。按照这个交易定价计算，美达的市值已经达到3.463 2亿欧元。经过本次股权转让及增资，得润电子所持美达的股份进一步下降至35.09%，仍纳入上市公司合并报表范围。

从价值投资来说，得润电子所持权益价值为1.215 2亿欧元，加上上述减持股份所得的1 620万欧元收益，合计13 772万欧元，比2015年中买入价5 682万欧元升值了142%，年化内部回报率为21.74%。

（7）总结。

笔者为得润电子担任董事顾问10多年了，感觉这家公司就是深圳市的缩影，从一个很低端的、不起眼的小公司慢慢成长为一家有一定规模，而且能够从事高端产业的新型公司。产业升级是痛苦的过程，也充满着风险。就目前情况看，笔者仍然没法肯定得润电子未来会非常成功，但总的来说，得润电子的努力方向是对的。尽管未来未必会很顺利，但是如果一个公司不思进取，因循守旧，畏惧风险，那么它连生存的机会都容易失去。中国的有限责任公司平均寿命大约3年，绝大多数公司早早夭折，正是因为没法适应时代的新要求。

并购，包括境外并购，是企业发展扩张和竞争力提升的重要方式。借用得润电子公司在年报中的风险提示，需要重视几个方面的风险：

①被收购公司可能出现的经营风险以及并购后双方在经营理念、管理体制、企业文化等方面的融合问题可能给并购整合带来了一定风险。

②如果经济形势发生重大变化或被收购公司的经营出现风险，业绩承诺不能达标，相关商誉减值将对公司经营业绩产生重要影响。上市公司一旦把大额商誉做减值处理，常引起不明情况的投资者恐慌，导致股价暴跌，近年来这种情况屡屡在国内股市出现，被称为“爆雷”。因此，针对这种情况，上市公司在进行并购策划过程中需要重视商誉减值的潜在风险。关键还是要实现估计到相关的困难并做好收购之后的整合工作。

③走出国境的并购还会遭遇国际政治风险和汇率风险。得润电子在国际并购活动中也有这方面的教训。2012 年得润电子收购了从事汽车电子线束等业务的意大利公司 Plati。Plati 在乌克兰设有工厂，本来是正常运作，可是 2014 年俄乌在克里米亚发生武装冲突，不仅影响乌克兰公司的正常运作，也导致当地货币大幅贬值后的资产减值。

3. 出于对人才需求的目的

现代企业的竞争，重要争夺的资源之一就是人才。招揽高端人才，有时候也许需要收购人才所在的公司！当年苹果公司的创始人乔布斯被迫离开苹果，自己创业办了两个重要的公司，一个是皮克斯，另一个是 NeXT。皮克斯后来以高价卖给迪士尼，而 NeXT 也被苹果高价收购，作为收购条件之一，乔布斯回到苹果公司。事实上，当时苹果公司面临着市场占有率不断下降、盈利状况急剧恶化的情况。在笔者看来，苹果董事会收购 NeXT 的重要目的之一，就是希望借助乔布斯之力挽救苹果。

第二节 间接上市策划

间接上市，指企业获得一家现有上市公司的控制权，通过剥离原有不良资产或无关资产，并注入其他拟上市的资产，以实现上市的目的。由于这种操作通常涉及被收购的上市公司向新的大股东收购资产，因此，间接上市又称为“反向收购”。间接上市也有另一种称谓，就是“后门上市”[①]。由于在间接上市的实际运作中，放弃上市公司控制权的原大股东通常会以回购等办法剥离原有的资产，收购方取得的只是一个拥有“上市资格”的“壳”，其中没有任何资产或负债，所以，间接收购常常又称为“买壳

① 以 IPO 形式直接上市可以理解为从交易所的正门进入股票市场，而买壳上市被理解为从交易所的后门进入股票市场，是很形象的表述。

上市”或者“借壳上市”。不过，并不是所有的间接上市操作都是纯粹的“买壳上市”操作。国内国有控股上市公司的国有股权退出时，国有股东往往不想回购原有的资产和负债。因此，这时候民营企业就不是进行一般意义上的买壳上市，而是进行一个带有实质意义的上市公司收购活动。这种运作由于牵涉原有资产的处置以及收购方资产注入的方式，因此比纯粹的买壳上市运作要困难得多。

企业在决定采取何种方式上市以前，必须大致了解每条路可能碰到的障碍和付出的代价，并权衡能否跨越有关障碍以及是否愿意支付有关的代价。

一、间接上市的特点

从企业直接上市前的重组内容看，企业走直接上市的道路需要克服不少困难。企业必须在股权、资产、业务结构等方面根据有关规定进行重整，直到符合有关的要求，这个过程需要大量人力、物力、财力的投入。直接上市存在一定的风险，尤其在国内股市上市的申请，存在相当大的不确定性。不少企业在这个过程中花费了成本却迟迟达不到目的。直接上市所花的时间比较长，尤其在国内。根据证监会的规定，企业在成立股份有限公司后经过三年的运作才有资格在国内股市申请上市。而正式申请以后还需要等候有关的审核，发审委批准以后还要“排队”等候获准发行新股的时间和上市的时间。整个过程漫长且充满不确定因素。

有些民营企业有很强的实力，但是要符合上市的所有要求也是有难度的。比如说，有些企业计划拿出来上市的资产部分未能达到主板所要求的三年经营记录和盈利的要求；有些企业采购或销售客户过于集中，暂时未能达到交易所要求的所谓“具有独立经营能力”的基本要求（需要一定的时间予以调整）。这种情况下，为了争取时间，有些企业也可以选择买壳上市的方式实现上市的目的。因此，这些企业都需要考虑间接上市的方式。

间接上市的方式比较简单，只要有足够的资金和策划运作队伍，就可以进行，而且在成功获得控股权以前一般不需要太大的花费。间接上市的难处在于物色理想收购对象、进行资产及财务调查、资产重组和置换等环节。在完成收购以前的过程中，收购方处于比较主动的位置。

间接上市的时间却也较短。可能双方的谈判过程会拖延一段时间。如果各方面都顺利的话，半年到一年就可以完成有关的收购。

当然，由于间接上市的方式是要接受一个原来由别人控制的企业，因此在收购过程中如何保证人、财、物的平稳过渡涉及一定的风险。甚至原企业的遗留问题也是一个潜在的风险。

二、间接上市的成本

间接上市的成本比较高。在香港资本运作市场里，上市公司的“壳”资源价格称为“海鲜价”。在香港人眼里，海鲜的价格波动很大，不同季节、不同天气的价格都有差别。上市公司“壳”资源价格相比海鲜的价格，其波动性可想而知。根据笔者的经验，在2005年收购一个香港主板没有任何资产和债务的上市公司“壳”（通常占75%左右的股权比例），就需要6 000万港元左右。即使收购香港创业板的上市公司，有关的成本也在2 000万港元左右。到了2007年以后，在一些矿山等资产规模大的资源公司的热切追逐下，香港主板和创业板的“壳”价格据称分别达到2亿港元和5 000万港元，到2014年，香港主板“壳”价格据称达2亿～3亿港元。

直接上市的成本却低得多。香港创业板的上市费用（包括财务顾问费用，会计师、律师等中介机构费用，但不计发行新股所支付的承销费用）在500万～1 000万港元之间，香港主板的费用在2 000万～3 000万港元之间。相比起来，直接上市的成本要低得多。国内直接上市的费用更低，在中介机构方面的费用大约为500万元（分阶段支付，通常在成功上市时才支付完毕）。

而间接上市的运作除了需要支付数千万元的“壳”费外，券商、审计师事务所和律师等中介机构的费用同样是必不可少的，通常也需要数百万元。事实上，这里讲到的费用只是间接上市的显性成本，间接上市的隐性成本很可能也是一笔很大的数目。比如，一个企业收购了一个原账面净资产值为1亿元的上市公司“壳”，控股比例75%，并为此支付了代价。可是，这只是故事的开始，作为新的控股股东还必须在原控股股东把账面值为1亿元的资产剥离出来的同时，注入等值的新资产。从一般的“壳”交易规则来说，原控股股东拿走的资产（连同债务）是无偿的，其对价由新控股股东来支付。而新股东通常就将拟上市的资产作为对价注入。这样的结果是，新股东把原来自己完全拥有的资产放进上市公司与其他小股东分享。如果注入的资产为1亿元，等于大股东无偿地让其他股东享受了其中价值2 500万元的资产。这是大股东所支付的另一部分成本。

间接上市的显性成本和隐性成本可能令很多有此打算的企业望而却步。因为间接上市的成本算得出来，花出去的成本能否收回来却存在很大的未知数。因此，笔者认为，要下决心走间接上市的道路需要很好的策划，同时需要大智慧。所谓大智慧，就是要有超越目前的短期成本，看到未来长期利益的认知能力。同时，在一个充满不确定因素的环境中做决策，需要更大的勇气。

在直接上市的操作过程中，公司在重组过程中的包装费用以及其他无形的支出弹性很大。有些企业本身的硬件条件需要大手术的“整容”，也会涉及不菲的费用。

三、上市方式选择要考虑的要素

由于直接上市和间接上市涉及不同的难度、成本和操作时间，因此，企业需要根据自身的具体情况来选择合适的上市方式。

根据笔者多年在企业从事财务顾问的经验，企业在选择上市的方式时，需要考虑如下两个问题。

1. 企业现状有没有可能达到有关上市的要求

一般来说，每个企业在上市前都需要做一定的重组，以使公司资产、股权和业务等方面符合股票交易所的上市要求。不过，也许公司在进行重组策划的时候会发现重组的成本太大，比如，内地和香港市场都要求上市公司不能对个别客户有过分的依赖性，以保证企业有独立经营运作的能力。内地有些专门为某一大型厂商做配套产品生产的企业尽管有相当的规模，也有很稳定的利润，但向该大型厂商的供货额占公司销售的比例很高（可达 80% 甚至 100%），这样的情况在上市审核时就很难被交易所接受。不过，这种经营模式在汽车行业和电器产业中的配套工厂中是很普遍的，要企业在很短的时间里调整客户结构是很难的，或者需要付出很大的代价。这种企业必须考虑以买壳上市的办法来操作。

2. 经过重组达到有关要求需要多少时间

作为一个中国企业，如果要在国内上市，重组通常需要几个月时间，有些公司在一些技术性问题的调整上甚至需要超过一年的时间。拟在国内上市的企业，股份有限公司设立以后必须满三年并保持连续三年的盈利记录才有资格提交申请（符合整体改制条件的公司除外）。

企业选择在国外市场直接上市有两种方法：国企股形式和红筹股形式。国企股形式，即以中国国内企业的身份在境外市场上市；红筹股形式则以持有中国国内公司权益的国外公司身份在国外市场上市。企业以国企股形式在境外上市的话，也要先成立股份有限公司，报中国证监会批准后才能到境外交易所申请挂牌交易。以红筹股形式上市，企业则必须考虑如何将有关股权转到国外的公司，这个操作颇周折。所以，直接上市的运作周期比较长，相比起来，间接上市所需的时间比较短，也比较好做预算。

四、全面注册制前景下的上市策划

按照2020年3月开始实施的《中华人民共和国证券法》，中国未来将逐步走向全面注册制。相信上述三方面考量的结果会有变化：

首先，“壳”费总体将会贬值。按照注册制的运行机制，未来在新三板挂牌的公司，都属于已经在中国证监会注册过的企业，它们如果在资产、股权和业务等方面达到主板深沪交易所的要求，就可以自动转过去交易。截至2020年5月底，新三板的挂牌公司就达到8 591家，它们绝大多数是潜在的壳资源，因此，笔者预期，上交所和深交所的上市公司“壳”费将越来越低。

其次，将来通过IPO形式上市的案例将越来越少。既然通过反向收购，即买壳上市的方式会是更快捷且成本低的方式，选择IPO上市方式的公司将越来越少。未来上市公司的收购兼并案例将会此起彼伏，其中就包括以买壳上市为目的的交易。

再次，买壳上市交易可以盘活现有的上市公司资源，因此笔者认为未来有关的法规会变得更加宽松一些。

五、顺丰控股买壳上市案例分析

顺丰控股于1993年3月26日在广东顺德成立，是一家主要经营国际、国内快递业务的港资快递企业，是目前中国速递行业中投递速度最快的快递公司之一。2016年5月23日，顺丰借壳鼎泰新材（002352. SZ）上市。交易的基本逻辑，就是由鼎泰新材用原来的所有资产（含负债）以及增发一批新股作为对价，向顺丰控股的股东收购顺丰控股股权。

1. 操作程序

顺丰买壳上市的具体操作程序如下：

（1）对顺丰控股做市场估值，作价433亿元。

（2）鼎泰新材对其现有的资产（含负债）做市场估值，作价8亿元。出售给顺丰控股的股东，作为对价，获得顺丰控股价值8亿元的股权。

（3）鼎泰新材向顺丰控股的股东定向发售新股，作价425亿元，收购顺丰控股在上述交易之后余下的同价值股份。

2. 交易结果及相关事项

操作完成之后，所有顺丰控股原来的股东成为鼎泰新材的股东，并承接了鼎泰新材原有的所有资产；而顺丰控股公司成为鼎泰新材的全资下属公司。

（1）顺丰控股原有的股东变成鼎泰新材的股东，其中由创始人王卫持股99.99%的深圳明德控股发展公司成为鼎泰新材最大的股东，持股占61.21%；鼎泰新材原有的股东继续持有他们的股票，当然，他们的股份被大大摊薄了。

（2）顺丰控股原股东同时获得的鼎泰新材原有资产和业务，通常会转售给鼎泰新材原有的控股股东，而原有的控股股东很可能会同时把原持有的鼎泰新材股份作为这一交易的对价（或者对价的一部分）。由于这一交易已经不涉及上市公司，所以通常不披露。不过，一般来说，这个交易价格都是双方在总交易中讨价还价的一个组成部分。

3. 顺丰控股的估值确定

顺丰控股买壳上市交易完成的时间是在2016年年中，如果按照2015年11.01亿元计算，顺丰控股的估值达到静态市盈率39.33倍，当然是太高了。2016年财务报告出来以后，按照该年实现净利润计算的动态市盈率为10.36倍。由此可见，当时的估值应该主要根据动态市盈率计算。由于动态市盈率是一个估算值，存在不确定性，因此交易双方通常会有对赌协议。

第十六章　境外间接上市与操作

间接上市，是相对直接上市而言的，是企业实现上市目的的方式。有一些企业由于某些原因无法在短时间内达到直接上市的要求，而收购一个现成的上市公司的控制权，并通过资产置换等方式，则可把拟上市的资产注入上市公司而达到间接上市的目的。

有学者曾在媒体上疾呼民营企业要警惕境外买壳上市的骗局，提醒内地企业需要警惕相关骗局。这是很有意义的。不过，就此完全否定内地民营企业境外买壳上市的战略选择的观点①，笔者不太认同。企业发展到一定阶段，必须建立稳定的融资渠道来支持企业的扩张，而进入资本市场是重要的途径。在境内资本市场上市受阻的情况下，可以积极寻求境外市场的机会。中国货遍及全世界，中国企业也应该在世界主要资本市场占有重要地位。只不过企业在进行这样的战略安排之前必须对国际资本市场及其相关事宜有充分准确的了解，选择适合自己的路子。

本章根据笔者多年从事国内外资本融资工作以及研究成果，对境内企业在进行境外资本市场的买壳上市运作中需要注意的一系列战略性及技术性问题进行讨论。

第一节　境外间接上市的运作方法

本节主要介绍中国企业到境外买壳上市的一般运作方法。

---

①　郎咸平：《海外买壳上市的骗局》，《国际融资》2004 年第 9 期。文中引郎咸平的话说，“除非是做战略投资，否则在境外单独买壳并不值得”，一般理解“战略投资”只是不拥有控股地位的参股投资，与企业的上市目的是没有关系的。

一、买壳上市的基本运作程序

买壳上市操作通常都要在专业的服务机构指导下进行，尤其是其中包括向证监会、交易所等监管机构申报等专业手续，企业本身很难独自驾驭得了。

1. 聘请财务顾问

企业尽管在操作具体项目的时候需要聘请会计师、律师，甚至券商等中介机构进行有关的运作，但是在正式决定以何种方式上市的时候，还是应该聘请一位有专业经验，且有可能持客观、中立态度的财务顾问进行前期的可行性研究。就笔者的经验来说，如果可能的话，这位财务顾问尽可能不要来自某一市场的中介机构，以免影响到建议的客观性。

利益冲突在金融行业是一个很重要的概念。在一个金融活动中，不同人会有不同的利益立场。一旦选择与个人的利益相冲突，由于自私的心理，人们较倾向于对自己有利的方案。在投资银行领域，一般中介机构的专长都只能服务于某一个市场，如果企业聘请中介机构来进行市场选择、方式选择等战略决策的可行性研究，出于本身的利益驱动，该中介机构很可能不顾企业的具体情况而建议企业选择一个对它有利的方案。比如，该中介机构从事的工作是代理国内企业在美国买壳上市的业务，如果能够让企业决定在美国买壳上市，则该中介机构比较有可能获得这项业务，这样，该中介机构就会带倾向性地引导企业向那方面考虑。其结果是，企业选择了，操作了，但是最后可能觉得很失望，因为目的没有达到。

从金融顾问的职业道德来说，为客户提供任何建议，都必须基于对于企业的实际情况和需要有充分了解，从企业的最大利益出发，根据自己的专业判断来提出意见。笔者在10多年的从业生涯中，见识过形形色色的来自国内外的金融从业人员，发现其中还是有不少人为了一己私心不择手段。有些人对于己有利的方案强调好处优点，对于己不利的风险点避重就轻，而雇主不仅在后来的运作中增加了一系列有形和无形的费用，而且由于选择了错误的路线而导致以后长期的不良后果。

2. 物色收购对象

一般选择“壳”公司都需要市场所在地的投资银行或会计师等中介机构与潜在的“壳”公司控制人接洽。在物色收购对象的时候，有以下几个主要考虑因素：

（1）资产负债情况。

在股市中成为“壳”公司的，通常都是业务停顿、处于亏损状态的公司。尽管账面上还有资产，但大多是一些不良资产，如废旧的存货、难以收回的应收账款和其他应收款等，更可能的情况是有很多逾期的债务。

物色收购对象时必须与中介机构一起研究并确认原来的大股东是否能够将现有的资产和债务剥离出去，尤其要重视是否存在或有负债及其处理方法。

（2）股权分布情况。

“壳”公司通常由于长期经营不善，股价处于低迷状态，因此股份很集中。控股股东直接或间接控制的股权常近 100%。由于收购以后，面临着资产注入等计划，因此，在“壳”公司中必须有绝对的控制权才能左右决策，另外，收购以后的融资行为将会摊薄股权，如果收购时控制的股权比例不够高，要长期保持控股权比较难。物色收购对象时要考虑是否能够控制足够大的比例。一般来说，最好在 70% 以上，越高越好。

（3）主营业务情况。

为了以后方便进行资产注入，目标上市公司的业务最好与拟注入业务接近。一般的市场都规定上市公司的业务应该保持一致性，以方便投资者对上市公司未来的业务及盈利发展进行判断。

3. 收购控股权并注入资产

买壳上市的目的——取得控股权并注入拟上市的资产。要达到这一目的，通常有三种操作方式：直接收购大股东股份、反向收购和混合方式。

（1）直接收购大股东股份。

有些市场（如香港）规定，如果未来拟注入的资产与上市公司的行业不一致，会受到置换比例的限制，如果注入或置换的资产比例过高，将可能被视同重大资产重组，需要按照新上市的要求审批，失去买壳上市的意义。

2005 年 8 月，笔者以财务顾问的身份帮助内地企业家周鹏飞先生的浩伟国际控股公司成功收购了香港创业板上市公司华智控股，公司之后改名为中国海景控股有限公司。由于上市公司原来的主营业务是房地产智能化相关业务，而浩伟国际拟注入的业务是生产及销售泡沫塑料及蜂窝纸包装产品，没法一次性与原公司的业务做置换或注入，因此采取了先收购控股权，再分期分批地把资产注入，最后实现买壳上市的目的。2009 年公司的盈利等指标达到香港主板的要求后，成功转到香港主板上市。这种操作通常周期比较长，可能会影响到公司进一步的增资计划。

（2）反向收购。

反向收购由目标上市公司定向发售大比例的新股，通过认购新股，拟上市公司的控制人同时达到取得上市公司控制权并同时注入资产的目的。

首先，上市公司的原控制人与拟上市公司的控制人取得默契，由上市公司的股东大会做出决议，向收购方定向发售新股（事先确定数量和价格）。

其次，拟上市公司的控制人以拟注入的资产作为对价认购所认购的新股。

操作完成以后，拟上市公司的控制人成为上市公司的实际控制人，而其拟上市资产也成为上市公司资产。1999 年 5 月盈科买壳上市即是以上市公司得信佳向盈科发行新股的办法实现目的。

（3）混合方式。

混合方式就是由收购方先取得目标上市公司小部分的股权，然后再以对自身增发新股的办法将持股权扩大到目标的比例。同时，将本身拟注入的资产以支付股权代价的方式放入上市公司。

二、买壳上市需要做的准备

内地民营企业在进行境外间接上市的运作中，需要做好如下两个方面的准备。

1. 外汇资金的准备

通常出让上市公司“壳”的股东在出让交易中都想达到套现或部分套现的目的。因此，买壳一方需要为“壳”费准备好外汇资金。事实上，由于内地实行外汇管制政策，即使收购者是内地有实力的大公司，也不等于有外汇支付的能力。因此，境外“壳”公司的控制人只有在收购者出示了资信证明以后才愿意见面谈判。

只有在少数的情况下，原控股股东愿意在出让了控股权后继续以小股东的身份留在上市公司。比如，收购方很有实力，且拟注入的资产很可能推动上市公司股价上升。得信佳的原控股股东黄鸿年相信新股东李泽楷入主后能使股价上升，所以他愿意接受无现金交易的方式。黄鸿年所持有的股份最后套现了超过 10 亿元港币，无疑比直接卖壳收一笔现金“壳”费划算得多。

2. 把境内资产转到境外所需的过桥外汇资金

民营企业在境外买壳的目的就是注入境内的资产，但资产注入境外的上市公司时涉及外汇资金的交割，按照有关规定，资产在转移的时候需要获得国家发改委、商务部和外汇管理局的审批。

三、在香港股市买壳上市的操作

各个股票交易所对待间接上市方式中的资产置换行为可能有一些不同的规定，选择间接方式上市的企业必须事先有充分的了解。如下是在香港股市买壳上市的几个相关规定。

1. 关于主业的改变

如果所收购的上市公司主业与拟注入的资产不一样，资产置换就较为困难，完成整个买壳上市的过程也较长。

香港创业板关于新公司上市的条件之一就是拟上市公司从事单一业务，且上市以后两年内不得改变主业。香港《创业板上市规则》第17章第25条和第19章第88条、第89条规定：

从上市发行人的股票在创业板开始交易的会计年度内及之后两个会计年度内，上市发行人不得进行任何收购、出售或其他交易或安排（或一连串的收购、出售或其他交易或安排），以致上市发行人在申请上市时的上市文件所述的主要业务出现根本性的转变。下列情况可获豁免。

（1）如本交易所确信，建议中的根本性转变的情况属于例外。

（2）如该项收购、出售或其他交易或安排（或一连串的收购、出售或其他交易或安排）获股东于股东大会批准通过，而任何控股股东［若没有控股股东，则指上市发行人任何最高行政人员或董事（不包括独立非执行董事）］及其有关联系人均须放弃投票赞成有关议决事项的权利。任何在有关交易中有重大权益的股东及其联系人，在按此规则举行的股东大会上，须就批准有关交易的议决事项，放弃表决的权利。上市发行人须在致股东的通函中披露《创业板上市规则》第2章第28条规定的资料（关于关联人的信息披露）。

2. 关于注资的限制

香港是内地民营企业家买壳上市的首选地点。不过，从2004年4月1日开始，香港主板和创业板实行新的《上市规则》，对企业在香港买壳上市有很大的影响，尤其对于买壳上市后的资产注入时间、比例有更大的限制，因而也影响到收购方的资金准备及运作策略。其中主要有两点：

（1）新的控股股东取得控股权之后的24个月内，不能注入自己的资产，除非所注入的资产符合新上市的要求。

（2）只要被注入业务的资产值达到壳公司资产的100%，便要视为新上市处理；同样，如果收购的资产令上市公司的控制性股权易手（持有超过30%的股权），也视同新公司上市的程序审批。

例如，香港《创业板上市规则》第19章第91条、第92条规定：

“上市发行人不得在控制权（如《收购守则》所界定的）转手后的24个月内出售其原有业务，除非上市发行人向此等控制权的人士或一组人士或其联系人所收购的资产，连同上市发行人在控制权转手后所收购的任何其他资产，能够符合《创业板上市规则》第11条、第12条有关营业记录的规定（上市前24个月活跃经营记录或有12月活跃经营记录且销售额达到5亿元以上）。不符合这一规定，将导致上市发行人被视作新上市申请人。”

这个规定对于买壳上市的运作计划是一个很沉重的打击，使企业在香港买壳上市成功难度加大：

（1）控股权的买卖双方不得不在两年甚至更长的时间里继续合作才能最后完成整个转让过程。

（2）本来收购方在买壳成功以后可以通过资产注入以及增发新股等办法来回笼买“壳”所花费的现金支出，但在新的法例下，企业要尽快回收现金则更加困难。

不过，“上有政策，下有对策”。在香港新的法例之下，也有一些技巧可以绕过有关的限制。具体的办法则需要收购方与中介机构、被收购方等方面充分协商。

四、在美国股市买壳上市的操作

以下介绍在美国股票市场买壳上市的一般做法。

1. 在美国买壳上市的一般做法

想在美国买壳上市，成本最低、手续最简便的方法，就是从柜台交易板入手。一般程序如下。

（1）买壳：收购一家在柜台交易板上挂牌的公司控股权。

（2）注资：以反向收购的办法把国内的业务注入，完成在柜台交易板买壳挂牌交易。

（3）转板：在各方面达到其他正式交易所（如纳斯达克）的上市要求之后，经该交易所同意，即可以转入该所上市交易。

在实际操作中，第一和第二个步骤常合并为同一个操作，即由被收购对象向收购方定向发售占控制性比例的一批新股，而收购方则以国内的资产和业务作为对价，认购这批新股。操作完成以后，收购方成为该公司的控股股东，而其所持有的国内资产则进入该公司，从而完成“买壳 + 注资”的过程。而通常第三个步骤才是在美国买壳上市的最终目的。当然，收购方在开始这个操作以前必须与原来的控股股东就有关事宜达成协议。

由于柜台交易板上的企业已经在美国证券与管理委员会审批并登记，转板上市企业不必像首发上市企业那样报批，因此可以节省时间。这是美国式的买壳上市。

由于柜台交易板不是一个正式的证券交易所，通过该板间接上市的过程只有在企业成功转入正式交易所挂牌交易才算完成，因此，为了有所区分，我们将完成第二项工作的企业称为“在柜台交易板买壳挂牌交易”，而不称为“在柜台交易板买壳上市”。

2. 通过柜台交易板买壳上市的成功案例

尽管柜台交易板是一个低层次的交易场所，但它确实曾经扮演过一些国际性大公司的“摇篮”，一些国际性大公司就是从这里开始成长的，如国际 IT 巨头微软就是从柜台交易板挂牌后在纳斯达克上市的。最近几年，有不少中国企业通过柜台交易板买壳挂牌交易后成功转板到正式和有组织的交易所。如下是直接引用柜台交易板中文网站的一个案例①，更多案例可直接访问该网站。

名称：中国风能技术公司。

交易所：柜台交易板升板纳斯达克。

上市历程：

2007 年 11 月柜台交易板挂牌交易。

2009 年 12 月 30 日升板纳斯达克（代码：CWS）。

2011 年 6 月该公司的英文名改成 Cleantech Solutions International，Inc，上市代码改

① 根据如下几方面的资料整理：柜台交易板中文网站 http://www.otcbb.com.cn/sucase.htm，雅虎财经网站，上市公司的官方网站。

成 CLNT。

中国风能技术公司位于江苏省无锡市。公司成立于 1995 年，主要从事风力能源行业所需的精密风电部件的生产。华洋染机机械公司及华洋电力设备公司（合称为华洋公司）是它的下属公司，华洋染机机械公司于 1995 年创立，并由于当时国内对纺织及印染行业的推动而成为中国织染及上光设备的直接生产及制造企业。2007 年上半年，该公司涉足风力能源产业。目前，该公司主要生产直径 6.3 米以内的环锻，该种产品主要用于铁路、重型制造业、石油化工、冶金、海港机械、国防及雷达和风力能源行业。中国风能技术公司 2009 年前三季度净利润为 446 万美元，于 2009 年 12 月 30 日成功转板纳斯达克。2014 年 12 月 18 日的股价为 3.48 美元，总市值只有 1 343 万美元。该公司近年来股价低迷，估计与石油价格急促下跌后整个能源行业处于低谷有关系。

3. 运作成本

企业通过柜台交易板买壳上市一般需要通过中介机构帮忙物色合适的壳公司，并办理有关的手续。在反向收购过程中最为关键的是，对空壳公司的或有负债和或有责任的解决和风险控制。由于这种业务很普遍，操作上也有标准化的程序，中介机构的操作工作量也不大，因此收费并不像很多人想象的那么高。据行内人士介绍，一般买壳上市的成本在 50 万美元左右，其中包括“壳”公司的价格和中介费用。有时候出让方会接受一定比例的注资后公司股票作为交易的对价。中介机构包括财务顾问（指导整个买壳上市的过程）、律师（负责整个操作的法律事务并出具相关法律意见书）和会计师（拟注入资产的审计费用）。中介机构的费用弹性较大。中介机构所承担的任务内容（有些财务顾问还负责私募资金的服务）不同，收费也不一样。有些企业选择以部分股权来支付中介机构服务费。

在美国柜台交易板上挂牌以后的维持成本不低。据笔者的了解，每年光是在中介机构的花费就需要人民币 200 万～400 万元。

4. 转入正式交易所上市的难题

尽管在柜台交易板买壳上市很简单，但国内企业在确定实施这个操作计划的时候还是需要谨慎。

由于柜台交易板不是一个公开发行和交易的市场，因此通常在对于投资者的吸引力方面差一些，交易的便利性也不能和正式交易所相比。企业如果要融资，只能进行私募。由于流通性的差别，企业私募融资的难度和成本都会高于公募融资。因此，打算到柜台交易板买壳挂牌交易的民营企业必须清楚，上这个板并不是最终目的，只能是一个过渡，最终目的应该是上纽约泛欧交易所或纳斯达克市场。

由于柜台交易板公司已经在美国证券与交易委员会（SEC）进行了登记程序，且通常已经有了足够的股东人数，因此，只要在买壳和反向收购的程序上运作规范，在其他条件达到有关交易所的要求并得到准许以后，就可以实现转入正式交易所上市交易的目的。

如果仅从净资产、税后净利润等资产和经营指标来说，企业要达到正式上市的要求也许并不困难，如纳斯达克小型资本型市场的要求是有形资产值达到500万美元、税后净利润达到75万美元。不过，企业要同时符合“股东人数300人”“最低发行股数100万股”和股价达到4美元/股的要求，却不是那么容易的事情。准备到境外买壳上市的民营企业，在考虑股权的集中性和市场估价的不确定性等因素后，企业有形资产值和税后净利润指标仅仅达到最低限度的话，是远远不够的。因此，企业在策划的时候必须对此有充分的思想准备。

5．在美国成功买壳上市的关键点

不过，从国内企业到美国柜台交易板买壳挂牌交易的运作结果看，真正达到融资目的的企业不多，多数的情况是挂牌以后默默无闻，交投低落，股价长期徘徊在低位。

受流通性等方面的限制，大型机构投资者一般不在柜台交易板上交易，在这里交易的通常是一些想“淘金”的小型基金和个人投资者。由于柜台交易板不是一个正式的市场，在这里挂牌的企业只能以私募的方式进行股权融资，因此，这个市场的融资功能是很差的。

不少企业挂牌以后由于迟迟没法成功私募融资，得不到资金的支持，因此保持不了竞争力，碰到市场环境出现变化，原有业务滑坡，盈利能力便受影响，整个公司便陷入困境。这些又反过来对公司在市场中的表现造成不良影响，不仅下一步的融资成问题，升级到正板市场也成泡影。

生产电话机的深圳万德莱据称在2000年被列为国内创业板上市23家候选企业的首位，当时的净资产上亿元。当年该公司曾经邀请笔者所服务的公司以战略投资者身份认购该公司的股票（高溢价），但我们分析后觉得该公司的业务缺乏竞争力，且财务状况不好，加上国内创业板何时推出有太多不确定因素，因此婉拒了对方的入股邀请。我们现在发现当时的决定是很明智的（或者说庆幸当时没有被套住）。当时同在候选名单的长园新材、太太药业、金证高科等企业成功上市并成为行业翘楚，而万德莱却落得破产清盘。由于国内创业板被无限期推迟，因此，盲目投巨资于高科技项目研发（为了实现其创业板上市的目的）的万德莱得不到资本市场资金的支持，逐步感受到了财务风险的沉重压力，后来转而在美国柜台交易板买壳挂牌交易。但该公司业绩不济，在市场上并不受欢迎，股价长期低迷，缺乏融资条件，当然也没法转板到纳斯达克，最后难逃破产清盘的厄运。

没有业绩的支持，企业在柜台交易板要维持 4 美元以上的股价并不容易，因此，企业即使在这里买壳挂牌交易成功，要转入正式交易所上市也困难重重。

笔者认为，那些在柜台交易板交易的大多数中国公司最后也会重新被当作“壳”公司被交易。尽管如此，在众多借道柜台交易板登陆美国股市的中国企业中，也有个别闪亮的明星，它们成为激励其他追随者的典范。

柜台交易板买壳挂牌交易是一件很容易操作的事情，我们应当把它当成一个过渡。如果企业在规模、盈利能力方面达不到主板的要求，或者产业概念不符合市场的兴趣，只是追求挂牌交易，那么企业注定会失败。

综上所述，企业能不能在美国成功上市（包括直接上市与间接上市）与以下三个因素有关：

（1）企业规模。

每年 30 万～50 万美元的维持费用对于一个小公司来说，是一个很大的负担。一个很进取的企业在公关、宣传等方面还需要不少花费。

（2）企业所处产业与概念。

美国市场的投资者总体来说比较钟情于制造业及高科技公司股票，尤其对于来自中国的企业。中国人口众多，有利于制造业企业的发展。一方面，中国的劳工成本低，企业竞争力强；另一方面，中国的消费市场大，为制造业企业提供了庞大的市场机会。一位美国的投资银行专家曾经对笔者说：“中国人口众多，人均收入增长快，当我们将一项业务的发展前景与中国人的潜在需求增长率相比时，投资者会无比兴奋。”美国是一个很崇尚高科技的国家，因为人们见过很多“山鸡变凤凰”的奇迹，所以高科技企业一直都是一个容易令美国投资者兴奋的领域，中国的一批 IT 企业在美国也取得巨大的成功。反而像国内投资者很热衷的房地产概念股在美国却不受青睐。

（3）企业的成长性和规范化。

一个在产业经营方面没有竞争力、缺乏成长空间、运作不透明的企业没法引起投资者的注意，股价长期处于低迷，也无法进行融资活动。如果情况是这样的话，那么基本上失去了上市的意义。

6. 财务顾问的职业道德

从职业道德来说，作为财务顾问，必须把每种选择的成功可行性和可能碰到的困难给客户进行全面的分析，由客户在理性的基础上对有关的风险做出判断和抉择。

有些中介机构有意或无意地误导了国内的企业，声称柜台交易板即等同于纳斯达克或属于“纳斯达克的二板”。有些企业在柜台交易板挂牌以后不知道是受了误导还是刻意宣传，在国内媒介做宣传说成功在美国纳斯达克上市。准备到国外上市的企业都必须聘请有经验的财务专家根据本公司的具体情况仔细分析，决定自己应该选择哪个市场、哪种方式来达到上市的目的。

第二节 境外上市路上的陷阱①

中国货风行世界，中国成为世界工厂，已是不争的事实。中国成为世界增长性最快的经济体，中国企业由于依托于这个世界上最大且增长性最高的消费市场，引起了国际投资者的关注。人民币持续升值的趋势及其预期，使国际投资者更加偏爱中国资产。在这种背景之下，中国资产成为国际投资者青睐的“香饽饽”。国际投资者在全球范围下疯抢中国概念资产，令中国企业的股票获得较高的估值。在这样的背景下，近年来已经有一批中国企业通过各种途径进入国外的资本市场，更有一批企业跃跃欲试。不过，国外资本市场对于国内企业家来说不仅有机会和诱惑，也有许多风险。这些风险体现在资本市场运作的诸多陷阱中。这些陷阱一方面来源于国内企业家对于国外资本市场运作规则的不了解，另一方面则来源于一些缺乏职业道德的中介机构的误导。

一、警惕财务顾问出于“利益冲突”的误导

国内企业的老板及高层管理人员普遍缺乏对资本市场的认识，一旦想到上市，通常都会聘请投资银行方面的专家做咨询顾问。这本来是很正常的现象。不过，企业如

① 蓝裕平：《海外上市陷阱种种》，《国际融资》2007 年第 1 期。所引用的资料主要来源于雅虎财经网站和相关公司公告资料等。

果本身没有基本的判断力，就很有可能被误导。

每个投资银行方面的专家或顾问可能只擅长在某个市场的操作，可能出于对自身利益考虑，而不是对企业利益考虑，把企业上市的努力引导到对己方有利的方向去。比如，一个国内企业如果找到一个专门做在香港上市业务的投行专业人士，很可能得到的建议就是到香港市场上市。即使对于该公司来说，香港市场并不是最好的选择。这就是金融学里强调的所谓“利益冲突”因素。

很多中国企业是得到中介机构的启发才萌生境外上市的想法的。由于对境外市场缺乏了解，甚至由于语言上的障碍，因此企业在做出决定以及后面的操作都非常依赖于中介机构的意见。而中介机构由于利益驱动，很多情况下会过分地渲染有关计划的优点而对有关的风险轻描淡写，甚至用含糊其词的话语误导客户。导致企业既花了钱，又达不到目的，甚至影响到未来的发展。笔者认为这种误导的可耻程度近似于无良医生卖假药——自己赚到钱了，可是别人花了钱还可能危害健康！

笔者曾经见过一份这样的上市财务顾问协议书，其中规定乙方（美国中介方）的职责之一，就是“负责策划并实施甲方整体在美国纳斯达克柜台交易板市场上市”。纳斯达克和柜台交易板是两个独立的机构，后者是一个非正式的报价系统，严格说来在该系统挂牌并不算上市，在这个系统上交易的股票绝大多数交投淡静，融资功能很差。企业只有成功转到有组织的交易所如纳斯达克，才算真正实现上市的目的。上述协议中的“纳斯达克柜台交易板市场上市”的意思如何理解？到底上市地点是在纳斯达克还是柜台交易板？

《经济观察报》曾报道[①]济南最大的民营企业力诺集团控股的武汉有机实业股份有限公司在柜台交易板买壳上市的经历。据称，该公司是中国知名的精细化工生产商，2003 年完成由国企向民营的改制后，总资产 3.5 亿元，净资产 1.65 亿元，氯化苄和苯甲酸钠产量分别居世界第一和第三位。2005 年夏天，公司赴美国上市，在付出 20% 的股权代价后至今未能实现融资，而且因买壳上市中的错误操作而陷入困境。

尽管近年来有多家企业完成了在柜台交易板挂牌和融资，并成功转到纳斯达克或美洲交易所交易，但这条路能否成功取决于很多因素。企业必须审慎决策，否则，上市以后公司的股票没有人买卖、没法融资，就失去了境外上市的意义。目前有相当一批（数以百计）的中国公司在美国柜台交易板以买壳方式挂牌交易，但是成功转板到

① 种昂，林凡：《因错误操作陷入困境 力诺美国买壳上市警示》，《经济观察报》2006 年10 月15 日第 285 期。

有组织的证券交易所交易的企业是凤毛麟角。大多数企业花了不少钱，不仅股价低迷，而且交投清淡，无法进行市场融资，可是不菲的维持成本却是免不了的。这些公司最终可能免不了又成为“壳”公司被收购。而这个后果，公司的老板们很可能根本就没想到。

“利益冲”突因素是金融领域里绝大多数问题产生的根源，因此参与者必须对此有所警惕。

二、与中介机构合作方式中的陷阱

许多国内民营企业家对于境外上市心神向往，但是对于有关的风险和成本不清楚。为了把这些不确定因素去掉，这些企业常常要求中介机构采取“包干”的方式，甚至让中介机构垫付前期操作资金。不过，有关的中介机构聘请合同中，对于计划上市企业一方有太多的要求，令其承担过大的责任，而且，其中的很多内容为今后的违规操作埋下伏笔。

笔者见过一份委托代理合同，其中规定，乙方（美国中介机构方）将承担前期进行反向收购（买壳）的有关运作费用，甲方（计划上市企业方）承诺注入的资产规模和盈利水平，并承诺支付给乙方30%的股份。而违约的话，甲方必须向乙方支付200万美元的违约金。通读整份合同后，笔者发现，甲方违约的概率非常大，因为其承诺事项未来存在很大的不确定性，比如说，其中规定：

“甲方对其主要的财务指标做出如下承诺，但该指标须经过美国审计机构的相关审计，主要指标为：

2006年审计后销售额不得低于5亿元人民币，2006年审计后净利润不得低于9 000万元人民币，2007年审计后销售额不得低于10亿元人民币，2007年审计后净利润不得低于1. 6亿元人民币，……（2008—2011年省略）2012年审计后销售额不得低于60亿元人民币，2012年审计后净利润不得低于8. 5亿元人民币，且上述各年的销售额和其他财务指标均处于健康合理的状态……”

最后省略部分包括对关联交易、应收账款、大股东与参股公司的债务关系、非经常性损益占净利润的比例以及账户上的现金余额与周转率相匹配等方面的指标规定。此外，还有公司关于担保、对外投资等方面的具体承诺。

仅从上述几个数据，我们已经看出，该乙方所承诺事项存在很大的不确定性。乙方前期买壳的费用并不多，包括“壳”费和中介费在40万～100万美元之间（视乎具体条件，如股权比例和融资承诺等），但是却可以获得约等于30%的股权。按照上述甲方承诺2006年税后净利润9 000万元，市盈率10倍计算，公司总市值达到9亿元，三成股权即等于2.7亿元！这个代价也太大了！

而乙方承诺了未来的融资目标如下：

（1）乙方确认上市公司挂牌后第二年内，为上市公司提供不低于1 100万美元的新发股份融资。

（2）乙方确认上市公司挂牌后第三年内，为上市公司提供不低于2 000万美元的新发股份融资。

（3）乙方确认上市公司挂牌后第四年内，为上市公司提供不低于5 000万美元的新发股份融资。

（4）乙方确认上市公司挂牌后第五年内，为上市公司提供不低于7 500万美元的新发股份融资。

（5）乙方确认上市公司挂牌后第六年内，为上市公司提供不低于8 750万美元的新发股份融资。

（6）乙方确认上市公司挂牌后第七年内，为上市公司提供不低于9 750万美元的新发股份融资。

以上数据尽管看起来令人兴奋，但是细心的读者会留意到，有关融资承诺并没有规定融资成本的水平。换言之，如果公司股票价值3美元/股，人家帮你按照1美元/股发售新股，你愿意吗？另外，这个条款对于乙方的约束力是有限的，如果甲方真的能够在公司营业收入和税后净利润方面兑现承诺，那么这个公司的盈利能力和成长性是非常高的，其股票肯定会在市场里受到热烈的追捧，乙方根本就不愁帮甲方融到资，甲方一旦做不到，则成为违约方，乙方也就没有责任了。事实上，如果公司盈利状况好，公司股票往往是抢手货，新股认购完马上就可以获利。

三、企业“包装”的陷阱

每个企业上市都需要适当的包装，通过资产、股权和业务等方面的重组尽可能展示本身优秀的形象。不过，国外成熟的资本市场对于企业上市的规范运作要求很高，尤其关注财务数据的客观性和准确性以及信息披露的规范化等方面。但是有些中介机构为了取得合作合同，并没有对客户进行准确的描述，反而夸大了上市包装的重要性，误导了客户。

如下以国内媒体披露的几个中国企业在美国被集体诉讼的案例，让大家了解企业包装与信息披露方面的风险。

中国光伏于2007年9月遭到集体起诉，因为公司曾在招股说明书中称，公司作为太阳能电池产品制造商，已获得了足够的必要原材料多晶硅以保证生产。但在成功IPO之后，该公司突然表示公司因“多晶硅供应紧张影响了产品的质量、数量、交货和现货市场价格”。消息公布后，该公司股价狂跌70%，股东因权益受损提起了集体诉讼。

巨人网络在上市后遭遇集体诉讼①。2007年11月，原告的代表律师称巨人网络在上市申请书和招股说明书中，未披露其主打游戏《征途》（*Online*）在2007年第三季度的两个重要运营数据均出现下滑的事实。原告称，由于这些关键性数据没有及时向股东披露，因此严重损害了投资人的利益。江南春的分众传媒也几乎在同一时间因涉嫌隐瞒负面业绩信息而遭遇集体诉讼。原告的代表律师称分众传媒的注册申请书和招股说明书没有完全披露分众传媒属下的互联网广告业务分公司进行的若干项收购交易的事实。而分众传媒发布的截至2007年9月30日的第三季度财报显示，上述未披露的几项收购交易，导致公司在2007年第三季度的毛利率有所下降。财报公布次日，分众传媒公司股价下跌幅度超过10%。因此投资者要求赔偿损失。

2004年在美国柜台交易板以反向收购挂牌，并于2006年转板到美洲交易所的西安博迪森也遭遇集体诉讼，原因是公司所披露的虚假信息损害了投资者的利益，包括隐瞒了由19个自然人代持2 000个股东的事实，违反了柜台交易板挂牌的公司股东不得超过200个人的要求，以及向中介机构纽约国际支付上市筹资额的13%高额佣金的合同承诺。该公司被除牌后也被迫在粉单上柜台交易。

成熟市场通常都鼓励社会监督和媒体监督。一旦上市公司有财务作假等违法违规嫌疑，利益相关人往往以集体诉讼的办法对公司及其管理层采取法律行动。最后可能让相关责任人倾家荡产，身败名裂。

第三节　美国资本市场的监管机制②

证券市场监管与违规之间的关系，就像猫和老鼠的关系，是一个很古老而且永恒

① 徐晓巍：《巨人分众在美遭遇集体诉讼》，《中国证券报》，2007年11月30日，第B05版。

② 蓝裕平：《如何适应美国资本市场的监管机制》，《国际融资》2011年第9期。

的存在。造假的案子，不仅中国有，美国也有。据笔者的观察，美国造假的案子通常不多，可是爆出来都是超大的。10 多年前的安然、世界通信，造假金额竟然数以十亿美元计算！由此可见，美国人不是不喜欢造假，而是造假的代价实在太大的，以至于只有超大的利益才能够让那些位高收入也高的高管人员和专业人士放胆一搏。当然，东窗事发以后的后果也很严重。媒体披露，投资者从安然公司的集体诉讼获得了 60 亿美元的巨额赔偿，而安然案中的重要角色已有几位自杀身亡！

SEC 在企业上市审核环节上相对宽松，实行的是备案制度，基本上是拟上市公司和相关的中介机构自己说了算。不过，一旦在未来有人举报该公司的信息不实，SEC 就会派出稽查人员，一经认定，造假者就要付出巨大代价。在笔者看来，集体诉讼和做空机制是美国证券市场监管制度的两大机制。

一、集体诉讼制度与市场监督

资本市场的主要参与者就是投资大众，他们通常是财务造假和虚假信息的主要受害者。他们在资本市场中是弱势群体，一旦受损，他们靠一己之力很难与上市公司博弈，即使是专业的投资机构，往往也是选择“用脚投票”的办法——抛售股票，一走了之。那么，美国资本市场靠什么监督上市公司的诚信呢？靠的主要就是媒体和集体诉讼的司法机制。媒体对于某些上市公司违规行为的曝光，会直接导致其股价的下跌，间接影响到上市公司及其主要的利益相关者。另外，媒体曝光也可能引起监管者的重视，会派出稽查人员前往调查。

集体诉讼制度则是作为另一个重要的机制来监督上市公司的行为。中小股东处于弱势地位，当自己的利益受到损失时，靠自己的力量往往无法维权，这时候他们可以联合起来，委托律师事务所向法院起诉要求维权。由于律师在代理这项业务的时候，往往可以从赔偿金中获取佣金，因此律师不仅会很积极地接这种案件，甚至会主动寻找获取这种案子的机会。上市公司尽管资金雄厚，其实也是很脆弱的。它们需要定期发布财务信息和各种公告，而且都有义务和责任保持这些公布信息的准确性。公众很容易得到这些资料，一旦发现其中的虚假成分，每份公告都是可以使用的白纸黑字的证据。有关上市公司的消息往往导致股价的波动并对投资人造成重大影响。一个负面的官司往往对上市公司造成很大的困扰，拖的时间越长，负面影响越大。上市公司往往通过私下谈判与原告形成和解，通常是支付一笔高昂的赔偿费了事。投资者即使赢不了官司，通常也可得到一定的补偿。据称，这类针对上市公司的集体诉讼案件的赔偿金额通常在2 600万美元上下，极少数大案则可能会是天文数字。因此，上市公司往往引来大量专业人士的关注，尤其是那些刚刚从学费昂贵的法学院毕业但尚未出名的年轻律师们，往往愿意花功夫研究上市公司的公告资料并寻求事业的突破口，一旦在某家上市公司的公告材料中发现蛛丝马迹，便会主动采取行动。他们通常首先购买一手该公司的股票，然后登报纸征集其他投资者的委托权并出面起诉控告上市公司。通常委托人不需要事先支付任何费用，但作为委托条件，一旦诉讼胜利的话，律师可以获得部分赔偿金（一般为20%～30%）作为酬劳。对于律师来说，这是一份名利双收的差事。对于小股东来说，如果诉讼失败的话，自己没有损失；胜利的话，可以获得一些补偿。何乐而不为！这种机制对于委托人和代理人来说都是互利互赢的，但对于上市公司来说却是一把悬在头上的利剑——一旦有所差错，随时官司缠身。这个机制的优点，是使对上市公司的监督成为持续的市场行为，无形中增加了上市公司违法违规的成本。

中国2020年版的《中华人民共和国证券法》大幅提高对证券市场违法违规的惩罚标准，相信有助于中国证券市场未来更加健康发展。集体诉讼制度是一项不错的机制，相信随着中国股市越来越成熟，司法制度进一步改革，这种机制也必将能发挥更多作用。企业家应该学会重视市场规则，同时养成遵守市场规则的习惯，如此才能在资本市场长期生存和发展。

二、做空机制与市场监督

美国股市有做空机制：投资者如果不看好某只股票，有机会先行借入该公司股票在市场沽出，等低位再买回股票平仓，以赚取差价。这种沽空机制，使集体诉讼机制的作用得以进一步放大。如果某个上市公司遭遇集体诉讼，公司股价就很可能大幅下跌，投资者如果事先沽空了某只股票，就可能在随后的股价下跌中获取暴利。当然，集体诉讼可能导致的股价下跌所隐含的投资机会，很可能吸引一些专业的对冲基金主动性地对某些公司发动狙击。一个典型的做空与集体诉讼的案例也许是这样的：投资者发现公司出现问题而准备采取集体诉讼的行动，为了获得最大的利益，在采取行动以前或者同时，在市场上进行卖空。有金融投资操作经验的人都知道，做空比做多的风险更大。从理论上来说，做空的预期收益是有限的——收益的极限就是该股票跌至零的时候；而预期风险是无限的——股价无限的空间可能导致做空者蒙受意想不到的亏损。事实上，如果原告的证据不充分，而且上市公司在出现市场信用危机的时候采取了合适的危机公关工作，那么其股价未必会有明显的下跌，股价下跌给了看好未来的投资者一个买入的机会。因此，做空的投资者实际上也承担巨大的风险。不过，做空机制确实有可能被一些机构恶意运用并获得不正当的收益。如何避免并监管恶意做空行为，同样是监管机构的挑战。

第十七章　乔布斯在创造商业奇迹中的投融资策划

史蒂夫·乔布斯（Steve Jobs），被公认为一代科技与商业奇才，卓越的企业领袖。他带给人们的科技产品 Mac 系列、iPod、iTunes、iPhone、iPad，让人们得到前所未有的消费享受。苹果公司被认为是乔布斯创造的、史无前例的商业奇迹——2020 年 12 月底，苹果的市值达 2.24 万亿美元，2020 年度净利润达 574.11 亿美元，是世界市值最大的公司。即使乔布斯已经去世多年，人们仍然普遍认为苹果公司的辉煌背后是乔布斯精神。

沃尔特·艾萨克森（Walter Isaacson）是美国 CNN 前董事长和《时代》杂志前总编，作为乔布斯生前唯一授权传记作家，花了很多年时间访问了乔布斯本人及其家人、同事、朋友、竞争对手 100 多人之后，撰写了巨著《史蒂夫·乔布斯传》[①]（2011 年出版），细致地展现了乔布斯一辈子生活和事业的方方面面。出于专业上的兴趣，笔者特别关注书中关于乔布斯早期创业、融资、上市，以及后来的收购与反向收购等情节。乔布斯拥有非凡的冒险精神、创新精神，对商业机会的超级敏感力，突出的组织能力和表达能力等，可是，如果没有其他因素，包括资本市场因素的配合，难以想象乔布斯能取得如此成就。本章主要以《史蒂夫·乔布斯传》中所提供的一些基本素材和其他的一些资料[②]，结合投融资理论和方法，尝试解读乔布斯职业生涯中的重要投融资活动，也算是对本书的一个总结。希望有助于读者从现实的眼光理解和运用公司金融的理论和方法。

---

① 沃尔特·艾萨克森：《史蒂夫·乔布斯传》，管延圻等译，中信出版社，2011，第 10 页。

② 其他资料主要包括刑会强：《苹果公司资本历程》，《国际融资》，2012 年第 4 期；李玮：《甲骨文董事长讲述乔布斯如何从 NeXT 重回苹果》，腾讯科技，2016 年 5 月 15 日。

第一节　苹果公司上市前的投融资活动

本节分初创期和IPO前两个阶段介绍苹果公司上市前的投融资活动。

一、苹果公司初创期的投融资活动

2022年3月24日，苹果公司的总市值为2.84万亿美元。可当我们看回乔布斯与他的伙伴们在创立苹果公司初期的经历，似乎充满着偶然性，涉及了不少喜剧人物和悲剧人物。

1. 苹果的创始人之一韦恩为何被遗忘了

一般的人都以为，苹果电脑是由两位史蒂夫在1976年始创的——史蒂夫·乔布斯和史蒂夫·沃兹尼亚克（Steve Wozniak）。可事实上，在苹果电脑最开始创立的时候，除了他俩之外，还有一个人，叫罗纳德·韦恩（Ronald Wayne）。而人们忘记了韦恩，是因为这个人遗憾地错过了与“天才”一起开创奇迹的机会！

（1）两位史蒂夫的缘分。

1970年，15岁的史蒂夫·乔布斯认识了史蒂夫·沃兹尼亚克，在电子学和音乐方面的共同兴趣使两个人成为挚友。沃兹尼亚克尽管比乔布斯大5岁，但性格腼腆，而乔布斯却显得老成持重，性格外向。1974年乔布斯从里德学院退学后，在一家名为雅达利（Atari）的游设计公司当技术员。

1975年第一台最简单的个人计算机阿尔泰（Altair）面世后，在惠普从事技术工作的沃兹尼亚克也在业余时间研究起个人电脑的电路设计图。他自己采购各种元器件组装焊接到主板，然后自己编写软件，并且成功组装出了一台个人电脑。按照现在的技术水平看，这也许只算得上是一个玩具，沃兹尼亚克也只是想在其他电脑发烧友中分享自己的小发明，乔布斯却从中看到了商业价值，竭力说服沃兹尼亚克一起做生意——把这种小发明商业化。他们的计划是自己购买元器件组装电脑的主板，成本大约为20美元，可以卖50美元，利润他俩对半分。他们最早的生意就这么开始了！

后来乔布斯发现，一般人想用电脑，但没有兴趣去自己组装电脑，于是他策划自己组装好电脑整机再出售，这样的利润可以大大增加。可是，产业化地组装电脑整机，就不是“小打小闹”的小作坊可以完成的，需要更多的资金。乔布斯于是想设立一家公司来运作，尤其是作为融资的主体。不过他俩都没有办公司的经验。

（2）韦恩被邀请一起创业——幸运之神的眷顾。

1974 年乔布斯在游戏设计公司雅达利工作的时候，由于个人习惯和脾气等方面原因，与周围的人格格不入，但却与年长 20 岁、负责制图的同事韦恩关系良好。韦恩曾经自己创业生产老虎机，但以亏钱告终。尽管如此，他办公司的经验，正是乔布斯特别在乎的。他曾经建议韦恩一起借 5 万美元设计制造新款老虎机赚钱。韦恩吃过苦头，一口回绝，说：“创业是损失 5 万美元最快捷的办法。”不过，乔布斯和沃兹尼亚克打算做电脑整机生意的时候，还是马上想到了韦恩，为了让他放弃顾虑，还承诺初始投资资金不需要他承担。

1976 年 4 月，他们 3 人一起成立了苹果电脑公司，乔布斯、沃兹尼亚克和韦恩分别占 45%、45% 和 10% 份额，并做了明确分工：沃兹尼亚克负责电子工程的执行，乔布斯负责电子工程和市场营销，韦恩负责机械工程以及文书工作。据称创业资金只有 1 300美元，包括沃兹尼克卖了自己的二手电脑获款 250 美元，余款是乔布斯卖了自己的二手车筹来的，韦恩没有出钱。

韦恩很快就拟定好了公司章程，并办理好了公司注册等事项，苹果公司正式成立。商业奇迹的序幕拉开了！

遗憾的是，仅仅在公司正式设立 11 天之后，韦恩退缩了。当时他们成立的公司属于合伙制企业，合伙人对于公司债务是承担无限责任的。他们一开始为了省钱，加工电脑主板的工场就设在乔布斯父母的车库里，只是由乔布斯和沃兹尼亚克投入的那点现金很快就要花完了。两位史蒂夫虽然一无所有，却雄心勃勃，打算向外举债继续大干一场。韦恩其实还小有积蓄，可是他对经济形势前景很悲观，而且总是想起自己以前创业失败的经历，心有余悸，担心公司举债后自己也要一起承担责任，因此，韦恩郑重要求退出合伙人的份额，不再以合伙人身份参与公司运作。经过协商，苹果公司以 800 美元回购了他的份额，过了一段时间又给他付了 1 500 美元（两位史蒂夫算得上仁至义尽了!）。韦恩完全退出公司的合伙人队伍，但仍然以其他形式与苹果保持了一段时间的业务合作。只是，在苹果之后的辉煌中，韦恩就不再出现在台上了。

1980 年 12 月 12 日苹果上市，按照当天收盘价计算，乔布斯所持股份价值 2. 56 亿美元。韦恩如果还持有原来的股份（相当于乔布斯持股比例的22%），持股市值大约为 5 600 万美元。上市当天收盘价为 28. 736 美元，到 2022 年 3 月 24 日，按收盘价 174. 07

美元，加上过去四十年的股息和红股（向后复权），相当于现在 40 367.84 美元。苹果按首日收盘价计算，到现在股价大约涨了 1 405 倍！假设韦恩的股份一直不卖，市值约为 786.68 亿美元！

韦恩后来显然只是过着普通人的生活。据说几年前有记者专门去采访韦恩，问他是否后悔当时退出了合伙人团队。他说："我不后悔，我只是有点倒霉，总是在关键时刻缺一块美元！"他随后补充说："他们俩都是疯狂的家伙，我知道自己的承受能力，我不准备冒那样的风险。"显然，手头紧是一个原因，不想跟着他俩冒险是另一个原因。后者可能是更重要的原因。

2. 马库拉——帮助苹果电脑走向成功的"贵人"

苹果开始做电脑整机（APPLE－I），价格比主板高 10 倍以上，而利润是原来的 2～3 倍。沃兹尼亚克正在研发苹果第二代电脑 APPLE－II，资金需求量大增。乔布斯早期以借钱和购买原材料零部件赊账的方式取得商业信用借款。可是，作为合伙企业，融资能力是非常有限的，经常捉襟见肘！因此，乔布斯积极寻找引入股权投资机构的机会。

乔布斯首先找老东家雅达利公司的老板诺兰·布什内尔（Nolan Bushnell），邀请他向苹果电脑投入 5 万美元，换取公司 1/3 股权（相当于融资前公司估值为 10 万美元）。布什内尔后来说："我当时自认为很聪明，拒绝了他。现在想想这件事挺有意思的，当然更多的是欲哭无泪的感觉！"历史性的机会与他擦肩而过！布什内尔介绍乔布斯去见了红杉资本的创始人唐·瓦伦丁（Don Valentine）。瓦伦丁发现乔布斯对于营销一窍不通，没法沟通，所以他建议乔布斯找一位懂销售而且会写商业计划书的合作伙伴，并推荐了迈克·马库拉（Mike Markkula）。

现在看起来，马库拉是苹果最重要的"贵人"，他成为乔布斯进入商界的导师，而且，他后来影响了苹果整整 20 年。

马库拉当年才 33 岁，可是作为成功人士，已经处于半退休状态，因为他原任职的公司英特尔公司上市后，他所持有的股票期权让他赚到了几百万美元！他与乔布斯见面之后，决定免费花几周的时间去帮助乔布斯做一份商业计划书，并看看自己是否愿意投资。商业计划书做好之后，马库拉打算搏一把，接受了苹果的投资邀约，决定投资 9.2 万美元获取 1/3 股份（即公司增资前估值为 18.4 万美元，请注意：这个估值水平比起布什内尔受邀请投资时的估值 10 万美元高了 84%）。1977 年 1 月，3 人决定在 9 个月前设立的合伙制苹果电脑公司的基础上把公司改组成为苹果电脑有限责任公司，按照创业公司的一般安排，马库拉、乔布斯和沃兹尼亚克分别持有苹果公司26%股份，剩下的股份预留给其他打算引进的人才。马库拉为了表示诚意，还主动提出为公司提供不超过25万美元的信用贷款担保（即为苹果公司25万美元银行贷款提供信用担保）。

马库拉因为曾经在英特尔公司从事营销策划和管理工作，加入苹果以后，担任苹果董事长20年，为苹果注入了营销和管理的理念，更重要的是他撰写出一份能够与资本对接的商业计划书，把苹果的状况、发展潜力以及市场价值充分展现。他为苹果上市策划了两轮私募股权融资，在后来的IPO上市等环节都起了关键的作用。当然，他也是在1984年把乔布斯驱逐出苹果的重要推手，他代表资本的力量。从经济收益来说，马库拉可以称得上苹果创业团队中最大的赢家。他的股份在苹果上市时市值为2.56亿美元，如果按照2022年3月24日股价向后复权计，市值达3 596亿美元。跟他当年9.2万美元的初始投资本金相比，回报率是一个天文数字。这种回报率非常令人羡慕！

3. 创业中的团队建设与冒险精神

相信看了上述故事，每个人都会对苹果创业期间的重要人物以及他们的命运感到叹息。下面从创业中的团队建设和冒险精神两方面做评述。

首先，创业的团队建设。

乔布斯和沃兹尼亚克被称为完美的合作伙伴，一位有强大的创造力，另一位有强大的管理能力和沟通能力。可是，在如何设立公司并进行公司运作方面，这两位史蒂夫却毫无经验。这样，具有经商经验的韦恩在这个时刻才变得很重要。显然，有这方面经验和知识的专业人士很多，可是双方真正的合作，还需要信任的基础。韦恩由于与乔布斯是同事关系，双方有较好的信任关系，才会成为乔布斯创业合作的对象。本来得到乔布斯的赏识，算是得到上天的眷顾，可是他却早早地放弃了历史性的机会，难道只是运气不好吗？

马库拉出现在苹果最需要营销和资本策划人才的时候。他原来在英特尔经做营销管理，有丰富经验，而且他很了解新兴的电脑行业的状况和发展趋势，加上自己的非凡眼光，及时地把握了这个历史性机会。

其次，企业家的冒险精神。

企业家精神，被定义为冒险精神。冒险几乎是企业家取得成功的必要条件，但不是充分条件。有些人看到了参与风险投资可能获得厚利的故事之后，会很积极地投向那些创业项目。可是大家一定要清楚，一个创业项目是否最后能走向成功，除了冒险，还取决于天时地利人和各方面要素的配合。那就意味着，如果各方面的因素不能有良好的配合，冒险的结果可能是血本无归。因此，做投资，一定要谨慎，并且通过分散化投资控制风险。韦恩做过老虎机的生产和销售生意，应该是有冒险精神的，只是受到打击之后，变得非常厌恶风险。由此可见，受挫折的经历可能成为有益的经验，也可能成为心理负担。韦恩曾经有过失败的经历，而且已到中年，相对于两位 20 岁出头的拍档，韦恩思想成熟，富有经验，却缺乏冒险精神。每个人的风险偏好不同，而且，还会随着经历的不同和年龄的增长而变化，这就导致面对同样的风险，不同人会有不同的选择。一般来说，随着年纪的增加、经历的累积，人会变得更有智慧，可是随着体力的降低，心理上所受到的打击，承担风险的能力也大大降低。有些人的心理素质会更强一些，如马云，在早期的创业过程中虽连遭挫折，但屡败屡战，最终取得了巨大的成功。很多人羡慕马云的成功，但绝大多数人忽略了马云在创业初期强大的心理素质和冒险精神。这种特质，绝大多数人是欠缺的，尤其是那些家庭负担很重的中年人，他们上有老，下有少，没法承担创业失败的后果。因此韦恩选择不继续冒险，错失了成为大富豪的机会。

与韦恩被失败的过去所困扰不同，马库拉在英特尔上市中获得了巨额收益，一方面，成功的经历让他具有更大的勇气，另一方面，他个人具有投资能力。马库拉可以说就是苹果的天使投资人。正如前面所述，种子阶段的项目，成功概率很小，半途夭折的概率很大。所以，马库拉实际上承担的风险也是很大的，尤其是马库拉还承诺为苹果提供信用贷款 25 万美元。信用贷款意味着该贷款为无抵押无担保的贷款（马库拉也有可能是为公司的银行贷款提供担保）。如果苹果经营失败，没有支付能力而破产的话，这些贷款就要由马库拉承担连带责任，直接承担损失。乔布斯后来回忆道："我当时想，迈克（马库拉的昵称）也许再也见不到自己的那 25 万美元了！我很钦佩他敢于承受这种风险。"不过，马库拉显然非常看好苹果的前景。他甚至预测"两年之后我们就会成为一家《财富》500 强的公司"。尽管实际上实现这一目标，苹果花了 7 年，但马库拉确实有非凡的眼光。

二、苹果公司在上市前的融资策划

一般创业公司在成功挂牌上市前，都需要有好几轮的股权融资。苹果在 IPO 前共进行了 3 轮重要的融资活动。

1. 上市前的3轮重要融资

（1）马库拉的天使投资。

马库拉在免费为苹果电脑做商业计划书的过程中，把自己给说服了——自己决定先投进去做天使投资人——投入9.2万美元。这笔钱让苹果的生产经营以及研发得以顺利进行，3个月后第二代电脑APPLE－II成功推出市场。苹果进入一个急速上升的时期：销售量从1977年的2 500台增长到1981年的21万台。而经营规模的迅速扩大也扩大了资金的需求。

（2）A轮私募股权融资（初创期）。

在马库拉的积极运作下，苹果公司成功进行A轮私募股权融资，在1977年从私募基金获得股权投资资金60万美元。有了这笔钱，苹果的规模化生产和研发活动得以顺利进行。

（3）B轮私募股权融资（晚期投资）。

苹果在1979年夏天进行B轮融资，向施乐PARC公司、罗斯柴尔德（LF Rothschild）、Untenberg、Towbin、Brentwood资本公司以及一些个人投资者等共计16个投资公司和个人，定向发售股票，共筹集727万美元。其中的施乐PARC公司投资100万美元，按上市当日股价计算，该项权益的市值已经达到1 760万美元，后来施乐PARC公司以3 000万美元出售，获得约30倍的回报。

2. 引进资金中的博弈

引进股权资金是一项融资行为，如果在这个过程中可以获得其他的好处，那么融资就可能变成一种手段。在这B轮融资中，苹果公司深受风投基金的青睐，认购者踊跃。通常在这种情况下，融资者变得主动，可以要求提高股权定价（可以降低融资成本），或者可以挑选客户——引进那些对公司未来的发展有利的股东，从而获得其他的好处。当时施乐PARC公司下属的风投公司非常热切要进来，而乔布斯刚好看重该公司所拥有的图形用户界面技术。但施乐PARC公司该项技术并不公开。因此，乔布斯开出条件：施乐PARC公司必须向苹果公司展示这项技术的细节以换取入股的机会。乔布斯得手了——施乐PARC公司急切入股苹果电脑，终于同意向乔布斯及其团队详细演示这项技术。可以说，图形用户界面技术是苹果之后辉煌历程的开始。施乐PARC公司尽管最早发明了这项技术，但自己推出来的图形用户界面电脑并不受市场欢迎，而乔布斯却沿着这条道研制出图形用户界面新一代电脑，苹果麦金塔（Macintosh）在

1984 年被成功推出。尽管早期的市场销售情况并不是很理想，但它引领了新潮流，并成为苹果主要的发展方向，最后取得成功。具有讽刺意义的是，乔布斯把图形用户界面技术应用于麦金塔时，早期的销售很不理想，没有给苹果带来什么收益，反而成为自己被踢出苹果的重要原因之一。按照笔者的理解，乔布斯超前看到图形界面技术在电脑中的使用趋势，只是因为当时的芯片、内存等其他硬件的运转速度没法提供足够的运行环境，导致率先使用这项新技术的麦金塔电脑运行速度变慢，用户体验差，影响了麦金塔电脑的销售。

比尔·盖茨受苹果公司邀请帮助其开发设计图形界面版本的软件——全新的电子表格 Excel 和文字处理程序 Word，因此看到了未来个人电脑的新潮流，潜心研发以该技术为基础的操作系统，并且以授权使用的方式，成为后来个人电脑操作系统市场的主导者；而盖茨的成功是因为他选择了专注操作系统并采取授权使用的方式，回避了投资风险更大的整机生产风险，更快地抢占市场。

乔布斯参观施乐 PARC 公司的图形用户界面技术演示，发现了这项技术的应用前景，做出了麦金塔，这被认为是历史上最大的工业技术盗窃案；而盖茨围绕图形用户界面技术所做的 Windows 操作系统，又被认为是微软偷窃了苹果的知识产权。面对乔布斯咄咄逼人的公开指责，盖茨说："好了，史蒂夫，我觉得我们可以换一种方式来看待这个问题。我觉得现在的情况更接近这样——我们都有个有钱的邻居，叫施乐，我闯进他家准备偷电视机的时候，发现你已经把它盗走了。"

这个故事读起来很有娱乐感。不过，各方都没吃亏：施乐 PARC 公司向乔布斯演示了这项划时代的新技术，获得入股的机会并获取了巨额投资利益；乔布斯积极应用这项技术并推动电脑产业进入新时代；盖茨通过与苹果合作的机会，利用这项技术开创了全新的领域；而苹果在后来与微软的和解中实现了互利共赢的局面。同时，人们看到，企业间的竞争，最终让社会受益。

3. 苹果公司上市融资策划

1980 年 12 月 12 日，苹果电脑在纽交所 IPO，发售 460 万股新股，大受欢迎，获得超额认购。发行价为每股 22 美元，共募集资金超过 1 亿美元（扣除融资费用后实际融资 8 280 万美元）。按照 40 多年后今天的价值看，金额不算大，可它是 1956 年福特汽车上市之后最大金额的 IPO 项目！苹果在获得巨额股本融资之后，生产规模迅速扩大，而且提高了研发力度，成为电脑产业的重要企业。苹果股票挂牌当日收盘报每股 28.736 美元，公司总市值达 17.78 亿美元。被摊薄后，乔布斯、沃兹尼亚克和马库拉的股份共约占15%，市值超过2.56亿美元！

第二节　股权结构与企业控制权争夺

现代资本市场的资本效率很高，不断推动资本流向有发展前途的产业：有前途的企业股票会由于投资者的积极买入持续上升；股价上涨让企业容易以更低的成本得到融资，迅速做强做大。美国自20世纪70年代开始发展起来的私募股权投资行业，更是把目光转向那些未上市的，甚至新创立的企业，一旦发现某个企业在技术、市场、经营模式等方面有特色并有机会脱颖而出，私募股权投资资金就会迅速流入，让企业快速成长起来。不过，私募股权投资基金的强势参与，通常会使股权分散，创始人的股份被摊薄，其对公司的控制力自然也会降低。因此，创始人与投资人之间就经常处于博弈过程。如果创始人能够持续保持较高的盈利能力和成长性，加上有较强的社交能力，就可能获得投资人的支持，保持对公司的控制权。因此，资本市场通过股价波动调节资本的资源流向有前途的行业和有前途的企业。从这个角度来说，资本市场确实可以提高资本的使用效率。不过，市场不是完美的。

经济发展有周期变化，行业也会有周期变化，任何企业都可能在某些年份出现亏损的情况。另外，从长远发展的角度看，企业家可能需要做发展方向的重大调整，忍受短期的亏损或者停滞。可是，那些通常较重视短期利益的基金公司，却未必能够忍受这种情况的延续，它们急于更换企业领导人，以求尽快改变状况。从这个角度来说，市场有时候也会出现错误。

一、上市后乔布斯被资本赶出苹果

尽管乔布斯是苹果的灵魂人物，但他为人处世方面个性太强。在上市后，其他重要股东认为他缺乏营销能力和成本概念，不适合担任负责日常经营管理的CEO职位。公司成立之时乔布斯担任董事长，马库拉担任副董事长，CEO则是外聘的迈克·斯科特（Mike Scott）。1981年，权力斗争的结果是斯科特出局，由马库拉接任CEO。两年后，通过猎头公司，苹果引进了拥有丰富企业管理经验的百事可乐原CEO约翰·斯卡利（John Sculley）到苹果接替马库拉出任CEO。短暂的“蜜月期”之后，乔布斯和斯卡利两个人逐步在公司发展战略上出现重大的分歧。乔布斯认为斯卡利不懂技术，斯卡利则觉得乔布斯只追求技术完美但不顾成本。到 1985 年，由于乔布斯所推动的项目进展不顺利，引起了其他重要投资者的不满，斯卡利在博弈中得到了股东中基金等机构投资者的支持，并在董事会上占了上风。乔布斯被迫辞职。乔布斯离开以后，苹果靠着原来产品系列的销售，过了大约 5 年平稳上升的时期。1990 年之后，缺乏创新和新产品的苹果在市场的竞争力开始明显下降，利润也因此逐步下滑，自然引起股东的不满，斯卡利也因此在 1993 年底被迫辞去 CEO 职位；迈克尔·斯平德勒（Micheal Spindler）继任之后，曾经打算把公司卖给 Sun，IBM 或者 HP 等行业巨头，但价钱似乎没谈拢；1996 年 2 月，吉尔·阿梅利奥（Gil Amelio）接任苹果 CEO，他就任第一年，苹果爆亏 10.4 亿美元，股价从 5 年前的 70 美元跌至 14 美元，而同期美国股市正处在高科技泡沫的膨胀期。

由于小公司在成长过程中会不断引进风投资金，上市后更会在股市增资扩股中被稀释。创始人的控制权会逐步减弱，甚至会被赶出决策层。这种故事经常发生。新浪网的创始人王志东在公司上市后就被剥夺了董事长的职位，雅虎的联合创始人杨致远在做出巨资投资于“明日之星”阿里巴巴股权之后，也被赶出了董事局。因此，在美国创始股东需要有特别的设计才能确保控制权在自己手上。通常有两种办法。第一种是将股权区分为有投票权的 A 类股票和没有投票权的 B 类股票（其他权力一样），在自己持有足够的 A 类股票比例的情况下，以 B 类股票作为新融资的工具。第二种就是“特殊投票权机制”，即赋予某些股东（通常为创始股东）更高的投票权利。中国科创板也允许有这种机制的公司上市。

二、乔布斯创立 NeXT 并重返苹果

1985 年乔布斯被苹果扫地出门之后，把手上所持的 650 万股苹果股票（占该公司 11%）全部卖出（剩下 1 股，保持参加股东大会的股东身份），套现 1 亿美元。乔布斯在离开苹果后的 10 年间，创办了两个公司，分别是 NeXT 和皮克斯（Pixar），再现他的创业天分。一方面，因为乔布斯自己有资金实力，不需要找天使投资人；另一方面，因为他有过去股权分散导致控制权丢失的教训，在这两个公司的初始投资中，乔布斯都没找其他投资人，只是给公司高管一些股份作为激励，自己把握控制权。

1. 创立 NeXT 电脑公司

1985 年乔布斯离开苹果之后，一部分也是意气用事，立志成立一家与苹果竞争的

电脑公司，命名为 NeXT。由于带走了 5 位原苹果同事，被认为“违背受托责任”，因此与苹果对簿公堂，一年后才庭外和解。为此，乔布斯做了承诺：产品将作为高端智能终端直接销售给高校；NeXT 公司不能在 1987 年 3 月之前推出产品，而且，还不能使用与麦金塔兼容的操作系统。

基于对图形用户界面技术应用的执着追求，NeXT 一开始就朝着做类似麦金塔电脑的方向走，而且，乔布斯坚持与其他电脑不兼容的、硬件和软件一体化的思路。这个思路一直在乔布斯当时的心中独树一帜。可是当乔布斯邀请盖茨为其设计专门的应用软件时却被拒绝，因为盖茨不看好这种排他性的电脑，他直接的回答就是：“等你有市场的时候我会考虑。”1988 年，乔布斯宣布将推出工作站电脑 NeXT Computer，开始时市场反响挺好，可是次年正式推出时，销售情况却非常令人失望。一年之后，他决定完全放弃硬件的制造，专注研发电脑操作系统 NeXTSTEP。不过，这一系统对于整个电脑行业未来的发展有深远的意义，也为乔布斯后来回归苹果提供了一个契机。

2. NeXT 的私募股权融资

尽管公司成立的时候，乔布斯是唯一的创设股东，但 NeXT 公司进一步的发展离不开其进一步的融资。

到 1986 年底，乔布斯已经在该公司中投入了 700 万美元，但该公司一切还处于研发期，暂无任何收入，更谈不上利润。乔布斯向风投公司发出招股邀约：打算发行 10% 新股获得 300 万美元的投资（相当于增资以前 NeXT 公司的估值为 2 700 万美元），反应寥寥。不过，到 1986 年 11 月的一天，竟然有一个人——罗斯·佩罗（Ross Perot），主动“敲门”请求投资。

佩罗是一名德州企业家，不是风投行业的专业人士。他创办的电子数据公司（Electronic Data System）刚刚卖了给通用汽车公司，得到了 24 亿美元巨款。他看到电视上播放的纪录片《创业者》（*The Entrepreneurs*）关于乔布斯和 NeXT 公司的故事，受到感动。他非常钦佩乔布斯及其团队。第二天他就给乔布斯打电话：“如果你需要投资者，给我打电话。”乔布斯这个时候对资本市场运作的套路已经非常熟悉，看到对方的热情，抑制自己急切的心情，淡定地跟对方接洽谈判，并且提出了比原来高得多的报价：乔布斯自己再投入 500 万美元之后，佩罗可以用 2000 万美元获得 NeXT 公司 16% 的股份。这意味着佩罗入股之前，NeXT 公司的估值达 1.05 亿美元——除去乔布斯自己增加的 500 万美元，估值相当于初期的目标 2 700 万美元的 3.9 倍！

佩罗后来说，当时微软刚刚上市，股票暴涨，他很遗憾在 1979 年盖茨到德州拜访时，自己没有下决心收购微软，或者认购一大批股票。他感觉乔布斯的 NeXT 会是另一次难得的机会，他不愿意再犯同样的错误。佩罗的故事，说明了以下三个道理：

第一，比起股票市场的公开交易，私募股权投资市场的信息不对称情况更加明显——好公司在找有钱的投资人，有钱的投资人在找好的公司，而且价钱也不是很公开和透明，双方需要斗智斗勇。

第二，宣传真的可能有用——佩罗刚好看到电视上介绍乔布斯和他的 NeXT，而且恰好佩罗手上有一大笔现金。

第三，同样一笔钱，对于一个人来说，在不同时期的意义是不同的。行为金融学的心理账户理论认为，人们对待每一元实际上并不是一视同仁的，而是视它们的来历和用途采取完全不同的态度，每次只用一个心理账户的思路来决策。比如，一个人刚进赌场的时候，下注会很小心，可是一旦赢了一大把钱，下注就会变得比较豪气。苹果最早的创始人之一韦恩因为厌恶风险而退出，马库拉在英特尔上市股票中赚了大钱，所以敢加入创始人团队，而佩罗愿意高价入股 NeXT，与其刚刚在公司卖给通用汽车的交易中赚了大钱也有很大的关系。

互联网时代的风险投资家们，经常在对项目做估值的时候感到很困惑：如何确定该项目未来的现金流以及如何确定适当的贴现率？佩罗一周之后才接到乔布斯的邀请电话（乔布斯故意表现出不着急融资），他带着专业分析员去与乔布斯洽谈入股和定价事宜。为什么他认可的估值水平与前面的风投公司的看法（那么低也不愿意投资）差别那么大？

笔者认为，这也可以用另一个行为金融学的理论予以解释。决策框定偏差理论认为，人们的决策受到抉择框定的影响。佩罗当时刚好看到电视在播放关于乔布斯和 NeXT 公司的节目，佩罗对其心生羡慕，很有好感。而且，佩罗看到自己错过投资的微软上市后股价暴涨，心理上已经对这个项目有了先入为主的框定。

话说回来，佩罗实际上不仅给 NeXT 带来了资金，还给它带来了宣传作用。佩罗是一个很活跃的商界社交人士，他扮演了乔布斯的啦啦队队长的角色，提高了公司的社会影响力。佩罗这一项风险投资，最后也得到了不错的回报。在 1996 年底，苹果以约 4 亿美元的代价收购了 NeXT 的全部股权，佩罗的投资在约 10 年里获得大约 2.2 倍的回报。当时苹果是以部分股权和部分现金收购 NeXT 的股权。乔布斯在股权冻结期一过，也全部变现。不知道佩罗是如何处理所换取部分评估股权的，如果股权能留下来，回报率就太高了。不过，能否长期持有一家好公司的股票，真的有运气的因素。一个公司能否保持“好”，是一个问题，行业周期的变化、技术的变化、公司领导层的变化等都会成为不确定因素。另外，个人的判断以及耐心，又是另外的一些重要因素。从金融学理论的角度来说，笔者并不建议长期专门或者以高比例持有某一样资产，包括某一只股票，这样可以回避非系统性风险。分散化投资是控制投资风险的最重要策略。企业上市后，有机会时，笔者通常都会向企业大股东提出建议，卖出部分公司股票，换取其他资产，包括购买一些房产等。多数创业者在公司上市前的个人资产可能都高度集中于自己公司的股权，但公司未来是否能继续做大做强是存在不确定因素的。将资产适当分散处理，可以降低自己未来的不确定性。

3. 乔布斯执掌苹果并推行改革

1996 年受董事会聘请为苹果寻找买家的高盛表示，很难找到合适的战略投资者。董事会评估苹果当时的情况是，市场份额持续下降，现金短缺，人才流失，面临破产的危险，认为如果乔布斯回归苹果，大约有六成机会避免破产。

苹果自己研发的新操作系统迟迟不能达到理想状态，时任 CEO 阿梅利奥需要寻找一个替代品，最后选定 NeXT 操作系统，决定向乔布斯提出收购请求。应该说，阿梅利奥做出了正确的决定，后来苹果以 NeXT 的操作系统为基础，研发自己特有的、可以与 Windows 抗衡的电脑操作系统 IOS。不过，阿梅利奥促成乔布斯回归苹果，而他自己则因此面临下岗的命运。

尽管时任 CEO 阿梅利奥个人不愿意，乔布斯在竞争公司领导人的博弈中，得到了渴望让苹果改变现状的主要投资人的支持。只是乔布斯对于改变苹果的状态还没有十足的把握，因此一开始只是担任临时首席执行官。不过，乔布斯采取了一系列措施去改革苹果：

首先，对高管期权重新进行定价。由于苹果的股价过去几年大幅下跌，原来高管人员的期权行权价远高于市场价，因此期权几乎变得毫无价值，在高科技行业，期权是吸引科技人才的重要激励措施，因此乔布斯积极推动重新确定期权价格（甚至以自己辞职作为威胁要求董事会批准这项提议），以稳定研发团队并招揽人才。

其次，改组了整个董事会以及高层管理人员的队伍（换成自己的人），以保证自己有足够的决策权和控制力，而团队有更强的执行力。

再次，引入微软 1.5 亿美元非投票权股票投资资金，并因此与微软取得和解——微软同意为麦金塔电脑研发办公软件，而苹果同时撤销对微软的侵权诉讼，并将微软 IE 浏览器集成到苹果操作系统中。

4. 乔布斯靠什么重新执掌苹果

乔布斯当年被踢出苹果的时候，可以说主要是因为自己在公司里投票权不足，且没法得到董事会多数成员的支持。

1996 年底，苹果的市场价值只有约 20 亿美元。NeXT 被苹果作价 4 亿美元收购，乔布斯本来可以因此重新获取苹果超过 10% 的股权（乔布斯在 NeXT 的持股比例为六成多），这样可以在投票权上提高自己的控制力。可是乔布斯一开始并不接受以换股方式的交易条件，要求用现金（谈判的结果是大部分现金、小部分股权的方式），而且很快就把剩下的持股也卖了（仅留 1 股以便参加股东大会）。笔者推测，乔布斯当时对苹果的未来仍然没有信心。乔布斯回到苹果之后刚开始一直是以临时 CEO 身份发号施令的，拒绝去掉“临时的”前缀，应该是同样的考虑。到了 1997 年 10 月，如日中天的戴尔电脑老板迈克尔·戴尔（Michael Dell）被记者问及，如果他是史蒂夫，并接管了苹果，会怎么做。戴尔说：“我会关闭公司，把钱还给股东。”俗话说，船大难掉头。苹果家大业大，如果没有研发出新的产品来改变市场地位，仍然难逃厄运。苹果在 1996 年和 1997 年连续亏损，到 1998 年第一季度终于出现了 4 500 万美元的利润（整个财年实现利润 3.09 亿美元）。一直到 2000 年 1 月，乔布斯才同意担任正式的 CEO，去掉挂了两年半的“临时”前缀。而这段时间，苹果的股价从 14 美元涨到 102 美元。

令很多人不解的是，乔布斯担任临时 CEO 期间，一年仅收 1 美元的工资，而且，尽管他为高管人员争取到一批重估了行权价的期权，却拒绝了董事会给他安排的一批期权。该批期权的市场价值在这段时间已涨到 4 亿美元！

乔布斯显然不是一个不食人间烟火的圣人，他决定担任正式的 CEO 之后，主动提出要一架私人飞机的奖励，另外索取 2 000 万份按两年前估值的期权，比董事会当时建议的 1 400 万份还要多[①]，显出他“霸道总裁”的面目。可惜的是，乔布斯因为几年前拒绝这批被授予的期权，股价涨起来之后再想要，却要走复杂的程序。等到程序走完，美国高科技泡沫破灭了。乔布斯似乎没从这批股权中得到多少好处。

如何理解乔布斯的这种行为？笔者尝试从两个方面来解读。

首先，乔布斯刚回归苹果时表现的“高姿态”，可以说是他的策略之一。他刚回归的时候，公司内部山头林立，要掌握公司的权力并不容易，他表示不领高工资和期权，让自己具有道德的高度。而且，他为自己选择了一个适当和有利的身份——开始的半

① 沃尔特·艾萨克森：《史蒂夫·乔布斯传》，管延圻等译，中信出版社，2011，第 10 页。

年，他的身份是顾问，后面的两年半是临时 CEO。这种身份给董事会压力——他随时可以离开这艘危机四伏的大船（他经常提醒董事会，苹果离破产只有 90 天的时间），同时，如果大船沉落海底，他不必承担责任。在一定程度上说，乔布斯能够成功推行他的改革措施（包括改组了整个董事会），他的“高姿态”起了重要的作用。

其次，乔布斯的行为，体现出他个人的价值观。他当时已经是亿万富豪，不仅从出售 NeXT 权益中得到巨额收益，在他个人控股的皮克斯公司中也有数十亿美元的巨大的财富。乔布斯认为自己回归苹果主要是为了事业，钱不是最重要的，如果没法改变苹果，他就不打算获取利益。

再次，乔布斯的行为，体现出他在刚回归时对于重造苹果的辉煌并不是很有把握。他不愿意继续持有公司的股票说明这个时候他的风险偏好比较低。拒绝当年董事会授予的 1 400 万股期权，也说明了他的判断失误。这种情况也不奇怪，聪明如乔布斯的天才，也会有失误的时候。

1995 年底，当苹果风雨飘摇的时候，乔布斯密友，甲骨文 CEO 拉里·埃利森（Larry Ellison）建议，由他筹措 30 亿美元：“我会买下苹果，你作为 CEO 会立即获得 25% 的股份，我们可以重现它的辉煌。”① 乔布斯拒绝了这个建议，说他打算促成苹果收购 NeXT，然后进入董事会，再寻求控制公司的机会。

看起来，乔布斯回绝埃利森的建议有点奇怪，不过，按照笔者的理解，尽管是由乔布斯的朋友出钱，自己不用承担投资责任，乔布斯也需要掂量一下朋友的托付的重任。说到头，他对于救活苹果并没有十足的把握。生活就是这么奇妙，商业也是。当事后诸葛亮是容易的。但每天都是新的日子，新的决策从来都是困难的。过去 10 年，大家都看着伯克希尔·哈撒韦和苹果公司股票连创新高，却总是很犹豫是否还可以投资。因为人们总是担心好公司可能变差。

第三节　乔布斯再创苹果辉煌

乔布斯逐步执掌苹果大权之后，重新聚集了一帮高端人才，并积极研发能够扩大市场份额的新产品。

① 沃尔特·艾萨克森：《史蒂夫·乔布斯传》，管延圻等译，中信出版社，2011，第 10 页。

一、产品和市场营销创新

为了重整苹果在市场中的地位，乔布斯推出了一系列新措施。

1. 推出台式电脑 iMac

1998 年 5 月，苹果推出了面向家用电子市场的台式电脑 iMac，其一体化的设计充分体现了乔布斯一直的追求以及超常的创意和远见。8 月正式发售，在 6 周内就售出 27.8 万台，到年底售出 80 万台![①] 创造了苹果销售的奇迹。

2. 推出新的操作系统 Mac OS X

2000 年 1 月，苹果推出了新的操作系统 Mac OS X。由于乔布斯在 1985 年离开苹果时被告知不能使用与苹果系统兼容的软件，NeXT 操作系统的一些软件，被重新改造并与苹果麦金塔操作系统兼容，其中基于 UNIX 的 Mach 内核，据称“提供内存保护机制、升级的网络功能，以及抢先式多任务处理功能”。这套内核被换成了 Mac OS 内核，提升了麦金塔操作系统。新的操作系统不仅具有全新的界面，还增加了很多新的功能。

3. 开设苹果专卖店

正如乔布斯希望让麦金塔电脑独一无二，而且一体化，不与其他电脑产品和操作系统兼容一样，他也不想让自己的电脑跟别的产品一起卖。1999 年中后期，乔布斯开始策划开苹果专卖店。而且，他从店面的选址、装修风格、装修材料等各个细节都亲力亲为。苹果开设专卖店之后，不仅开辟了零售业务，在制造社会关于苹果的话题以及增加品牌知名度等方面都起了积极意义。到 2011 年，专卖店开设 10 年之际，全世界已经有 317 家苹果专卖店。

关于是否自己开店的问题，在中国电器生产商中早就有过故事。国美电器开辟了“全市最低价”的电器连锁式经营模式，一统电器销售市场。电器厂商不得不接受电器连锁商占用现金流的条件（电器厂商需要支付进场上架费，销售收入被延期支付）。只有格力电器拒绝电器连锁商的霸王条款，自建格力空调专卖体系，也取得了成功。

---

① 沃尔特·艾萨克森：《史蒂夫·乔布斯传》，管延圻等译，中信出版社，2011，第 10 页。

二、数据中枢

乔布斯回归苹果以后，提出"非同凡想（Think Different）"的口号。苹果不断进行着创新，而美国互联网泡沫破灭——纳斯达克指数比最高峰跌了超过一半！有人提出电脑行业在数字革命中的核心地位即将消失，乔布斯却提出了一个注定影响时代潮流的新概念——数字中枢。他认为个人电脑将整合连接各种数字设备，包括音乐播放器、录像机，以及相机等设备，成为管理音乐、图片、视频、信息，以及被他称为"数字生活方式"的各个方面。而且，电脑将被重新定义，苹果甚至把"电脑"这个词从公司名称中去掉。在这个概念下，苹果推出了一系列令人目不暇接的新服务和新产品。

1．推出 iTune——在网上买唱片

乔布斯热爱听音乐。他很早就意识到围绕音乐可以做大生意。2000 年流行的 CD 刻录技术操作烦琐。2001 年 1 月，苹果推出了可以播放 MP3 音乐的软件 iTune，苹果用户都可以免费使用这个软件。

2．推出 iPod

2001 年 10 月下旬，苹果隆重推出了可以存储 1 000 首歌且便于管理的便携式音乐播放器 iPod。

3．iTune 商店

iTune 软件、iPod 和电脑之间的连接，可以让音乐管理变得非常方便。但是，音乐的版权保护问题变得严峻起来，需要在方便用户的同时保护知识产权。2003 年 4 月底，苹果推出了 iTunes 商店，开始在网上经营起音乐有偿下载服务。下载一首歌只需要 99 美分。原来他们预计 6 个月内可以销售 100 万首歌，实际上，在 iTune 推出的 6 天内，这个目标就实现了。乔布斯宣告："这将作为音乐行业的一个转折点被载入史册。"①

苹果后来又推出了容量和体积较小的 iPod Mini，以及随机播放的体积更小的闪存播放器 iPod shuffle，占据了另一批客户的市场。由于苹果产品的排他性，iTunes 商店长

---

① 沃尔特·艾萨克森：《史蒂夫·乔布斯传》，管延圻等译，中信出版社，2011，第 10 页。

时间占据市场主导地位。

iTunes 商店还带来一个好处。2011 年，苹果出现了全新的商业模式：iTunes 商店成了这样的一种服务，能把信任它的用户的在线身份和支付信息收集起来；iTunes 后来还开始了杂志订阅服务、销售视频、应用程序等。截至 2011 年 6 月，数据库有 2.25 亿个活跃用户，率先把苹果带入了数据商业时代。

三、iPhone 三位一体

至 2005 年，iPod 销量大涨，当年即卖出 2 000 万台，是上一年的 4 倍，营收占苹果的 45%，而且，它还带动了 Mac 系列电脑的销售。

1. 大好形势下的忧患意识

iPod 的重要性反而引起乔布斯的担忧。他担心有其他产品会抢苹果的饭碗。他认为：手机都开始配备摄像头，影响到数码相机，如果手机也内置音乐播放器，“每个人都随身带着手机，就没必要卖 iPod”[①]。乔布斯决定做手机。

2. 多点触控技术解决输入难题

基于手机方面自己缺乏经验，苹果决定与摩托罗拉当时的畅销手机刀锋（RAZR）系列合作，因为该手机本来已经配有摄像头，打算把苹果的 iPod 内置。这样摩托罗拉的 ROKR 手机就诞生了。只是这是一款由摩托罗拉、苹果和无线运营商辛格勒（Cingular）拼凑而成的东西，从硬件到软件都达不到乔布斯的要求。而且，这种研发、生产和销售的模式，与乔布斯强调一体化和整体性的理念大相径庭。面对这个将来前景巨大的市场，乔布斯着手让苹果自主研发。

一开始苹果想在 iPod 的基础上加上手机功能，但 iPod 特有的滚轮操作方式在选择输入电话号码时有很多难题，尤其是事先决定把不使用键盘作为前提的情况下。

本来苹果在推出 iPod 之后，就秘密打造 iPad——一款平板电脑，不要键盘和手写笔，使用多点触控（Multi - touch）技术。乔布斯意识到手机很可能会替代 iPod 之后，毅然把研发手机的优先地位提高。2005 年初苹果收购了一个拥有多点触控技术专利的

① 沃尔特·艾萨克森：《史蒂夫·乔布斯传》，管延圻等译，中信出版社，2011，第 10 页。

小公司 Finger Works① 及其全部专利，率先进入了这一技术领域。同时，苹果从玻璃、设计到每一个零部件，包括一颗螺丝，都进行了精密细致的策划。终于在2007 年1 月，iPhone 在 Macworld 大会亮相。在这次历史性的产品演示会上，乔布斯说：苹果最早推出的麦金塔，“改变了整个电脑行业”，第一台 iPod，“改变了整个音乐产业”。在做了小心翼翼的铺垫之后，他引出了自己即将推出的新产品：“今天我们将推出三款这一水准的革命性产品。第一个是宽屏触控式 iPod，第二个是一款革命性的手机，第三个是突破性的互联网通信设备。”②

5 个月之后 iPhone 正式发售，定价 500 美元，被认为是最贵的手机，事先未被看好。只是在乔布斯的综合营销运作下，该手机取得了空前的成功。到 2010 年底，苹果售出了约 9 000 万部 iPhone，其利润占全球手机市场利润的一半以上。直到今天，iPhone 仍然领导着智能手机的潮流，一代一代的 iPhone，只是在不断地补充和增加一些新技术和新功能，基本的设计、制造和销售理念仍然沿用着乔布斯的思想。

第四节　乔布斯在皮克斯的成功

1985 年，乔布斯偶然拜访了乔治·卢卡斯（George Lucas）电影制片厂电脑部门的负责人埃德·卡特穆尔（Ed Catmull）。这一次拜访让乔布斯开启了另一次事业的大门。

一、收购皮克斯

卢卡斯电影制片厂的电脑部门有两个主要团队：一个专门研发定制电脑，使之能够将实景电影胶片上的图像数字化，并融入炫目的特效；另一个团队制作动画短片。当时公司老板卢卡斯刚完成了《星球大战》（*Star War*）三部曲的第一部，因为受离婚案的困扰，他打算卖掉这个电脑部门。卢卡斯电脑部门研究的东西刚好也是乔布斯特别感兴趣的。他个人很喜欢能够融合艺术与技术的领域，从研发麦金塔开始，他就认定电脑图形化是未来的趋势，而且相信未来的电脑效率将会大幅提高，动画和 3D 图形

① 由特拉华大学的两位教授约翰·伊莱亚斯（John Elias）和韦恩·韦斯特曼（Wayne Westerman）共同设立。

② 沃尔特·艾萨克森：《史蒂夫·乔布斯传》，管延圻等译，中信出版社，2011，第 10 页。

会有巨大的发展空间。他认为卢卡斯电脑团队所研究的问题，需要很强大的电脑处理能力，他们正在引领历史的进程。因此他建议苹果出面收购。但当时他自己正面临被赶走的危机，也没人搭理他。于是，乔布斯决定自己投资。

1986 年 1 月，乔布斯出资 1 000 万美元，其中 500 万美元作为收购款支付给卢卡斯，另外 500 万美元投入该部门，并将其变更为独立的有限公司。改组之后，乔布斯占 70% 股权，另外 30% 股权分配给卡特穆尔以及其他 38 位创始员工，包括前台接待（这个例子说明，即使去当前台，也应该尽量找一家好公司）。该部门原来最重要的电脑硬件是皮克斯图像电脑（Pixar Images Computer），新公司便以此命名。

二、乔布斯在皮克斯发展道路上的探索

乔布斯收购了皮克斯之后，就不断寻求做大做强的道路。

1. 推动图像电脑的硬件和软件业务进入消费者市场

皮克斯的主体业务是图像电脑的硬件和软件业务，主要针对高端和专业客户，比如皮克斯图像电脑售价达 12.5 万美元，但这个细分市场空间有限。乔布斯希望他们能研究出成本更低的图像电脑，售价降低到 3 万美元，期望它能进入普通消费者市场。同样，乔布斯希望皮克斯的图形渲染软件也能够进入普通消费者市场。不过，这两个努力一直没有成功。

2. 无意中发现动画制作的发展机会

皮克斯原来的数字动画业务团队，过去主要负责对外展示自己的硬件和软件，制作动画短片只是副业，本来也不怎么赚钱。1986 年 8 月，电脑图形学界一年一度的 SIGGRAPH（美国计算机协会计算机绘图专业组大会）召开，皮克斯在会上展示了动画片《顽皮跳跳灯》（*Luxo Jr.*），本意是展示公司的硬件和软件技术的，没想到受到热烈欢迎，并被评为最佳影片。该动画片还获得了奥斯卡提名，尽管最后没能获奖，却让乔布斯看到了一个值得重视的新领域。后面 5 年时间，皮克斯公司业务并没有大的进展，公司甚至需要大幅减员。不过，即使公司进入困难时期，乔布斯对动画制作仍然给予优先支持。1988 年春天，在公司削减开支的会议上，当负责动画制作团队的约翰·拉塞特（John Lasseter）小心翼翼地提出预算申请，计划制作新的动画片《锡铁小兵》（*Tin Toy*）时，乔布斯很有耐心地听完他们的计划，并拍板决定出资 30 万美元做

经费，并且说：“我只要求一件事，约翰，把它做好。”结果这部动画片赢得了1988年奥斯卡最佳动画短片奖，这也是首部获此殊荣的电脑制作动画短片。

后来乔布斯承认，他原来以为普通百姓会有兴趣购买皮克斯的硬件和软件自己制作3D图形，事实并非如此，他说如果早点知道这一点，他就会专注于动画制作，而不是费心去推动皮克斯的硬件和软件。不过，乔布斯承认，如果他早点知道硬件和软件不赚钱，他也不会收购皮克斯。“命运似乎诱骗我去做这件事，而这也许是为了把它做得更好。”① 正应了中国的那句俗话：有心栽花花不开，无心插柳柳成荫。后人似乎看到乔布斯做什么都那么出类拔萃，都那么成功，但从他收购并经营皮克斯的过程中可以看到，其中还是有偶然因素的。只是，乔布斯看到那一瞬间出现的启示，能够及时把握机会。

三、在动画领域的高歌猛进

乔布斯在皮克斯的成功，充分体现了他敏锐的商业眼光、发现和使用人才的能力，以及超凡的商界博弈手段。

1. 迪士尼成为皮克斯最大的用户

拉塞特原来任职于迪士尼，此次成功的策划和运作，让迪士尼动起挖墙脚的心思。不过，拉塞特显然非常感激乔布斯的知遇之恩，决定继续忠诚于皮克斯，他决定“留在这里，谱写历史”②。迪士尼后来只好寻求跟皮克斯的合作，获得皮克斯电脑动画制作系统的使用授权，并因此成为皮克斯最大的用户。至此，皮克斯开始有转机。

2. 与迪士尼建立更紧密的合作

授权迪士尼使用皮克斯的动画制作系统，并没有给皮克斯带来太多的收入。皮克斯仍然没有摆脱亏损的状态，乔布斯要求与迪士尼合作拍电影。不过，迪士尼拒绝让皮克斯分享所制作的电影和角色部分所有权的要求。经过长期的谈判，到1991年5月，双方才达成协议：迪士尼和皮克斯合作拍摄3部动画片，迪斯尼完全拥有影片及其角色的版权，给皮克斯大约12.5%的票房收益分成。迪士尼控制创作权，可以在任何时

---

① 沃尔特·艾萨克森：《史蒂夫·乔布斯传》，管延圻等译，中信出版社，2011，第10页。
② 同上。

候以很小的违约金为代价停掉这部影片，有权利（而无义务）制作皮克斯接下来的两部电影，也有权（不一定跟皮克斯一起）用该影片的角色制作续集[①]。尽管这个结果与乔布斯的期望相差甚远，但当时皮克斯财务状况很差，连续亏损多年，濒临破产，乔布斯尽管展现了强悍的谈判力，在与财大气粗的迪士尼长期的谈判中，也只能争取到这个利益。要知道，迪士尼可以自己干，尽管未必做得那么好，而皮克斯失去迪士尼的话，可能就要关门。

四、《玩具总动员》与皮克斯上市

跟迪士尼较紧密的合作关系给皮克斯带来了一些现金流，财务困难获得缓解。而且，皮克斯的团队也有机会发挥其创造力。不过，皮克斯在这些作品中只是配角，品牌价值基本上由迪士尼获得。乔布斯策划让皮克斯上市融资，希望有足够的资金自己制作发行动画片。

1993 年皮克斯开始与迪士尼合作制作动画片《玩具总动员》。1995 年 11 月该片上演，获得巨大成功——第一周美国国内公映票房收益就达到 3 000 万美元，收回了制作成本。借着该片的成功，公映一周后，皮克斯成功上市。IPO 原发行价每股 14 美元，乔布斯坚持定价 22 美元，结果大获成功，超过网景（Netscape）成为当年融资规模最大的 IPO 项目。挂牌当天，股价最高曾经到 49 美元，收盘在 39 美元。

命运就是这么奇妙！乔布斯在当年的年初，一度打算把公司卖掉。乔布斯收购皮克斯之后，先后投入了 5 000 万美元，占其当年离开苹果时套现股票收入的一半以上。而且，同期的 NeXT 还在亏钱。可想而知，乔布斯的压力很大。

上市后，乔布斯的持股达到 12 亿美元，投资回报达 20 多倍，相当于 1980 年苹果上市时他的收益的 5 倍。

1995 年 11 月，皮克斯的成功，也体现了乔布斯在公司上市时间点的英明决策。

五、与迪士尼的合作与博弈

皮克斯制作动画的能力和成功激励了乔布斯，上市之后，获得的资金支持，让乔布斯的野心继续膨胀。

---

① 沃尔特·艾萨克森：《史蒂夫·乔布斯传》，管延圻等译，中信出版社，2011，第 10 页。

1. 逼迫迪士尼平等合作

皮克斯上市以后，获得了大笔资金，完全可以独立制作动画片了，乔布斯认为，“因为我们现在可以承担电影一半的成本了，我就可以要求一半的利润”①。显然，皮克斯上市后，乔布斯的谈判力大大提高了。因此，他主动去找迪士尼的迈克尔·艾斯纳（Micheal Eisner）谈判，要求更改合作条件：要求品牌联合，投资、所有权、利润，以及在广告费收入和玩具业务收益方面，都对半分。1991 年签订的协议是合作拍摄 3 部动画片，现在刚完成 1 部，合同还没履行完毕。因此，艾斯纳当然可以拒绝。不过，乔布斯的杀手锏就是，如果不更改协议，3 部动画片拍摄完，皮克斯就不再与迪士尼合作了。乔布斯的底气就是他的自主发展能力，以及看清楚了对方对皮克斯的依赖性。

1997 年初，双方终于签了合同，双方未来 10 年将继续合作制作 5 部电影。

2. 逼迫迪士尼放弃合作的主导权

皮克斯在动画制作领域的发展一发不可收拾，连续制作了多部非常卖座的动画片后，其财力也得到了进一步提升。1999 年 11 月，《玩具总动员Ⅱ》上映，在美国取得 2.46 亿美元的票房，全球票房达到 4.85 亿美元。2003 年推出的《海底总动员》取得的成功更是创造了动画片史上最好纪录（超过《狮子王》），美国国内票房即达到 3.4 亿美元，全球票房达到 8.68 亿美元。该片的成功，让皮克斯增加了 1.83 亿美元，使公司拥有 5.21 亿美元现金资产。有巨资在手，乔布斯决定再次跟迪士尼摊牌。乔布斯强硬地提出条件：皮克斯将拥有电影和卡通人物的全部版权，仅给迪士尼 7.5% 的发行分成。另外，在现有协议下的最后 2 部电影——正在制作的《超人特工队》和《汽车总动员》，将被转入新协议。这个要求当然被回绝。此后谈判一直持续到 2004 年 1 月，乔布斯决定停止与迪士尼谈判。

六、反向收购迪士尼

皮克斯的影响力之大，以至于迪士尼的 CEO 艾斯纳与乔布斯就双方合作谈崩以后，地位出现了危机，2005 年 3 月，被时任首席运营官鲍勃·艾格（Bob Iger）所取代。艾格意识到，离开了皮克斯，迪士尼将出现全面的危机。因此，艾格上任之后主动找乔

---

① 沃尔特·艾萨克森：《史蒂夫·乔布斯传》，管延圻等，中信出版社，2011，第 10 页。

布斯商讨各种合作的可能性，最终双方同意以超常规的方式实现最大限度的合作——由迪士尼全面收购皮克斯：迪士尼作价74亿美元，以换股的方式收购皮克斯的全部股份，也就是说，皮克斯的全部股东以所持股份换取迪士尼公司的股份，让皮克斯成为迪士尼的全资子公司。

这项交易，从某种程度来说，属于反向收购，因为乔布斯通过出售皮克斯几乎实现反客为主——在并购结束之后乔布斯成为迪斯尼最大的个人股东，股份占7%。前CEO艾斯纳持有的股份为1.7%，迪士尼创始人的后代罗伊·迪士尼的股份仅占1%；迪士尼最有价值的动画业务全部合并到皮克斯公司，由拉塞特和卡特穆尔负责。

有人说，乔布斯创造了两个最有价值的品牌，一个是苹果，一个是皮克斯。

从创造财富价值来说，皮克斯给乔布斯带来的财富更多，而且，乔布斯把皮克斯卖给迪士尼之后，成为迪士尼最大的个人股东，如果他追求权力，他要通过股权获得对迪士尼的控制更加容易。不过，从他创办和运作皮克斯品牌的过程中，他的作用更多地体现在发现人才、商业博弈以及资本运作等方面。他后来在迪士尼似乎只是行使财务投资人的角色，精力和兴趣基本上都集中在苹果公司。

乔布斯在苹果全方位地展现了他在技术和商业方面的杰出才华，为这个时代的人们带来新的产品和新的享受，也给投资人带来了丰厚的回报。所以，人们普遍把他与苹果联系起来。

通过本章内容的学习，读者会清楚，投融资策划活动是企业运作中必不可少的内容。企业的生存和发展是一连串斗智斗勇的博弈过程，投融资策划活动也是一样，需要理论指导，而且还需要机遇和智慧。

阅读《史蒂夫·乔布斯传》之后，人们会发现，乔布斯是一位商业奇才，不过，他也是在工作中不断学习而逐步成长起来的。他的一系列事迹展示出他超高的学习能力和反省变通的能力。